邯郸学院学术著作出版基金
资助出版

本书作者杨德春博士与母亲郭景文2007年于北京

杨德春 著

《春秋穀梁传》研究

河北大学出版社

图书在版编目（CIP）数据

《春秋穀梁传》研究 / 杨德春著. — 保定：河北大学出版社，2017.11（2018.6重印）
ISBN 978-7-5666-1251-9

Ⅰ.①春… Ⅱ.①杨… Ⅲ.①中国历史—春秋时代—编年体②《春秋穀梁传》—研究 Ⅳ.①K225.04

中国版本图书馆 CIP 数据核字（2017）第 275093 号

《春秋穀梁传》研究

ON *CHUN-QIU-GU-LIANG-ZHUAN*

出 版 人：耿金龙
责任编辑：王殊宁
装帧设计：赵　谦
责任印制：靳云飞

出版发行：河北大学出版社
地址：河北省保定市七一东路2666号　邮编：071000
电话：0312-5073033　0312-5073029
邮箱：hbdxcbs818@163.com　网址：www.hbdxcbs.com
印　　刷：河北纪元数字印刷有限公司
开　　本：787mm×1092mm　1/16
印　　张：22.25
字　　数：460千字
版　　次：2017年11月第1版
印　　次：2018年6月第2次印刷
书　　号：ISBN 978-7-5666-1251-9
定　　价：48.00元

自　序

愚治《楚辞》有年，一直以屈原为人生楷模，以追求真理和爱国为一生奋斗之目标。愚当年若在北京大学攻读博士学位，与方铭即是师兄弟。子曰：名不正，则言不顺。言不顺，则事不成。子曰：君君，臣臣，父父，子子。此为愚治《春秋穀梁传》之原因之一。子畏于匡，曰：文王既没，文不在兹乎！天之将丧斯文也，后死者不得与于斯文也。天之未丧斯文也，匡人其如予何？

愚此书成，感慨万千，抚摸书稿，父亲杨照霜之音容笑貌如在眼前，母亲郭景文之启蒙教育亦浮现眼前，与弟弟杨德光、妹妹杨文达背诵唐诗、学习英语之情景亦浮现眼前，愚此书即献给父亲杨照霜，献给母亲郭景文，献给弟弟杨德光，献给妹妹杨文达。

杨德春

公元二〇〇七年一月二十八日

摘　要

《春秋穀梁传》以各种有文字痕迹可寻的义例所探寻出来的孔子自己的思想或所谓微言大义，只能看作是《春秋穀梁传》自己的思想而不能强加给孔子以作为孔子的思想。可以说穀梁子是《春秋穀梁传》的第一作者，《春秋穀梁传》最初的底本的写作年代当在战国中期，在汉武帝之前的后代《春秋穀梁传》学者又有所补充。真正意义上的《春秋穀梁传》当始于穀梁子。穀梁子从传说的子夏所传之笼统的《春秋》阐释之学中分离出来，形成了《春秋穀梁传》最初的学术特色。荀子是《春秋穀梁传》承前启后的关键人物，使《春秋穀梁传》"亲亲上恩"的学术特色得到进一步加强。《春秋穀梁传》之学术不符合汉武帝对内大一统、对外大攘夷的政治需要。《春秋穀梁传》本身的学术特色是《春秋穀梁传》在汉宣帝时期的政治生活中发挥重要作用的基础。《春秋穀梁传》的经学知识分子倒向更为理想主义的属于古文经学的《春秋左氏传》，《春秋穀梁传》的学术由此衰微。

《春秋穀梁传》的民生思想的本质是在维护君权的前提之下的具有某些民本主义色彩的富民、裕民的小农经济思想。《春秋穀梁传》的处理内外关系的思想包括处理诸侯国内部关系的思想和处理诸侯国之间关系的思想两个大的方面。《春秋穀梁传》提出了文事武备的思想。《春秋穀梁传》的尊尊亲亲思想的核心是以三纲为基础的等级制度。

《春秋穀梁传》"信以传信，疑以传疑"的笔法体现了追求真实的精神。《春秋穀梁传》认识到了同一件事情用不同的词语和表达方式来表达对读者产生的感受和效果是不同的。《春秋穀梁传》也认识到了文学是发展的。《春秋穀梁传》对所记之事进行道德评判，发挥文学的政治和社会伦理功能。《春秋穀梁传》继承了《春秋》的崇尚简洁的优良传统。《春秋穀梁传》所反映出的史书体裁随内容而变化的史学思想蕴含着文学体裁随内容而变化的思想。《春秋穀梁传》的历史观实际上具有文学思想或文学观念的因素。

《春秋穀梁传》的结构方式是二级结构方式。《春秋穀梁传》的第二级结构方式在大多数情况下基本上是以问答方式结构其内容。《春秋穀梁传》问答式的结构方式形成的外因在于私人讲学的兴起。《春秋穀梁传》问答式的结构方式形成的内因是《春秋穀梁传》的历史观及由此而形成的《春秋穀梁传》的内容。这样一来,《春秋穀梁传》就在第二级结构上确保了简洁。《春秋穀梁传》的提问和回答在大多数情况下均显得比较舒缓。

《春秋穀梁传》的问答式的结构决定了《春秋穀梁传》的主观讲述式的叙述模式。《春秋穀梁传》十分重视艺术形象在论说文中的地位。《春秋穀梁传》在论说过程中伴随着艺术形象的塑造,通过鲜明的艺术形象增强《春秋穀梁传》的观点的合理性。《春秋穀梁传》的问答式结构要求逐次回答问题,这就产生了层层推进的论证效果,使文章有逻辑性和力量。《春秋穀梁传》融说明于论说之中。

关键词:《春秋穀梁传》 穀梁子 早期流传 思想 文学

Abstract

The thought that *Chun-qiu-gu-liang-zhuan* extracted from the difference of words and expressions of *Chun-qiu* edited by Confucius should be regarded as the thought of *Chun-qiu-gu-liang-zhuan* and should not be regarded as the thought of Confucius. It would be true that *Gu-liang-zi* was the writer of *Chun-qiu-gu-liang-zhuan* that was written in the middle of the Warring States Period and was repolished to develop into a final text by scholars of *Chun-qiu-gu-liang-zhuan* in the Han dynasity. Actually it was *Gu-liang-zi* who developed *Chun-qiu-gu-liang-zhuan* from *Zi-xia's* hermeneutics of *Chun-qiu* to form his academic characteristic. *Xun-zi* who learned and taught *Chun-qiu-gu-liang-zhuan* was a key man who strengthened the academic characteristic of kindness in *Chun-qiu-gu-liang-zhuan* . The academic characteristic of *Chun-qiu-gu-liang-zhuan* which did not meet Emperor Wu's political need of internal unification and external aggression was the basis on which *Chun-qiu-gu-liang-zhuan* played an important role in Emperor Xuan's administration. The leading learners of *Chun-qiu-gu-liang-zhuan* turned towards *Chun-qiu-zuo-shi-zhuan* which was more idealistic than *Chun-qiu-gu-liang-zhuan*, which resulted in the academic decline of *Chun-qiu-gu-liang-zhuan*.

The essence of the thought of the people's livelihood of *Chun-qiu-gu-liang-zhuan* is the thought of making people rich and prosperous through small-scale farming by individual owners on the premise of maintaining regality. The thought of dealing with internal and external relations of *Chun-qiu-gu-liang-zhuan* includes the thought of dealing with relations within a vassal state and between vassal states. *Chun-qiu-gu-liang-zhuan* brings forward the thought of civil activity with military preparations. The motif of the thought of respect and kindness of *Chun-qiu-gu-liang-zhuan* is a hierarchical system on the basis of the three cardinal guides which include ruler guiding subject, father guiding son and husband guiding wife.

When there was a believable point *Chun-qiu-gu-liang-zhuan* historified the believable point and when there was a doubtful point *Chun-qiu-gu-liang-zhuan* historified the doubtful point, which reflected the thought of pursuing truth of *Chun-qiu-gu-liang-zhuan*. *Chun-qiu-gu-liang-zhuan* realized the differences in receptivity of the same thing expressed in different ways. *Chun-qiu-gu-liang-zhuan* realized literature is developmental. *Chun-qiu-gu-liang-zhuan* judged ethically historical events historified, by which political and ethical function of literature worked. *Chun-qiu-gu-liang-zhuan* inherited the fine tradition of laconicism which *Chun-qiu* advocated. The historical thought of the change of types of historical works along with the change of the content of historical works, which was reflected in *Chun-qiu-gu-liang-zhuan*, contained the thought of the change of types of literature along with the change of the content of literature. The historical view of *Chun-qiu-gu-liang-zhuan* contained actually factors of the thought of literature and the idea of literature.

Chun-qiu-gu-liang-zhuan was organized in a 2-class structure. The second class structure of *Chun-qiu-gu-liang-zhuan* in most cases orgnized its content by questions and answers. The structure mode of questions and answers of *Chun-qiu-gu-liang-zhuan* resulted externally from the rise of private school and internally from the historical view of *Chun-qiu-gu-liang-zhuan* and the content of *Chun-qiu-gu-liang-zhuan* influenced by the historical view of *Chun-qiu-gu-liang-zhuan*. In this way, the second class structure of *Chun-qiu-gu-liang-zhuan* guaranteed the laconicism of *Chun-qiu-gu-liang-zhuan*. Questions and answers of *Chun-qiu-gu-liang-zhuan* in most cases were gentle and easy.

The structure mode of questions and answers of *Chun-qiu-gu-liang-zhuan* decided the narrative mode of *Chun-qiu-gu-liang-zhuan*. *Chun-qiu-gu-liang-zhuan* emphasized the role of art image in argumentation. The argument of *Chun-qiu-gu-liang-zhuan* was accompanied by the development of art image which justified the viewpoint of *Chun-qiu-gu-liang-zhuan*. The structure mode of questions and answers of *Chun-qiu-gu-liang-zhuan* demanded to answer questions one by one, whose effect was to come to a conclusion step by step, which resulted in logicality and power of works.

Key Word: *Chun-qiu-gu-liang-zhuan* *Gu-liang-zi* early circulation thought literature

目　录

Contents

绪 论

《春秋穀梁传》作为儒家十三经之一，对中国文化的形成和发展产生过重要作用，在中国经学史和文化史上具有重要地位。但是，自近代以来，对《春秋穀梁传》的研究却一直相对比较薄弱。

值得注意的是：从一九四九年中华人民共和国建立至一九七八年年底，在近三十年的时间里，中国大陆只发表了两篇研究《春秋穀梁传》的论文。这两篇论文都发表于二十世纪五十年代“反右”之前，一篇是张西堂《〈穀梁〉为古文学补证》①，该文认为，《汉书·梅福传》引匡衡奏议用《礼记》关于孔子为殷人的说法，而汉元帝以为此说不经，若《春秋穀梁传》果立学，此乃非毁先帝所立，故《春秋穀梁传》于宣帝时并未立于学官，实乃刘歆所造，为《春秋左氏传》驱除。《春秋穀梁传》所用《春秋》经文多同于《春秋左氏传》所用之《春秋》经文，伪误亦多相同，故《春秋穀梁传》为古文经学。另一篇为金德建《瑕丘江公作〈穀梁传〉的推测》②。

二十世纪八十年代以后，《春秋穀梁传》研究一直相对比较薄弱的状况虽然有所好转，但是仍然与《春秋穀梁传》在中国文化史上所具有的重要地位不相符合。对《春秋穀梁传》的研究应进一步加强，这是学术研究的现实要求。

值得注意的是，至今为止还没有出现一部包括文献研究、思想研究、文学研究在内的三位一体的《春秋穀梁传》研究专著。这也反映出《春秋穀梁传》研究的不足。

《春秋穀梁传》的研究应该从训诂研究开始，训诂研究首先要从版本、校勘入手，然后进行训诂研究，拙著第一章为“《春秋穀梁传》的版本、校勘和训诂研究”。主要使用传统的考证方法，即文献实证的方法。第一章第五节由于校勘需要不得不使用繁体字。

无论用什么方法、从什么角度对《春秋穀梁传》进行解读和研究都必须建立在文献学的基础之上。这就要求把《春秋穀梁传》的性质、作者、成书和早期传承问题研究清

① 张西堂《〈穀梁〉为古文学补证》，《西北大学学报》1957 年第 2 期。

② 金德建《瑕丘江公作〈穀梁传〉的推测》，《人文杂志》1957 年第 3 期。

楚，以便为《春秋穀梁传》的解读和研究提供相对比较可靠的时代和社会背景。基于以上考虑，拙著第二章为“《春秋穀梁传》的性质、作者和成书”。由于《春秋穀梁传》的性质、作者、成书和早期传承问题没有出土相关的田野考古新材料，所能做的工作只能是对旧的文献材料重新加以梳理，主要使用传统的考证方法，即文献实证的方法。

从《春秋穀梁传》的流传情况来看，在汉宣帝时期《春秋穀梁传》达到了全盛，从而奠定了《春秋穀梁传》在中国文化史上的地位。其后迅速衰退。由此可见，从穀梁子到汉宣帝这段时期对于《春秋穀梁传》研究就显得特别重要。这段时期是《春秋穀梁传》学术的上升期，又是《春秋穀梁传》学术特色的形成期，对这段时期《春秋穀梁传》流传情况和背景加以研究，可以更准确地把握《春秋穀梁传》的学术特色和思想。基于以上考虑，拙著第三章为“《春秋穀梁传》的早期流传及其背景”。主要使用传统的考证方法，即文献实证的方法。

拙著第四章为“《春秋穀梁传》的思想研究”。就《春秋穀梁传》的思想研究而言，现已发表的论文和专著基本上都是研究有关《春秋穀梁传》的经学思想的。首先，这种研究从经学出发，关注于挖掘《春秋》的微言大义，研究出的《春秋穀梁传》的经学思想不过是对所谓的《春秋》微言大义的阐发，根本就不是《春秋穀梁传》自己的思想。其次，《春秋穀梁传》的经学思想研究依赖于注疏之学，而注疏之学的思想与《春秋穀梁传》的思想是有差距的。再次，《春秋穀梁传》的经学思想的研究主观性太大，多不可靠。鉴于这种情况，《春秋穀梁传》的思想研究应当抛开经学的干扰，将《春秋穀梁传》置于战国秦汉的历史背景之下，从《春秋穀梁传》的原文入手，直接归纳和总结《春秋穀梁传》的思想，并注重与《春秋公羊传》《春秋左氏传》的思想进行比较。主要使用传统的考证方法，即文献实证的方法。

拙著第五章为“《春秋穀梁传》的文学艺术研究”。由于中华民族主要是生活在广阔大陆上的农耕民族，生存条件的艰苦促使中华民族形成了勤劳朴素的民族性格，也促成了中华民族对文化艺术的功利态度。农耕生产的周期性促使中华民族注意总结生产和生活经验，这就使中华民族逐步成为重视历史的民族。但当时文史不分，往往以艺术方式从事历史和政治著述。六经皆史，所谓的经世大法不过是历史经验的总结。《春秋穀梁传》是作为一部经学文本流传于世的，其本质还是对历史经验的总结，其中也存在着文学因素。《春秋穀梁传》的文学性还需要进一步研究和挖掘。拙著第五章所采用的主要方法是中国传统的评点分析法。经过与其他方法比较，我认为中国传统的评点分析法比较适合于《春秋穀梁传》的文学艺术研究。

第一章《春秋穀梁传》版本、校勘和训诂研究

第一节《春秋穀梁传》在先秦时代即有古文文本流传

所谓“今、古文”的本义是指两种字体，“今文”是指汉代通行的隶书，“古文”是指秦统一前在六国使用的古体文字，各国使用的古体文字并不太一样，但统称为“古文”。汉文帝命访求能治《尚书》者，当时有济南伏胜，年已九十，文帝命晁错赴济南就学，此为汉初传授“五经”之始。济南伏胜之《尚书》原为古文书写，晁错受学和缮写的本子则用汉隶书写。穀梁赤、公羊高为战国时人，所用《春秋》必为古文本。

《春秋穀梁传》在先秦时代即有古文文本流传的三条直接证据

桓谭《新论》云：“《左氏传》遭战国寝藏，后百余年，鲁人穀梁赤作《春秋》（杨德春按：此指《春秋穀梁传》），残略，多有遗文。又有齐人公羊高缘经文作传，弥失本事。”① 杨士勋《春秋穀梁传序疏》云：“穀梁子，名俶，字元始，鲁人，一名赤。受经于子夏，为经作传，故曰《穀梁传》。”② 显然，穀梁子作《春秋穀梁传》，史有明文记载，必有所据，现在还没有直接的证据否定穀梁子对《春秋穀梁传》的著作权，《春秋》由子夏传出，其说源于纬书，所以可能不可靠。但记载穀梁子为经作传的这两条材料，其文献价值明显高于纬书，是基本上可信的。但是，杨士勋《春秋穀梁传序疏》说穀梁子受经于子夏，则可能不可靠。杨士勋此说明显是本之于《孝经纬·钩命诀》所载孔子“吾志在《春秋》，行在《孝经》。以《春秋》属商，《孝经》属参”之语，故可能不可靠。

---

① 陆德明《经典释文序录·春秋三传注解传述人》，见文渊阁《四库全书》经部七，五经总义类。

② 阮元校刻《十三经注疏》，中华书局1980年10月第1版，第二三五八页。

桓谭《新论》和杨士勋《春秋穀梁传序疏》这两条材料也表明《春秋穀梁传》在先秦已有文字写本，由于穀梁子为鲁人，其所用之文字当为六国古文字。这是《春秋穀梁传》在先秦时代即有古文文本流传的两条证据，也是最直接的两条证据。

唐代林宝《元和姓纂》云："穀梁，鲁有穀梁赤，治《春秋传》。子夏门人也。尸子云：'穀梁俶，传《春秋》十五卷。'案颜师古说穀梁名喜。"① 但两个穀梁子之说和穀梁子是穀梁俶之说没有可靠的证据支持，故可能不可信。在唐代林宝《元和姓纂》之前，没有文献证明尸子说过"穀梁俶，传《春秋》十五卷"，而最早说穀梁子名俶字元始的人是南朝梁代人阮孝绪②，唐代林宝《元和姓纂》引尸子云"穀梁俶，传《春秋》十五卷"之说当是将阮孝绪之说与尸子联系起来的发挥，可能不足凭信。宋代郑樵《通志·氏族略》和明代凌迪知《万姓统谱》都认为有两个穀梁子，均源于林宝《元和姓纂》之说，当然也可能不足凭信。虽然有两个穀梁子之说和穀梁子是穀梁俶之说可能不可靠，但是，传《春秋》十五卷却是值得注意的记载。古代的一些记载要辩证地来看待，古代的一些记载特别是那些存疑的记载往往不是空穴来风，往往有一部分是真实的，在一部分是真实的基础上加以发挥或曰添枝加叶，所以，林宝《元和姓纂》的这条记载还是有一定的史料价值，可以看作是关于《春秋穀梁传》在先秦时代即有古文文本流传的第三条直接证据。

《春秋穀梁传》在先秦时代即有古文文本流传的第一条间接证据

楚元王刘交曾与鲁穆生、白生、申公俱受《诗》于浮丘伯。据《汉书·楚元王传》记载："楚元王交字游，高祖同父少弟也。好书，多材艺。少时尝与鲁穆生、白生、申公俱受《诗》于浮丘伯。伯者，孙卿门人也。及秦焚书，各别去。（师古曰：言同父知其异母。服虔曰：白生，鲁国奄里人。浮丘伯，秦时儒生。师古曰：孙卿姓荀名况。为楚兰陵令。汉以避宣帝讳，改之曰孙。）"③

高后时，浮丘伯在长安，楚元王遣子郢客与申公从学于浮丘伯。据《汉书·楚元王传》云："元王既至楚，以穆生、白生、申公为中大夫。高后时，浮丘伯在长安，元王遣子郢客与申公，俱卒业。"④

① 林宝《元和姓纂》卷十，见文渊阁《四库全书》子部十一，类书类。

② 杨士勋《春秋穀梁传序疏》，载《春秋穀梁传注疏》卷首，见文渊阁《四库全书》经部五，春秋类。

③ 《汉书·楚元王传》，班固《汉书》，中华书局1962年6月第1版，第一九二一页。

④ 《汉书·楚元王传》，班固《汉书》，中华书局1962年6月第1版，第一九二一页。

《汉书·儒林传》记载："瑕丘江公受《穀梁春秋》及《诗》于鲁申公。传子至孙为博士。武帝时江公与董仲舒并，仲舒通五经，能持论，善属文。江公呐于口。上使与仲舒议，不如仲舒。而丞相公孙弘本为公羊学，比辑其议，卒用董生。于是上因尊公羊家，诏太子受《公羊春秋》，由是《公羊》大兴。太子既通，复私问《穀梁》而善之。其后浸微，唯鲁荣广王孙、皓星公二人受焉，广尽能传其《诗》《春秋》。"①

申公平生所授为《鲁诗》《春秋》（即《春秋穀梁传》）二经。瑕丘江公受《春秋穀梁传》及《诗》于鲁申公，荣广尽能传瑕丘江公的《诗》《春秋》，可见，瑕丘江公、荣广平生所受就是申公平生所授的《鲁诗》《春秋》（即《春秋穀梁传》）二经。

而申公独以《诗经》为训故以教，亡传。《汉书·儒林传》记载："申公，鲁人也，少与楚元王交，俱事齐人浮丘伯，受《诗》。汉兴，高祖过鲁，申公以弟子从师，入见于鲁南宫。吕太后时，浮丘伯在长安，楚元王遣子郢与申公，俱卒学。元王薨，郢嗣立为楚王，令申公傅太子戊，戊不好学，病申公。及戊立为王，胥靡申公。申公愧之。归鲁。退居。家教，终身不出门，复谢宾客。独王命召之，乃往。弟子自远方至，受业者千余人，申公独以《诗经》为训故以教，亡传。（师古曰：口说其指，不为解说之传。）"②

可见，鲁申公所授为《鲁诗》《春秋》（即《春秋穀梁传》）二经，申公独以《诗经》为训故以教，独者，唯独之意，申公唯独以《诗经》为训故以教，"亡（无）传"，言下之意是所授的另一经《春秋》是有传的，即申公所传《春秋》（即《春秋穀梁传》）是有文本的，非口说其指。若二经都亡（无）传，则《汉书》就不能用"独"字。这是《春秋穀梁传》在先秦时代即有古文文本流传的第一条间接证据。

《春秋穀梁传》在先秦时代即有古文文本流传的第二条间接证据

鲁人申公受《诗》于齐人浮丘伯。《汉书·儒林传》载："申公，鲁人也，少与楚元王交俱事齐人浮丘伯，受《诗》。"③ 但未明言鲁人申公受《春秋穀梁传》于齐人浮丘伯。根据现有材料，不能排除浮丘伯与《春秋穀梁传》的关系。下面就此加以研究。

浮丘伯者，孙卿门人也，而孙卿又传过《春秋穀梁传》。杨士勋《春秋穀梁传序疏》中记载："穀梁子，名淑，字元始，鲁人。一名赤。受经于子夏，为经作传，故曰《穀梁传》。传孙卿（即荀子，名况，又称荀卿，避汉宣帝讳改），孙卿传鲁人申公，申公传博

---

① 《汉书·儒林传》，班固《汉书》，中华书局 1962 年 6 月第 1 版，第三六一七页。

② 《汉书·儒林传》，班固《汉书》，中华书局 1962 年 6 月第 1 版，第三六一七页。

③ 《汉书·儒林传》，班固《汉书》，中华书局 1962 年 6 月第 1 版，第三六一七页。

士江翁。其后鲁人荣广大善《穀梁》，又传蔡千秋。汉宣帝好《穀梁》，擢千秋为郎，由是《穀梁》之传大行于世。”① 杨士勋《春秋穀梁传序疏》所记“孙卿传鲁人申公”存在一些比较复杂的问题。据《汉书·楚元王传》云：“楚元王交，字游。高祖同父少弟也。好书，多材艺。少时尝与鲁穆生、白生、申公俱受《诗》于浮丘伯。伯者，孙卿门人也。及秦焚书，各别去。”②《汉书·儒林传》云：“申公，鲁人也，少与楚元王交俱事齐人浮丘伯，受《诗》”③。

秦始皇统一六国，事在秦始皇二十六年，即公元前二二一年。秦始皇焚书坑儒，事在秦始皇三十四年，即公元前二一三年。在秦始皇焚书坑儒之前，申公与楚元王均为青少年，大致可推断申公与楚元王俱事于齐人浮丘伯的时间在秦始皇统一六国前后至秦始皇焚书坑儒之前。申公与楚元王均生于秦始皇统一六国之前。从“武帝初即位，……申公时已八十余，……申公亦病免归，数年卒。”④ 就可以推知申公的青年时代是在秦统一前后。但是，荀子的生卒年有多种说法，游国恩《荀卿考》认为荀子生于周赧王元年，即公元前三一四年；卒于秦始皇三十年，即公元前二一七年⑤。罗根泽《荀卿游历考》认为荀子生于周赧王三年，即公元前三一二年⑥，虽然在时间上，申公可以师事荀子，但是，申公在秦始皇三十年，即公元前二一七年前后正师事浮丘伯。秦始皇统一六国之前，即秦始皇二十六年之前，公元前二二一年之前，申公可能师事荀子，但存在荀子年龄过大，是否还能够传授的问题；另一方面，又存在申公可能年龄过小，是否能够受学的问题。申公可能师事荀子，在荀子卒后继续师事浮丘伯。这种可能性不能排除，前提是游国恩《荀卿考》所考荀子生卒年可靠。

钱穆《荀卿考》考荀子之生当在周显王三十年前⑦，周显王三十年前之最晚之年是周显王二十九年（公元前三四〇年）。钱穆《先秦诸子系年考辨》卷三也考荀子之生当在周显王三十年前⑧，周显王三十年前之最晚之年是周显王二十九年（公元前三四〇年）。

---

① 阮元校刻《十三经注疏》，中华书局 1980 年 10 月第 1 版，第二三五八页。

② 《汉书·楚元王传》，班固《汉书》，中华书局 1962 年 6 月第 1 版，第一九二二页。

③ 《汉书·儒林传》，班固《汉书》，中华书局 1962 年 6 月第 1 版，第三六一七页。

④ 《汉书·儒林传》，班固《汉书》，中华书局 1962 年 6 月第 1 版，第三六一七页。

⑤ 罗根泽编《古史辨》第四册，朴社中华民国二十二年三月初版，第 103 页—第 104 页。

⑥ 罗根泽编《古史辨》第四册，朴社中华民国二十二年三月初版，第 134 页。

⑦ 罗根泽编《古史辨》第四册，朴社中华民国二十二年三月初版，第 116 页。

⑧ 钱穆《先秦诸子系年考辨》，商务印书馆中华民国二十四年十二月初版，第三〇二页。

钱穆所考荀子生年比游国恩所考荀子生年提早了二十多年，荀子卒年相应地也就提早了二十多年，在游国恩《荀卿考》所考荀子卒于秦始皇三十年，即公元前二一七年的基础上再上推二十年，则荀子在公元前二三七年之前就去世了，在时间上不可能以《春秋》（即《春秋穀梁传》）传申公。在荀子与申公之间，还应有一代传人。《汉书·楚元王传》："楚元王……少时尝与鲁穆生、白生、申公俱受《诗》于浮丘伯。伯者，孙卿门人也。及秦焚书，各别去。"①。浮丘伯者，孙卿门人也，浮丘伯受《春秋》（即《春秋穀梁传》）于荀子之门，不仅是可能的，而且在年代上也是合理的；《春秋穀梁传》由荀子、浮丘伯、申公传习是可能的。即使钱穆所考荀子生年并非正确无误，在荀子、申公之间也可能通过浮丘伯而发生关系。荀子虽生而年龄过大，由浮丘伯代为传授。

从"及秦焚书，各别去"之记载可知浮丘伯与申公授受，主要依赖书籍，虽然"有敢偶语《诗》《书》者弃市"② 之法令，浮丘伯与申公授受，必不至于相互告发。但在授受过程中使用书籍，则十分危险。可见不能公开使用儒家书籍是停止授受、各别而去的主要原因。《汉书·儒林传》载："申公独以《诗经》为训故以教，亡传。（师古曰口说其指，不为解说之传。）"③ 可证浮丘伯说《诗》也无传。申公平生所学主要为《诗》和《春秋》，《春秋》即《春秋穀梁传》。则《春秋穀梁传》是浮丘伯与申公授受所使用的主要书籍之一。在这里不排除其他书籍，但是申公平生所学主要为《诗》和《春秋》，《诗》又不用书，则《春秋穀梁传》必为授受所使用的主要书籍。可证在秦始皇焚书坑儒之前确有古文的《春秋穀梁传》文本。以上是《春秋穀梁传》在先秦存在古文文本的第二条间接证据。

要之，该古文的《春秋穀梁传》文本在汉初又复出于世。《汉书·儒林传》载："申公独以《诗经》为训故以教，亡传。（师古曰口说其指，不为解说之传。）"独者，唯独之意，申公唯独以《诗经》为训故以教，亡传。颜师古解之曰："口说其指，不为解说之传。"则申公所传《穀梁春秋》（即《春秋穀梁传》是有文本的，非口说其指。申公传授《春秋穀梁传》所用之文本并不是申公所自作，从《春秋穀梁传》的内容看其文字定本的形成当在《春秋公羊传》成书的汉景帝时期之后，即在武帝时期。"武帝初即位，……申

---

① 《汉书·楚元王传》，班固《汉书》，中华书局 1962 年 6 月第 1 版，第一九二二页。

② 《史记·秦始皇本纪》，司马迁《史记》，中华书局 1959 年 9 月第 1 版，第二五五页。

③ 《汉书·儒林传》，班固《汉书》，中华书局 1962 年 6 月第 1 版，第三六一七页。

公时已八十余，……申公亦病免归，数年卒。"①武帝初即位，申公时已八十余，已不能传授，此时《春秋穀梁传》的文字定本还未最后形成。申公在此之前的传授中，所用的文本必为古文文本。

《春秋穀梁传》在先秦时代即有古文文本流传的第三条间接证据

余嘉锡《四库提要辨证》认为穀梁近孔子。申公为浮邱伯弟子，其《穀梁春秋》之学，自当是受之于浮邱伯。高祖过鲁，申公以弟子从师入见，师盖即浮邱伯。据余嘉锡《四库提要辨证》考证："案《穀梁传》出世时代。《御览》卷六百十引桓谭《新论》云：'《左氏》传世后百余年鲁穀梁赤为《春秋》，残略多所遗失。又有齐人公羊高，缘经作传，弥失其本事矣。'《礼记·王制》'天子诸侯无事则岁三田'章《疏》引郑玄云：'穀梁近孔子'，'公羊正当六国之亡。'（此郑《释废疾》之文。）《汉书·儒林传》云：'汉兴，高祖过鲁，申公以弟子从师入见于鲁南宫。申公卒以《诗》《春秋》授，而瑕邱（杨德春按：余著丘作邱）江公尽能传之。'又云：'瑕邱江公受《穀梁春秋》及《诗》于鲁申公。'并无《穀梁传》至武帝时始出之说。《提要》之意，盖以瑕邱江公受《穀梁春秋》于鲁申公，申公之学惟江公尽能传之。申公至武帝时年八十余乃卒，而江公在武帝时与董仲舒并。（以上并见《儒林传》。）因谓《穀梁传》至是始出，为贾之所不及见，不知申公为浮邱伯弟子，其《穀梁春秋》之学，自当是受之于伯。高祖过鲁，申公以弟子从师入见，师盖即浮邱伯。其时贾方以客从高祖定天下，居左右。吕太后时浮邱伯在长安，楚元王遣子郢客与申公俱卒业（见《楚元王传》及《儒林传》。）贾亦方为陈平画与绛侯交驩之策。（均见贾传。）是贾与浮邱伯正同时人，又同处一地，何为不可以见《穀梁春秋》乎？"②

余嘉锡《四库提要辨证》进而证明陆贾著《新语》在申公卒业之前，浮邱伯尚未老，陆贾之年辈当亦与相上下。又引用阎若璩《尚书古文疏证》卷四云："申公受《诗》浮邱伯。伯，荀卿门人。申于《诗》为再传，何独于《春秋》而亲受业乎？且申至武帝初年八十余，计其生当在秦初并天下日，荀卒已久。疏凡此等，俱悠谬不胜辨。"③证明浮邱伯与《春秋穀梁传》确有关系。余嘉锡之说原文见下。余嘉锡《四库提要辨证》云："浮邱伯为荀卿门人，见楚元王交传。贾著《新语》在申公卒业之前，浮邱尚未甚老，贾之

---

① 《汉书·儒林传》，班固《汉书》，中华书局 1962 年 6 月第 1 版，第三六一七页。

② 余嘉锡《四库提要辨证》，中华书局 1980 年 5 月第 1 版，第五二六页——第五二七页。

③ 余嘉锡《四库提要辨证》，中华书局 1980 年 5 月第 1 版，第五二八页。

年辈当亦与相上下，而贾极口称之，形于奏进之篇。其意盖欲以此当荐书，则其学出于浮邱伯，尤有明征。《穀梁传序疏》云：‘穀梁子名俶，字元始，鲁人，一名赤，受经于子夏，为经作传，传孙卿。孙卿传鲁人申公，申公传博士江翁。’阎若璩《尚书古文疏证》卷四云：‘申公受《诗》浮邱伯。伯，荀卿门人。申于《诗》为再传，何独于《春秋》而亲受业乎？且申至武帝初年八十余，计其生当在秦初并天下日，荀卒已久。疏凡此等，俱悠谬不胜辨。’沈钦韩《汉书疏证》卷三十四云：‘案申公之年不能逮事荀卿，而其师浮邱伯也，盖荀卿传浮邱伯，浮邱伯传申公。’其说是也。浮邱伯以《诗》及《穀梁传》授弟子，贾与之同时，敬其德行，安知其不从之问《春秋》大义，如司马迁之问故于孔安国耶？特贾非专门名家，故《儒林传》不列其名耳，则其引《穀梁传》，曾何足异乎？”①

陆贾著《新语》，其中有些地方与《春秋穀梁传》非常相似。余嘉锡《四库提要辨证》云：“《辨惑篇》引鲁定公与齐侯会于夹谷事，与《穀梁传》略同，而其词加详。《公羊》既无其事，《左传》所载复不同，知其用《穀梁》义也。‘两君升坛，两相处下，而相欲揖’，传作‘两君就坛，两相相揖’。‘夷狄之民何求为’，传作‘夷狄之民何来为’。‘使优旃儛于鲁公之幕下’，传作‘使优施舞于鲁君之幕下’。可以考见古今传文之异。”②可见陆贾著《新语》时确已学过《春秋穀梁传》的古文文本，陆贾问学之人很可能就是浮邱伯。

余嘉锡《四库提要辨证》进而认为《春秋穀梁传》成书早于《春秋公羊传》。余嘉锡《四库提要辨证》云：“又《至德》篇末有故春秋穀四字，其下文缺佚，盖亦引《穀梁传》也。杨士勋《穀梁疏》谓穀梁子为经作传，而徐彦《公羊疏》则谓《穀梁》也是著竹帛者题其亲师，故曰《穀梁传》，二说不同，今亦不敢断其孰是。(《四库提要》卷二十六云疑徐彦之言为得其实。)然既为贾所征引，足知其著竹帛先于《公羊》，桓谭、郑玄之言，信而有征矣。汉儒诸经师说，虽多亡佚，然其遗文散见诸书者，多可裒集。惟《穀梁春秋》以后人治之者鲜，汉儒之说几希殆绝，贾书幸而仅存其说，犹在申公、瑕邱江公之前，去著竹帛时未远，微言大义，皆有所受，治经者宜若何宝重之乎？有清一代，经学极盛，而于贾之《穀梁》义鲜称述之者，岂非为《提要》不根之说所惑耶？”③

---

① 余嘉锡《四库提要辨证》，中华书局 1980 年 5 月第 1 版，第五二八页。

② 余嘉锡《四库提要辨证》，中华书局 1980 年 5 月第 1 版，第五二九页。

③ 余嘉锡《四库提要辨证》，中华书局 1980 年 5 月第 1 版，第五三〇页——第五三一页。

由余嘉锡的考证可知，在陆贾时代或以前《春秋穀梁传》必有古文文本流传，此文本是用六国古文字书写，当有残缺之处。此文本非为今之定本，因陆贾《新语》之引文不见于今本《春秋穀梁传》。《春秋穀梁传》作为儒家经典，在流传过程中出现缺字的可能性是很大的，但出现数句脱落的可能性是很小的。钟文烝《春秋穀梁经传补注·论传》认为陆贾《新语》之引文为《穀梁外传》《穀梁章句》之语，故不见于今本《春秋穀梁传》①。余嘉锡也认为陆贾《新语》之引文为《穀梁外传》《穀梁章句》之语，故不见于今本《春秋穀梁传》②。陆贾《新语》之引文明言"《穀梁传》曰"，陆贾不至于连《春秋穀梁传》之语与《穀梁外传》之语都分不清。另外就《春秋穀梁传》的流传情况来看，当时是否有解《传》之语或章句之学还是一个问题。陆贾《新语》之引文不见于今本《春秋穀梁传》的可能的解释只能是：在陆贾《新语》引文之时，《春秋穀梁传》虽有六国古文字文本流传，但是还没有形成最后的定本。这是《春秋穀梁传》在先秦有古文文本的第三条间接证据。

《春秋穀梁传》在先秦时代即有古文文本流传的第四条间接证据

许慎《五经异义》云："《异义》天号第六：今《尚书》欧阳说春曰昊天……《尔雅》亦然。古《尚书》说……。"陈寿祺《五经异义疏证》云："蒙按：《周礼疏》作故。"③ 可证古代故古通用。《五经正义》引许慎《五经异义》云："《异义》云：礼约盟不？今《春秋公羊》说古者不盟，结言而退。故《穀梁传》云：'诰誓不及五帝，盟诅不及三王，交质子不及二伯。'诅盟非礼，故《春秋左氏》云：'周礼有司盟之官，杀牲歃血，所以盟事神明。'又云：'凡国有疑，盟诅其不信者，是知于礼，得盟。'"④《五经正义》所引许慎《五经异义》之此段内容又见于东汉郑玄撰《驳五经异义》补遗部分，原文如下："盟诅，《异义》礼约盟不，今春秋公羊说，古者不盟，结言而退。故《穀梁传》云：'诰誓不及五帝，盟诅不及三王，交质子不及五伯。'且盟非礼，故《春秋左氏》云：'周礼有司盟之官，杀牲歃血，所以盟事神明。'又云：'凡国有疑，盟诅其不信者，是知于礼，得盟。'谨案从左氏说以太平之时有盟诅之礼，郑氏不驳从许义。"⑤ 可见此段引文是可

---

① 《春秋穀梁经传补注·论传》，钟文烝《春秋穀梁经传补注》，中华书局 1996 年 7 月第 1 版，第二八页。

② 余嘉锡《四库提要辨证》，中华书局 1980 年 5 月第 1 版，第五三五页。

③ 陈寿祺《五经异义疏证》，《续修四库全书》第一七一册，上海古籍出版社 1995 年 3 月第 1 版，第七页。

④ 陈寿祺《五经异义疏证》，《续修四库全书》第一七一册，上海古籍出版社 1995 年 3 月第 1 版，第八九页。

⑤ 郑玄《驳五经异义》补遗部分，见文渊阁《四库全书》经部七，五经总义类。

靠的。

现存诸书所引许慎《五经异义》称《春秋穀梁传》无一以“今”字冠于其上者。可证在东汉许慎、郑玄所见之《春秋穀梁传》为古文文本或源于古文文本的今文本。也就是说，在东汉存在古文书写的《春秋穀梁传》文本或源于古文文本的今文本。该文本的来历现已无从考证，但东汉存在古文书写的《春秋穀梁传》文本或源于古文文本的今文本，作为一条旁证可以证明在先秦时期《春秋穀梁传》很可能已有古文书写的文本，否则，东汉存在的古文书写的《春秋穀梁传》文本或源于古文文本的今文本从何而来？在没有汉代作伪的任何证据的情况下，东汉存在的古文书写的《春秋穀梁传》文本或源于古文文本的今文本只能是源于先秦的古文文本。

《春秋穀梁传》在先秦时代即有古文文本流传的第五条间接证据

《汉书·严朱吾丘主父徐严终王贾传第三十四》：

> 元鼎中，博士徐偃使行风俗。偃矫制，使胶东、鲁国鼓铸盐铁。还，奏事，徙为太常丞。御史大夫张汤劾偃矫制大害，法至死。偃以为《春秋》之义，大夫出疆，有可以安社稷，存万民，颛之可也。汤以致其法，不能诎其义，有诏下军问状，军诘偃曰：“古者诸侯国异俗分，百里不通，时有聘会之事，安危之势，呼吸成变，故有不受辞造命颛己之宜；今天下为一，万里同风，故《春秋》‘王者无外’。偃巡封域之中，称以出疆何也？且盐铁，郡有余臧，正二国废，国家不足以为利害，而以安社稷存万民为辞，何也？”又诘偃：“胶东南近琅邪，北接北海，鲁国西枕泰山，东有东海，受其盐铁。偃度四郡口数田地，率其用器食盐，不足以并给二郡邪？将势宜有余，而吏不能也？何以言之？偃矫制而鼓铸者，俗及春耕种赡民器也。今鲁国之鼓，当先具其备，至秋乃能举火。此言与实反者非？偃已前三奏，无诏，不惟所为不许，而直矫作威福，以从民望，干名采誉，此明圣所必加诛也。‘枉尺直寻’，孟子称其不可；今所犯罪重，所就者小，偃自予必死而为之邪？将幸诛不加，欲以采名也？”偃穷诎，服罪当死。军奏“偃矫制颛行，非奉使体，请下御史征偃即罪。”奏可。上善其诘，有诏示御史大夫。①

---

① 《汉书·严朱吾丘主父徐严终王贾传》，班固《汉书》，中华书局 1962 年 6 月第 1 版，第二八一七页——第二八一八页。

徐偃为申公之徒，所习为《春秋穀梁传》，申公所传授之《春秋穀梁传》当有徐偃所谓之“大夫出疆，有可以安社稷，存万民，颛之可也”之句，然今本《春秋穀梁传》无徐偃所谓之“大夫出疆，有可以安社稷，存万民，颛之可也”之句，证明今本《春秋穀梁传》最后定本形成于申公之后。今本《春秋公羊传》庄公十九年：“大夫受命，不受辞，出竟有可以安社稷，利国家者，则专之可也。”① 《春秋公羊传》以出竟有可以安社稷、利国家则专之可也，是否存万民不在其考虑之列，徐偃所谓之“大夫出疆，有可以安社稷，存万民，颛之可也”有存万民，终军诘偃之“而以安社稷存万民为辞，何也”也证明徐偃所谓确有存万民，可以证明徐偃所谓之“大夫出疆，有可以安社稷，存万民，颛之可也”绝非用《春秋公羊传》之义，而是用《春秋穀梁传》之义。

徐偃为申公之徒，徐偃所习之《春秋穀梁传》当是申公所用之《春秋穀梁传》先秦古文文本，其内容与今本《春秋穀梁传》有所不同。此为《春秋穀梁传》在先秦时代即有古文文本流传的第五条间接证据。

第二节　汉魏晋南北朝隋的《春秋穀梁传》的版本情况

《汉书·艺文志》云：“《穀梁章句》三十三篇。”②《汉书·艺文志》未著录作者，姚振宗《汉书艺文志拾补》疑始于江公，姚振宗《隋书经籍志考证》又认为出于蔡千秋、刘向两人最多。穀梁章句之学起于何人实际上已经无从考证，姚振宗疑始于江公，猜测而已。《汉书·艺文志》未著录作者，说明作者不可考。《春秋穀梁传》一般以十二公分卷或分篇，闵公并入庄公，分为十一卷或十一篇，《汉书·艺文志》所谓的《穀梁章句》三十三篇，当是三部不同来源的《穀梁章句》的汇合。

另外，下文关于《春秋穀梁传》的作者部分，我论述了《春秋穀梁传》的今文本很可能由江公写定，如此则江公不可能是此《穀梁章句》三十三篇的作者或作者之一，此《穀梁章句》三十三篇当是三部不同来源的《穀梁章句》的汇合，标志着《春秋穀梁传》研究的开始和《春秋穀梁传》研究史的开始，具有划时代的意义。

《经典释文·叙录》云：“尹更始《穀梁章句》十五卷。”《隋书·志第三十·经籍四》

---

① 阮元校刻《十三经注疏》，中华书局1980年10月第1版，第二二三六页。

② 《汉书·艺文志》，班固《汉书》，中华书局1962年6月第1版，第一七〇一页。

云："梁有《春秋穀梁传》十五卷，汉谏议大夫尹更始撰，亡。"① 《旧唐书·志第二十六·经籍上》云：

《春秋穀梁传》十三卷 段氏注。

《春秋穀梁章句》十五卷 穀梁俶解，尹更始注。②

梁有《春秋穀梁传》十五卷，为汉谏议大夫尹更始撰，此书是否即是《春秋穀梁章句》十五卷，穀梁俶解，尹更始注，现在尚无直接证据，但是，考虑到《经典释文·叙录》《隋书·志第三十·经籍四》《旧唐书·志第二十六·经籍上》对于书籍名称的省略记载，《经典释文·叙录》所谓的《穀梁章句》十五卷、《隋书·志第三十·经籍四》所谓的梁有《春秋穀梁传》十五卷、《旧唐书·志第二十六·经籍上》所谓的《春秋穀梁章句》十五卷当为同一部书，该书之全称当为《春秋穀梁传章句》，共有十五卷，简称为《春秋穀梁章句》《春秋穀梁传》《穀梁章句》。《隋书·志第三十·经籍四》记载梁有《春秋穀梁传》十五卷，已亡，《旧唐书·志第二十六·经籍上》记载《春秋穀梁章句》十五卷，穀梁俶解，尹更始注，尚存，说明该书至唐复出，《新唐书·志第二十六·经籍上》云："《春秋穀梁传》十五卷尹更始注。"③《新唐书·志第二十六·经籍上》所谓的《春秋穀梁传》十五卷即是《旧唐书·志第二十六·经籍上》所记载的《春秋穀梁章句》十五卷，也即是《隋书·志第三十·经籍四》所记载的梁有而隋已亡佚之《春秋穀梁传》十五卷，《新唐书·志第二十六·经籍上》记载该书，说明该书在北宋初年尚存，可能亡佚于北宋灭亡之时。该书与《汉书·艺文志》所谓的《穀梁章句》三十三篇不是同一书。

《汉书·艺文志》云："《穀梁传》十一卷，穀梁子，鲁人。（师古曰：名喜。）"④

桓谭《新论》云："《左氏传》遭战国寝藏，后百余年，鲁人穀梁赤作《春秋》，残略，多有遗文。"并考察现存《春秋穀梁传》的实际情况，我认为《春秋穀梁传》在战国时期先由鲁人穀梁赤以六国文字写成，后残略，多有遗文。多位经师加以补充修改，后其书经秦火不传。至汉，其书复出。因残略，多有遗文，其间又多有损益。《史记·儒林

---

① 长孙无忌等《隋书·志第三十·经籍四》，魏徵等《隋书》，中华书局 1973 年 8 月第 1 版，第九三一页。

② 刘昫等《旧唐书》，中华书局 1975 年 5 月第 1 版，第一九七九页。

③ 欧阳修、宋祁《新唐书》，中华书局 1975 年 2 月第 1 版，第一四三七页。

④ 《汉书·艺文志》，班固《汉书》，中华书局 1962 年 6 月第 1 版，第一七〇一页。

列传》记载："瑕丘江公为《穀梁春秋》。"① 在汉武帝时江公为《穀梁春秋》，此"为"字金德建认为是"撰写"之意②。《史记·儒林列传》记载韩生推《诗》之意"为内外传数万言"，此"为"字也表示"撰写"之意，记载韩婴撰写《韩诗》内外传的史实③。汉武帝时江公为《穀梁春秋》，可能不是凭空创作，而是将先秦的古文文本加以整理补充，用汉代通行的隶书写定。从穀梁子直至汉武帝时最后才形成《春秋穀梁传》的文字定本。文字定本是由汉代所流行的隶书写定的，故为今文经学。可见，《春秋穀梁传》作非一人，成非一时。

此十一卷本《穀梁传》或十一篇本《穀梁传》当是全本《春秋穀梁传》，当是以十二公分卷，闵公与庄公合为一卷，故为十一卷，此《春秋穀梁传》与穀梁子的古文的、残略的、多有遗文的《春秋穀梁传》明显不是同一版本，此十一卷本《穀梁传》或十一篇本《穀梁传》当是用今文即汉隶书写，很可能就是由瑕丘江公最后写定，此十一卷本《穀梁传》或十一篇本《穀梁传》标志着《春秋穀梁传》成书过程的最后完成，具有划时代的意义。

孔继汾《阙里文献考》记载："十三代孙、汉弘农太守驩有《公羊训诂》《穀梁训诂》。"姚振宗《汉书艺文志拾补》著录。然孔驩有《公羊训诂》《穀梁训诂》疑点颇多：首先，《汉书·艺文志》及以下正史艺文志、经籍志皆未著录；其次，孔驩为孔安国孙，当为孝武时期或孝武以后人，《后汉书·陈元传》记载："往者，孝武皇帝好《公羊》，卫太子好《穀梁》，有诏诏太子受《公羊》，不得受《穀梁》。孝宣皇帝在人间时，闻卫太子好《穀梁》，于是独学之。及即位，为石渠论而穀梁氏兴，至今与《公羊》并存。此先帝后帝各有所立，不必其相因也。"④ 当时，《公羊》《穀梁》形同水火，不可能兼有《公羊训诂》《穀梁训诂》；再次，孔继汾《阙里文献考》记载："安国孙驩，举博士，官至弘农太守，精《春秋》三传，著公羊、穀梁训诂。"当时《左传》尚未兴起，《公羊》《穀梁》形同水火，故其说不可信；又次，孔继汾《阙里文献考》成书晚，多溢美之词，多不实之处，故其说不可信；故孔驩著有《公羊训诂》《穀梁训诂》不可信。

《隋书·志第三十·经籍四》云：

① 《史记·儒林列传》，司马迁《史记》，中华书局1959年9月第1版，第三一二九页。
② 金德建《瑕丘江公作〈穀梁传〉的推测》，载《人文杂志》1957年第3期。
③ 《史记·儒林列传》，司马迁《史记》，中华书局1959年9月第1版，第三一二四页。
④ 《后汉书·郑范陈贾张列传》，范晔《后汉书》，中华书局1965年5月第1版，第一二三一页。

《春秋穀梁传》十三卷 吴仆射唐固注。梁有《春秋穀梁传》十五卷，汉谏议大夫尹更始撰，亡。

《春秋穀梁传》十二卷 魏乐平太守糜信注。

《穀梁传》十卷 晋堂邑太守张靖注。梁有《春秋穀梁传》十三卷，晋给事郎徐乾注；《春秋穀梁传》十卷，胡讷集解。亡。

《春秋穀梁传》十六卷 程阐撰。

《春秋穀梁传》十四卷 孔衍撰。

《春秋穀梁传》十二卷 徐邈撰。

《春秋穀梁传》十四卷 段肃注，疑汉人。

《春秋穀梁传》五卷 孔君指训，残缺。梁十四卷。

《春秋穀梁传》十二卷 范宁集解。梁有《穀梁音》一卷，亡。

《春秋穀梁传》四卷 残缺，张、程、孙、刘四家集解。①

另外：

《隋书·志第三十·经籍四》云："《春秋公羊、穀梁传》十二卷晋博士刘兆撰。"②

《隋书·志第三十·经籍四》云："《春秋经合三传》十卷潘叔度撰。"③

以上为隋代《春秋穀梁传》的版本情况。

第三节 唐代的《春秋穀梁传》的版本情况

唐代《春秋穀梁传》的版本情况分为两个方面，一个方面为唐写本，另一方面为唐石经。

唐代《春秋穀梁传》的写本分为两部分，主要一大部分著录于正史艺文志、经籍志，即《旧唐书·经籍志》和《新唐书·经籍志》，还有次要一小部分不见于正史艺文志、经籍志，主要是敦煌文献中的《春秋穀梁传》的写本。

《旧唐书·志第二十六·经籍上》云：

---

① 长孙无忌等《隋书·志第三十·经籍四》，魏徵等《隋书》，中华书局 1973 年 8 月第 1 版，第九三一页。

② 长孙无忌等《隋书·志第三十·经籍四》，魏徵等《隋书》，中华书局 1973 年 8 月第 1 版，第九三一页。

③ 长孙无忌等《隋书·志第三十·经籍四》，魏徵等《隋书》，中华书局 1973 年 8 月第 1 版，第九三二页。

《春秋穀梁传》十三卷　段氏注。

《春秋穀梁章句》十五卷　穀梁俶解，尹更始注。

《春秋穀梁传》十二卷　唐固注。

又十二　麋信注。

又十一卷　张靖集解。

《春秋公羊违义》三卷　刘晏注。

《春秋穀梁经传》十六卷　程阐集注。

《春秋穀梁传》十三卷　孔衍训注。

又十二卷　范宁集注。

又十三卷　徐乾注。

《春秋穀梁》十二卷　徐邈注。

《春秋穀梁经集解》十卷　沈仲义注。

《春秋穀梁废疾》三卷　何休作，郑玄释，张靖箴。

《穀梁传义》三卷　萧邕注。

《春秋穀梁传义》十二卷　徐邈注。

《春秋穀梁音》一卷　徐邈撰。

《春秋穀梁传疏》十三卷　杨士勋撰。

《春秋公羊穀梁左氏集解》十一卷　刘兆撰。①

《新唐书·志第二十六·经籍上》云："《春秋穀梁传》十五卷　尹更始注。"②

《新唐书·志第二十六·经籍上》云：

《春秋穀梁传》段肃《注》十三卷

唐固注《穀梁》十二卷

又注《国语》二十一卷

麋信注《穀梁》十二卷

又《左氏传说要》十卷

① 刘昫等《旧唐书》，中华书局 1975 年 5 月第 1 版，第一九七九页。

② 欧阳修、宋祁《新唐书》，中华书局 1975 年 2 月第 1 版，第一四三七页。

张靖《集解》十一卷

程阐《经传集注》十六卷

孔衍《训注》十三卷

范宁《集注》十二卷

徐乾《注》十三卷

徐邈《注》十二卷

又《传义》十卷

《音》一卷

沈仲义《集解》十卷

萧邕《问传义》三卷

刘兆《三家集解》十一卷

韩益《三传论》十卷

胡讷集撰《三传经解》十一卷①

敦煌文献中的《春秋穀梁传》的写本有北敦一五三四五、伯二五三六、伯二四八六、伯二五九〇、伯二五三五＋伯四九〇五等，北敦一五三四五、伯二五三六、伯二四八六、伯二五九〇为范宁的《春秋穀梁传集解》，无杨士勋疏，可能是杨士勋疏尚不流行或尚未流行。北敦一五三四五、伯二五三六、伯二四八六均抄写于唐龙朔三年，比敦煌文献发现以前《春秋穀梁传》最早的传世本唐开成石经还要早 174 年，可以说是目前所能见到的最早的《春秋穀梁传》传本，实践证明其校勘价值绝不可高估。虽然敦煌文献中的《春秋穀梁传》文献存在大量异文，但是，这些异文的校勘价值却是相当有限的。主要有以下几种情况：其一为传写错误，其二为任意添加语气词，其三，为俗字、异体字等等不具备校勘价值，其四，少量具有校勘价值的异文，基本上为陆德明《经典释文》所收录，基本上没有超出陆德明《经典释文》的校勘价值，所以也基本上没有什么意义，似乎可以证明陆德明《经典释文》不伪或真实，难道还需要这样的证明吗？

另有卷末题："《春秋穀梁经传解释僖公上第五》"。大字为《春秋穀梁传》的经文和传文，双行小字则为佚名学者之注文，而非通常流行的范宁《春秋穀梁传集解》。此《春秋穀梁经传解释》较范注详赡，许多范宁未注之处，此《春秋穀梁经传解释》却出注。

① 欧阳修、宋祁《新唐书》，中华书局 1975 年 2 月第 1 版，第一四三九页——第一四四〇页。

通过与范宁的《春秋穀梁传集解》比对，我的看法是：此《春秋穀梁经传解释》比范宁的《春秋穀梁传集解》通俗，不是学术著作，很可能是一种普及性著作或入门性著作，不具有学术价值、版本价值和校勘价值。

王重民《敦煌古籍叙录》又“伯二四八六　敦煌秘籍留真新编影印本”：“《春秋穀梁传》范宁《集解》，唐龙朔三年三月亭长娄思恽写本。”① “罗振玉曾影印《穀梁传》庄公十九年至闵公二年一残卷（伯二五三六），后题‘龙朔三年三月十九日书吏高义写’，或与此卷同为一书，盖当时由众人分写者。”② “重民按：冯国瑞藏桓公残卷，亦龙朔三年写本，与哀公、庄闵两卷为同书。”③

姜亮夫《海外敦煌卷子经眼录》“春秋穀梁传集解残卷（庄公闵公）P二五三六”条：“而第十三纸末有‘范宁集解’字样。与P二四八六卷同时，而写人不同。或出于当时官本，非私人抄读者比，故一卷由多人成之也。”④

王重民、姜亮夫之说值得商榷。

伯二四八六为亭长娄思恽之写本，而伯二五三六为书吏高义之写本，现在不应该臆测为当时由众人分写者。伯二四八六写于唐龙朔三年三月□日或□□日，伯二五三六写于唐龙朔三年三月十九日，冯国瑞藏桓公残卷为龙朔三年三年三月十八日皇甫智岌写，该卷子后归北京图书馆收藏，编号为北敦一五三四五，不可以三者均写于唐龙朔三月就断定三者为同一书，因为同年同月也可以抄写多种不同的书，此其一也。

敦煌文献中有《春秋穀梁传解释》，即伯二五三五，说明敦煌文献中有不同于《春秋穀梁传集解》的抄本，又，即以《春秋穀梁传集解》而言，敦煌文献中有伯二五九〇，伯二五九〇不避唐讳，绝对是与伯二五三六不同的另外一个《春秋穀梁传集解》的抄本，以上均说明《春秋穀梁传》在当时是需要多种抄本参考的重要经典文献，所以，《春秋穀梁传》的抄本在敦煌文献中应该有多种，而不仅仅是一两种，此其二也。

北敦一五三四五之题记先题写“凡大小字六千五百五十言”，次言“三千五百言本三千五百言解”，接题“龙朔三年三月十八日皇甫智岌写”，最后题写“用纸十九张”；而伯二五三六之题记先题写“龙朔三年三月十九日书吏高义写”，次言“用小纸卅二张”，接

① 王重民《敦煌古籍叙录》，中华书局1979年9月新1版，第60页。

② 王重民《敦煌古籍叙录》，中华书局1979年9月新1版，第61页。

③ 王重民《敦煌古籍叙录》，中华书局1979年9月新1版，第61页。

④ 姜亮夫《姜亮夫全集》十三，云南人民出版社2002年10月第1版，第二八页。

题“凡大小字一万二千一百四言”，最后题写“五千六百四言本六千五百言解”；而伯二四八六之题记先之题写“凡大小字四千一百六十言”，次言“一千九百言大二千二百六十言小”，接题“龙朔三年三月□日（杨德春按：或为□□日）亭长娄思恽写”，最后题写“用纸十二张”；三者题记格式不一，绝非同一书之三个组成部分，而是不同人抄写的《春秋穀梁传集解》的三部不同格式的抄本，此其三也。

伯二五三六之题记先题写“用小纸卅二张”，而北敦一五三四五之题记题写“用纸十九张”、伯二四八六之题记题写“用纸十二张”，伯二五三六所用的小纸与北敦一五三四五、伯二四八六之用纸是不同的；另外，北敦一五三四五之书写者未题写官名，伯二四八六之书写者却题写官名亭长，其不同甚明；又，北敦一五三四五称本、解，而伯二四八六却称大、小，其不同甚明；则此三个卷子当是三部书的各一部分，此其四也。

北敦一五三四五之题记题写“龙朔三年三月十八日皇甫智岌写”，北敦一五三四五残存《春秋穀梁传集解》桓公十七年、桓公十八年的内容，可以推测《春秋穀梁传集解》桓公的内容写于龙朔三年三月十八日，到龙朔三年三月十九日则皇甫智岌必然写庄公和闵公的内容，而伯二五三六之题记题写“龙朔三年三月十九日书吏高义写”，伯二五三六残存《春秋穀梁传集解》庄公十九年至闵公二年的内容，可以推测《春秋穀梁传集解》庄公和闵公的内容写于龙朔三年三月十九日，那么，龙朔三年三月十八日，书吏高义所写当为《春秋穀梁传集解》桓公的内容，因为如果多人同时抄写一部书的不同部分，应该大致同时开始，大致同时结束，不可能一个人今天抄写第一部分，另一人今天不抄写，明天另一人接着抄写第二部分，这是根本不可能的；伯二四八六之题记题写“龙朔三年三月□日（杨德春按：或为□□日）亭长娄思恽写”，如果此处为□，即为一至十，则哀公不当先于全书其他部分而先抄，如果此处为□□，则□□当为廿七，这次抄写《春秋穀梁传集解》之事开始于龙朔三年三月十七日，每天抄写十二公之一，由于闵公内容较少，与庄公合并于一天抄写，共十一天抄完，哀公当抄写于龙朔三年三月廿七日，故必是三人同时抄写《春秋穀梁传集解》，最后形成《春秋穀梁传集解》的三个完整抄本，现在之北敦一五三四五、伯二五三六、伯二四八六分别是三个《春秋穀梁传集解》完整抄本的各一部分。此其五也。

《新唐书·志第三十七·百官二》云：

> 秘书省
>
> 监一人，从三品；少监二人，从四品上；丞一人，从五品上。监掌经籍图书之

事，领著作局，少监为之贰。武德四年，改少令曰少监。龙朔二年，改秘书省曰兰台，监曰太史，少监曰侍郎，丞曰大夫，秘书郎曰兰台郎。武后垂拱元年，秘书省曰麟台；太极元年曰秘书省。有典书四人，楷书十人，令史四人，书令史九人，亭长六人，掌固八人，熟纸匠十人，装潢匠十人，笔匠六人。

秘书郎三人，从六品上。掌四部图籍。以甲乙丙丁为部，皆有三本，一曰正，二曰副，三曰贮。凡课写功程，皆分判。

校书郎十人，正九品上；正字四人，正九品下。掌雠校典籍，刊正文章。

著作局

郎二人，从五品上；著作佐郎二人，从六品上；校书郎二人，正九品上；正字二人，正九品下。著作郎掌撰碑志、祝文、祭文，与佐郎分判局事。武德四年，改著作曹曰局。龙朔二年，曰司文局；郎曰郎中，佐郎曰司文郎。有楷书五人，书令史一人，书吏二人，掌固四人。①

亭长六人归属秘书省，书吏二人归属秘书省下辖的著作局，严格意义而言，亭长六人与书吏二人并非属于同一部门。又因为现在之北敦一五三四五、伯二五三六、伯二四八六分别是三个《春秋穀梁传集解》完整抄本的各一部分，而不是一个《春秋穀梁传集解》完整抄本的三个残损部分，故不能够以亭长、书吏即断定北敦一五三四五、伯二五三六、伯二四八六均为秘书省之抄本。

《新唐书·志第三十七·百官二》云：

集贤殿书院

学士、直学士、侍读学士、脩撰官，掌刊缉经籍。凡图书遗逸、贤才隐滞，则承旨以求之。谋虑可施于时，著述可行于世者，考其学术以闻。凡承旨撰集文章、校理经籍，月终则进课于内，岁终则考最于外。开元五年，乾元殿写四部书，置乾元院使，有刊正官四人，以一人判事；押院中使一人，掌出入宣奏，领中官监守院门；知书官八人，分掌四库书。六年，乾元院更号丽正脩书院，置使及检校官，改脩书官为丽正殿直学士。八年，加文学直，又加脩撰、校理、刊正、校勘官。十一年，置丽正院脩书学士；光顺门外，亦置书院。十二年，东都明福门外亦置丽正书

① 欧阳修、宋祁《新唐书》，中华书局1975年2月第1版，第一二一四页——第一二一五页。

院。十三年，改丽正脩书院为集贤殿书院，五品以上为学士，六品以下为直学士，宰相一人为学士知院事，常侍一人为副知院事，又置判院一人、押院中使一人。玄宗尝选耆儒，日一人侍读，以质史籍疑义，至是，置集贤院侍讲学士、侍读直学士。其后，又增脩撰官、校理官、待制官、留院官、知检讨官、文学直之员；募能书者为书直及写御书人，其后亦以前资、常选、三卫、散官五品以上子孙为之；又置画直。至十九年，以书直、画直、拓书有官者为直院。至德二年，置大学士。贞元初，置编录官；四年，罢大学士；八年，罢校理，置校书四人、正字二人。元和二年，复置集贤校理，罢校书、正字；四年，集贤御书院学士、直学士皆用五品，如开元故事，以学士一人年高者判院事，非登朝官者为校理，余皆罢。初，太宗即位，命京官五品以上，更宿中书、门下两省，以备访问。永徽中，命弘文馆学士一人，日待制于武德殿西门。文明元年，诏京官五品以上清官，日一人待制于章善、明福门。先天末，又命朝集使六品以上二人，随仗待制。永泰时，勋臣罢节制，无职事，皆待制于集贤门，凡十三人。崔祐甫为相，建议文官一品以上更直待制。其后著令，正衙待制官日二人。

校书四人，正九品下。正字二人，从九品上。有中使一人，孔目官一人，专知御书检讨八人，知书官八人，书直、写御书手九十人，画直六人，装书直十四人，造笔直四人，拓书六人，典四人。①

《新唐书·志第三十七·百官二》云：

弘文馆

学士，掌详正图籍，教授生徒；朝廷制度沿革、礼仪轻重，皆参议焉。武德四年，置修文馆于门下省；九年，改曰弘文馆。贞观元年，诏京官职事五品已上子嗜书者二十四人，隶馆习书，出禁中书法以授之。其后又置讲经博士。仪凤中，置详正学士，校理图籍。武德后，五品以上曰学士，六品已下曰直学士，又有文学直馆，皆它官领之。武后垂拱后，以宰相兼领馆务，号馆主；给事中一人判馆事。神龙元年，改弘文馆曰昭文馆，以避孝敬皇帝之名；二年曰脩文馆。景龙二年，置大学士四人，以象四时；学士八人，以象八节；直学士十二人，以象十二时。景云中，减

---

① 欧阳修、宋祁《新唐书》，中华书局1975年2月第1版，第一二一二页——第一二一三页。

其员数，复为昭文馆。开元七年曰弘文馆，置校书郎，又有校理、雠校错误等官。长庆三年，与详正学士、讲经博士皆罢，颛以五品以上曰学士，六品以下曰直学士，未登朝为直馆。

校书郎二人，从九品上。掌校理典籍、刊正错谬。凡学生教授、考试，如国子之制。有学生三十八人，令史二人，楷书十二人，供进笔二人，典书二人，拓书手三人，笔匠三人，熟纸装潢匠八人，亭长二人，掌固四人。①

据《新唐书》，书吏、亭长在唐代分属多个部门，不能够断定其必为秘书省之官吏。在唐代殿中省监掌天子服御之事，其属有六局，曰尚食、尚药、尚衣、尚乘、尚舍、尚辇。武德元年，改殿内省曰殿中省。龙朔二年，曰中御府，监曰大监，丞曰大夫。有令史四人，书令史十二人，左右仗、千牛各十人，掌固、亭长各八人。尚食局有书令史二人，书吏五人，主食十六人，主膳八百四十人，掌固八人。尚药局龙朔二年，改尚药局曰奉医局。有按摩师四人，咒禁师四人，书令史二人，书吏四人，直官十人，主药十二人，药童三十人，合口脂匠二人，掌固四人。尚衣局有书令史三人，书吏四人，主衣十六人，掌固四人。尚舍局，龙朔二年，改尚舍局曰奉扆局，有书令史三人，书吏七人，掌固十人，幕士八十人。尚乘局，龙朔二年，改尚乘局曰奉驾局。有书令史六人，书吏十四人，直官二十人，习驭五百人，掌闲五千人，典事五人，兽医七十人，掌固四人。尚辇局龙朔二年，改尚辇局曰奉舆局。有书令史二人，书吏四人，七辇主辇各六人，掌扇六十人，掌翰三十人，掌辇四十二人，奉舆十五人，掌固六人。掌扇、掌翰，掌执繖扇、纸笔砚杂供奉之事；掌辇，掌率主辇以供其事。高宗置掌翰。内侍省监掌内侍奉，宣制令。其属六局，曰掖庭、宫闱、奚官、内仆、内府、内坊。少监、内侍为之贰。皇后亲蚕，则升坛执仪；大驾出入，为夹引。武德四年，改长秋监曰内侍监，内承奉曰内常侍，内承直曰内给事。龙朔二年，改监为省。掖庭局有书令史四人，书吏八人，计史二人，典事十人，掌固四人。计史掌料功程。宫闱局有书令史三人，书吏六人，内阍史二十人，内掌扇十六人，内给使无常员，小给使学生五十人，掌固四人。奚官局有书令史三人，书吏六人，典事、药童、掌固各四人。司经局掌经籍，出入侍从。图书上东宫者，皆受而藏之。有书令史二人，书吏二人，典书四人，楷书二十五人，掌固六人，装潢匠二人，熟纸匠、笔匠各一人。典膳局有书令史二人，书吏四人，主食六人，典食二

① 欧阳修、宋祁《新唐书》，中华书局 1975 年 2 月第 1 版，第一二〇九页——第一二一〇页。

百人，掌固四人。药藏局有书令史一人，书吏二人，侍医四人，典药二人，药童六人，掌固四人。内直局有令史一人，书吏三人，典服十二人，典扇八人，典翰八人，掌固六人。典设局有书令史二人，书吏四人，幕士二百四十五人，掌固十二人。宫门局有书令史一人，书吏二人，门仆百人，掌固四人。右春坊，龙朔二年，改典书坊曰右春坊，有令史九人，书令史十八人，传令四人，典谒四人，亭长六人，掌固十人。家令寺，龙朔二年，改家令寺曰宫府寺，家令曰大夫。有录事一人，府十人，史二十人，亭长四人。可见，亭长、书吏不能够证明此敦煌文献必然出于秘书省。

北敦一五三四五之题记先题写“凡大小字六千五百五十言”，次言“三千五百言本三千五百言解”，接题“龙朔三年三年三月十八日皇甫智岌写”，“三千五百言本三千五百言解”与“凡大小字六千五百五十言”矛盾，一个五百当为五十之误，可以证明此抄本校勘不精。

罗振玉《雪堂校刊群书叙录》以伯二五三六为当时官府写本，故书法甚精。罗振玉此说值得商榷。伯二五三六之书法不能够算作甚精，就是当时一般的书法水平，今人学唐人碑帖，永远也达不到唐人书法水平，观真正唐人书，以为甚精，也不足为怪。

唐代抄写重要的官方文件，抄手一般不具名，而以官方文书下达。抄手具名之抄写文件一般不是重要文件，很可能是打着官方的名义进行推销之普及性文本。官方文书应该收藏于官府，考虑到敦煌在丝绸之路上的重要地理位置，商人云集，其他人员也很多，当地人员与外来人员学习都需要书卷，需要打着官方的名义进行推销之普及性文本。伯二四八六、伯二五三六、北敦一五三四五三个版本书写格式不同，是很随意的，不是官方用途的产物。如此则伯二四八六、伯二五三六、北敦一五三四五的版本价值和校勘价值不高。

就唐石经而言，其校勘价值是相当有限的，则唐石经本《春秋穀梁传》的校勘价值相当有限，可以作为参考。

《旧唐书·本纪第十七下·文宗下》开成二年：

> 冬十月辛卯朔，诏改天后所撰《三教珠英》为《海内珠英》。戊戌，诏嘉王运、循王遹、通王谌并可光禄大夫、检校司空，赐勋上柱国，仍依百官例给料钱。安王溶、颍王瀍并给料钱。庚子，庆成节，赐群臣宴于曲江，上幸十六宅，与诸王宴乐。癸卯，宰臣判国子祭酒郑覃进《石壁九经》一百六十卷。时上好文，郑覃以经义启导，稍折文章之士，遂奏置五经博士，依后汉蔡伯喈刊碑列于太学，创立《石壁九

经》，诸儒校正讹谬。上又令翰林勒字官唐玄度复校字体，又乖师法，故石经立后数十年，名儒皆不窥之，以为芜累甚矣。①

《石壁九经》虽然经过诸儒校正讹谬，上又令翰林勒字官唐玄度复校字体，然依然错误很多，故石经立后数十年，名儒皆不窥之，以为芜累甚矣。可见，对于开成石经必须辩证地看待，一方面，其对于经典传承做出了一定贡献，另一方面，其也是贻害无穷、贻害千古的宝贝或孽障。但是，真正的有良知的中国知识分子是追求真理的，是爱国的，是不忍心看着中国文化被毁灭、被糟蹋的，所谓的名士或犬儒皆不窥之，真正的有良知的中国知识分子对于石经的错误不断进行磨改，不能够进行磨改的就剪贴拓本，以期使真经传之后世，这个事业是不断进行的。但是，中国社会是复杂的，也不断有人出于各种目的对于石经不断进行错误的磨改，不能够进行磨改的就剪贴拓本，也可以说是作伪的一种，导致石经和石经拓本正误混杂，真伪难辨，最终导致石经和石经拓本的版本价值和校勘价值大打折扣。

王国维《五代两宋监本考》卷上："是石经祖本本有注文，但刊时病其文繁，故存其序例，刊落其注耳。监本反是，虽兼经注，非径以经注本上板，乃用石经经文，而取经注本之注以加之。……然监本经文虽依石经，亦非无所校定，如《礼记》不以《月令》为首，《尚书》若网在纲改为若纲在网，显与石经本殊异。"②

王国维没有说透，其实，监本经文依石经只是说说而已，主要还是对于传世经注本进行严格校勘，石经和石经拓本仅仅作为参考而已，加之石经多有磨改，拓本又多有剪贴，其校勘价值是相当有限的。凡石经和石经拓本与传世经注本不一致之处，皆需严加考证，石经和石经拓本实际上仅仅起到一个发现问题或提醒某处值得注意、需要考证的作用。

严可均《唐石经校文》："石经者，古本之终，今本之始。"严可均作为所谓的清代著名学者，说出这样的话，对于唐石经就是如此的认识水平。我认为，历史的实际情况也证明，唐石经出现之后，传世写本和刊本仍然发挥着其固有的作用，唐石经的影响是有限的，没有也不可能完全终结传世写本和刊本，没有也不可能致使其后之写本和刊本都是唐石经的写本和刊本。唐石经和一部分传世写本和刊本发生过相互影响，而且现在还

---

① 刘昫等《旧唐书》，中华书局 1975 年 5 月第 1 版，第五七一页。

② 王国维《王国维遗书》第十一册，上海古籍书店 1983 年 9 月第一版，监上第四页。

在发生，这是事实。但是，唐石经也没有能够完全主导或完全改变这一部分传世写本和刊本，这一部分传世写本和刊本也没有能够完全主导或完全改变唐石经。

第四节 宋元明清的《春秋穀梁传》的版本情况

王国维《五代两宋监本考》卷上："正田敏九经板成之岁。昭裔所刊，当仿其制。"① 王国维此论值得商榷。

《资治通鉴》太祖圣神恭肃文武皇帝中广顺三年（癸丑，公元九五三年）五月："自唐末以来，所在学校废绝，蜀毌昭裔出私财百万营学馆，且请刻板印《九经》；蜀主从之。由是蜀中文学复盛。"②

其一，《资治通鉴》明确记载周广顺三年六月丁巳九经板成，《五代会要》明确记载周广顺三年六月田敏进印板九经书，其板成即印书以献。《资治通鉴》记载蜀中文学复盛在五月，就算是蜀毌昭裔出私财百万营学馆、且请刻板印《九经》、蜀主从之皆在广顺三年五月，五月在六月之前，蜀未见中原板成，其为独立发展，并未仿田敏之制。其二，自唐末以来云云，皆是以前之事，这段记载的中心是"由是蜀中文学复盛"，蜀毌昭裔出私财百万营学馆、且请刻板印《九经》、蜀主从之皆是广顺三年五月以前之事。

田敏所刊印之九经就是五代监本九经，其中就有《春秋穀梁传》。蜀毌昭裔刻板印《九经》就是蜀大字本九经，其中就有《春秋穀梁传》。这是《春秋穀梁传》最早的两个刊本，二者何者为先，现在尚不清楚。田敏所刊印之九经与唐石经有一定关系，蜀毌昭裔刻板所印《九经》与唐石经没有关系，王国维所谓与石经无涉。所以，并非一切版本都受到唐石经的影响。两宋监本九经并非完全继承自五代监本九经，这一点很重要。现在，五代监本《春秋穀梁传》、蜀大字本《春秋穀梁传》、两宋监本《春秋穀梁传》皆已亡佚。

现存最早的《春秋穀梁传》刊本是南宋建阳坊刻十行本《监本附音春秋穀梁传注疏》，现在有将此书称为《监本附音春秋穀梁注疏》，无传字，这是错误的。南宋建阳坊刻十行本《监本附音春秋穀梁传注疏》开卷第一页即是"监本附音春秋穀梁传注疏序"，有传字，序尾空半面，在此半面第三行书"监本附音春秋穀梁传注疏序终"，说明该书名

---

① 王国维《王国维遗书》第十一册，上海古籍书店 1983 年 9 月第一版，监上第四页。

② 司马光《资治通鉴》，中华书局 1956 年 6 月第 1 版，第九四九五页。

称是《监本附音春秋穀梁传注疏》。接下是该书卷第一，在第一行书“监本附音春秋穀梁注疏隐公卷第一”下接双行小字“起元年尽三年”，第一行至此被完全占满，无空余可以容纳一字，只能够将传字省略，省略传字是刻板为了节省版面、美观版面不得已而为之，该书在开卷第一页已经出现书名全称《监本附音春秋穀梁传注疏》，以后为节省版面、美观版面不得已而省略传字，我们在使用和称呼该书时应该使用开卷第一页出现之书名全称《监本附音春秋穀梁传注疏》，以《监本附音春秋穀梁注疏》称此书者误。

两宋监本《春秋穀梁传》皆已亡佚，现存最早的《春秋穀梁传》刊本是南宋建阳坊刻十行本《监本附音春秋穀梁传注疏》，南宋建阳坊刻十行本从理论上讲应该是坊刻本，不是国子监本，即原则上不是监本，但是，其名称却叫《监本附音春秋穀梁传注疏》，以监本冠名，这就产生了两种认识结果，一种认为这就是监本，《天禄琳琅书目后编》《铁琴铜剑楼藏书目录》、李致忠《宋版书叙录》皆以《监本附音春秋穀梁传注疏》为宋国子监本，另一种则正相反，认为京监刻书，从未标监本二字于书名之上者，标监本之名，乃坊肆故技，欲引以自重。我认为，这两种观点一般来说基本上都是错误的。中国历朝历代之末期一般来说基本上都是腐败不堪，在此背景下，为何南宋末期建阳的刻书业会如此发达？此长彼消，国子监的刻书业必然衰落，在社会腐败的条件下，商业发达的唯一可能就是官商勾结，清朝末期美其名曰官督商办；南宋末期建阳的刻书业会如此发达，市场却是一定的，这必然导致国子监的刻书业的衰落，国子监的学术资源必然随着腐败流向坊肆，甚至国子监的书板都可能被偷盗销赃于刻书坊肆，在此情况之下，其以监本冠名，实大于虚，良有因也，南宋建阳坊刻十行本从实际上讲就应该不是坊刻本，而是变相的国子监本。

“南监本”或“南雍本”之名之使用始于何时尚不清楚，意义也不明确，有指南宋国子监本者，一般指明南京国子监本和与明南京国子监有某种关系的刊本，并不仅仅局限于所谓的只有版藏南京国子监的刊本才叫“南监本”或“南雍本”，即“南监本”或“南雍本”是比较宽泛的概念，意义不明确，即使就其最常见之使用情况而言也不是仅仅指版藏南京国子监的刊本才叫“南监本”或“南雍本”，而是一般指明南京国子监本和与明南京国子监有某种关系的刊本。就《十三经注疏》的“南监本”或“南雍本”而言，一般指十行本，顾千里《抚本礼记郑注考异序》即云：“南雍本，世称十行本。盖原出宋季建附音本，而元、明间所刻，正德以后，递有修补，小异大同耳。李元阳本、万历监本、毛晋本，则以十行为之祖，而又转转相承，今于此三者不更区别，谓之俗注疏而已。”顾千里是著名的版本校勘学家，其以南雍本称十行本必然有所本。阮元《十三经注疏校勘记》、黄丕烈《百宋一廛赋》注、杨绍和《楹书隅录》等亦多次使用“南雍本”“南监本”之名，这些大学者和大藏书家当有所本。

王鸣盛《蛾术编》“南国子监板”条：

> 王贻上《带经堂集·康熙十九年为国子监祭酒请修经史刻板折子》“明南、北两雍皆有十三经注疏、二十一史刻板，南监板存否，久不可知。国学板一修于前明万历二十三年，再修于崇祯十二年，至今急宜修补”云云。案明南国子监十三经注疏板本，予生平从未见过，想已久毁。①

康熙十九年给康熙上的折子说明南、北两雍皆有十三经注疏、二十一史刻板，其言必有据，即必有所本，其一不可欺君，其二康熙十九年距前明时近，材料较为丰富，其言必不虚。

《明南雍经籍考》“《新刊仪礼注疏》”条：“十三经注疏刻于闽者独缺《仪礼》，以杨复《图说》补之。嘉靖五年，巡抚都御史陈凤梧刻于山东，以板送监。”②《明南雍经籍考》明确记载十三经注疏刻于闽，即十三经注疏原刻于闽，《明南雍经籍考》在此提到十三经注疏，并且提及其原刻地，就说明此十三经注疏现在在南雍，因为南监十三经注疏在收到陈凤梧刻于山东的《新刊仪礼注疏》板后是齐全的，《明南雍经籍考》在此不能说南监十三经注疏独缺《仪礼》，以杨复《图说》补之。故只能够说十三经注疏刻于闽者独缺《仪礼》，以杨复《图说》补之。此其一。《明南雍经籍考》又记载嘉靖五年巡抚都御史陈凤梧刻于山东，以板送监。为什么要陈凤梧刻于山东的《新刊仪礼注疏》以板送监，就是因为南监十三经注疏独缺《仪礼》，如此则南监十三经注疏就齐全了。此其二。《明南雍经籍考》未记载十三经注疏板，不能够就此否定南监有十三经注疏板，没有记载就算作没有是典型的默证法。此其三。嘉靖年间为何李元阳又刊刻一部十三经注疏？主要原因就是十行本十三经注疏板片已经送监，福建已经没有十三经注疏板片，所以，李元阳本十三经注疏才不得不刻。此其四。丘浚《大学衍义补》言“尚幸十三经注疏板本尚存于福州府学，好学之士犹得以考见秦汉以来诸儒之说，臣愿特敕福建提学宪臣时加整葺，使无损失，亦存古之一事也。”丘浚言尚幸、言使无损失，十行本十三经注疏板片残

---

① 王鸣盛《蛾术编》，商务印书馆1958年10月初版，第三五页。

② 《明南雍经籍考》，光绪壬寅嘉平长沙叶氏校刊本。

损，绝不当言使无损失，这明显是对于新刻的李元阳本十三经注疏说的，使无损失；古籍成书后情况也是很复杂的，有补写、有窜入等等情况，所以，丘濬《大学衍义补》所言当为李元阳本十三经注疏。此其五。王鏊《震泽长语》“宋儒性理之学行，汉儒之说尽废。然其间有不可得而废者，今犹见于十三经注疏。幸闽中尚有其板，好古者不可不考也。使闽板或亡，则汉儒之学，几乎熄矣。”闽板、闽本与十三经注疏相关联一般都确指或特指李元阳本十三经注疏；古籍成书后情况也是很复杂的，有补写、有窜入等等情况。此其六。

十三经和十三经注疏是何时产生的是一个重要问题。十三经形成的关键问题是孟子入经的问题，孟子入经的问题不能够看所谓的官府怎么看，学术向来是先有私学，后来才被官府接受，以官府的是非为转移，不仅是一副奴颜媚骨，没有骨气和良知，而且往往不能够得出正确或接近正确的结论。孟子入经的问题实际上是韩愈完成的或实现的，韩愈进一步完善道统论，将孟子列入道统之中，从根本上解决了孟子入经的问题，至于孟子的注疏问题就不成其问题了，都与孔子并列了，能不入经吗？能没有注疏吗？能不刻入石经吗？官府能不接受吗？

韩愈《原道》：

> 博爱之谓仁；行而宜之之谓义；由是而之焉之谓道；足乎己，无待于外之谓德。……曰：斯道也，何道也？曰：斯吾所谓道也，非向所谓老与佛之道也。尧以是传之舜，舜以是传之禹，禹以是传之汤，汤以是传之文、武、周公，文、武、周公传之孔子，孔子传之孟轲，轲之死，不得其传焉。①

韩愈以孟轲为孔子道统的继承人，朱熹完全接受了韩愈的道统论，以孟轲为孔子道统的继承人。朱熹《李公常语上》云：

> 孔子传之孟轲，轲之死，不得其传。此非深知所传者何事，则未易言也。夫孟子之所传者何哉？曰：仁义而已矣。孟子之所谓仁义者何哉？曰：仁，人心也；义，人路也。曰：恻隐之心，仁之端也；羞恶之心，义之端也。如斯而已矣。然则所谓仁义者，又岂外乎此心哉？尧舜之所以为尧舜，以其尽此心之体而已。禹、汤、文、

---

① 韩愈《原道》，马其昶《韩昌黎文集校注》，上海古籍出版社 1986 年 12 月第 1 版，第一八页。

武、周公、孔子传之，以至于孟子，其间相望，有或数百年者，非得口传耳授密相付属也。特此心之体，隐乎百姓日用之间，贤者识其大，不贤者识其小，而体其全且尽，则为得其传耳。虽穷天地，亘万世，而其心之所同然，若合符节。①

韩愈以自己的道德力量和学术力量完成或实现了以孟子作为孔子道统的继承人，也就解决了孟子入经的问题，十三经在韩愈的倡导下形成了，十三经注疏在宋代终于形成，至于何时汇刻不是问题的关键。

台北“故宫博物院”所藏的所谓的余仁仲本《春秋穀梁传》残本存在许多问题，在此愚不得不言之。张金吾《爱日精庐藏书志》卷五著录一个《春秋穀梁传》版本——“临惠氏校宋余仁仲本”，并云：“昭公十三年吴灭州来下题识曰：此卷先命奴子罗中郎用南监本逐字比校讫，又以建安余氏万卷堂集解残本、章丘李氏穀梁疏残钞本手校，复用石经参校。经传讹谬都净，注疏中亦十去其五。独惜余氏本宣公以前、抄本文公以上俱缺，无从取正耳。康熙丁酉初夏何仲子记。”② 其一，由手校可知建安余氏万卷堂集解残本、章丘李氏穀梁疏残钞本当为何煌自己所收藏，参校之石经当为何煌所收藏之拓本，如此则建安余氏万卷堂集解残本必有何煌藏书印章和题跋，如果后人收藏此件，由于此件经过何煌收藏并且在校勘上产生过重要作用，后人针对何煌校勘也必有题跋，现在没有发现相关题跋，可以基本上断定何煌所使用过的建安余氏万卷堂集解残本已经失传，台北“故宫博物院”藏所谓余仁仲本《春秋穀梁传》残本绝不是何煌所使用过的建安余氏万卷堂集解残本。其二，南监本的《春秋穀梁传》版本一般指南监本十三经注疏本《春秋穀梁传注疏》，另外，据《明南雍经籍考》中“《春秋穀梁传疏》十二卷”条“范宁注杨士勋疏”③ 之记载，南监本的《春秋穀梁传》版本还有《春秋穀梁传疏》十二卷本，此二《春秋穀梁传》版本皆是注疏本，故用南监本逐字比校所校勘的对象必然是注疏本而不是经注本，即绝不是校宋余仁仲本。以“章丘李氏穀梁疏残钞本手校”、“注疏中亦十去其五”皆可证明所校勘的对象必然是注疏本而不是经注本，即绝不是校宋余仁仲本，故此题识不当出现于临惠氏校宋余仁仲本中，此为东拼西凑，鱼目混珠。其三，经过何

① 朱熹《李公常语上》，见四部丛刊本《晦庵先生朱文公文集》卷七十三。

② 张金吾《爱日精庐藏书志》，《续修四库全书》第九二五册，上海古籍出版社 1995 年 3 月第 1 版，第二八页。

③ 《明南雍经籍考》，光绪壬寅嘉平长沙叶氏校刊本。

煌手校，经传讹谬都净。南监本张金吾《爱日精庐藏书志》卷五又云：“无名氏题识曰：自七卷至末经传，本惠松崖先生校过，余照惠本临出，而宋本亦藏余家；又细心校对，一一注出，庶可无遗恨矣。”① 康熙丁酉初夏，经过何煌校勘，经传讹谬都净，此时惠栋二十一岁，此时及以后惠栋均没有理由再校勘余仁仲本《春秋穀梁传》，因为余仁仲本《春秋穀梁传》经过何煌校勘已经是经传讹谬都净，惠栋无由再次校勘，故无名氏题识为谎言，如此则临惠氏校宋余仁仲本必为伪造。由于可以基本上断定何煌所使用过的建安余氏万卷堂集解残本已经失传，台北“故宫博物院”藏所谓余仁仲本《春秋穀梁传》残本绝不是何煌所使用过的建安余氏万卷堂集解残本，则伪造的所谓的临惠氏校宋余仁仲本就是日本所谓余仁仲本《春秋穀梁传》全本和台北“故宫博物院”藏所谓余仁仲本《春秋穀梁传》残本的来源。

阮元《校勘记》：“宋槧残本：余仁仲万卷堂藏本，兼载释文。宣公以前缺。自宣公以后分卷与石经合。今据何煌校本。”② 黄丕烈言“余所见残本《穀梁》在周香严家，即万卷堂余仁仲校刻者也。”③ 阮元与黄丕烈是同一时代之人，阮元的地位和影响远远高于黄丕烈，阮元未知未见而黄丕烈却已知已见，可疑者一。香严是周锡瓒的号，周锡瓒与黄丕烈、袁廷梼、顾之逵并称乾嘉时期四大藏书家，其珍藏后多为汪士锺所得，台北“故宫博物院”藏所谓余仁仲本《春秋穀梁传》残本钤有汪士锺藏书章而无周锡瓒藏书章，亦无周锡瓒题跋；周锡瓒与黄丕烈关系密切，亦无黄丕烈题跋；可见，该书来路不明，可疑者二。台北“故宫博物院”藏所谓余仁仲本《春秋穀梁传》残本不是何煌所使用过的建安余氏万卷堂集解残本，但是，二本却同为自卷七宣公起至卷十二止，可疑者三。这实际上就是要鱼目混珠，旨在冒充何煌所使用过的建安余氏万卷堂集解残本。

可见，台北“故宫博物院”所藏的所谓的余仁仲本《春秋穀梁传》残本存在许多问题，不可信，即台此“故宫博物院”藏所谓余仁仲本《春秋穀梁传》残本无校勘价值和版本价值。另外，由于宋本珍贵，有指鹿为马者将元本指为宋本，皆不可信。

阮元校刊《十三经注疏》和阮元《十三经注疏校勘记》具有重要的版本意义和校勘意义。现在实际上仍然没有超越阮元校刊的《十三经注疏》和阮元的《十三经注疏校勘

① 张金吾《爱日精庐藏书志》，《续修四库全书》第九二五册，上海古籍出版社 1995 年 3 月第 1 版，第二八页。

② 阮元《十三经注疏附校勘记》，阮元校刻《十三经注疏》，中华书局 1980 年 10 月第 1 版，第二三六二页。

③ 黄丕烈《黄丕烈书目题跋》，中华书局 1993 年 1 月第 1 版，第一八页。

记》。

日藏余仁仲本是翻刻本，而且是杂取众本而成，其不具有校勘价值和版本价值。《经籍访古志》记载所谓的余仁仲刻《春秋穀梁传》中有绍熙辛亥孟冬朔日建安余仁仲跋；《金泽文库本图录》中收录有阿波国文库所藏的所谓的余仁仲刻《春秋穀梁传》原本的书影，其中一幅为何休序后的绍熙辛亥孟冬朔日建安余仁仲跋。《春秋穀梁传》无何休序，何休序后的绍熙辛亥孟冬朔日建安余仁仲跋也不当出现在所谓的余仁仲刻《春秋穀梁传》之中，余仁仲绝不会连如此常识都没有；退一万步讲，就算余仁仲连如此常识也没有，余仁仲自称谨以家藏监本及江浙诸处官本参校，监本《春秋穀梁传》及江浙诸处官本《春秋穀梁传》必无何休序，余仁仲照葫芦画瓢也不会在其刊刻的《春秋穀梁传》中加入何休序。故日本所谓的余仁仲刻《春秋穀梁传》必然是伪造的赝品。

狩谷望之建求古楼，并曾举办“求古楼书展观”，森立之《经籍访古志》即以求古楼藏书为基础而成，森立之《经籍访古志》记载狩谷望之求古楼所藏之影抄本毫发尽肖而宛然如宋椠，则求古楼之所谓宋椠也就可想而知了，可以说求古楼实乃伪书与赝品之渊薮，日本的毫发尽肖而宛然如宋椠的影抄技术其实并没有什么了不起，因为日本的这门精湛的技术是从中国传到日本的，台北“故宫博物院”藏所谓余仁仲本《春秋穀梁传》残本的藏书章完全可以毫发尽肖，但是，还缺什么藏书章和什么题跋，却是这门精湛的技术所永远也解决不了的问题，也使这门精湛的技术注定只能欺骗无知者。日藏余仁仲本和台此“故宫博物院”藏所谓余仁仲本《春秋穀梁传》残本无校勘价值和版本价值。。

第五節 《春秋穀梁傳》校勘記

《春秋穀梁傳》的校勘應當以宋刊本《監本附音春秋穀梁傳注疏》作爲底本，以阮元校刻《十三經注疏》本作爲主要参校本，再参考其他有價值的校勘材料。

《春秋穀梁傳》序：“乃喟然而歎曰”

宋刊本《監本附音春秋穀梁傳注疏》作“乃喟然而歎曰”，阮元校刻本同。嚴可均《唐石經校文》：“而歎：嘆磨改作歎，監本作嘆，毛本作歎。”《説文解字》：“歎，吟也。”《説文解字》：“嘆：吞歎也，从口，歎省聲，一曰太息也。”故當以唐石經作嘆爲是，當作“乃喟然而嘆曰”。

《春秋穀梁傳》隱公元年疏："傳云會者外爲主焉"

宋刊本《監本附音春秋穀梁傳注疏》作"傳云會者外爲主焉"，阮元校刻本同。《春秋穀梁傳》隱公二年"公會戎於潛"：傳云："會者外爲主焉爾"。當以有爾字爲是，故當作"傳云會者外爲主焉爾"。

《春秋穀梁傳》隱公元年傳："衣衾曰襚。"

宋刊本《監本附音春秋穀梁傳注疏》作"衣衾曰襚"，阮元校刻本同。《荀子・大略》作"衣服曰襚"，《春秋公羊傳》隱公元年作"衣被曰襚"，《左傳》無此語，荀子所據當爲《春秋穀梁傳》之説，且作服優於作衾，故當據《荀子・大略》作"衣服曰襚"校改宋刊本之衾爲服。

《春秋穀梁傳》隱公元年傳："貝玉曰含"

宋刊本《監本附音春秋穀梁傳注疏》作"貝玉曰含"，阮元校刻本同。《荀子・大略》作"玉貝曰含"，誤，玉貝當互乙爲貝玉。嚴可均《唐石經校文》："貝玉曰含：貝字稍闕。《九經誤字》云：'珠玉曰含，監本珠作貝，當依石經。'按：石經是貝字，不作珠也。"隨著中國社會經濟之發展，葬俗也隨之發生變化，含珠而不含貝，貝字隨之被改爲珠字，顧炎武不知此，遂以訛傳訛，顧炎武所見之唐石經拓本作珠，今傳之唐石經拓本有一種作珠，尚可見被磨去之貝字殘跡，顧炎武所見斷非此本，否則顧炎武必能夠明察，則此本也是僞造，則顧炎武所見之唐石經拓本或爲真，即唐石經已作珠字，但是，作珠字是葬俗發生變化後之妄改，當據理以作貝爲是。《經典釋文》："含，又作唅。"阮元《校勘記》："按依《説文》當作琀。"唅、琀皆由含分化而來，即唅、琀皆後起於含，故當以作含爲是。故當以宋刊本《監本附音春秋穀梁傳注疏》作"貝玉曰含"爲是。

《春秋穀梁傳》隱公二年傳范甯《集解》："臨者能斷。"

宋刊本《監本附音春秋穀梁傳注疏》作"臨者能斷"，阮元校刻本同。《穀梁經傳補注》作"臨事能斷"，日藏翻刻余仁仲本亦作"臨事能斷"，我認爲日藏翻刻余仁仲本當是據《穀梁經傳補注》而改。"臨者能斷"不通，"臨者"不辭，當以作事爲是。

《春秋穀梁傳》桓公二年傳范甯《集解》："《春秋》雖受親尊者諱。"

宋刊本《監本附音春秋穀梁傳注疏》作“《春秋》雖受親尊者諱”，阮元校刻本同。阮元《校勘記》：“閩監毛本受改爲。”是也，然者字頗爲可疑，桓公十七年疏：“知非卿帥而言公者，《春秋》之義，唯爲親尊諱，不爲卿諱。”無者字。桓公二年傳范甯《集解》：“《春秋》親尊皆謂。”阮元《校勘記》：“閩監毛本謂作諱，是也。”如此則當作“《春秋》雖為親尊皆諱”，故者字當是皆字之形訛。

《春秋穀梁傳》桓公七年傳范甯《集解》：“據文十二年郕伯來奔，不名”

宋刊本《監本附音春秋穀梁傳注疏》作“據文十二年郕伯來奔，不名”，阮元校刻本同。日藏翻刻余仁仲本作“據文十二年郕伯來奔，不言朝”。桓公七年傳云：“夏，穀伯綏來朝，鄧侯吾離來朝。其名，何也?”范甯《集解》：“據隱十一年滕、薛來朝，不名。”莊公元年“夏，單伯逆王姬。單伯者何？吾大夫之命乎天子者也。命大夫，故不名也。其不言如，何也?”范甯《集解》：“據僖三十年‘公子遂如京師’，言如。”依據此例，《春秋穀梁傳》云：“失國則其以朝言之，何也?”范甯《集解》：“據文十二年‘郕伯來奔’，不名。”不名與以朝言之失去關聯，所以，楊士勳作《疏》時曲爲之説：“哀十年‘邾子益來奔’，昭二十三年‘莒子庚輿來奔’，彼來奔書名，彰其失地，則與此穀、鄧書名同，而范不據之。文十二年‘郕伯來奔’，無名而反據之者，以邾、莒二國，更無所見，故依常書名言奔，表其失地，其郕伯與穀、鄧别有所見，與常例違，故據之以相決。”然終難以自圓其説。如此則傳云“失國則其以朝言之，何也”而范甯《集解》不應該言不名，而應該言不以朝言之，莊公元年傳“其不言如，何也?”范甯《集解》言言如，如果莊公元年傳之表達方式變化爲“其不以如言之，何也”，范甯《集解》之表達方式也應該相應變爲以如言之，故日藏翻刻余仁仲本作“據文十二年郕伯來奔，不言朝”是錯誤的，此版本之不言朝當是據楊士勳疏和排比相似句式推出來的結果，而且是孤证。試想楊士勳作《疏》時此處已經是不名，宋本皆源於唐寫本和唐石經，皆作不名，這就證明了日藏翻刻余仁仲本是僞造的。“不以朝言之”又太啰嗦，所以，簡稱爲不言，言與名字形相近，所以涉上文不名而誤，故宋刊本《監本附音春秋穀梁傳注疏》作“據文十二年郕伯來奔，不名”當校改爲“據文十二年郕伯來奔，不言”。

《春秋穀梁傳》桓公十三年傳范甯《集解》：“得在龍門”

宋刊本《監本附音春秋穀梁傳注疏》作“《春秋》戰無不地，即於紀戰，無爲不地也。鄭君曰：‘紀當爲己，謂在魯也，字之誤耳。得在龍門，城下之戰迫近，故不地。’”阮元校刻本同。“得”字唐石經、閩、監、毛本亦同，唯有日藏翻刻余仁仲本作“時”。

楊士勳疏：

> 傳“其不地，於紀也”者，《春秋考異》云“時戰在魯之龍門”，故何休難云：“在紀無爲不地。”鄭玄：“紀當爲己，在龍門城下，故不地。”何休注《公羊》亦云“戰魯龍門，兵攻城池，恥之”，故不地。是皆以紀爲己，非紀國也。

因爲得、時形近，疏文引《春秋考異》曰：“時戰在魯之龍門”，又誤以爲范甯《集解》引鄭玄所謂迫近爲時間迫近，所以，日藏翻刻余仁仲本作“時”。這説明日藏翻刻余仁仲本作“時”是據楊士勳疏引文和對於迫近的誤解推出來的結果，而且是孤证。試想宋本皆源於唐寫本和唐石經，皆作得，何以只有日藏翻刻余仁仲本一本作“時”，這就證明了日藏翻刻余仁仲本是僞造的。

得當訓能或可，《韓詩外傳》：“不能刻苦，焉得行此。”是其訓詁依據。鄭玄之意爲可以在龍門，即在龍門勉强可以，但是，實際上戰在城下的附近地區，故不地。迫近爲地點迫近非爲時間迫近。可見，作得不誤，楊士勳疏也引鄭玄語，但是只是大意，即戰在龍門城下故不地。

《春秋穀梁傳》莊公十九年傳范甯《集解》：“不則止，此行有辭也”

宋刊本《監本附音春秋穀梁傳注疏》作“不則止，此行有辭也”，阮元校刻本同。敦煌文獻伯二五九〇作“否則此行有辭”，敦煌文獻伯二五三六作“否則此行也有辭”。

范甯《集解》：“魯實使公子結要二國之盟，欲自託於大國，未審得盟與不，故以媵婦爲名，得盟則盟，不則止，此行有辭也。”范甯之意爲：得盟則盟，不得盟就算了，所謂則止，因爲此行有以媵婦爲名的托辭啊。所以，宋刊本《監本附音春秋穀梁傳注疏》作“不則止，此行有辭也”爲優，敦煌文獻伯二五九〇作“否則此行有辭”，把因果關係變爲簡單的雙向選擇，語意欠佳，另外，則後有四字，古文少有，不常見，且無語氣詞，故其作“否則此行有辭”實誤，敦煌文獻伯二五三六作“否則此行也有辭”之也字亦誤。

《春秋穀梁傳》莊公二十六年傳范甯《集解》：“權行抗禮”

宋刊本《監本附音春秋穀梁傳注疏》作“與諸夏之君權行抗禮，其勢强於當年，而事交於內外，故《春秋》書之，遂從中國之例"，阮元校刻本同。權行抗禮四字敦煌文獻伯二五九〇作權衡伉禮，敦煌文獻伯二五三六作推衡杭禮。

敦煌文獻伯二五九〇作權衡伉禮，不通，權衡同義，與伉禮不類，也不搭配，此其一，其二，雖然有南方之神執衡司夏、北方之神執權司冬之典故，權衡可以指代南北，但是，范甯《集解》已言與諸夏之君，其後不應當再出現南北，分庭抗禮是爭奪正統或一統，不是南北分治，故不當出現南北，其三，權行抗禮爲一體或一個意義單元，不可將此四字拆分解釋，其四，權行抗禮即是行權抗禮，常有將二動詞聯合置於中間者，此即是，權行即是行權，即行使權力或君權。與抗禮相對爲文，故作行不誤，敦煌文獻伯二五九〇作權衡實誤，敦煌文獻伯二五三六作推衡杭禮亦誤。

《春秋穀梁傳》莊公二十七年傳范甯《集解》："僖元年會檉"

宋刊本《監本附音春秋穀梁傳注疏》作"僖元年會檉"，阮元校刻本同。敦煌文獻伯二五三六作"僖元年會於朾"，敦煌文獻伯二五九〇作"僖元年會于檉"。

《春秋穀梁傳》莊公二十七年傳范甯《集解》："衣裳之會十有一者，未嘗有歃血之盟也，信厚也。十三年會北杏，十四年會鄄，十五年又會鄄，十六年會幽，二十七年又會幽，僖元年會檉，二年會貫，三年會陽穀，五年會首戴，七年會寧毋，九年會葵丘。"依例不當有于字，陸德明《經典釋文》："歃，所洽反。于朾，他貞反，又數丁反，本亦作檉。"陸德明《經典釋文》出"于朾"二字，云："本亦作檉"，陸德明《經典釋文》所據本作于朾，然于朾與例不合，且朾不如檉，陸德明《經典釋文》出於尊重經典文獻之考量皆收録之以備攷。阮元《校勘記》："僖元年會檉：閩、監、毛本同，《釋文》出'于朾'二字，云：'本亦作檉'。案：今本無'于'字，當是所據本有不同。"陸德明《經典釋文》與阮元《校勘記》均未定優劣，是其局限性。敦煌文獻伯二五九〇作"僖元年會于檉"，是隨意鈔寫，將俗字朾擅改爲檉，不足據，且證明其版本價值和校勘價值之低劣。敦煌文獻伯二五三六作"僖元年會于朾"，與陸德明《經典釋文》所録同，其版本價值和校勘價值皆未超越陸德明《經典釋文》。

《春秋穀梁傳》莊公二十九年經："新延廄"

宋刊本《監本附音春秋穀梁傳注疏》作"新延廄"，阮元校刻本同。敦煌文獻伯二五九〇作"新作延廄"。

今本《春秋公羊傳》與《春秋左氏傳》莊公二十九年之經文均作"新延廄"，無

“作”字，與今本《春秋穀梁傳》同。《春秋左氏傳》在傳文中作“新作延廄”，與自身經文不合，説明《春秋左氏傳》晚出或經過修改。孔穎達《春秋左傳正義》云：“《傳》言‘新作延廄，而《經》無‘作’字。僖二十年‘新作南門’、定二年‘新作雉門及兩觀’皆言‘新作’，而此獨無‘作’，是作傳之後轉寫闕文也。”孔穎達《春秋左傳正義》認爲經原來有作字，作傳之後轉寫闕此作字，孔穎達《春秋左傳正義》此説實誤，若果爲作傳之後轉寫闕此作字，何以《春秋穀梁傳》與《春秋公羊傳》與《春秋左氏傳》莊公二十九年之經文均無此作字？三傳經文同時皆無此作字，説明在孔子脩《春秋》之時即無此作字，經是不能擅自增删的，所以三傳經文沿用至今。《春秋穀梁傳》成公元年：“作，爲也。丘爲甲也”下，楊士勳疏云：“范别例云：‘作例有六，直云作者三，云新作亦三也。云作三者謂作丘甲，一也；作三軍二也；作僖公主，三也。云新作三者謂新作南門，一也：新延廄二也：新作雉門及兩觀，三也。”范甯用新延廄，無作字，與《春秋左氏傳》傳文之理解相同，但是未用《春秋左氏傳》傳文中之“新作延廄”。《春秋穀梁傳》莊公二十九年楊士勳疏云：“不言作者，僖二十年新作南門，傳曰：‘作，爲也，有加其度也。’彼謂‘加其度’，更增大之，故云作。此直改新，故不言作。延廄者，法廄也。”此爲楊士勳之理解，可以作爲一家之言。敦煌文獻伯二五九〇作“新作延廄”，與唐石經、宋刊本及其他重要版本皆異，只能證明其隨意增減文字，其版本價值和校勘價值均低劣，絶不可高估。

《春秋穀梁傳》莊公三十二年傳范甯《集解》：“鄭君之説，其所未詳”

宋刊本《監本附音春秋穀梁傳注疏》作“鄭君之説，其所未詳”，阮元校刻本同。敦煌文獻伯二五三六、敦煌文獻伯二五九〇均作“鄭君之説，甯所未詳”。日藏翻刻余仁仲本亦作“甯”。

阮元《校勘記》：“閩、監、毛本其作某，是也。詳改許非。”

“某”與“其”形近，故誤“某”爲“其”，當作某，此其一。范甯自稱當自稱某，而不會自稱甯，此其二。後來某意義不明，遂被妄改爲甯，故當以作某爲是。

《春秋穀梁傳》范甯《集解》共出現甯所未詳十二處，甯謂三處，甯曰一處，皆當校改爲某。

隱公九年范甯《集解》“傳曰：‘聘諸侯，非正’，甯所未詳”，桓公四年范甯《集解》“下無秋冬二時，甯所未詳”，桓公七年范甯《集解》“待之以初也。下無秋冬二時，甯所未詳”，莊公元年范甯《集解》“或曰之説，甯所未詳”，莊公二十二年范甯《集解》“以五月首時，甯所未詳”，僖公八年范甯《集解》“雜記之言，甯所未詳”，成公十六年范甯《集解》“而言至自會，甯所未詳”，昭公十年范甯《集解》“不書冬，甯所未詳”，昭公十二年范甯《集解》“鄭君之説，似依《左氏》，甯所未詳是《穀梁》意非”，定公六年范甯《集解》“仲孫忌，而曰仲孫何忌，甯所未詳”，定公十四年范甯《集解》“無冬，甯所未詳”，加上本處，共十二處。

莊公九年范甯《集解》“甯謂仇者”，僖公二十七年范甯《集解》“甯謂定哀之世楚强盛”，僖公三十年范甯《集解》“甯謂經同而傳異者甚眾”，共三處。

文公二年范甯《集解》“甯曰”，共一處。

《春秋穀梁傳》僖公九年傳：“葵丘之會，陳牲而不殺”

宋刊本《監本附音春秋穀梁傳注疏》作“葵丘之會，陳牲而不殺”，阮元校刻本同。“會”，《春秋穀梁經傳補注》、敦煌文獻伯二五三五＋伯四九〇五、日藏翻刻余仁仲本皆作“盟”。

《春秋》三傳僖公九年經文皆爲“九月，戊辰，諸侯盟於葵丘。”雖然“盟”與“會”義同。《禮記·檀弓下》：“周人作會而民始疑。”鄭玄箋：“會，謂盟也。”但是，《春秋穀梁傳》《春秋公羊傳》《春秋左氏傳》僖公九年傳文皆言“葵丘之會”，不言盟。《孟子·告子下》：“葵丘之會，諸侯束牲載書而不歃血。”亦作“會”，不作“盟”。即經和傳在流傳過程中已經形成了一種約定俗成的説法，即以“盟於葵丘”爲經語、以“葵丘之會”爲傳語，故敦煌文獻伯二五三五＋伯四九〇五作盟是其鈔寫之隨意性或其所據底本的不規範性之表現，不足爲據。《春秋穀梁經傳補注》作盟是《春秋穀梁經傳補注》之局限性，日藏翻刻余仁仲本作“盟”很可能參考了《春秋穀梁經傳補注》，日藏翻刻余仁仲本絶不可據，其僞造痕跡尚有很多，此不贅述。

《春秋穀梁傳》襄公二十一年傳：“庚子，孔子生”

宋刊本《監本附音春秋穀梁傳注疏》作“庚子，孔子生”，阮元校刻本同。汪文臺《十三經注疏校勘記識語》卷四：“補案：《書》疏：《穀梁》以爲魯襄公二十一年冬十一月庚子孔子生，是孔所見本有十一月字，與疏本異。”

《春秋穀梁傳》襄公二十一年：“（冬，十月，）庚子，孔子生。”《春秋公羊傳》襄公二十一年：“十有一月，庚子，孔子生。”徐彦疏引《釋文》云：“一本作‘十一月庚子’，又本無此句。”則可知《春秋公羊傳》原無此句，因其意在排突《春秋穀梁傳》而高自位置，鈔襲《春秋穀梁傳》而變異之，未料竟然畫蛇添足。司馬遷從董仲舒習《春秋公羊傳》之學，據十一月庚子而變異之，竟然流毒千古。

崔適《史記探源》："且《公》《穀》全體釋經，此言何以入傳？當由二家經師附記於旁，後乃誤入正文耳。其始附於二十二年'公會諸侯於沙隨'之下，一本誤脱，而誤補於二十一年'公會諸侯於商任'之下。上文相似，易於致誤。一本誤則各本皆誤，一傳誤則二傳並誤。正當引《史記》以糾二傳，豈應信《公》《穀》以難《世家》耶？惟《世家》無月日，當取二傳補之。《公羊傳》作'十有一月庚子，孔子生'。《釋文》曰：'傳文上有十月庚辰朔，此亦十月也。一本作十一月庚子，又本無此句。'案：《穀梁傳》亦無此句，有者特三本之一，且证以'十月庚辰朔'，則庚子不在十一月。凡有'十一月'句，衍也。"

《春秋穀梁傳》襄公二十一年："冬，十月，庚辰，朔，日有食之。"不可能在十一月之前再次冠以冬字。孔穎達《尚書正義》尚書序疏："既結申帝王遺書，欲言孔子就而刊定。《孔子世家》云，安國是孔子十一世孫，而上尊先祖，故曰先君。《穀梁》以爲魯襄公二十一年冬十一月庚子孔子生，《左傳》哀公十六年夏四月已丑孔子卒，計以周靈王時生，敬王時卒，故爲周末。"孔穎達《尚書正義》之所謂"《穀梁》以爲魯襄公二十一年冬十一月庚子孔子生"是據《春秋公羊傳》而來，是孔穎達誤記或傳寫錯誤，不可據。

第六节 《春秋穀梁传》训诂数则

《春秋穀梁传》是对于《春秋》之传，可谓《春秋穀梁传》是对于《春秋》之训诂或广义训诂，对于《春秋穀梁传》又有音义、疏和研究等，对于《春秋穀梁传》之音义、疏和研究等可谓是对于《春秋穀梁传》之训诂或广义训诂，还有对于《春秋穀梁传》之训诂或广义训诂之训诂，训诂研究实际上是《春秋穀梁传》研究之根本，而狭义之训诂又是根本之根本，以例解经、以礼解经等必须建立在狭义之训诂之基础上，否则必将沦为空谈。《春秋穀梁传》之训诂自成体系或系统，这是由《春秋》决定的，孔子晚年修《春秋》，以《春秋》表达孔子自己晚年的思想，《春秋》修成后不久孔子即卒，可谓《春秋》是孔子最后的、最重要的著作，《春秋》之思想自成体系或系统，不需要再依赖其他典籍辅助，《春秋穀梁传》是对于《春秋》之传，可谓《春秋穀梁传》是对于《春秋》之训诂或广义训诂，《春秋穀梁传》之训诂自成体系或系统，不需要再依赖其他典籍辅助，故廖平以《王制》解说《春秋穀梁传》实误，诸如此类亦误。《春秋穀梁传》之训诂涉及一部分礼制，但是，《春秋穀梁传》不是《仪礼》《周礼》《礼记》一类之礼书，故以礼解经对于《春秋穀梁传》之研究不具有普遍意义和系统价值。《春秋穀梁传》之训诂涉及义例或传例，由于孔子并未创立各种有文字痕迹可寻的义例，《春秋穀梁传》之义例或传例只不过是《春秋穀梁传》为了表达其阐释《春秋》之思想之实用工具而已，可谓例例有例外，故以例解经不是《春秋穀梁传》研究之根本，而以训诂解经才是《春秋穀梁传》研究之根本。《春秋穀梁传》之训诂包括两个方面，一方面，研究《春秋穀梁传》之训诂，即研究《春秋穀梁传》对于《春秋》之训诂，另一方面，研究对于《春秋穀梁传》之训诂以及研究对于《春秋穀梁传》之训诂之训诂。本节即研究对于《春秋穀梁传》之训诂以及研究对于《春秋穀梁传》之训诂之训诂，略举数则而已。

《春秋穀梁传》隐公五年：始厉乐矣

《春秋穀梁传》隐公五年：

穀梁子曰："舞《夏》，天子八佾，诸公六佾，诸侯四佾。初献六羽，始僭乐矣。"①范宁集解："言穀梁子者，非受于师，自其意也。夏，大也。大谓大雉。大雉，翟雉。佾之言列，八人为列，又有八列，八八六十四人也。并执翟雉之羽而舞也。天子用八，象八风。诸公用六，降杀以两也。不言六佾者，言佾则干在其中，明妇人无武事，独奏文乐。"② 范宁集解："下犯上谓之僭。"③

《春秋穀梁传》隐公五年：

尸子曰："舞《夏》，自天子至诸侯皆用八佾。初献六羽，始厉乐矣。"④ 范宁集解："言时诸侯僭侈，皆用八佾，鲁于是能自减厉，而始用六。穀梁子言其始僭，尸子言其始降。"⑤

在《春秋穀梁传》中穀梁子引用尸子皆为补充自己的观点，没有正相反对的，此处也不当例外。穀梁子从一般情况言说礼乐制度，诸侯四佾，初献六羽，则为僭越礼乐制度；尸子从特殊情况言说礼乐制度，自天子至诸侯皆用八佾。《礼记·明堂位》："成王以周公为有勋劳于天下，是以封周公于曲阜，地方七百里，革车千乘，命鲁公世世祀周公

① 阮元校刻《十三经注疏》，中华书局 1980 年 10 月第 1 版，第二三六九页。

② 阮元校刻《十三经注疏》，中华书局 1980 年 10 月第 1 版，第二三六九页。

③ 阮元校刻《十三经注疏》，中华书局 1980 年 10 月第 1 版，第二三六九页。

④ 阮元校刻《十三经注疏》，中华书局 1980 年 10 月第 1 版，第二三六九页。

⑤ 阮元校刻《十三经注疏》，中华书局 1980 年 10 月第 1 版，第二三六九页。

以天子之礼乐。”[①]《礼记·祭统》：“昔者，周公旦有勋劳于天下。周公既没，成王、康王追念周公之所以勋劳者，而欲尊鲁，故赐之以重祭，外祭则郊社是也，内祭则大尝禘是也。夫大尝禘，升歌《清庙》，下而管《象》，朱干玉戚，以舞《大武》，八佾以舞《大夏》，此天子之乐也。康周公，故以赐鲁也。子孙纂之，至于今不废，所以明周公之德而又以重其国也。”[②] 据《礼记·明堂位》和《礼记·祭统》，成王、康王命鲁公世代祭祀周公以天子之礼乐，可用天子八佾以舞《大夏》。可见，尸子所说基本上符合鲁国的特殊礼乐制度，如此则初献六羽既不符合特殊的礼乐制度，也不符合一般的礼乐制度，所以，从特殊礼乐制度的角度衡量，初献六羽也是破坏和玷污礼乐制度。厉训丑恶，引申为破坏和玷污（礼乐制度）。《诗经·大雅·民劳》之“以谨丑厉”之厉，郑玄笺：“厉，恶也。”

厉训丑恶而引申为破坏和玷污的过程是复杂的，其间受到方言之影响。扬雄《輶轩使者绝代语释别国方言》卷六：“厉、卬，为也。瓯越曰卬，吴曰厉。”[③]《尔雅·释诂》：“浡、肩、摇、动、蠢、迪、俶、厉，作也。”郭璞注：“浡然，兴作貌，蠢，动作。《公羊传》曰：‘俶甚也。’《穀梁传》曰：‘始厉乐矣。’肩见《书》，迪未详。”[④] 据此，“俶”当训为“作”，“厉”亦当训为“作”，郭璞注引《春秋公羊传》《春秋穀梁传》以证之。

《尔雅》郭璞注非常重要。《春秋公羊传》隐公九年之“俶甚也”[⑤] 之俶当训作，引申为下（雪）或雨（雪），现在仍有风雨大作之说。何休解诂以俶训始怒也，若始为发、动之意，则勉强可通，天公发怒雨雪大作，俶仍为作义，但是何休解诂接言“始怒甚犹大甚也，盖师说以为平地七尺雪者”[⑥] 则误，俶在此处不可训大或厚，《春秋公羊传》隐公九年：“三月，癸酉，大雨震电。何以书？记异也。何异尔？不时也。庚辰，大雨雪。何以书？记异也。何异尔？俶甚也。”[⑦]《春秋公羊传》上下文之文意为大雨震电不合时令、大雨雪下过分了，均是就大雨震电、大雨雪之抽象动作而言，不是就大雨雪落地之后所形成的状态而言，故俶在此处训作不可训厚。阮元《十三经注疏校勘记》以二怒字

---

① 阮元校刻《十三经注疏》，中华书局 1980 年 10 月第 1 版，第一四八八页。
② 阮元校刻《十三经注疏》，中华书局 1980 年 10 月第 1 版，第一六〇七页。
③ 钱绎《方言笺疏》，上海古籍出版社 1984 年 5 月第 1 版，第四〇九页。
④ 阮元校刻《十三经注疏》，中华书局 1980 年 10 月第 1 版，第二五七六页。
⑤ 阮元校刻《十三经注疏》，中华书局 1980 年 10 月第 1 版，第二二一〇页。
⑥ 阮元校刻《十三经注疏》，中华书局 1980 年 10 月第 1 版，第二二一〇页。
⑦ 阮元校刻《十三经注疏》，中华书局 1980 年 10 月第 1 版，第二二一〇页。

皆衍文，阮元实误，二怒字皆不衍，阮元《十三经注疏校勘记》又自我否定："按：前说不然，始甚则不得云犹大甚。"① 此非问题之关键所在，始怒甚也不得云犹大甚也。俶可训始，俶也可训作，此处俶当训作，始怒勉强可训作，故二怒字皆不衍。《诗经·大雅·崧高》之"有俶其城"之俶也训作不训厚，毛传："俶，作也。"② 俞樾《群经平议》以俶训厚实误，俶当是动词而不是形容词。

《尔雅》郭璞注非常重要。《尔雅》郭璞注以《春秋穀梁传》之"始厉乐矣"之厉训作，是也。然《尔雅》之主要训诂体例为合训或汇训，即数个具有相同义项之字以一个该相同义项之常用字解释之，此即决定了《尔雅》之局限性，即《尔雅》要最大限度寻求被解释对象之间之共同点，有时被解释对象之间之细微差别就不得不忽略了。如浡、肩、摇、动、蠢、迪、俶、厉皆作也，但是浡、肩、摇、动、蠢、迪、俶、厉训为作之细微差别就不得不忽略了。鉴于《尔雅》之局限性，于使用《尔雅》之时就要注意被解释对象之间之细微差别。《尔雅》为解释《春秋穀梁传》之"始厉乐矣"之厉框定了意义之大致范围，此虽已功德无量，但是仍然未得到《春秋穀梁传》之"始厉乐矣"之厉之确诂，故仍需在《尔雅》训释之基础上继续探索。《诗经·大雅·民劳》之"以谨丑厉"之厉，郑玄笺："厉，恶也。"③ 厉有丑恶之义。厉之作为之义仅仅是浡、肩、摇、动、蠢、迪、俶、印等所共有或所相同之一般之意义，厉还有与浡、肩、摇、动、蠢、迪、俶、印等所没有或所不同之特殊之意义，亦可曰厉还有与浡、肩、摇、动、蠢、迪、俶、印等所不同之细微区别，厉是丑恶之作为，即破坏和玷污。故《春秋穀梁传》隐公五年之"始厉乐矣"之厉当训破坏和玷污（礼乐制度）。

由于厉训丑恶之作为使用稀少，不仅使《春秋穀梁传》隐公五年之"始厉乐矣"之厉当训破坏和玷污（礼乐制度）寝藏两千多年而不为人知，经我考证始重见天日，而且厉训丑恶之作为之丑恶之意义也因使用稀少而逐渐消失，而作为遂成为厉之主要意义，以作为为主要意义之厉遂写作励。

《春秋穀梁传》隐公五年：苞人民、殴牛马曰侵

《春秋穀梁传》隐公五年："伐不逾时，战不逐奔，诛不填服。苞人民、殴牛马曰侵。

① 阮元校刻《十三经注疏》，中华书局 1980 年 10 月第 1 版，第二二一二页。

② 阮元校刻《十三经注疏》，中华书局 1980 年 10 月第 1 版，第五六七页。

③ 阮元校刻《十三经注疏》，中华书局 1980 年 10 月第 1 版，第五四八页。

斩树木、坏宫室曰伐。”① 范宁集解：“制其人民，殴其牛马，贼去之后，则可还反。树木斩不复生，宫室坏不自成，故其为害重也。”② 杨士勋疏：“释曰：案《左传》：‘有钟鼓曰伐，无曰侵。’《公羊传》：‘觕者曰侵，精者曰伐。’又何休《废疾》云：厩焚，孔子曰：‘伤人乎？’不问马。今《穀梁》以‘苞人民’为轻，‘斩树木、坏宫室’为重，是理道之不通也。”③ 所以《穀梁》不从二传者。郑玄云：“苞人民，殴牛马，兵去则可以归还，其为害轻。坏宫室，斩树木，则树木断不复生，宫室坏不自成，为毒害更重也。”是郑意亦以斩树木坏宫室为重，是亦一家之义，故与二传不同。”

一般训苞为俘虏，此训不妥，俘虏是战争的正常情况，只要对俘虏没有采取不人道的行为，就不存在非正义性，此其一，人民作为一个整体从来没有被作为俘虏，也不可能成为俘虏，这就不具有谴责性和政治预防性，此其二。苞当训拘或拘押，这就具有非法伤害的性质，殴牛马之殴有残害义，殴牛马与苞人民互文为训，拘押并且残害人民、拘押并且残害动物，对于有生命者进行拘押残害就是侵，《春秋穀梁传》列侵于伐前，是认为侵比伐严重。何休《废疾》从《左传》“有钟鼓曰伐，无曰侵”出发，以伐比侵严重，诬蔑《春秋穀梁传》轻视人。郑玄辩驳，不得要领，令人失望，没有解决对方诬蔑《春秋穀梁传》轻视人的问题，郑玄也不过如此，碌碌无为，不足论。

《春秋穀梁传》列侵于伐前，是认为侵比伐严重。可以伐，不可以侵，对于有生命者进行拘押残害就是侵，侵重于伐，且侵为非正义性质，伐是非正义性质、正义性质并存，如逾时则为非正义性质。《春秋穀梁传》是世界上最早对于侵略进行定义的文献之一，具有世界意义和历史意义，此其一，《春秋穀梁传》对于侵略进行定义是以人和动物等等有生命之物遭受非法的被残酷剥夺自由和遭到伤害，即遭受拘押和残害，作为构成侵略的要件是相当先进的，就是在现在也是具有参考意义的。

《春秋穀梁传》桓公六年：陈侯憙猎，淫猎于蔡

《春秋穀梁传》桓公六年：

> 秋，八月壬午，大阅。大阅者何？阅兵车也。修教明谕，国道也。平而修戎事，非正也。其日，以为崇武，故谨而日之，盖以观妇人也。蔡人杀陈佗。陈佗者，陈

---

① 阮元校刻《十三经注疏》，中华书局 1980 年 10 月第 1 版，第二三七〇页。

② 阮元校刻《十三经注疏》，中华书局 1980 年 10 月第 1 版，第二三七〇页。

③ 阮元校刻《十三经注疏》，中华书局 1980 年 10 月第 1 版，第二三七〇页。

君也。其曰陈佗何也？匹夫行，故匹夫称之也。其匹夫行奈何？陈侯憙猎，淫猎于蔡，与蔡人争禽。蔡人不知其是陈君也，而杀之。何如知其是陈君也？两下相杀，不道。其不地，于蔡也。①

愚以为《春秋穀梁传》此二猎当训为猎色，淫猎即指猎色，淫不可训过度、恣意，淫即不正当之男女关系，争禽即是争女人的委婉说法。

《春秋公羊传》桓公六年：

秋，八月壬午，大阅。大阅者何？简车徒也。何以书？盖以罕书也。蔡人杀陈佗。陈佗者何？陈君也。陈君则曷为谓之陈佗？绝也。曷为绝之？贱也。其贱奈何？外淫也。恶乎淫，淫于蔡，蔡人杀之。②

傅隶朴《春秋三传比义》："不过史记以厉公即是陈佗（三传皆不以陈佗有谥），是史记的错误。"③ 傅隶朴误，三传不载陈佗之谥，不能以此认为陈佗无谥，此其一，司马迁或可有其他材料来源，此绝非傅隶朴所能定是非也，此其二。

《春秋穀梁传》桓公六年：以其畫我

《春秋穀梁传》桓公六年：

六年春，正月，寔来。寔来者，是来也。何谓是来？谓州公也。其谓之是来何也？以其畫我，故简言之也。诸侯不以过相朝也。④

其一，"何谓是来？谓州公也。"来字为衍文。

其二，过非为路过，过即来，是访问、朝之简慢说法。

《说文解字》："过，度也。"⑤ 过即是过度，即经过、走过之意。引申为路过，再进一步引申为简慢之访问。《春秋穀梁传》桓公六年"诸侯不以过相朝也"之过不训路过，

① 阮元校刻《十三经注疏》，中华书局1980年10月第1版，第二三七五页。

② 阮元校刻《十三经注疏》，中华书局1980年10月第1版，第二二一六页。

③ 傅隶朴《春秋三传比义》，中国友谊出版公司1980年10月第1版，第一三八页。

④ 阮元校刻《十三经注疏》，中华书局1980年10月第1版，第二三七四页——第二三七五页。

⑤ 许慎《说文解字》，中华书局1963年12月第1版，第39页。

即路过不是此处过之意思，此处过之意思是简慢之访问，“诸侯不以过相朝也”之意思是“诸侯不以简慢之访问去朝见啊”或“诸侯不以简慢之访问相互拜访啊”。

畫之本义当为劃分，畫之引申义有停止之义，《论语·雍也》：“今女畫。”① 孔曰：“畫，止也。”② 畫有劃此为止义。《列子·天瑞》：“终者不得不终，亦如生者之不得不生。而欲恒其生，”③ 畫其终惑于数也。”畫其终即止其终，畫有劃此为止义。停止于某地即到访之简慢说法。《春秋公羊传》桓公六年之“化我也”之“化”来源于《春秋穀梁传》桓公六年之“以其畫我”之“畫”，化非为齐人语或齐语或齐国方言，而是畫之同音假借字。畫也不是什么鲁人语或鲁语或鲁国方言，而是古汉语的合乎规范的表达法。

《春秋公羊传》桓公六年：

> 春正月，寔来。寔来者何？犹曰是人来也。孰谓？谓州公也。曷为谓之寔来？慢之也。曷为慢之？化我也。④

《春秋左传》桓公六年：“六年，春，自曹来朝，书曰：寔来，不复其国也。”⑤

傅隶朴《春秋三传比义》：“三传所不同的，是左氏以州公从此留居在鲁国，公穀以州公只是路过，并非专诚来鲁。如果州公只是路过，为何从此不再有州公的记载？”⑥ 傅隶朴误，其一，过非为路过，过即来之简慢说法。其二，有无州公的记载要看州公有无值得记载的事迹，如果州公从此留居在鲁国，之后有值得记载的事迹也会记载，就算州公只是路过，之后没有值得记载的事迹自然也不会记载。

《春秋穀梁传》桓公五年：在乎冀州

《春秋穀梁传》桓公五年：“举从者之辞也。其举从者之辞，何也？为天王讳伐郑也。郑，同姓之国也，在乎冀州，于是不服，为天子病矣。”⑦

---

① 阮元校刻《十三经注疏》，中华书局 1980 年 10 月第 1 版，第二四七八页。

② 阮元校刻《十三经注疏》，中华书局 1980 年 10 月第 1 版，第二四七八页。

③ 杨伯峻《列子集释》，中华书局 1979 年 10 月第 1 版，第一九页——第二〇页。

④ 阮元校刻《十三经注疏》，中华书局 1980 年 10 月第 1 版，第二二一六页。

⑤ 阮元校刻《十三经注疏》，中华书局 1930 年 10 月第 1 版，第一七四九页。

⑥ 傅隶朴《春秋三传比义》，中国友谊出版公司 1980 年 10 月第 1 版，第一三六页。

⑦ 阮元校刻《十三经注疏》，中华书局 1980 年 10 月第 1 版，第二三七四页。

范宁《集解》："郑，姬姓之国，冀州则近京师，亲近犹不能服，则疏远者可知。"①
陆德明《经典释文》：

冀州。案：郑本京兆郑县，是雍州之域，后徙河南新郑，为豫州之境。冀在两河之间，非郑都也。冀州言去京师近也。麋氏云："韩侯灭郑，韩都冀州，故以目郑。"近，附近之近。②

杨士勋疏：

徐邈云："新郑属冀州。"案《尔雅》："两河间曰冀州。"新郑在河南，不得属冀州，是徐之妄也。麋信云："郑在冀州者，韩哀侯灭郑，遂都之。韩，故晋也。传以当时言之，遂云冀州。"然则王伐郑之时，本未有韩国，何得将后代之事以为周世之名？若以韩侯从冀州都郑，则曰冀州，大伯从雍州适吴，岂得谓吴为雍州也？是麋信之谬矣。盖冀州者，天下之中州，自唐虞及夏殷皆都焉。则冀州是天子之常居，以郑近王畿，故举冀州以为说，故邹衍著书云："九州之内，名曰赤县。"赤县之畿，从冀州而起，故后王虽不都冀州，亦得以冀州言之。③

范宁《集解》提出冀州则近京师，陆德明《经典释文》对此解释：冀州言去京师近也。又补充麋氏之说，最后训近为附近之近。④ 杨士勋疏批驳徐邈、麋信之说后提出冀州为天下之中州，自唐虞及夏殷皆都焉。杨士勋之说有问题，冀州不是天下之中州，冀州也不是中州、中原、中国，《说文解字》："冀：北方州也，从北異声。"⑤ 冀是北方州，非为天下之中心或中州。冀虽然是北方州，但是自唐虞及夏殷皆都焉，即冀是古都所在地。《春秋穀梁传》云"郑，同姓之国也，在乎冀州"，不是讲地理上的实际位置，而是以冀州指代京都所在地。可以如此理解《春秋穀梁传》使用冀州一词，即《春秋穀梁传》是以冀州作为一个典故加以使用，冀州指代京师所在地，并不是作为地理名词加以使用。

---

① 阮元校刻《十三经注疏》，中华书局1980年10月第1版，第二三七四页。
② 刘知几《史通》，见文渊阁《四库全书》史部十五，史评类。
③ 阮元校刻《十三经注疏》，中华书局1980年10月第1版，第二三七四页。
④ 阮元校刻《十三经注疏》，中华书局1980年10月第1版，第二三七四页。
⑤ 许慎《说文解字》，中华书局1963年12月第1版，第169页。

可见，范宁《集解》所谓“郑，姬姓之国，冀州则近京师，亲近犹不能服，则疏远者可知。”① 是对于《春秋穀梁传》以冀州作为一个典故加以使用之相当准确之解释。

刘盼遂《冀州即中原说》所谓的“冀州者，三代往往以之表中原，非专指《禹贡》两河之域也”是错误的。冀州在三代往往专指《禹贡》两河之域也，《说文解字》：“冀：北方州也，从北異声。”可见冀州不是中原。《淮南子·地形训》有所谓“正中冀州曰中土”“少室、太室在冀州”之说法，此皆为五行学说盛行后之地理观念，此冀州非彼冀州。金德建《瑕丘江公作〈穀梁传〉的推测》以此为所谓的依据推测《春秋穀梁传》作于西汉中期是不能成立的。

① 阮元校刻《十三经注疏》，中华书局 1980 年 10 月第 1 版，第二三七四页。

第二章 《春秋穀梁传》的性质、作者和成书

第一节 《春秋穀梁传》的性质

要研究《春秋穀梁传》《春秋公羊传》的性质，就要先研究《春秋》的性质。《春秋》的性质决定了《春秋穀梁传》《春秋公羊传》的性质。

章太炎《春秋三传之起源及其得失》认为列国有《春秋》以晋为最早[①]，此说实误。晋侯千亩之战生子，《左传》未纪年，而《史记·十二诸侯年表》明著之，不能够证明列国有《春秋》以晋为最早。司马迁著作《史记·十二诸侯年表》，其材料来源很多，并不一定仅仅是晋之史书才记载晋事。《孟子·离娄下》云："孟子曰：'王者之迹熄而《诗》亡，《诗》亡，然后《春秋》作，晋之《乘》、楚之《梼杌》、鲁之《春秋》一也。其事则齐桓晋文，其文则史，孔子曰：其义则丘窃取之矣。'"[②] 晋无《春秋》，晋之史书是《乘》，王者之迹熄而《诗》亡，《诗》亡，然后《春秋》作，《诗》亡大致当在西周末年，随着西周之衰败，采诗与献诗制度也随之衰败。章太炎《春秋三传之起源及其得失》认为周之《春秋》大致起于周宣王之世[③]，其说过于提前。我认为周之《春秋》大致起于周幽王末期，周之《春秋》之内容当有向前追记者。由于鲁国的特殊地位，即鲁为周公之子伯禽之封地，鲁国在推行礼乐文化上也具有特殊的地位，《诗》亡，然后《春秋》作，周之《春秋》大致起于周幽王末期，鲁国随之即有《春秋》，鲁之《春秋》之内容亦

---

① 章太炎《春秋三传之起源及其得失》，见《制言》第五十六期。

② 阮元校刻《十三经注疏》，中华书局1980年10月第1版，第二七二七页——第二七二八页。

③ 章太炎《春秋三传之起源及其得失》，见《制言》第五十六期。

当有向前追记者。列国之有《春秋》当以鲁为最早，如此则《春秋》之起源与中国历史上春秋时代的开始基本上一致，不仅基本上符合历史事实，而且也实现了历史理论与历史实际的统一。

孔子整理修订过《春秋》。

《韩非子·外储说左上》云：

> 晋文公攻原，裹十日粮，遂与大夫期十日，至原，十日而原不下，击金而退，罢兵而去。士有从原中出者曰：原三日即下矣。群臣左右谏曰：夫原之食竭力尽矣，君姑待之。公曰：吾与士期十日，不去，是亡吾信也。得原失信，吾不为也。遂罢兵而去。原人闻曰：有君如彼，其信也，可无归乎？乃降公。卫人闻曰：有君如彼，其信也，可无从乎？乃降公。孔子闻而记之曰：攻原得卫者，信也。①

韩非是法家的代表人物，对儒家采取根本上反对的态度，一般情况下，不会因尊重孔子而将《春秋》的著作权归于孔子。具体到《韩非子·外储说左上》，情况很复杂，有的内容代表韩非的思想和态度，有的内容并不代表韩非的思想和态度，即仅仅作为材料而保存其中以备游说之用或其他用途。另外，法家也讲信，所谓赏厚而信、罚重而必之类，商君徙木立信之类。可见，信是人类基本的道德，法家不但不反对，而且大力提倡。如此则韩非不会将重信之名无缘无故归于孔子，必然是历史上确有其事，韩非实录之，可见，韩非还是正直的学者，这一点是应当指出和肯定的。所以《韩非子·外储说左上》之此条材料是比较可信的，所以韩非在《韩非子·外储说左上》中记录孔子整理修订过《春秋》是比较可信的。晋文公攻原之事不见载于今本《春秋》，而却见载于今本《春秋左氏传》。《春秋左氏传》以记事详赡见长，故载有晋文公攻原之事全貌；《韩非子·外储说左上》记载孔子闻知晋文公攻原之事只是记下：攻原得卫者，信也。孔子并不会详细叙述晋文公攻原的史实，《韩非子·外储说左上》记载孔子闻知晋文公攻原之事所记之内容不仅简略，而且重点在于政治伦理方面的评论，强调攻原得卫的原因在于“信”的作用。孔子为整理修订《春秋》收集了大量材料，包括晋文公攻原之事，孔子还对春秋时的史实发表了许多评论，孔子整理修订《春秋》对这些原始材料必然有所取舍，不可能

---

① 《韩非子·外储说左上》，王先慎《韩非子集解》，中华书局 1998 年 7 月第 1 版，第二八五——第二八六页。

完全使用所有材料。所以，不能因为晋文公攻原之事不见载于今本《春秋》就否定《韩非子·外储说左上》记载孔子闻知晋文公攻原之事而记之曰“攻原得卫者，信也”所反映的孔子对今本《春秋》的整理修订。

孔子整理修订《春秋》的方式依次有以下三种：第一种方式是基本上一因鲁之《春秋》之旧文；第二种方式是定《春秋》的起讫；第三种方式是对《春秋》的口说。这三种方式决定了《春秋》的性质，也决定了《春秋穀梁传》《春秋公羊传》的性质。

一、孔子整理修订《春秋》的第一种方式与《春秋穀梁传》《春秋公羊传》的性质

孔子整理修订《春秋》基本上一因鲁之《春秋》之旧文，只是用这旧文表达孔子自己的思想，基本上并没有文字痕迹可寻。

传统上一般认为孔子整理修订《春秋》包括属辞比事，即《春秋》的微言大义存在于属辞比事之中。《礼记·经解》云：“属辞比事，春秋教也。”① 属辞比事就是用比较精练规范的语言记录排比史实。

从现存《春秋》的情况看，笔法不一，孔子笔削之处是很少的。《孟子·离娄下》云：“孟子曰：‘王者之迹熄而《诗》亡，《诗》亡，然后《春秋》作，晋之《乘》、楚之《梼杌》、鲁之《春秋》一也。其事则齐桓晋文，其文则史，孔子曰：其义则丘窃取之矣。’”② 在孟子看来，孔子作《春秋》一因鲁之《春秋》之旧文，只是用这旧文表达孔子自己的思想，这样一来，《春秋》就与作为史书的《鲁春秋》有了本质的区别，《春秋》不仅仅是一部历史著作，《春秋》还寓有深义，是一部政治著作。但孟子没说如何探知孔子自己的思想。我反复玩味孟子之说，感觉孟子实际上认为：孔子作《春秋》一因鲁之《春秋》之旧文，只是用这旧文表达孔子自己的思想，基本上并没有文字痕迹可寻。

杜预也认为孔子作《春秋》一因鲁之《春秋》之旧文，基本上没有文字痕迹可寻。杜预《春秋左氏经传集解·后序》云：“会汲郡汲县有发其界内旧冢者，大得古书，皆简编科斗文字。”③ 其中有《纪年》。杜预《春秋左氏经传集解·后序》又云：“其（杨德春按：其指代《纪年》。）著书文意，大似《春秋经》，推此足见古者国史策书之常也。文称鲁隐公及邾庄公盟于姑蔑，即《春秋》所书‘邾仪父未王命（杨德春按：此为杜预暗记，当作：邾子克也，未王命。），故不书爵。曰仪父，贵之也。’又称晋献公会虞师伐虢，灭

---

① 阮元校刻《十三经注疏》，中华书局 1980 年 10 月第 1 版，第一六〇九页。

② 阮元校刻《十三经注疏》，中华书局 1980 年 10 月第 1 版，第二七二七页——第二七二八页。

③ 《春秋左传注疏》，见文渊阁《四库全书》经部五，春秋类。

下阳，即《春秋》所书‘虞师、晋师灭下阳’、‘先书虞，贿故也。’又称周襄王会诸侯于河阳，即《春秋》所书‘天王狩于河阳’、‘以臣召君，不可以训也（杨德春按：此为杜预暗记，当无也字）。’诸若此辈甚多，略举数条，以明国史皆承告据实而书时事，仲尼修《春秋》，以义而制异文也。又称卫懿公及赤翟战于洞泽，疑洞当为泂，即《左传》所谓荧泽也。齐国佐来献玉磬、纪公之甗，即《左传》所谓宾媚人也。诸所记多与《左传》符同，异于《公羊》《穀梁》，知此二书近世穿凿，非《春秋》本意，审矣。"①杜预强调《春秋》为鲁国史，鲁国史官记别国之事，皆依据别国之来告，据实而书时事，仲尼修《春秋》皆承鲁国史官的旧文，因内容不同而文字也随之不同。

刘知几也强调汲冢文献所记"执我行人""郑弃其师""陨石于宋五"皆与《春秋》不别。刘知几《史通·惑经》云："按古者国有史官，具列时事。观汲坟所记，皆与鲁史符同，至如周之东迁，其说稍备，隐桓已上，难得而详，此之烦省，皆与《春秋》不别，又获君曰止，诛臣曰刺杀其大夫，曰执我行人，郑弃其师，陨石于宋五。（原注：其事并出《竹书纪年》，唯郑弃师出《琐语·晋春秋》也。）诸如此句，多是古史全文。则知夫子之所修者，但因其成事，就加雕饰，仍旧而已，有何力哉？加以史策有阙文，时月有失次，皆存而不正，无所用心，斯又不可得而殚说矣。"②

晋代杜预、唐代刘知几都以出土实物证明《春秋》之笔法与《纪年》等史书之笔法并无本质的差异。这实际上等于说孔子作《春秋》一因鲁之《春秋》之旧文，只是用这旧文表达孔子自己的思想，基本上并没有文字痕迹可寻。也就否定了《春秋穀梁传》《春秋公羊传》以各种有文字痕迹可寻的义例探寻孔子自己的思想的作法。晋代杜预认为《纪年》"诸所记多与《左传》符同，异于《公羊》《穀梁》，知此二书近世穿凿，非《春秋》本意，审矣。"③《春秋穀梁传》《春秋公羊传》以各种有文字痕迹可寻的义例所探寻出来的孔子自己的思想或所谓微言大义只能看作是《春秋穀梁传》《春秋公羊传》自己的思想，而不能强加给孔子以作为孔子的思想。

《春秋公羊传》有一则《不修春秋》与《春秋》有差别的记载。《春秋》庄公七年："夏，四月，辛卯。夜，恒星不见。夜中，星贾如雨。"《春秋公羊传》云："恒星者何？列星也。列星不见则（杨德春按：此则字据阮元校勘记补，但是，阮校实误。上文言恒

① 《春秋左传注疏》，见文渊阁《四库全书》经部五，春秋类。

② 刘知几《史通》，见文渊阁《四库全书》史部十五，史评类。

③ 《春秋左传注疏》，见文渊阁《四库全书》经部五，春秋类。

星者何，作者不作则，下文言如雨者何，亦作者不作则，依据上下文例，列星不见后之则字当作者。）何？以知夜之中星反也。如雨者何？如雨者非雨也。非雨则曷为谓之如雨？《不修春秋》曰：‘雨星不及地尺而复。’君子修之曰：‘星霣如雨。’何以书？记异也。”① 君子一般认为就是指孔子，王充《论衡》中的《艺增篇》说：“君子者，谓孔子也。”② 王充《论衡》中的《说日篇》说：“君子者，孔子。”③ 这就明确指出了君子就是孔子。《春秋公羊传》所记载的《不修春秋》与《春秋》有差别之说的可信性姑且不论，姑且就认为其为真，则孔子形诸文字而有痕迹可寻之处也是极少数的，何况《春秋公羊传》此则《不修春秋》与《春秋》有差别的记载又与《春秋公羊传》昭公十二年的记载相矛盾。

《春秋》昭公十二年云：“十有二年，春，齐高偃帅师纳北燕伯于阳。”《春秋公羊传》云：“伯于阳者何，公子阳生也。子曰：‘我乃知之矣。’在侧者曰：‘子苟知之，何以不革？’曰：‘如尔所不知何？《春秋》之信史也，其序则齐桓晋文，其会则主会者为之也，其词则丘有罪焉尔。”④

孔子认为《春秋》为信史，所以不革。其词指《春秋》之文，孔子完全借用了《春秋》之文字形式以抒发自己的胸怀，所以说丘有罪焉尔。此即孟子所谓其事则齐桓晋文，其文则史，其义则丘窃取之。鲁史以为表面形式，义则为孔丘之思想。“子苟知之，何以不革”可否解释为孔子多有所革而唯独此处特不革，我认为不可作此种解释，原因有三：其一，要有足够的或曰大量的坚实证据证明孔子多有所革，然后在侧者于此条件下问孔子唯独此处特不革才合情合理，现并无孔子多有所革或曰大量改动之坚实证据。其二，孔子明确表示：“《春秋》之信史也，其序则齐桓晋文，其会则主会者为之也，其词则丘有罪焉尔。”即《春秋》乃信史也，其顺序完全是齐桓晋文的自然时间顺序，其会则主会者自己之所为，言下之意即《春秋》乃是对主会者自己之所为的真实记录，其词则丘有罪焉尔，“其词”即指该真实记录，“其词”之前省略了“革”，即孔子认为对《春秋》之任何改动都是犯罪。另外，其词则丘有罪焉尔也可以解释为其词为丘窃取以表达自己之思想，即孟子所记载之其文则史而其义则丘窃取之，故曰有罪焉尔。两种解释均可通，

---

① 阮元校刻《十三经注疏》，中华书局 1980 年 10 月第 1 版，第二二二八页。

② 王充《论衡·艺增篇》，黄晖《论衡校释》中华书局 1990 年 2 月第 1 版，第三九二页。

③ 王充《论衡·说日篇》，黄晖《论衡校释》中华书局 1990 年 2 月第 1 版，第五一二页。

④ 阮元校刻《十三经注疏》，中华书局 1980 年 10 月第 1 版，第二三二〇页。

均为孔子未革《春秋》之意义。若“子苟知之，何以不革”解释为孔子多有所革而唯独此处特不革，则与“其词则丘有罪焉尔”矛盾。其三，将“子苟知之，何以不革”解释为孔子多有所革而唯独此处特不革，实际上是登徒子好色式之诡辩，诡辩不是科学。

要之，孔子并未创立各种有文字痕迹可寻的义例，而是完全借用鲁之《春秋》之文字形式以抒发自己的胸怀，如此说来，孔子之本义已不得而知。《春秋穀梁传》《春秋公羊传》以各种有文字痕迹可寻的义例所探寻出来的孔子自己的思想或所谓微言大义只能看作是《春秋穀梁传》《春秋公羊传》各自自己的思想。这一点在三传对《春秋》庄公七年“星賈如雨”的不同解释中可以得到证明。

对《春秋》庄公七年所载之“星賈如雨”，《春秋公羊传》引《不修春秋》之原文当是“雨星不及地尺而复”，君子修之曰：“星賈如雨。”而君子之所以修之的原因是记异。显然，《春秋公羊传》已不知其中的微言大义。可见，其中的微言大义在《春秋公羊传》出现之前已失传了。

《春秋左氏传》云：“夏，恒星不见，夜明也。星陨如雨，与雨偕也。”① 《春秋左氏传》认为是夜里月光明亮，所以看不见恒星之光。星陨如雨是星与雨一起落下。《春秋左氏传》也已不知其中的微言大义。可见，其中的微言大义在《春秋左氏传》出现之前已失传了。

《春秋穀梁传》云：“恒星者，经星也。日入至于星出，谓之昔。不见者，可以见也。夜中星陨如雨，其陨也如雨。是夜中与？《春秋》著以传著，疑以传疑。中之几也，而曰夜中，著焉尔。何用见其中也？失变而录其时，则夜中矣。其不曰恒星之陨何也？我知恒星之不见而不知其陨也，我见其陨而接于地者，则是雨说也。著于上见于下谓之雨，著于下不见于上谓之陨，岂雨说哉？”② 《春秋穀梁传》认为“星陨如雨”的“雨”用错了。显然，《春秋穀梁传》已不知其中的微言大义。可见，其中的微言大义在《春秋穀梁传》出现之前已失传了。

《春秋》三传对“星陨如雨”的解说互不相同。《春秋穀梁传》甚至认为《春秋》经文“星陨如雨”的“雨”用错了，而据《春秋公羊传》所载，“星陨如雨”是孔子所改定的。用现代科学来看，《不修春秋》曰：“雨星不及地尺而复。”《不修春秋》记载的是一次流星雨，流星雨下落时与空气摩擦而燃烧，流星雨在未到达地面时即燃烧完了，在地

① 阮元校刻《十三经注疏》，中华书局1980年10月第1版，第一七六五页。

② 阮元校刻《十三经注疏》，中华书局1980年10月第1版，第二三八二页。

面上没有留下陨石，由于在地面上没有留下陨石，便以为流星又回到天上去了。孔子或觉得不可思议，或别有微言大义，在修《春秋》时改为“星陨如雨”了，这是《春秋公羊传》的记载。但孔子在修《春秋》时改为“星陨如雨”的微言大义已不得而知，实际上就等于失传了。

要之，据《春秋公羊传》所载，“星陨如雨”是孔子所改定的，但《春秋穀梁传》甚至认为修改错了。对于有文字痕迹可寻的孔子修《春秋》之处，《春秋》三传的解释尚且如此，从现存《春秋》的情况来看，《春秋》基本上一因鲁之《春秋》之旧文，其中之微言大义基本上无文字痕迹可寻，《春秋》三传的解释也就可想而知了。

《春秋》三传对“星陨如雨”的解说互不相同，《春秋穀梁传》甚至认为《春秋》经文“星陨如雨”的“雨”用错了。《春秋公羊传》认为“星陨如雨”是记异，较《春秋左氏传》之“与雨偕也”的说法为长。古人评说《春秋》三传之义常用“为长”，表示相比之下，某传之说稍微强一点，至于孔子的《春秋》大义则不得而知，孔子的《春秋》大义实际上失传了。《春秋》三传所阐发的孔子的《春秋》大义只不过是《春秋》三传对孔子的《春秋》大义的不同理解，《春秋》三传所阐发的孔子的《春秋》大义只能当作《春秋》三传的思想，而不能强加给孔子而作为孔子的思想。

二、孔子整理修订《春秋》的第二种方式与《春秋穀梁传》《春秋公羊传》的性质

孔子整理修订《春秋》包括定《春秋》之起讫，即《春秋》的微言大义存在于《春秋》之起讫之中。《春秋》昭公二年：“春，晋侯使韩起来聘。”《春秋左氏传》云：“二年，春，晋侯使韩宣子来聘，且告为政而来见，礼也，观书于大史氏，见《易象》与《鲁春秋》，曰：‘周礼尽在鲁矣，吾乃今知周公之德与周之所以王也。’”[①]韩宣子聘鲁，观书于太史氏，见《鲁春秋》，言其始知周公之德与周之所以王。表明韩宣子所见之《鲁春秋》是从周公记起的。上文已言《鲁春秋》大致起于周幽王末期，其所记周公之事当为追记。

顾炎武认为《春秋》起于隐公是孔子所定。顾炎武《日知录》卷四“鲁之《春秋》”条云：“《春秋》不始于隐公。晋韩宣子聘鲁，观书于太史氏，见《易象》与《鲁春秋》，曰：‘周礼尽在鲁矣，吾乃今知周公之德与周之所以王也。’（原注：《左传》昭公二年）盖必起自伯禽之封，以洎于中世，当周之盛，朝觐、会同、征伐之事皆在焉。故曰：‘周礼’，而成之者，古之良史也。自隐公以下，世道衰微，史失其官，于是孔子惧而修之。

① 阮元校刻《十三经注疏》，中华书局1980年10月第1版，第二〇二九页。

自惠公以上之文无所改焉，所谓‘述而不作’者也。自隐公以下，则孔子以己意修之已，所谓‘作《春秋》’也。然则自惠公以上之《春秋》，固夫子所善而从之者也。惜乎其书之不存也。（原注：孟子虽言《诗》亡然后《春秋》作，然不应伯禽至孝公三百五十年全无纪载。）”① 顾炎武之论有一定道理，但是，没有考虑到《春秋》产生之时间是在周幽王末期，完全忽略了孟子所谓《诗》亡然后《春秋》作之记载，也没有注意到追记之问题，此为顾炎武之局限性。

韩宣子聘鲁事在鲁昭公二年，鲁昭公二年为周景王五年，即公元前540年。孔子生于公元前551年，孔子于鲁昭公二年时为十二岁。在孔子十二岁时《鲁春秋》还是起自周公。在孔子活动的时代六艺因无人整理而混乱，有鉴于此，孔子晚年方才整理六艺，则《春秋》起自鲁隐公而讫于鲁哀公十四年西狩获麟当为孔子晚年所修定。《鲁春秋》作为史书是从周公记起的，而《春秋》起自鲁隐公元年，几乎略去一半，《鲁春秋》无论怎样残缺，也不可能从孔子十二岁到孔子晚年的几十年时间里几乎残缺一半，并且是在鲁隐公元年处整整齐齐地断开。这只能说明《春秋》起自鲁隐公元年有可能是孔子整理修订《春秋》时特意所为，考虑到《春秋》产生于周幽王末期，孟子所谓《诗》亡然后《春秋》作，周幽王末期以前之记载基本上是追记，虽然这也可能是孔子删除之原因之一，但是绝不是主要原因，孔子这样的特意所为也就寓有深义。这样一来，《春秋》就与作为史书的《鲁春秋》有了本质的区别，《春秋》不仅仅是一部历史著作，《春秋》还寓有深义，是一部政治著作。

但是，孔子定《春秋》之起讫的思想或所谓微言大义已失传。《春秋穀梁传》《春秋公羊传》对《春秋》起讫的解释只能看作是《春秋穀梁传》《春秋公羊传》各自自己的思想而不能强加给孔子以作为孔子的思想。

三、孔子整理修订《春秋》的第三种方式与《春秋穀梁传》《春秋公羊传》的性质

孔子整理修订《春秋》还包括对《春秋》之口说，即《春秋》的微言大义还存在于《春秋》之原文、起讫等文字书籍形式之外。据我所知，以往之所有关于孔子整理修订《春秋》的论述皆以为孔子整理修订《春秋》是笔削二事。我认为将孔子修《春秋》仅仅理解为是形诸笔墨和删削笔墨之事是狭隘而片面的。孔子整理修订《春秋》还包括对《春秋》之口说，即以口说之方式整理修订《春秋》。孔子曾与弟子讨论过春秋时期的人物和事件，孔子还直接就《春秋》的记载进行评说。

---

① 顾炎武《日知录》，黄汝成《日知录集释》，中华书局2006年12月第1版，第一七九页——第一八〇页。

《春秋》僖公十六年："春，王正月，戊申朔。陨石于宋五，是月六鹢退飞，过宋都。"《春秋穀梁传》云："先陨而后石，何也？陨而后石也。于宋四竟之内曰宋，后数，散辞也，耳治也。是月者，决不日而月也，六鶂退飞过宋都，先数，聚辞也，目治也。子曰：'石，无知之物。鶂，微有知之物。石无知故日之，鶂微有知之物故月之。君子之于物无所苟而已，石鶂且犹尽其辞，而况于人乎？故五石六鶂之辞不设，则王道不亢矣。'民所聚曰都。"[①] 子曰以下一段是孔子以口说之方式修《春秋》的直接证据。孔子以口说之方式修《春秋》并未形成统一的义例，石无知故日之，鶂微有知之物故月之，孔子只是就事论事，若将"日之""月之"推广为普遍的义例，就会出现漏洞和局限性。

孔子以口说之方式修《春秋》有出于免祸的考虑，不能因为孔子有免祸的考虑就认为孔子不如董狐，孔子的思想是讲究高明柔克的，所以孔子比董狐看得更远。另外也不能排除孔子出于对受业弟子的安全和本学派与学说的长远发展的考虑。更为重要的是乱臣贼子做贼心虚，孔子以口说之方式整理修订《春秋》而所修之内容又没有外传，这对乱臣贼子的心理震慑作用要比形诸笔墨来得还要强烈。

孔子所采用的教育方式是个人启发式的讲授方式，这在《论语》中可以得到证明。孔子以口说之方式修《春秋》必须通过对弟子的传授才能实现，而孔子所采用的传授方式也是个人启发式的讲授方式，孔子对相关弟子的口说是不一样的，相关弟子的理解也是不一样的。孔子阐述的《春秋》的微言大义也就失传了。

《论语·述而》记载了孔子对辄拒父不赞成。冉有曰："夫子为卫君乎？"子贡曰："诺，吾将问之。"入曰："伯夷、叔齐何人也？"曰："古之贤人也。"曰："怨乎？"曰："求仁得仁，又何怨？"出曰："夫子不为也。"[②] 从子贡的理解来看，孔子认为辄不应拒父，而应效仿伯夷、叔齐让国，这样一来，蒯聩仍有继承君位的权利，这就是因为蒯聩在血缘上是辄的父亲、卫灵公的世子。孔子对春秋历史事件的评论不仅仅是为了学习历史、博学于文，而是政治上的评论。孔子以口说之方式修《春秋》，虽然文字一因《鲁春秋》之旧文，但《春秋》已不仅仅是一部历史著作，也是一部政治著作。《春秋公羊传》赞成辄拒父，已与子贡所理解的孔子关于此问题的思想背道而驰。《春秋穀梁传》认为应在尊祖的前提下父子礼让，这与子贡所理解的孔子关于此问题的思想也是有距离的。可见，《春秋公羊传》《春秋穀梁传》所阐发的孔子的《春秋》的微言大义只能看成是《春

① 阮元校刻《十三经注疏》，中华书局1980年10月第1版，第二三九八页。

② 阮元校刻《十三经注疏》，中华书局1980年10月第1版，第二四八二页。

秋公羊传》《春秋穀梁传》各自自己的思想。《论语·述而》记载了孔子对辄拒父不赞成，这也不过是子贡所理解的孔子关于此问题的思想，孔子关于此问题的真实看法实际上已无法得知。但是，《春秋穀梁传》的记载具有重要的参考价值。

现在要研究《春秋穀梁传》《春秋公羊传》，首先要明确孔子与《春秋》是有关系的，孔子以借用鲁之《春秋》之旧文、定《春秋》之起讫、口说三种方式整理修订《春秋》，但孔子整理修订《春秋》的微言大义已失传，《春秋穀梁传》《春秋公羊传》为了使自己的思想具有权威性，通过创立义例捏造孔子笔削痕迹以便将自己的思想罩上孔子的灵光。

我认为孔子整理修订《春秋》通过借用鲁之《春秋》之旧文、定《春秋》之起讫形成《春秋》的文本，孔子主要是以口头评论的方式传授微言大义，而以书籍文字的方式为补充，我所谓的补充也就是确定《春秋》之起讫，对《鲁春秋》的极少数地方做了属辞比事的工作，其余孔子基本上一因《鲁春秋》之旧文。从孔子确定《春秋》之起讫和对《鲁春秋》的极少数地方做了属辞比事的工作中探求孔子整理修订《春秋》之微言大义基本上是不可能的，因为有限的材料是明摆着的，对这些有限的材料可以有各种不同的理解，这实际上就等于孔子修《春秋》之微言大义失传了。

由于孔子整理修订《春秋》包括口头评论的方式，而且由于孔子采用启发式的口头评论方式，对相关弟子所讲各不相同，弟子退而异言，左丘明惧弟子退而异言，惧孔子修《春秋》之微言大义将失传，作《春秋左氏传》，以本事传《春秋》。这在《汉书·艺文志》和《经典释文序录》中都有明确记载。

《汉书·艺文志》云："古之王者世有史官，君举必书，所以慎言行，昭法式也。左史记言，右史记事，事为《春秋》，言为《尚书》，帝王靡不同之。周室既微，载籍残缺，仲尼思存前圣之业，乃称曰：'夏礼吾能言之，杞不足征也；殷礼吾能言之，宋不足征也。文献不足故也，足则吾能征之矣。'以鲁周公之国，礼文备物，史官有法，故与左丘明观其史记，据行事，仍人道，因兴以立功，就败以成罚，假日月以定历数，藉朝聘以正礼乐，有所褒讳贬损，不可书见，口授弟子，弟子退而异言。丘明恐弟子各安其意，以失其真，故论本事而作传，明夫子不以空言说经也。《春秋》所贬损大人当世君臣，有威权势力，其事实皆形于传，是以隐其书而不宣，所以免时难也。及末世口说流行，故有《公羊》《穀梁》《邹》《夹》之传，从而形成《春秋左氏传》之主体部分。四家之中《公羊》《穀梁》立于学官，《邹氏》无师，《夹氏》未有书。"①

① 《汉书·艺文志》，班固《汉书》，中华书局1962年6月第1版，第一七一五页。

《经典释文序录》云："古之王者必有史官，君举则书，所以慎言行，昭法式也。诸侯亦有国史，《春秋》即鲁之史记也。孔子应聘不遇，自卫而归，西狩获麟，伤其虚应，乃与鲁君子左丘明观书于太史氏，因鲁史记而作《春秋》。上遵周公遗制，下明将来之法，褒善黜恶，勒成十二公之经以授弟子，弟子退而异言。丘明恐弟子各安其意，以失其真，故论本事而为之传，明夫子不以空言说经也。《春秋》所贬损人当世君臣，其事实皆形于传，故隐其书而不宣，所以免时难也。及末世口说流行，故有《公羊》《穀梁》《邹氏》《夹氏》之传，《邹氏》无师，《夹氏》有录无书，故不显于世。"①

以上两条材料都言及孔子因鲁史记而作《春秋》以口授弟子，左丘明恐孔子弟子退而异言、各安其意、以失其真，故论本事而为之传，从而形成《春秋左氏传》的主体部分。若左丘明知道孔子修《春秋》之微言大义，又何必要以本事传《春秋》而作《春秋左氏传》，直接把孔子修《春秋》之微言大义写出来不就万事大吉了吗？可见，左丘明也已经不知道孔子修《春秋》之微言大义了，作《春秋左氏传》不过是让读者从春秋史实中去猜孔子整理修订《春秋》之微言大义，故左丘明作《春秋左氏传》时孔子整理修订《春秋》之微言大义已经失传了，成书于《春秋左氏传》主体部分之后的《春秋穀梁传》《春秋公羊传》最理想的情况充其量不过是弟子或再传弟子退而异言、各安其意、以失其真的作品，《春秋穀梁传》《春秋公羊传》只能看作是《春秋穀梁传》《春秋公羊传》各自的自己的思想。而现存《春秋穀梁传》的实际情况却是：现有材料无法确考穀梁子以前的无名氏和子夏，子夏与《春秋》的关系现无直接证据，基本上属于传说性质，不是很可靠的。退一步说，就算《春秋》是由子夏传出的，子夏所传之《春秋》也只是笼统的《春秋》阐释之学，其中既有《春秋穀梁传》的因素，也有《春秋公羊传》的因素。所以，真正意义上的《春秋穀梁传》当始于穀梁子。穀梁子从传说的子夏所传之笼统的《春秋》阐释之学中分离出来，形成了《春秋穀梁传》最初的学术特色，《春秋穀梁传》所阐发的孔子的《春秋》的微言大义只能看成是《春秋穀梁传》自己的思想。

《汉书·楚元王传》云："歆因移书太常博士，责让之曰：'昔唐虞既衰，而三代迭兴，圣帝明王累起相袭，其道甚著。周室既微而礼乐不正，道之难全也如此。是故孔子忧道之不行，历国应聘。自卫反鲁，然后乐正，《雅》《颂》乃得其所，修《易》，序《书》，制作《春秋》，以纪帝王之道。及夫子没而微言绝，七十子终而大义乖。重遭战国，弃笾豆之礼，理军旅之陈，孔子之道抑，而孙吴之术兴。陵夷至于暴秦，燔经书，

① 陆德明《经典释文序录》，见文渊阁《四库全书》经部七，五经总义类。

杀儒士，设挟书之法，行是古之罪，道术由是遂灭。”[1] 这条材料也明确指出了夫子没而微言绝，七十子终而大义乖。

《汉书·艺文志》云：“昔仲尼没而微言绝，七十子丧而大义乖。故《春秋》分为五，《诗》分为四，《易》有数家之传。”[2] 这条材料也明确指出因为仲尼没而微言绝，七十子丧而大义乖，所以《春秋》分为五，《春秋穀梁传》《春秋公羊传》也就只能是《春秋穀梁传》《春秋公羊传》各自自己的思想，而不可能是孔子的思想。

综上所述，虽然《春秋》首先是一部历史著作，但《春秋》又不仅仅是一部历史著作，孔子与《春秋》是有关系的，孔子以借用鲁之《春秋》之旧文、定《春秋》之起讫、口说三种方式修《春秋》，《春秋》因而又被认为寓有孔子的微言大义，所以《春秋》又是一部政治著作。但孔子修《春秋》的微言大义已失传，《春秋穀梁传》和《春秋公羊传》为了使自己的思想具有权威性，通过创立义例捏造孔子笔削痕迹，以便将自己的思想罩上孔子的灵光。《春秋穀梁传》《春秋公羊传》以各种有文字痕迹可寻的义例所探寻出来的孔子自己的思想或所谓微言大义只能看作是《春秋穀梁传》和《春秋公羊传》自己的思想而不能强加给孔子以作为孔子的思想。

《春秋穀梁传》《春秋公羊传》是对《春秋》的解说，包括对《春秋》所记载的史实的补充和评论，所以《春秋穀梁传》《春秋公羊传》是历史著作。《春秋穀梁传》《春秋公羊传》以各自自己的思想阐发孔子关于《春秋》的微言大义，所以《春秋穀梁传》《春秋公羊传》又是以各自自己的思想阐发所谓的孔子关于《春秋》的微言大义的政治著作。

第二节　《春秋穀梁传》与孔子生年月日

一、重新探索孔子诞辰问题的缘起和意义

孔教若以孔子纪年，则孔子之生年必须研究清楚。孔子为万世师表，若以孔子生日为教师之节日，则孔子之生年、月、日也必须研究清楚。孔子作为文化名人，若要纪念孔子，其生年、月、日也必须研究清楚。除开此种实际之需求不谈，就是作为一个纯粹之学术问题，孔子之生年、月、日也应该而且必须研究清楚，否则，与此相关的其他学术问题便无从谈起。

---

① 《汉书·楚元王传》，班固《汉书》，中华书局 1962 年 6 月第 1 版，第一九六八页。

② 《汉书·艺文志》，班固《汉书》，中华书局 1962 年 6 月第 1 版，第一七〇一页。

钱穆《先秦诸子系年考辨》云："韩非有言：'郑人有相与争年者，一人曰，吾与尧同年，其一人曰，吾与黄帝之兄同年，讼此而不决，以后息者为胜耳。'（《外储说左上》。）若孔子生年，殆亦将以后息者为胜。余兹姑取后说，（近人俞樾、刘师培从前说，最近崔适《史记探源》从后说。）至于详考确论，不徒不可能，抑且无所用。今谓孔子生前一年或后一年，此仅属孔子私人之年寿，与世运之升降，史迹之转换，人物之进退，学术之流变，无足重轻如毫发。而后人于此，月之日之，考论不厌其详。而他学者，如老庄，如杨墨，则人之有无，世之先后，年之夭寿，茫不加察，晦沦终古，是乌足当知人论世之实哉？今所考论，一以确有援据而有关大体者为断。至于细节，则略勿致辨，以避劳而且拙之讥。"①

首先，确考孔子之生年、月、日不仅有用，而且作为一个纯粹之学术问题也是值得研究的。其次，孔子是所谓圣人，其相关材料是丰富的，此绝非老庄杨墨之所能比，孔子生年、月、日问题是完全有条件研究清楚的，不应如此悲观以至于以郑人争年为喻。由此可见，钱穆之论不仅是错误的，而且也反映出钱穆完全没有科学研究的正确态度和探索精神。

梁玉绳《史记志疑》卷二十五："附案：《左氏春秋》不书孔子之生，《公》《穀》俱书于襄公二十一年，然《公羊》书十有一月庚子孔子生于是年之末，《穀梁》书庚子孔子生于十月之后，微有不同，而《史》独称二十二年生。从《公》《穀》者，《索隐》《外纪》《黄氏日钞》及宋濂《孔子生卒岁月辨》之类也，从《史》者杜注《左传》《拾遗记》《续博物志》《古史》《大记》《路史》、朱子《论语序说》《通鉴前编》、余姚黄氏宗羲《南雷文约》之类也。"②

孔广牧《先圣生卒年月考》罗列两派人名即本于此，钱穆《孔子生年考》罗列两派人名本于孔广牧《先圣生卒年月考》，实亦本于此。仅仅罗列两派人名是无益于孔子生年月日问题之解决的，对于此两派之观点必须考镜源流，方可辨彰孔子生年月日问题。

《鲁迅全集·日记·癸丑日记（一九一三年）九月》：

二十八日　星期休息。又云是孔子生日也。昨汪总长令部员往国子监，且须跪拜，众已哗然。晨七时往视之，则至者仅三四十人，或跪或立，或旁立而笑，钱念

① 钱穆《先秦诸子系年》，中华书局1985年10月第1版，第二页。

② 梁玉绳《史记志疑》，中华书局1981年4月第1版，第一一一二页。

> 敂又从旁大声而骂，顷刻间便草率了事，真一笑话。闻此举由夏穗卿主动，阴鸷可畏也。①

这是中华民国成立后教育部第一次祭孔，鲁迅时在教育部任职，故于日记中记其事，以公历九月二十八日祭孔盖始于此。鲁襄公二十一年夏历八月二十一日一般转换为公历当为公元前五五二年十月九日，鲁襄公二十二年夏历八月二十七日一般转换为公历当为公元前五五一年十月三日，无论如何也转换不出公历九月二十八日的结果。公历九月二十八日的结果很可能是由公元一九一三年九月一日是夏历八月朔日，又有以公元一九一三年九月二日为夏历八月朔日，教育部可能是选择公元一九一三年九月二日为夏历八月朔日，从而以夏历八月二十七日为孔子生日，如此造出了公历九月二十八日这一孔子的所谓公历生日。

祭孔的目的之一即是尊师重学，为人师表就要诚，而求学就要求真，以毫无科学依据的公历九月二十八日作为孔子生日，不仅是一笑话，对于教育亦极为有害。

董作宾《董作宾先生全集·乙编·平庐文存·孔子诞辰纪念日平议》：

> 我是相信甲说（杨德春按：指夏历八月二十一日）的，但是对政府决定采用习用已久的乙说（杨德春按：指夏历八月二十七日）为纪念日，也并不反对。因为这只是我们后人对于先师孔子表示崇敬，选定一个日子来纪念他；同时又定为教师节，倡导尊师重道主义，并使教师们能够效法孔子学不厌教不倦的精神，为达到这个目的，也就够了，真正孔子生日的考定，是一回事；择一个日子来纪念孔子，又是一回事。后者目的达到了就不必再去争论前者。过去我似乎有点太认真，不免过予（杨德春按：当作于）强调甲说，想起来自觉好笑。②

为人师表就要诚，而求学就要求真，教育事业和学术事业不同于社会的其他事业，社会的其他事业可以随便选定一个日子来作为纪念日，教育事业和学术事业以诚实求真为根本，绝不可以随便选定一个日子来作为纪念日。董作宾说他过去似乎有点太认真，不免过于强调甲说，想起来自觉好笑。我认为，做学问就要认真，认真并不好笑。

---

① 鲁迅《鲁迅全集》，人民文学出版社 2005 年 11 月北京第 1 版，第十五卷，第 80 页。

② 董作宾《董作宾先生全集》，艺文印书馆 1977 年 11 月初版，乙编第三册，第三二四页。

中华民国时期有直接以公历八月二十七日为孔子生日以纪念孔子之事，直接把所谓的孔子生日夏历八月二十七日当作或曰转换为公历八月二十七日以纪念孔子。纪念孔子是一项庄严严肃的活动或仪式，随随便便择一个日子来纪念孔子，如同儿戏，根本起不到纪念孔子的作用，反而亵渎了孔子，亵渎了严肃认真的教育事业和学术事业，后患无穷。以公历八月二十七日纪念孔子实在是不能够唤起纪念孔子的庄严感和神圣感，更无法体现纪念孔子的严肃性和教育性，中华民国又改回以公历九月二十八日纪念孔子，公历九月二十八日作为所谓的孔子生日没有任何科学依据，在随便择一个日子来纪念孔子上与公历八月二十七日毫无二致，如此纪念孔子，如同儿戏，根本起不到纪念孔子的作用，反而亵渎了孔子，亵渎了严肃认真的教育事业和学术事业，后患无穷。

二〇〇四年十月九日在北京举行的纪念孔子诞辰二五五五周年国际学术研讨会上，杜维明发表了以《儒家人文精神的核心价值》为题的主题演讲，杜维明《儒家人文精神的核心价值》云："为了纪念这位伟大的思想家、教育家，我建议国际儒联的朋友们共同努力，将孔子诞辰（九月二十八日）定为全球社群的教师节。先从我们自已做起，从文化中国做起，其实台、港、澳和海外华人社会，已经把九月二十八日定为教师节了。"

以公历十月九日纪念孔子诞辰明显是以夏历八月二十一日为孔子生日，而杜维明在主题演讲中又要以孔子诞辰（公历九月二十八日）定为全球社群的教师节，自相矛盾，十分滑稽。更为重要的是所谓的孔子生于夏历八月二十一日或二十七日皆不可信。

二、孔子生于夏历八月二十一日或二十七日皆不可信

梁玉绳《史记志疑》卷二十五："二十一年是已酉，二十二年是庚戌，当从《史记》为的。其徵有三：襄二十一年日食，必非生圣人之岁，一也。《公》《穀》皆口授，《公羊》著于汉景之时，《穀梁》显于汉宣之代，历世既久，宁得无讹，二也。"①

梁玉绳所谓之第二条理由完全是强词夺理，若依梁玉绳之高论，司马迁武帝时成《太史公书》，藏之深山，副在京师，至宣帝时其外孙杨恽始对外宣布，传抄流布，文字舛误不可胜数，又经多人修补，历世既久，宁得无讹，其鲁襄公二十二年而孔子生之说断不可信。此其一也。

《公》《穀》皆口授之说不确，《穀梁》于先秦之时即有古文文本，说详见前文。《春秋穀梁传》襄公二十一年："（冬，十月，）庚子，孔子生。"②《春秋公羊传》襄公二十一

① 梁玉绳《史记志疑》，中华书局 1981 年 4 月第 1 版，第一一一二页。

② 杨士勋《春秋穀梁传注疏》，北京大学出版社 1999 年 12 月第一版，第 264 页。

年："十有一月，庚子，孔子生。"① 徐彦疏引《释文》云："一本作"十一月庚子"，又本无此句。"② 则可知《春秋公羊传》原无此句，因其意在排突《春秋穀梁传》而高自位置，抄袭《春秋穀梁传》而变异之，未料竟然画蛇添足。司马迁从董仲舒习《春秋公羊传》之学，据十一月庚子而变异之，竟然流毒千古。此其二也。

崔适《史记探源》："且《公》《穀》全体释经，此言何以入传？当由二家经师附记于旁，后乃误入正文耳。其始附于二十二年'公会诸侯于沙随'之下，一本误脱，而误补于二十一年'公会诸侯于商任'之下。上文相似，易于致误。一本误则各本皆误，一传误则二传并误。正当引《史记》以纠二传，岂应信《公》《穀》以难《世家》耶？惟《世家》无月日，当取二传补之。《公羊传》作'十有一月庚子，孔子生'。《释文》曰：'传文上有十月庚辰朔，此亦十月也。一本作十一月庚子，又本无此句。'案：《穀梁传》亦无此句，有者特三本之一，且证以'十月庚辰朔'，则庚子不在十一月。凡有'十一月'句，衍也。"③

《史记·孔子世家》："纥与颜氏女野合而生孔子，祷于尼丘得孔子。"④《史记索隐》："《家语》云'梁纥娶鲁之施氏，生九女。其妾生孟皮，孟皮病足，乃求婚于颜氏徵在，从父命为婚'。其文甚明。今此云'野合'者，盖谓梁纥老而徵在少，非当壮室初笄之礼，故云野合，谓不合礼仪。故《论语》云'野哉由也'，又'先进于礼乐，野人也'，皆言野者是不合礼耳。"⑤

《史记正义》："男八月生齿，八岁毁齿，二八十六阳道通，八八六十四阳道绝。女七月生齿，七岁毁齿，二七十四阴道通，七七四十九阴道绝。婚姻过此者，皆为野合。故《家语》云'梁纥娶鲁施氏女，生九女，乃求婚于颜氏，颜氏有三女，小女徵在'。据此，婚过六十四矣。"⑥

梁玉绳《史记志疑》卷二十五："案：古婚礼颇重，一礼未备，即谓之奔，谓之野合，故自行媒、纳采、纳徵、问名、卜吉、请期而后告庙。颜氏从父命为婚，岂有六礼不备者。《檀弓疏》及《索隐》《正义》以婚姻过期为野合，亦无所据。盖因纥偕颜祷于

① 徐彦《春秋公羊传注疏》，北京大学出版社 1999 年 12 月第一版，第 449 页。

② 徐彦《春秋公羊传注疏》，北京大学出版社 1999 年 12 月第一版，第 449 页。

③ 崔适《史记探源》，中华书局 1986 年 9 月第 1 版，第一四七页——第一四八页。

④ 《史记·孔子世家》，司马迁《史记》，中华书局 1959 年 9 月第 1 版，第一九〇五页。

⑤ 《史记·孔子世家》，司马迁《史记》，中华书局 1959 年 9 月第 1 版，第一九〇六页。

⑥ 《史记·孔子世家》，司马迁《史记》，中华书局 1959 年 9 月第 1 版，第一九〇六页。

尼山而为之说耳。野合二字，殊不雅训，至若《博物志》所引异说，则更妄诞极矣。”①

崔适《史记探源》：“案：此文疑本作‘纥与颜氏女祷于尼邱，野合而生孔子于尼邱’。扫地为祭天之坛而祷之，犹《诗》所谓‘以弗无子’也；遂感而生孔子，犹《诗》所谓‘履帝武敏歆’也。故曰‘野合’。《高祖本纪》：‘其先刘媪尝息大泽之陂，梦与神遇。是时雷电晦冥，太公往视，则见蛟龙于其上。已而有身，遂产高祖。’即《诗》齐、鲁、韩、《春秋》公羊学家所谓圣人皆‘感天’而生，此所谓‘野合’而生也。……太史公以受命帝王尊孔子故云尔。《索隐》谓‘梁纥老而徵在少，非当比室初笄之礼，故云野合。’此说谬甚。老夫得其女妻，未闻谓之野合也。且诗人称述文王，归美太任，《世家》表扬孔子，讥其父母可乎？”②

由梁玉绳、崔适之论可见《史记索隐》《史记正义》对于纥与颜氏女野合而生孔子之解释均为无稽之谈，不足为据。崔适疑《孔子世家》原文当作“纥与颜氏女祷于尼丘，野合而生孔子于尼邱。”此说固然有一定道理，然亦未必是。今所见之《孔子世家》先言纥与颜氏女野合而生孔子，后以祷于尼丘得孔子作补充说明，亦未尝不可。我认为至为重要者当以野合与祷于尼丘二者互为参照，不可孤立观之，如此则野合必在野外之尼丘，崔适所谓“扫地为祭天之坛而祷之”，其言未为无据。野合实即野外苟合，此论不可移易。春秋穀梁、公羊之学以孔子当新王，太史公从董仲舒习公羊之学，太史公记纥与颜氏女野合而生孔子，又补充祷于尼丘得孔子，无非是言孔子感天而生，实乃以受命帝王尊孔子，乃公羊之学在历史学上之反映，但也无意中暴露了孔子实乃纥与颜氏女野外苟合所生。因野合之意为野外苟合，后儒遂以野合不雅训，为孔子粉饰掩饰之，然皆为无稽之谈。

自余以前之考孔子生年月日者，皆就生年月日以论生年月日，未尝跳出此藩篱，故其成就亦固不足观。自洪兴祖以下多言孔子生于夏历八月二十一日，又有言孔子生于夏历八月二十七日，若其果然如此，则以十月怀胎计，纥与颜氏女苟合之时日，亦即颜氏女怀孔子之时日，当在夏历十月二十一日，此时冰天雪地、天寒地冻，根本不具备野外苟合之条件，今以纥与颜氏女野外苟合而生孔子考之，孔子生于夏历八月二十一日与孔子生于夏历八月二十七日皆不可信。

《史记·孔子世家》：“鲁襄公二十二年而孔子生。生而首上圩顶，故因名曰丘云。字

① 梁玉绳《史记志疑》，中华书局 1981 年 4 月第 1 版，第一一一一页——第一一一二页。

② 崔适《史记探源》，中华书局 1986 年 9 月第 1 版，第一四六页——第一四七页。

仲尼，姓孔氏。”①《史记索隐》：“圩音乌。顶音鼎。圩顶言顶上窳也，故孔子顶如反宇。反宇者，若屋宇之反，中低而四傍高也。”② 根据现代医学考之，孔子之生而首上圩顶实为卤门未长成所致，即孔子之生而首上圩顶实为早产之典型症状，以早产逾一月则实难成活考之，孔子早产之时间当在半个月左右。以此再考纥与颜氏女苟合之时日，若生于夏历八月二十一日或二十七日，以十月怀胎计，纥与颜氏女苟合之时日，亦即颜氏女怀孔子之时日，当在夏历十月二十一日或二十七日，计入早产半个月，则已入夏历十一月上旬或中旬，此时冰天雪地、天寒地冻，根本不具备野外苟合之条件，加之纥老女幼，如何可能赤身裸体野外苟合于冰天雪地之中？若苟合于尼邱，则山上气候更加寒冷，如何可能野外苟合？孔子生于夏历八月二十一日与孔子生于夏历八月二十七日皆根本不能成立。

三、孔子生年之争一方面由实岁与虚岁转换所产生

《史记·孔子世家》：“鲁襄公二十二年而孔子生。”③《索隐》：“《公羊传》‘襄公二十一年十有一月庚子，孔子生’。今以为二十二年，盖以周正十一月属明年，故误也。后序孔子卒，云七十二岁，每少一岁也。”④《史记索隐》之作者司马贞所见之《史记·孔子世家》后序孔子卒云七十二岁、且所记之孔子年岁每少一岁，而今本《史记·孔子世家》后序孔子卒云七十三岁，且所记之孔子年岁有少一岁者，亦有未少一岁者，可见，今本《史记·孔子世家》在司马贞之后仍有人进行修补。司马贞所见之《史记·孔子世家》以为襄公二十二年孔子生，至哀公十六年孔子卒云七十二岁，司马贞所见之《史记·孔子世家》所记之孔子享年为实岁或周岁，且所记之孔子年岁每少一岁，则其所记之孔子年岁也必为实岁而非虚岁，如此则由襄公二十一年起算之未少一岁之孔子享年七十三岁也必为实岁而非虚岁。由此可见，孔子年寿之争实质上是周岁与虚岁之转换而产生之问题。春秋时期尚有周岁、虚岁混用之例，入汉以后虚岁渐渐成为通行之惯例，遂出现周岁与虚岁之转换而产生之问题。

《史记·孔子世家》：“鲁昭公之二十年，而孔子盖年三十矣。”⑤ 现以入汉以后渐渐

① 《史记·孔子世家》，司马迁《史记》，中华书局1959年9月第1版，第一九〇五页。
② 《史记·孔子世家》，司马迁《史记》，中华书局1959年9月第1版，第一九〇六页。
③ 《史记·孔子世家》，司马迁《史记》，中华书局1959年9月第1版，第一九〇五页。
④ 《史记·孔子世家》，司马迁《史记》，中华书局1959年9月第1版，第一九〇六页。
⑤ 《史记·孔子世家》，司马迁《史记》，中华书局1959年9月第1版，第一九一〇页。

通行之虚岁来算，以《史记·孔子世家》所记孔子生于襄公二十二年起算，鲁昭公之二十年，孔子正三十岁矣，《史记·孔子世家》却用一“盖”字，盖者，大约之意，《史记·孔子世家》明显不是用后世通行之虚岁算孔子年岁，孔子此年实岁二十九周岁，故《史记·孔子世家》用一“盖”字表示孔子大约三十岁。

《史记·孔子世家》：“孔子年四十二，鲁昭公卒于乾侯，定公立。”[①] 此年为定公元年，以入汉以后渐渐通行之虚岁来算，以《史记·孔子世家》所记孔子生于襄公二十二年起算，此年孔子年岁当为四十三岁，而《史记·孔子世家》明确记载孔子年四十二，则《史记·孔子世家》所记之孔子年岁必为实岁或周岁而非虚岁。《史记索隐》之作者司马贞所见之《史记·孔子世家》后序孔子卒云七十二岁、且所记之孔子年岁每少一岁，而今本《史记·孔子世家》后序孔子卒云七十三岁，且所记之孔子年岁有少一岁者，亦有未少一岁者，此即少一岁之一例证，可见，今本《史记·孔子世家》在司马贞之后仍有人进行修补，此条材料为司马贞之后有人修补《史记·孔子世家》所疏漏者。

《史记·孔子世家》：“定公九年，阳虎不胜，奔于齐。是时孔子年五十。”[②] 以入汉以后通行之虚岁来算，以《史记·孔子世家》所记孔子生于襄公二十二年起算，定公九年孔子年岁当为五十一岁，而《史记·孔子世家》明确记载是时孔子年五十，则《史记·孔子世家》所记之孔子年岁必为实岁或周岁而非虚岁。《史记索隐》之作者司马贞所见之《史记·孔子世家》后序孔子卒云七十二岁、且所记之孔子年岁每少一岁，而今本《史记·孔子世家》后序孔子卒云七十三岁，且所记之孔子年岁有少一岁者，亦有未少一岁者，此即少一岁之又一例证，可见，今本《史记·孔子世家》在司马贞之后仍有人进行修补，此条材料亦为司马贞之后有人修补《史记·孔子世家》所疏漏者。

《史记·孔子世家》：“定公十四年，孔子年五十六，由大司寇行摄相事，有喜色。”[③]《史记·孔子世家》：“是岁鲁哀公三年，而孔子年六十矣。”[④]《史记·孔子世家》：“是岁也，孔子年六十三，而鲁哀公六年也。”[⑤]《史记·孔子世家》：“孔子年七十三，以鲁哀公十六年四月己丑卒。”[⑥]《史记·孔子世家》以上四条所记孔子年岁以鲁襄公二十二年

---

① 《史记·孔子世家》，司马迁《史记》，中华书局 1959 年 9 月第 1 版，第一九一二页。

② 《史记·孔子世家》，司马迁《史记》，中华书局 1959 年 9 月第 1 版，第一九一四页。

③ 《史记·孔子世家》，司马迁《史记》，中华书局 1959 年 9 月第 1 版，第一九一七页。

④ 《史记·孔子世家》，司马迁《史记》，中华书局 1959 年 9 月第 1 版，第一九二七页。

⑤ 《史记·孔子世家》，司马迁《史记》，中华书局 1959 年 9 月第 1 版，第一九三三页。

⑥ 《史记·孔子世家》，司马迁《史记》，中华书局 1959 年 9 月第 1 版，第一九四五页。

为起算点，皆为虚岁，孔子年七十三与司马贞《史记索隐》所记之“后序孔子卒，云七十二岁”矛盾，前三条所记孔子年岁也未如司马贞所言每少一岁，可见，今本《史记·孔子世家》在司马贞之后仍有人进行修补，此三条材料之孔子年岁为司马贞之后有人修补《史记·孔子世家》所形成者。

崔适《史记探源》：“案：各本五十一之‘一’字脱，今依上下文补。是篇凡言孔子之年者十，皆足与生年相印证，后儒或以《公》《穀》二传‘孔子生’句在襄公二十一年，疑《史记》之二十二为误，岂有十处皆误之理？第知以生年校生年，不知以昭、定、哀之世言孔子之年者校生年，何其愚也！”① 崔适《史记探源》擅改《史记》文字，不合其意之五十，擅改为五十一，那么，“孔子年四十二，鲁昭公卒于乾侯，定公立”② 又作何解释？七十三又作何解释？“盖”字又作何解释？崔适何其愚也！

日本泷川资言《史记会注考证》引俞樾曰：“至生年为襄二十一则两传皆同，襄三十一年《左传正义》引二十一年贾逵注：经云：此年仲尼生。哀十六年夏四月己丑卒，七十三年。又引昭二十四年服虔载贾逵语云：是岁孟僖子卒，属其子使事仲尼，仲尼是年三十五，计自襄二十一至昭二十四，正三十五岁。是孔子以襄二十一年生，贾、服旧说皆同，自襄二十一至哀十六，共七十四年，而贾逵云年七十三者，犹绛县老人生于文十一年，至襄三十年，亦是七十四年，而传称七十三年也。杜预不达此义，乃从《史记》作襄二十二年生，朱子《论语序说》亦云：襄二十二年十有一月庚子生，胥失之矣。今定孔子于襄二十一年十月庚子生，是月庚辰朔，则庚子二十一日也，周十月，夏八月，为今八月二十一日。”③

司马迁与《史记》之修补者也与杜预犯了同样的错误，即司马迁与《史记》之修补者在参考今本《左传》主体部分之原本时，对于其中之七十三年产生了误解，其本为实岁，以此上推孔子生年，便为鲁襄公二十一年而孔子生，而司马迁与《史记》之修补者皆误以此七十三年为虚岁，转换为实岁即为七十二岁，司马迁与《史记》之修补者以此上推孔子生年，便为鲁襄公二十二年而孔子生，但此七十二岁系实岁，司马贞尚知此，司马贞《史记索隐》之后，有妄人不知此七十二岁系实岁，而妄改为通行之虚岁七十三

---

① 崔适《史记探源》，中华书局 1986 年 9 月第 1 版，第一四七页。

② 《史记·孔子世家》，司马迁《史记》，中华书局 1959 年 9 月第 1 版，第一九一二页。

③ 司马迁撰、泷川资言考证、水泽利忠校补《史记会注考证附校补》，上海古籍出版社 1986 年 4 月第 1 版，第一一四四页。

岁，《史记·孔子世家》所载之其他孔子年岁也妄改为通行之虚岁，其中又有多处疏漏。要想人不知，除非己莫为，千余年之后，经我考证，终于露出马脚。孔子当生于鲁襄公二十一年，鲁襄公二十二年而孔子生系由实岁与虚岁转换所致误。

四、孔子生年之争另一方面由周正与夏正转换所产生

《史记·孔子世家》："鲁襄公二十二年而孔子生。"①《索隐》："《公羊传》'襄公二十一年十有一月庚子，孔子生'。今以为二十二年，盖以周正十一月属明年，故误也。後序孔子卒，云七十二岁，每少一岁也。"②

毛奇龄《古今无庆生日文》："司马《索隐》曰：《公羊》作二十一年，而此饶一年者，以周正十一月属之明年，故误也。此犹可怪者，从来三正推法，只以后月属前月，并无以前月属后月者。周正十一月第能为夏正九月，未闻又能倒而为夏正之正月者，真笑话也。"③ 毛奇龄未闻之事很多，只能证明毛奇龄很浅薄。中国古代情况很复杂，无奇不有，如果未闻之事就是笑话，那么毛奇龄未闻，毛奇龄也不过就是一个笑话而已。

梁玉绳《史记志疑》卷二十五："《隶释》、边韶《老子铭》以孔子生于周灵王二十年，亦从《公》《穀》。若《索隐》言《史》误以周正十一月属明年，大谬矣。从来三正推法，只以后月属前月，并无以前月属后月。周正十一月第能为夏正九月，未闻倒而为夏正之正月者。"④ 梁玉绳之说显系抄自毛奇龄。毛奇龄、梁玉绳之说仍然有失察之处，现假设毛奇龄、梁玉绳未有以前月属后月而倒推三正之说为正确，那么，司马迁是太史令，掌文史星历，司马迁当然不会以前月属后月而倒推三正，但《史记》成书之情况甚为复杂，继司马迁之后，《史记》经众手修补，历时既久，传写之窜乱舛误，在所难免。故不能排除妄人以前月属后月而倒推三正，以周正十一月属明年而造成孔子生于鲁襄公二十二年之误。

更为重要的是毛奇龄、梁玉绳未有以前月属后月而倒推三正之说不符合中国历史的实际情况，当然也就是错误的。宋濂《孔子生卒岁月辨》："曰：洪兴祖谓周之十月即夏之八月者，然乎？曰：非也。三代虽异建，而月则未尝改也。汉尝建丑矣，《书》则曰惟元祀十有二月，汉尝建亥矣，史则曰元年冬十月。举前后以例之，则周制可知。孔子作

---

① 《史记·孔子世家》，司马迁《史记》，中华书局1959年9月第1版，第一九〇五页。

② 《史记·孔子世家》，司马迁《史记》，中华书局1959年9月第1版，第一九〇六页。

③ 毛奇龄《西河集》卷一百二十三，见文渊阁《四库全书》集部七，别集类六，国朝。

④ 梁玉绳《史记志疑》，中华书局1981年4月第1版，第一一一二页。

《春秋》行夏之时，为万世法，不过截子丑二月于前岁之终耳，月固不之改也。否则春入于夏，夏入于秋，错乱而不成岁矣。”① 截子丑二月于前岁之终而为新岁，此为产生《史记·孔子世家》所谓“鲁襄公二十二年而孔子生”之可能原因之一，即孔子生年之争另一方面由周正与夏正转换所产生，只是不过截子丑二月于前岁之终耳。宋濂此说源于宋儒胡安国所谓“夏时冠周月”之说而有所发展，胡安国《胡氏春秋传》卷一隐公元年：“按：左氏曰：王周正月。周人以建子为岁首，则冬十有一月是也。前乎周者以丑为正，其书始即位曰惟元祀十有二月，则知月不易也。后乎周者以亥为正，其书始建国曰元年冬十月，则知时不易也。建子非春亦明矣，乃以夏时冠周月。”②

春秋穀梁学与春秋公羊学都主张新王受命要改正朔，孔子以《春秋》当新王，必改正朔。自古以来定正朔均属政治生活中极为重要之事，一方面，定正朔是顺天承运，《论语·尧曰》所谓“天之历数在尔躬。”③ 另一方面，人民之生产与生活离不开正朔，正朔关乎国计民生，影响极大。孔子生活之时代，周王仍为天下共主，各诸侯国皆行周之正朔，以建子之月为岁首，以夏历十一月为正月。故周之史书自当以周正记事，各诸侯国之史书亦当以周正记事。然孔子作《春秋》，以《春秋》当新王，新王当然不能用旧王之正，即孔子作《春秋》或孔子修《春秋》自然不能用周之正朔，必须另立新正朔，夏之正朔利于农时，孔子述而不作，遂以夏之建寅之正改周之建子之正。孔子无王位，充其量仅为素王，不能颁行夏之正朔，只能在《春秋》中借周之正而行夏之时，即若孔子修《春秋》直接用夏之时，因当时各诸侯国皆行周之正朔，以建子之月为岁首，则必不为时人所理解，孔子在《春秋》中既要行夏之时，又要顾及时人之理解，不至于惊世骇俗，则必须借周之正而行夏之时，宋儒胡安国用“夏时冠周月”来表达《春秋》借周之正而行夏之时，庶几近之。《春秋》隐公七年、庄公六年、庄公十二年、庄公十八年、庄公二十四年、庄公二十八年、僖公九年、僖公十二年、僖公十九年、文公十年、成公十一年，襄公四年、襄公六年、襄公十二年、昭公十八年、昭公二十一年、昭公二十八年、定公十年、哀公四年均书“王三月”。周王三月即是新王正月，王是借旧王当新王，或曰以旧王当新王，《春秋》用书“王三月”之方法来暗示改周时行夏时之意，故何休明言：“三

① 宋濂《文宪集》卷二十七，见文渊阁《四库全书》集部六，别集类五。

② 胡安国《胡氏春秋传》，见文渊阁《四库全书》经部五，春秋类。

③ 邢昺《论语注疏》，北京大学出版社1999年12月第一版，第265页。

月，夏之正月也。”[①]

《春秋公羊传》庄公六年经：“六年，春，王三月，王人子突救卫。”[②]《春秋穀梁传》庄公六年经：“六年，春，王三月，王人子突救卫。”[③]《左传》庄公六年经：“六年，春，王正月，王人子突救卫。”[④] 以《左传》庄公六年经所记王正月来看，《春秋公羊传》《春秋穀梁传》庄公六年经所记王三月实际上是夏正正月。何休所谓“三月，夏之正月也”应当在一定程度上是可信的，如此则孔子作《春秋》或孔子修《春秋》借周之正而行夏之时也应当在一定程度上是可信的，宋儒胡安国用“夏时冠周月”来表达《春秋》借周之正而行夏之时也应当在一定程度上是可信的。这只是问题的一个方面，另一方面，如果《左传》庄公六年经所记王之正月是周正正月，则《春秋穀梁传》《春秋公羊传》庄公六年经所记之王三月实际上即是夏正三月，这实际上即是前月属后月而倒推三正，形成前月属后月而倒推三正之原因很复杂，但无论如何不能否认前月属后月而倒推三正在中国历史上之实际存在。

罗璧《识遗》卷四“孔子生年”条云：“《公羊》记孔子生鲁襄二十一年十一月庚子，《穀梁》以为生十二月二十二庚子，与《公羊》差一月。《五行书》谓孔子生庚戌年二月二十三庚子日甲申时。考庚戌乃鲁襄公三十二年（杨德春按：鲁襄公三十二年当为鲁襄公二十二年之误），周灵王二十一年，与《公》《穀》年月俱差。”[⑤] 截子丑二月于前岁之终耳，月固不之改也。如此则前岁之十月实际上就成为前岁最后之十二月了。这就是罗璧《识遗》卷四“孔子生年”条所谓《穀梁》以为生十二月二十二庚子的可能原因。孔子之学生为纪念孔子而将孔子生日有意附入十月正文。《春秋公羊传》已经不知道此处十月已经是岁末，而实际上将孔子生日误推至十一月而属明年，《史记·孔子世家》可能亦因此而误。

《春秋左传正义》襄三十一年引二十一年贾逵注：“经云：此言仲尼生。哀十六年夏四月己丑卒，七十三年。”[⑥] 又引昭二十四年服虔载贾逵语云：“是岁孟僖子卒，属其子

① 徐彦《春秋公羊传注疏》，北京大学出版社 1999 年 12 月第一版，第 35 页。

② 徐彦《春秋公羊传注疏》，北京大学出版社 1999 年 12 月第一版，第 126 页。

③ 杨士勋《春秋穀梁传注疏》，北京大学出版社 1999 年 12 月第一版，第 69 页。

④ 孔颖达《春秋左传正义》，北京大学出版社 1999 年 12 月第一版，第 227 页。

⑤ 罗璧《识遗》，见文渊阁《四库全书》子部十，杂家类二，杂考之属。

⑥ 阮元校刻《十三经注疏》，中华书局 1980 年 10 月第 1 版，第二〇一六页。

使事仲尼，仲尼时年三十五。”① 定以孔子为襄二十一年生也，计自襄二十一年至昭二十四年，正三十五岁，是孔子以襄二十一年生，贾逵、服虔旧说皆同。另外，贾逵所注《左传》之《春秋经》鲁襄公二十一年记载有仲尼生，与今本《左传》之《春秋经》未载孔子生不同。

孔子当生于鲁襄公二十一年，鲁襄公二十二年而孔子生系由周正与夏正转换所致误。

结论——孔子当生于鲁襄公二十一年夏历十二月二十三日

宋濂《孔子生卒岁月辨》：“濂应之曰：公羊、穀梁二氏，传经之家也。传经之家，当有讲师，以次相授，且去孔子时，又为甚近，其言必有据依。司马迁固良史，则后于穀梁、公羊者也，吾则无征乎尔。孔子所生之年，吾当从公羊氏、穀梁氏。然以春秋长历考之，二十一年己酉十一月无庚子，庚子乃在十月之二十一日。孔子所生之月，吾当从穀梁氏。”②

毛奇龄《古今无庆生日文》：“《穀梁》不记十一月，似乎有见，但于十月后间记曹伯来朝，公会商任两条，尽十月之事，而后及孔生，则仍在十一月内，与《公羊》同。”③

罗泌《路史》卷四十三《余论六·孔子生日》云：“《穀梁传》则系于十月之后，盖十二月二十二日之庚子也。”④

崔适《史记探源》：“惟二十一年十月庚子为二十一日，二十二年十月庚子为二十七日，《长历》是月甲戌朔也，周正十月，夏正八月。今以八月二十七日为孔子生日，得之矣。”⑤

崔适《史记探源》：“且《公》《穀》全体释经，此言何以入传？当由二家经师附记于旁，后乃误入正文耳。其始附于二十二年‘公会诸侯于沙随’之下，一本误脱，而误补于二十一年‘公会诸侯于商任’之下。上文相似，易于致误。一本误则各本皆误，一传误则二传并误。正当引《史记》以纠二传，岂应信《公》《穀》以难《世家》耶？惟《世家》无月日，当取二传补之。《公羊传》作‘十有一月庚子，孔子生’。《释文》曰：‘传文上有十月庚辰朔，此亦十月也。一本作十一月庚子，又本无此句。’案：《穀梁传》亦

① 阮元校刻《十三经注疏》，中华书局 1980 年 10 月第 1 版，第二〇一六页。

② 宋濂《文宪集》卷二十七，见文渊阁《四库全书》集部六，别集类五。

③ 毛奇龄《西河集》卷一百二十三，见文渊阁《四库全书》集部七，别集类六，国朝。

④ 罗泌《路史》，见文渊阁《四库全书》史部四，别史类。

⑤ 崔适《史记探源》，中华书局 1986 年 9 月第 1 版，第一四八页。

无此句，有者特三本之一，且证以‘十月庚辰朔’，则庚子不在十一月。凡有‘十一月’句，衍也。”①

宋濂之论有一定道理，毛奇龄之论是错误的，崔适之论有问题，我认为不是误入正文，而是孔子之学生为纪念孔子而将孔子生日有意附入正文。《春秋公羊传》僖公十六年：“是月者何？仅逮是月也。何以不日？晦日也。晦则何以不言晦？《春秋》不书晦也。”②《春秋穀梁传》僖公十六年：“是月也，决不日而月也。”③ 是月也，即月末也。决不日而月也，即断不书日而书月也，也即《春秋》不书晦也。晦日指每月的最后一天，即月末。公会诸侯于商任已至月末，《春秋》不书晦，故公会诸侯于商任不日。孔子修订整理之《春秋》于此处记载十月之事已毕，孔子谦虚，绝不会自己记载其生日，当是孔子之学生为纪念孔子而将孔子生日有意附入十月正文之后。

崔适认为当是由二家经师附记于旁而后乃误入正文，崔适之说为误。《春秋》之学一字寓褒贬，一下窜入这么多字，绝不可能，此其一也。经师为何要附记于旁，就是要纪念孔子，而附记于旁又不能够真正起到纪念孔子的作用，故必然是将孔子生日有意附入十月正文之后，此其二也。二家经师绝不可能不知道《春秋》不书晦也，即使是真有误入正文之事，二家经师必然能够发现其位置不对，故孔子生日附入十月正文之后必为有意而为之，此其三也。

罗泌《路史》卷四十三《余论六・孔子生日》云：“《五行书》论孔子以庚戌年二月二十三日庚子甲申时生。按：庚戌乃鲁襄公二十二年，是岁周灵王之二十一年，而长历其年二月二十三日实为庚子。以哀公之十六年壬戌岁四月己丑卒，乃敬王之四十三年，享七十有三龄。”④《五行书》所记孔子以庚戌年二月二十三日庚子生是由于误以己酉年十二月二十三日庚子生之十二月为周正十二月而属明年所致。由此类推，十一月亦可以为周正十一月而属明年，司马贞《史记索隐》：“《公羊传》‘襄公二十一年十有一月庚子，孔子生’。今以为二十二年，盖以周正十一月属明年，故误也。”⑤ 司马贞之论是有根据的，也是正确的。己酉年十二月二十三日庚子为夏历，孔子生日即此。

罗泌《路史》卷四十三《余论六・孔子生日》云：“《穀梁传》则系于十月之后，盖

① 崔适《史记探源》，中华书局 1986 年 9 月第 1 版，第一四七页——第一四八页。

② 徐彦《春秋公羊传注疏》，北京大学出版社 1999 年 12 月第一版，第 233 页——第 234 页。

③ 阮元校刻《十三经注疏》，中华书局 1980 年 10 月第 1 版，第二三九八页。

④ 罗泌《路史》，见文渊阁《四库全书》史部四，别史类。

⑤ 《史记・孔子世家》，司马迁《史记》，中华书局 1959 年 9 月第 1 版，第一九〇六页。

十二月二十二日之庚子也。"[①] 罗泌《路史》卷四十三《余论六·孔子生日》所谓之十二月二十二日之庚子有误，当为十二月二十三日之庚子。

罗泌《路史》卷四十三《余论六·孔子生日》云："《五行书》论孔子以庚戌年二月二十三日庚子甲申时生。按：庚戌乃鲁襄公二十二年，是岁周灵王之二十一年，而长历其年二月二十三日实为庚子。以哀公之十六年壬戌岁四月己丑卒，乃敬王之四十三年，享七十有三龄。"[②]

罗璧《识遗》卷四"孔子生年"条云："《公羊》记孔子生鲁襄二十一年十一月庚子，《穀梁》以为生十二月二十二庚子，与《公羊》差一月。《五行书》谓孔子生庚戌年二月二十三庚子日甲申时。考庚戌乃鲁襄公三十二年（杨德春按：鲁襄公三十二年当为鲁襄公二十二年之误。），周灵王二十一年，与《公》《穀》年月俱差。"[③] 罗璧《识遗》卷四"孔子生年"条所谓之十二月二十二庚子有误，当为十二月二十三日庚子。

《五行书》所记孔子以庚戌年二月二十三日庚子生是由于误以己酉年十二月二十三日庚子生之十二月为周正十二月而属明年所致。由此类推，十一月亦可以为周正十一月而属明年，司马贞《史记索隐》："《公羊传》'襄公二十一年十有一月庚子，孔子生'。今以为二十二年，盖以周正十一月属明年，故误也。"[④] 司马贞之论是有根据的，也是正确的。

《春秋穀梁传》襄公二十一年："（冬，十月，）庚子，孔子生。"[⑤] 当是指夏历十二月，庚子当为十二月二十三日之庚子也。孔子当生于鲁襄公二十一年夏历十二月二十三日。由此上推实际妊娠所需的大约十个月，叔梁纥与颜氏女野外苟合之时日当在夏历二月二十三日；计入早产半个月左右，则叔梁纥与颜氏女野外苟合之时日当在夏历三月上旬。《周礼·地官·媒氏》："中春之月，令会男女，于是时也，奔者不禁。若无故而不用令者，罚之。司男女之无夫家者而会之。"[⑥] 阳春三月，春暖花开，万物复苏，有所谓三月会，男女载歌载舞，自由寻找情人或约会情人，野合不禁，若无故而不用令者，则罚之。此顺应了气候状况和万物复苏的状况与人类自身繁衍的状况相统一，也只有在如此

① 罗泌《路史》，见文渊阁《四库全书》史部四，别史类。

② 罗泌《路史》，见文渊阁《四库全书》史部四，别史类。

③ 罗璧《识遗》，见文渊阁《四库全书》子部十，杂家类二，杂考之属。

④ 《史记·孔子世家》，司马迁《史记》，中华书局 1959 年 9 月第 1 版，第一九〇六页。

⑤ 杨士勋《春秋穀梁传注疏》，北京大学出版社 1999 年 12 月第一版，第 264 页。

⑥ 贾公彦《周礼注疏》，北京大学出版社 1999 年 12 月第一版，第 362 页——第 364 页。

的气候和人文环境下叔梁纥与颜氏女野外苟合才有气候、人文和生理的可能，也只有在如此的气候和人文环境下叔梁纥与颜氏女野外苟合才合情合理，才不至于有失圣人之体面。

一言以蔽之，孔子当生于鲁襄公二十一年夏历十二月二十三日。

另外，关于鲁襄公二十一年夏历十二月二十三日转换为公历的问题，我认为，孔子之诞辰为鲁襄公二十一年夏历十二月二十三日完全不必转换为公历，现在夏历仍然在民间使用着，春节就是夏历元旦，而夏历十二月二十三日又是传统的小年，距离夏历元旦有六或七天，如同西方的圣诞节距离公历元旦有六天，在夏历十二月二十三日纪念孔子，将孔子与春节联系起来，变为全民的节日，变为华夏文化的节日，才可以比较客观地反映孔子在华夏文化中的地位。如果把教师节定在夏历十二月二十三日，与春节联系起来，变为全民的节日，变为华夏文化的节日，才可以比较客观地反映教师和尊师重学在华夏文化中的地位。

第三节 《春秋穀梁传》的作者为穀梁子

《春秋穀梁传》的性质问题实际上是《春秋穀梁传》与《春秋》的关系问题，当解决了《春秋穀梁传》与《春秋》的关系问题，接下来要解决的问题就是《春秋穀梁传》的作者问题。

第一部分 《春秋穀梁传》的作者为穀梁子

《春秋穀梁传》的作者为鲁人穀梁赤，现有两条材料明文记载，可以作为《春秋穀梁传》的作者或第一作者是鲁人穀梁赤的直接证据。这两条材料如下：

桓谭《新论》云："《左氏传》遭战国寝藏，后百余年，鲁人穀梁赤作《春秋》，残略，多有遗文。又有齐人公羊高缘经文作传，弥失本事。"①

唐代杨士勋为东晋范宁《春秋穀梁传集解》作疏，范宁《春秋穀梁传集解》前有范宁序，在序疏中杨士勋认为："穀梁子，名俶，字元始，鲁人，一名赤，受经于子夏，为经作传，故曰《穀梁传》。穀梁传孙卿，孙卿传鲁人申公，申公传博士江公，其后鲁人荣广大善《穀梁》，又传蔡千秋。"②

---

① 陆德明《经典释文序录·春秋三传注解传述人》，见文渊阁《四库全书》经部七，五经总义类。

② 阮元校刻《十三经注疏》，中华书局1980年10月第1版，第二三五八页。

《史记·仲尼弟子列传》："卜商字子夏。少孔子四十四岁。"①

《史记·仲尼弟子列传》："孔子既没，子夏居西河教授，为魏文侯师。其子死，哭之失明。"②

《容斋续笔》"卜子夏"条曰："魏文侯以卜子夏为师。案《史记》所书，子夏少孔子四十四岁，孔子卒时，子夏年二十八矣。是时，周敬王四十一年，后一年元王立，历贞定王、考王，至威烈王二十三年，魏始为侯，去孔子卒时七十五年。文侯为大夫二十二年而为侯，又六年而卒，姑以始侯之岁计之，则子夏已百三岁矣，方为诸侯师，岂其然乎？"③

文侯为大夫二十二年，后人以文侯代其名，子夏在西河教授，于文侯为大夫之时为文侯之师，其时子夏八十多岁，后子夏弟子也在魏活动，故子夏在西河教授，曾为魏文侯之师的记载是可靠的。但子夏在西河教授的《春秋》只是笼统的《春秋》阐释之学，还没有形成后来的《春秋穀梁传》和《春秋公羊传》。

桓谭认为鲁人穀梁赤作《春秋》（杨德春按：即《春秋穀梁传》），杨士勋认为穀梁子受经于子夏，并且为经作传（杨德春按：即《春秋穀梁传》）。但是，对于桓谭《新论》、杨士勋《春秋穀梁传序疏》的看法，前人也有不同意见。

《四库全书总目提要》：

> 《春秋穀梁传注疏》二十卷。内府藏本。晋范宁集解，唐杨士勋疏。其传，则士勋疏称"穀梁子，名俶，字元始，一名赤。受经于子夏，为经作传。"则当为穀梁子所自作。徐彦《公羊传疏》又称："公羊高五世相授，至胡母生，乃著竹帛，题其亲师，故曰《公羊传》。穀梁亦是著竹帛者题其亲师，故曰《穀梁传》。"则当为传其学者所作。按《公羊传》"定公即位"一条引"子沈子曰"，何休《解诂》以为后师（案：此注在隐公十一年所引"子沈子"条下）。此传"定公即位"一条，亦称"沈子曰"。公羊、穀梁既同师子夏，不应及见后师。又"初献六羽"一条，称"穀梁子曰"，传既穀梁自作，不应自引已说。且此条又引"尸子曰"，尸佼为商鞅之师，鞅既诛，佼逃于蜀。其人亦在穀梁后，不应预为引据。疑徐彦之言为得其实，但谁著

① 《史记·儒林列传》，司马迁《史记》，中华书局1959年9月第1版，第二二〇二页。

② 《史记·儒林列传》，司马迁《史记》，中华书局1959年9月第1版，第二二〇三页。

③ 洪迈《容斋随笔》，中华书局2005年11月第1版，第二四二页。

于竹帛则不可考耳。①

显然，《四库全书总目提要》认为：如果穀梁子是子夏的学生，在《春秋穀梁传》文中就不可能引用沈子和尸子等后师的言论，因为沈子和尸子都是战国中期的人。《四库全书总目提要》之意就是不相信"《春秋穀梁传》是穀梁子自作"之说。且认为谁著于竹帛也已不可考。

《四库全书总目提要》认为《春秋公羊传》"定公即位"一条引"子沈子曰"，何休《解诂》以为后师，《春秋穀梁传》"定公即位"一条亦称"沈子曰"，公羊、穀梁既同师子夏，不应及见后师。穀梁子与子沈子的关系涉及《春秋穀梁传》的著作权问题，必须研究清楚。

顾炎武《日知录》卷四"子沈子"条曰：

> 隐公十一年《公羊传》"子沈子曰"，注云："'子沈子'，后师明说此意者，沈子称子，冠氏上者，著其为师也。不但言'子曰'者，辟孔子也。其不冠子者，他师也。"按传中有"子公羊子曰"，而又有"子沈子曰"，"子司马子曰"，"子女子曰"，"子北宫子曰"，何后师之多与？然则此传不尽出于公羊子也明矣。②

由顾炎武《日知录》可知《春秋公羊传》不尽出于公羊子，子沈子、子司马子、子女子、子北宫子皆为先师，均对《春秋公羊传》有所贡献。

《春秋》三传并非同源，据《汉书·艺文志》之记载，《春秋左氏传》为左丘明作，与相传源于子夏之《春秋穀梁传》《春秋公羊传》不同源，就《春秋》三传之内容和形式而言，《春秋左氏传》以事解经，而《春秋穀梁传》《春秋公羊传》以义解经，《春秋左氏传》的形式不是问答体，而《春秋穀梁传》《春秋公羊传》的形式均是问答体，故《春秋》三传不同源。

因《春秋公羊传》《春秋穀梁传》同出于子夏，同源而异流，《春秋公羊传》引用子沈子的说法，《春秋穀梁传》也引用沈子的说法，可证《春秋公羊传》《春秋穀梁传》不仅同源，而且在相当长的时期中是处于一个共同传授系统之中而没有分派，穀梁子作

① 永瑢等《四库全书总目》，中华书局1965年6月第1版，第二一一页。

② 顾炎武《日知录》，黄汝成《日知录集释》，中华书局2006年12月第1版，第二六一页。

《春秋穀梁传》才打破了这一共同传授系统，分出春秋穀梁学派。

《春秋公羊传》称子冠氏上者，不是著其为亲师。而是著其为本学派的发展做出了重要贡献。凡《春秋公羊传》称子冠氏上者，《春秋穀梁传》皆不冠子，这些人不仅是《春秋公羊传》的传授者和亲师，而且也是《春秋穀梁传》的传授者和亲师，教的都是相传源于子夏的《春秋》阐释之学，当然也是穀梁子的亲师。但这些人对《春秋》的阐释与穀梁子异趣，穀梁子引用这些人不是为了证明己说之来源，而是博学于文，以为参考，故不称子冠氏上。穀梁子由于学术异趣首先分化出来，穀梁子就是穀梁学派的创始人，也就是《春秋穀梁传》的最早的作者。而原共同传授系统是否还有分化，现已无法考知，可能还有分化，以形成邹氏、夹氏之学，但原共同传授系统的主体部分最终形成了《春秋公羊传》学派。《春秋公羊传》引用公羊子，子沈子、子司马子、子女子、子北宫子，基本上都是赞成其说，引以自重，所以称子冠氏上以著其为春秋公羊学派的发展做出了重要贡献。

关于穀梁子自引己说的问题也涉及《春秋穀梁传》的著作权问题，必须研究清楚。“初献六羽”一条，称“穀梁子曰”。晋范宁认为“言‘穀梁子’者，非受于师，自其意也。”① 范宁之说也认为穀梁子与其师对于《春秋》的阐释异趣，穀梁子为了强调那是自己的观点，才自己标上穀梁子曰，以别于师说。穀梁子由于学术异趣首先从原来《春秋》的共同传授系统中分化出来，穀梁子用自己的姓氏标明自己的学问与原来《春秋》的共同传授系统中的师说的不同，实际上是以穀梁子标明了自己的学派。穀梁子就是穀梁学派的创始人，也就是《春秋穀梁传》的最早的作者。不仅如此，穀梁子自著“穀梁子曰”还为了与下文尸子之说相别。

钟文烝认为“自著穀梁子者，因下有尸子，故以相别，非必不受诸师也。穀梁子得自称者，犹《孟子》书自称孟子，《庄子》书自称庄子。又其先则曾子承夫子之意作《孝经》，自称曾子。”② 钟文烝也是强调穀梁子自著“穀梁子曰”是为了与尸子之说相别。钟文烝还认为《孟子》书自称孟子，《庄子》书自称庄子，曾子承夫子之意作《孝经》而自称曾子。可见，穀梁子自引己说并不能否定穀梁子对于《春秋穀梁传》的著作权。《四库全书提要》以“初献六羽”一条称“穀梁子曰”而否定穀梁子对于《春秋穀梁传》的著作权是不能成立的。《春秋穀梁传》是穀梁子自作，也完全可以自引己说。

---

① 钟文烝《春秋穀梁经传补注》，中华书局 1996 年 7 月第 1 版，第四三页。

② 钟文烝《春秋穀梁经传补注》，中华书局 1996 年 7 月第 1 版，第四三页——第四四页。

《四库全书提要》认为“初献六羽”一条又引“尸子曰”，尸佼为商鞅之师，鞅既诛，佼逃于蜀，其人亦在穀梁后，不应预为引据。可见穀梁子与尸子的关系涉及《春秋穀梁传》的著作权问题，必须研究清楚。

尸子是《春秋穀梁传》中记载的最晚的先师，尸子与穀梁子同时。《史记·孟子荀卿列传》云：“楚有尸子、长卢。”《集解》云：“刘向《别录》曰：‘楚有尸子，疑谓其在蜀。’今案：《尸子书》，晋人也，名佼，秦相卫鞅客也。卫鞅商君，谋事画计，立法理民，未尝不与佼规也。商君被刑，佼恐并诛，乃亡逃入蜀。自为造此二十篇书，凡六万余言，卒，因葬蜀。”①

《汉书·艺文志》云：“《尸子》二十篇。名佼，鲁人，秦相商君师之，鞅死佼逃入蜀。”②

王应麟《汉书艺文志考证》卷七云：“尸子二十篇，《史记》云：“楚有尸子”注：“刘向《别录》云：‘楚有尸子，疑谓其在蜀。’今案尸子书，晋人也，名佼，秦相卫鞅客也。卫鞅，商君。谋事画计，立法理民，未尝不与佼规也。商君被刑，佼恐并诛，乃亡逃入蜀，造二十篇书，凡六万余言。《后汉书注》云：‘尸佼作书二十篇。内十九篇陈道德仁义之纪，内一篇言九州险阻、水泉所起。”③

《史记集解》谓尸子为卫鞅客，此客当训为客卿。《汉书·艺文志》谓秦相商君师之，此师非为师事或老师之师，此师当训为具有某种专长之人，即客卿，后世称为师爷，故凡以秦相商君师之为秦相商君师事尸子者皆失之也。另外，不可以尸子为卫鞅客即认为尸子为法家或具有法家思想，尸子为卫鞅客卿，后世称之为师爷，不过是官员之工具，谈不上志同道合。《后汉书注》谓尸佼作书二十篇而十九篇陈道德仁义之纪，刘向《别录》以尸子非先王之法，不能以此认为有分别属于法家和儒家的两个尸子，不同的人对于同一部作品的评价可能是不同的，儒家卫道思想比较严重者之苛责与一般之泛泛而谈自然不同，不能够以此认为有分别属于法家和儒家的两个尸子。还要考虑到后世窜入或伪托之所谓尸子之材料，故尸子只有一个，即是尸佼，先与穀梁子传授《春秋》，后为卫鞅客，鞅死佼逃入蜀。

《尔雅·释天》《尔雅·释畜》的部分内容实际上来源于《尸子》，《尸子·广泽》训

---

① 《史记·孟子荀卿列传》，司马迁《史记》，中华书局 1959 年 9 月第 1 版，第二三四九页。

② 《汉书·艺文志》，班固《汉书》，中华书局 1962 年 6 月第 1 版，第一七四一页。

③ 王应麟《汉书艺文志考证》卷七，见文渊阁《四库全书》史部十四，目录类一，经籍之属。

天帝等十余名皆大也，实开汇释或合训之先声。尸子与穀梁子有学术渊源，荀子在传经中发挥过重要作用，《尔雅》主体部分的形成与穀梁子、荀子之学派是有关系的。鉴于《尔雅》主体部分与《毛诗诂训传》之不同，可以断定《尔雅》主体部分绝非来源于古文经学。《尔雅》主体部分的编纂思想明显受到《荀子·正名》之影响，而《荀子·正名》为荀子中年居于稷下学宫传习《春秋公羊传》时之作品，《尔雅》主体部分的形成与春秋公羊学派也是有关系的。即《尔雅》主体部分的形成情况比较复杂，但是最早的直接来源是尸子与穀梁子，然后是荀子。鉴于荀子在传经中发挥过重要作用，荀子强调礼之重要作用，汇集和传授礼记，荀子所汇集和传授之礼记材料对于《尔雅》主体部分的形成有重要作用，荀子所汇集和传授之礼记材料也是汉代所存之礼记材料的来源，自然也是《大戴礼记》和《小戴礼记》的来源，就此而言，我主张将《大戴礼记》《小戴礼记》《尔雅》合并形成《新礼记》，将《仪礼》《周礼》《新礼记》合称为“新三礼”，将《诗经》《尚书》《周易》《春秋穀梁传》《春秋公羊传》《春秋左氏传》《仪礼》《周礼》《新礼记》《孝经》《论语》《孟子》《荀子》合称为“新十三经”，将《诗经》《尚书》《新礼记》《周易》《春秋穀梁传》合称为“新五经”，将《荀子·劝学》《论语》《孟子》《荀子·大略》合称为“新四书”。

魏麋信注《春秋穀梁传》认为穀梁子与“秦孝公同时”[①] 王应麟《困学纪闻》曰：“穀梁子，或以为名赤，或以为名俶。秦孝公时人。今按《传》载尸子之语，尸佼与商鞅同时。故以为秦孝公时人，然不可考。”[②] 王应麟认为魏麋信所言穀梁子为秦孝公时人是根据尸佼与商鞅同时而推出的，又说这已不可考。我认为根据桓谭《新论》所定《春秋左氏传》的成书年代可以推出《春秋穀梁传》的大致作时，从而推出穀梁子与尸佼大致同时。详见下文“穀梁子其人及生活时代”。

尸子是《春秋穀梁传》中记载的最晚的先师，尸子与穀梁子同时，穀梁子引用尸子之说也是正常的，不能以此否定穀梁子对于《春秋穀梁传》的著作权。

由此可见，穀梁子对于《春秋穀梁传》的开创之功是不可抹杀的，可以说穀梁子是《春秋穀梁传》的第一作者，《春秋穀梁传》最初的底本的写作年代当在战国中期。在汉武帝之前的后代《春秋穀梁传》学者又有所补充。

---

① 《春秋穀梁传注疏》，见文渊阁《四库全书》经部五，春秋类。

② 王应麟《困学纪闻》卷七《穀梁》部分最后一条。见文渊阁《四库全书》子部十，杂家类二，杂考之属。

第二部分　穀梁子其人及其生活时代

一、穀梁子之姓氏为“穀梁”

《春秋穀梁传》的“穀梁”二字一般认为是姓氏。唐代林宝《元和姓纂》卷十载有：“穀梁，鲁有穀梁赤，治《春秋传》。子夏门人也。尸子云：‘穀梁俶，传《春秋》十五卷。’案颜师古说穀梁名喜。”① 但是自宋代以来就有人怀疑“穀梁”作为一个姓氏之真实性。

宋代罗璧《识遗》卷三“公羊、穀梁”条云：

> 公羊、穀梁二姓，自高、赤作传外，考之前史及后世，更不见再有此姓。万见春尝谓公羊、穀梁皆姜字切韵脚，疑其为姜姓假托也。（按：文公语录已有此说。）盖战国时，去春秋未远，《传》之所载，多当时诸侯公卿大夫及其家世事迹，有当讳晦者，难直斥之，而事之直者，又不容曲为之笔，故高、赤传其事，因隐其姓，后世史官，于当代难言之事，每阙之。或晦其姓名，疑其辞义。高、赤缘时忌，没其姓，容有此理。《左传》作者之名曾无真的，是传者亦欲假托也。（按：二传皆云出自子夏，子夏授公羊高，汉景帝时，胡母子都始以《公羊》著之竹书。穀梁云秦孝公时人，其书宣帝时始传。先儒因谓二书皆作自汉儒。孔颖达曰：“《公羊》道听涂说之学。杜预言肤，引《公》《穀》适足自乱。”《大观群典》曰：“《公》《穀》诡辨之言，非先儒说。或者又汉儒假托也。）”②

罗璧之论虽有很大的主观猜测的成份，但罗璧之学本自朱熹，罗璧自称“文公语录已有此说”，由于其学本自朱熹，罗璧之论也就由于申发朱熹之说而产生了很大的影响。《朱子语类》卷八十三《春秋·纲领》记载：“问：‘《公》《穀》传大概皆同?’曰：‘所以林黄中说，只是一人，只是看他文字疑若非一手者。’”③ 朱熹引用林黄中之说认为《春秋穀梁传》和《春秋公羊传》同出于一人之手，只是文字表面上不同，可见，朱熹认为《公》《穀》二传作者皆为假托。又因朱熹之说为语录，过于简略，而罗璧之论公羊、穀梁皆为假托人物较为系统，罗璧《识遗》又引万见春之说认为“公羊、穀梁皆姜字切韵

---

① 林宝《元和姓纂》，中华书局 1994 年 5 月第 1 版，第一四七四页。

② 罗璧《识遗》卷三，见文渊阁《四库全书》子部十，杂家类二，杂考之属。

③ 黎靖德编《朱子语类》，中华书局 1994 年 3 月第 1 版，第二一五三页。

脚，疑为姜姓假托”。故罗璧之论可以作为公羊、穀梁皆为假托人物之说的代表。宋代朱熹、万见春、罗璧认为穀梁子为假托人物是从根本上否定穀梁子的真实性，即否认穀梁子的存在，从而也就否定了穀梁子对于《春秋穀梁传》的著作权。

《四库全书总目提要》云：

> 《识遗》十卷。宋罗璧撰。璧字子苍，自号黙耕，新安人。《宋史》无传。不知其时代。据书中“前定”一条，引陈抟“寒在五更头’之谶，称“第五庚申后又十五年而祚移”，则其成书在宋亡以后矣。观其谓“宋代文章多粹，自伊洛发明孔孟，便觉欧、苏气象不长”，又谓“夫子之道至晦翁集大成，诸家经解自晦翁断定，然后一出于正”云云，盖传朱子之学者也。其论养老之制，谓《礼记》“袒而割牲，执酱而馈，执爵而酳”数语为委巷之谈论，排诋经文，殊无忌惮。谓公羊高、穀梁俶皆姓姜，亦属杜撰。谓班史原于刘歆，引葛洪《西京杂记》后序为证，不知洪序谓“刘子骏有《汉书》一百卷”者，自汉魏以来绝无是说。乃轻信伪书，尤为疎舛。然其他爬梳钩索，征据旧文，尚颇可采，不独钱曾《读书敏求记》所举“孔子生卒年月”一条为足资考证也（杨德春按：罗璧《识遗》卷四有“孔子生年”一条，作“孔子生年”，不作“孔子生卒年月”。据钱曾《读书敏求记》所谓“今观子苍所记‘孔子生年’云”，则钱曾《读书敏求记》所举亦作“孔子生年”，不作“孔子生卒年月”。钱曾《读书敏求记》之“罗璧《识遗》四卷”条首先引用潜溪《孔子生卒年月辨》，四库馆臣因而误以为钱曾《读书敏求记》所举为“孔子生卒年月”一条。故《四库全书总目提要》此句当校改为：不独钱曾《读书敏求记》所举“孔子生年”一条为足资考证也）。在讲学之家，犹可称言有根柢矣。①

可见，四库馆臣也认为罗璧在讲学之家犹可称言有根柢，但治学也有偏激之处，如四库馆臣认为“谓公羊高、穀梁俶皆姓姜，亦属杜撰”②。可见，罗璧《识遗》卷三“公羊、穀梁”条所谓“公羊、穀梁二姓，自高、赤作传外，考之前史及后世，更不见再有此姓”③之论四库馆臣也认为缺乏根据。

---

① 永瑢等《四库全书总目》，中华书局 1965 年 6 月第 1 版，第一〇二四页。

② 永瑢等《四库全书总目》，中华书局 1965 年 6 月第 1 版，第一〇二四页。

③ 罗璧《识遗》卷三，见文渊阁《四库全书》子部十，杂家类二，杂考之属。

朱彝尊《经义考》卷二百八十二:“鲁穀梁赤，宋赠龚邱伯，改赠睢阳伯。详见春秋部。应劭曰子夏弟子。按罗长源撰《路史》:‘炎帝之后不言有公羊、穀梁氏。’罗子苍《识遗》云:‘公羊、穀梁自高、赤作传外，更不见有此姓。万见春谓皆姜字切韵脚，疑为姜姓假托。’然自高传子平，平传子地，地传子敢，敢传子寿。见于戴宏所记。而班氏《古今人表》载有二子，居第四等。计刘氏、宋氏《世本》亦必载之，未必假托也。又按《春秋》为孔子所作，则说《春秋》者必系孔氏门人。若《公羊传》所称沈子、司马子、女子、北宫子、鲁子、高子。《穀梁传》所称尸子、沈子皆是已。子言之《春秋》属商，其皆子夏之徒与。”① 朱彝尊通过戴宏所记《公羊传》传承和《汉书·古今人表》的记载，认为穀梁赤、公羊高未必是假托人物。

对于怀疑“穀梁”作为一个姓氏的真实性的问题，皮锡瑞也有反驳之论。皮锡瑞《经学通论》四“论《公羊》《穀梁》二传皆当为传其学者所作，《左氏》亦当以此解之”条认为:“古人著书，亦有自隐其姓名者，而二子（杨德春按：指穀梁赤、公羊高。）为《经》作《传》，要不应自隐其姓。至谓‘公羊、穀梁，高、赤外不见有此姓’，则尤不然。《礼记·檀弓》明云:‘凿巾以饭，公羊贾为之也。’何得谓公羊高外，不见公羊姓乎？……《汉书·古今人表》有公羊、穀梁，列四等，必实有其人可知。近人又疑公羊、穀梁，皆卜商转音，更无所据。”② 皮锡瑞指出《礼记·檀弓》明言“凿巾以饭，公羊贾为之也。”据我查证，《礼记·檀弓》上、下二篇中皆无“凿巾以饭，公羊贾为之也”之语，遍检《礼记》，在《杂记下》中有“凿巾以饭，公羊贾为之也”之语，可见，皮锡瑞引用材料有误。

蒋伯潜《十三经概论》:“按:《礼记·檀弓》曰:‘凿巾以饭，公羊贾为之也。’是别有姓公羊者矣。”③ 蒋伯潜实际上是抄用皮锡瑞《经学通论》之说，且未加以核实，以讹传讹，亦误。所谓的学术大家只是抄录前人之作，并不核实，以致以讹传讹，不足为训，如此则其学也必无可观。

《礼记·杂记下》明确记载:“凿巾以饭，公羊贾为之也。”④ 这实际上就彻底否定了罗璧《识遗》卷三所谓“公羊、穀梁二姓，自高、赤作传外，考之前史及后世，更不见

① 朱彝尊《经义考》，中华书局 1998 年 11 月第 1 版，第一四四三页——第一四四四页。

② 皮锡瑞《经学通论》，中华书局 1954 年 10 月第 1 版，第十八页。

③ 蒋伯潜《十三经概论》，上海古籍出版社 1983 年 4 月第 1 版，第四二九页——第四三〇页。

④ 阮元校刻《十三经注疏》，中华书局 1980 年 10 月第 1 版，第一五六二页。

再有此姓”的不实论断。

我再补充一点，万见春提出：公羊、穀梁“皆姜字切韵脚，疑为姜姓假托”，皮锡瑞所引“近人又疑公羊、穀梁，皆卜商转音”。这都只是一种猜测，没有坚实的证据。公羊、穀梁，皆卜商转音；公羊、穀梁皆姜字切韵脚。这些说法虽以音韵为说，其实并无多少科学价值，因为古代汉语本身就多双声字和叠韵字，遇到两个字是双声字或叠韵字并不稀奇。

郑樵《通志·氏族略》云：“穀梁氏。鲁有穀梁赤，传《春秋》。尸子云：‘穀梁淑，字元始，鲁人。’亦传《春秋》十五篇，望出下邳，《姓纂》云：‘今下邳有穀梁氏。’”① 郑樵《通志·氏族略》也认为穀梁是一个姓氏。

凌迪知《万姓统谱》云：“穀梁。下邳有穀梁氏。周穀梁赤，传《春秋》。穀梁淑，字元始，鲁人。亦传《春秋》。”② 凌迪知《万姓统谱》也认为穀梁是一个姓氏。

郑樵《通志·氏族略》和凌迪知《万姓统谱》都认为有两个穀梁子，该说源于林宝《元和姓纂》，唐代林宝《元和姓纂》云：“穀梁，鲁有穀梁赤，治《春秋传》。子夏门人也。尸子云：‘穀梁俶，传《春秋》十五卷。’案颜师古说穀梁名喜。”③ 但该说没有可靠的证据支持，故不可信。在唐代林宝《元和姓纂》之前，没有文献证明尸子说过“穀梁俶，传《春秋》十五卷”，而杨士勋《春秋穀梁传序疏》记载穀梁子名淑字元始实本南朝梁代人阮孝绪④，唐代林宝《元和姓纂》引尸子云“穀梁俶，传《春秋》十五卷”之说当是将阮孝绪之说与尸子联系起来的发挥，不足凭信；但是，鉴于尸子与穀梁子之关联，穀梁子传《春秋》十五卷当可信。宋代郑樵《通志·氏族略》和明代凌迪知《万姓统谱》所谓有两个穀梁子均源于林宝《元和姓纂》之说，当然也不足凭信。

二、穀梁子之名字考辨（上）

既然穀梁子实有其人，姓穀梁，那么穀梁子之名就成为需要研究清楚的问题了。《汉书·艺文志》云：“《穀梁传》十一卷，穀梁子，鲁人。（师古曰：名喜。）”⑤ 钱大昭《汉

① 郑樵《通志》卷二十九，浙江古籍出版社 2000 年 1 月第 2 版，第四七九页。

② 凌迪知《万姓统谱》卷一百三十七，见文渊阁《四库全书》子部十一，类书类。

③ 林宝《元和姓纂》，中华书局 1994 年 5 月第 1 版，第一四七四页。

④ 杨士勋《春秋穀梁传序疏》，载《春秋穀梁传注疏》卷首，见文渊阁《四库全书》经部五，春秋类。

⑤ 《汉书·艺文志》，班固《汉书》，中华书局 1962 年 6 月第 1 版，第一七〇一页。

书辨疑》记载："喜，闽本作嘉。"[①]《汉书·艺文志》未记载穀梁子之名字，《汉书·艺文志》脱胎于刘歆之《七略》，则《七略》亦当未记载穀梁子之名字，穀梁子之名字很可能在西汉就已经失传。就现有材料而言，《汉书·艺文志》未言穀梁子之名，且《汉书·艺文志》之前之书籍亦均未载穀梁子之名，而《汉书》之后之书籍却载有穀梁子之名，良可疑也。

黄焯断句之通志堂本陆德明《经典释文序录》引桓谭《新论》云："《左氏传》遭战国寝藏，后有余年，鲁人穀梁赤作《春秋》。残略，多有遗文。"[②] 四部丛刊初编经部影印本陆德明《经典释文序录》引桓谭《新论》云："《左氏传》遭战国寝藏，后有余年，鲁人穀梁赤作《春秋》。残略，多有遗文。"[③] "后有余年"不通，后后有前当有脱文。《太平御览》卷第六百一十："桓谭《新论》曰：《左氏》传世后百余年，鲁穀梁赤为《春秋》。残略，多有遗失。"[④]《太平御览》作"后百余年"，如此则有字似乎为百字之形讹，然"后百余年"之说不符合先秦两汉之一般语言习惯，故当据《太平御览》之"百"字，于后后有前校补"百"字，即当作"后百有余年"。又《太平御览》晚于《经典释文》，且《太平御览》引文多有改动，故当据《经典释文》，即当有"遭战国寝藏"五字、当作"鲁人"而不作"鲁"、当作"遗文"而不作"遗失"。故桓谭《新论》原文当作"《左氏传》遭战国寝藏，后百有余年，鲁人穀梁赤作《春秋》。残略，多有遗文。"周寿昌《汉书注校补》："寿昌按：桓谭《新论》：'《左氏》传世，遭战国寝藏，后百有余年，鲁穀梁赤为《春秋》。残略，多所遗失。'是穀梁名赤，应劭《风俗通》、蔡邕《正交论》并同。"[⑤] 周寿昌据后出之《太平御览》所引《新论》之语，补入陆德明《经典释文序录》所引桓谭《新论》之语中之"遭战国寝藏"五字，将有字校改为所字，不可取，当以陆德明《经典释文序录》所引桓谭《新论》之语为底本。

陆德明《经典释文序录》："名赤，鲁人。麋信云：'与秦孝公同时。'《七录》云：

---

① 钱大昭《汉书辨疑》，沈钦韩等《汉书疏证》（外二种）二，上海世纪出版股份有限公司、上海古籍出版社 2006 年 4 月第 1 版，第三六一页。

② 《经典释文序录》，陆德明《经典释文》，中华书局 1983 年 9 月第 1 版，第 12 页。

③ 《经典释文序录》，陆德明《经典释文》，中国书店影印本，第一二页。

④ 李昉等《太平御览》，中华书局 1960 年 2 月第 1 版，第二七四六页。

⑤ 周寿昌《汉书注校补》，《续修四库全书》第二六七册，上海古籍出版社 1995 年 3 月第 1 版，第六二五页。

‘名俶，字元始。’《风俗通》云：‘子夏门人。’”① 名赤是陆德明之言，绝非《风俗通》之记载，陆德明《经典释文序录》引《风俗通》仅仅是“子夏门人”四字，就现有材料而言，绝无《风俗通》记载穀梁子名赤之任何直接而可靠之证据。若言前文已言名赤，陆德明《经典释文序录》引《风俗通》似乎承前省略名赤，则此假设为误，前文亦已言名俶，则绝非承前省略名赤可知，故陆德明《经典释文序录》引应劭《风俗通》未涉及穀梁子之名。

王利器《风俗通义校注》辑应劭《风俗通》佚文：“穀梁氏，穀梁名赤，子夏门人。(《经典释文叙录》《意林》《容斋续笔》十四、《玉海·艺文》四十）器按：《孝经序》疏引‘门人’作‘弟子’。”②

其中“穀梁名赤”绝非应劭《风俗通》佚文。陆德明《经典释文序录》引《风俗通》仅“子夏门人”四字，并无“穀梁名赤”四字，王利器为误辑误引。洪迈《容斋续笔》卷十四“子夏经学”条：“公羊高实受之于子夏，穀梁赤者，《风俗通》亦云子夏门人。”③ 洪迈《容斋续笔》卷十四引《风俗通》仅“子夏门人”四字，并无“穀梁名赤”四字，王利器为误辑误引。《孝经序》疏：

> ［疏］正义曰：“故”者因上起下之语。夫子约鲁史《春秋》，学开五传者，谓名专己学，以相教授，分经作传，凡有五家。开则分也。五传者，案《汉书·艺文志》云：《左氏传》三十卷，左丘明，鲁太史也。《公羊传》十一卷，公羊子，齐人，名高，受经于子夏。《穀梁传》十一卷，穀梁子，鲁人，名赤，糜信云：与秦孝公同时；《七录》云：名俶，字元始；《风俗通》云：子夏门人。《邹氏传》十一卷，《汉书》云：王吉善《邹氏春秋》。《夹氏传》十一卷，有录无书。其邹、夹二义，邹氏无师，夹氏未有书，故不显于世，盖王莽时亡失耳。④

《孝经序》疏引《风俗通》作“子夏门人”四字，并未引“门人”作“弟子”，王利器实误。《汉书·艺文志》云：“《穀梁传》十一卷，穀梁子，鲁人。(师古曰：名喜。)”⑤

---

① 《经典释文序录》，陆德明《经典释文》，中华书局1983年9月第1版，第12页。

② 王利器《风俗通义校注》，中华书局1981年1月第1版，第五五〇页。

③ 《容斋续笔》，洪迈《容斋随笔》，中华书局2005年11月第1版，第三九八页。

④ 邢昺《孝经注疏》，北京大学出版社，1999年12月第一版，第14页—第15页。

⑤ 《汉书·艺文志》，班固《汉书》，中华书局1962年6月第1版，第一七〇一页。

《汉书·艺文志》并无“名赤”二字，《孝经序》邢昺疏之“名赤”为误引。

王应麟《困学纪闻》卷七：“穀梁子，或以为名赤，或以为名俶。秦孝公时人。今按《传》载尸子之语，尸佼与商鞅同时。故以穀梁子为秦孝公时人，然不可考。”① 阎若璩校本加有按语：“若璩按：名赤见《风俗通》，名俶见阮孝绪《七录》。”今本《风俗通》无名赤，名赤二字亦绝非应劭《风俗通》佚文，陆德明《经典释文序录》引《风俗通》仅“子夏门人”四字，并无名赤二字，阎若璩实误。王应麟认为魏糜信所言穀梁子为秦孝公时人是根据尸佼与商鞅同时而推出的，又说这已不可考。我认为根据桓谭《新论》所定《春秋左氏传》主体部分的成书年代可以推出《春秋穀梁传》的大致作时，从而推出穀梁子与尸佼大致同时。

王充《论衡·案书篇》作“穀梁寘”②；杨士勋《春秋穀梁传序疏》将“俶”写作“淑”③，杨士勋《春秋穀梁传序疏》所记载之穀梁子名淑字元始实本阮孝绪《七录》之穀梁子名俶。

吴承仕《经典释文序录疏证》云：“穀梁子之名，桓谭《新论》、蔡邕《正交》、应劭《风俗通》并云‘名赤’，《论衡》作‘寘’，《七录》云‘名俶’，杨士勋《疏》作‘淑’，颜师古云‘名喜’。按：尗与赤声相近，寂寞之寂前历反，赤音昌石反，是其比；尗又与喜声近，饎昌志反，字亦作𩚀，与饎同音；寘即置之异文，置、喜同部。赤、淑、俶、寘、喜五文声转通作，故字异而人同。《汉书》颜《注》本或作‘嘉’，则喜形之讹也。皮锡瑞曰：‘一人岂有四名，抑如公羊之祖孙父子相传非一人乎？’不明声类而妄为说，其过弘矣。陈汉章说亦然，真所谓不谋同辞者也。”④ 吴承仕《经典释文序录疏证》认为这些不同的字，都音近通转，“故字异而人同”，即吴承仕《经典释文序录疏证》认为赤、淑、俶、寘、喜五文声转通作，字异而人同，嘉为喜形之讹。

范晔《后汉书》卷第四十三《后汉书·朱乐何列传》李贤注引蔡邕《正交论》：“穀梁子亦曰：‘心志既通，名誉不闻，友之罪也。’”⑤ 就现有材料而言，蔡邕《正交论》作穀梁子而不作穀梁赤。钟文烝《春秋穀梁经传补注》：“桓谭《新论》、应劭《风俗通》、

---

① 王应麟《困学纪闻》卷七《穀梁》部分最后一条。见文渊阁《四库全书》子部十，杂家类二，杂考之属。

② 王充《论衡·案书篇》，黄晖《论衡校释》中华书局 1990 年 2 月第 1 版，第一一六三页。

③ 杨士勋《春秋穀梁传序疏》，载《春秋穀梁传注疏》卷首，见文渊阁《四库全书》经部五，春秋类。

④ 吴承仕《经典释文序录疏证》，中华书局 1984 年 3 月第 1 版，第一一七页。

⑤ 《后汉书·朱乐何列传》，范晔《后汉书》，中华书局 1965 年 5 月第 1 版，第一四七五页。

蔡邕《正交论》并云名赤。"[①] 钟文烝《春秋穀梁经传补注》所谓蔡邕《正交论》云名赤实误。周寿昌《汉书注校补》:"是穀梁名赤，应劭《风俗通》、蔡邕《正交论》并同。"[②] 周寿昌《汉书注校补》所谓蔡邕《正交论》云名赤实误。吴承仕《经典释文序录疏证》所谓蔡邕《正交》云名赤实误。张舜徽《汉书艺文志通释》:"桓谭《新论》、蔡邕《正交论》、应劭《风俗通》、并云名赤，……"[③] 张舜徽《汉书艺文志通释》所谓蔡邕《正交论》云名赤实误。《元和姓纂》岑仲勉校语所引据杜钢《百氏考证》之言"桓谭《新论》(《御览》引)、蔡邕《正交论》及《经典释文叙录》引糜信注作赤"[④] 有误，所谓蔡邕《正交论》云名赤实误，《经典释文·序录》糜信语仅"与秦孝公同时"六字，就现有材料而言，绝无糜信记载穀梁子名赤之任何直接而可靠之证据。这些所谓的学术大家只是抄录前人之作，并不核实，以致以讹传讹，不足为训，如此则其学也必无可观。

三、穀梁子之名字考辨(下)

杨士勛《春秋穀梁传序疏》:"穀梁子名淑，字元始，鲁人，一名赤，受经于子夏，为经作传，故曰《穀梁传》。"[⑤] 杨士勛《春秋穀梁传序疏》将"俶"刊作"淑"[⑥]。沈廷芳《十三经注疏正字》卷七十三:"案:《尔雅·释诂》云:俶，始也。字曰元始，义当从俶。"[⑦] 齐召南《春秋穀梁传注疏考证·春秋穀梁传序考证》云:"《疏》云:穀梁子名俶，字元始，鲁人，一名赤。俶监本刊作淑。臣召南按:俶训始，故字元始。《玉海》引此《疏》云:穀梁子，名俶。又自注其下云:一云名淑。《文献通考》亦作俶。然则此《疏》原文本作俶也。但穀梁子名，诸说不同。云名赤者，本之应劭。云名俶，字元始者，本之阮孝绪。而颜师古《汉书注》则又云名喜。"[⑧] 齐召南《春秋穀梁传注疏考证》对穀梁子名字的考证有一定的道理，但是，仅凭俶训始，只能证明穀梁子名俶字元始有训诂依据而不能证明穀梁子即名俶字元始。

---

① 钟文烝《春秋穀梁经传补注》，中华书局1996年7月第1版，第一页。

② 周寿昌《汉书注校补》，《续修四库全书》第二六七册，上海古籍出版社1995年3月第1版，第六二五页。

③ 张舜徽《汉书艺文志通释》，湖北教育出版社1990年3月第1版，第六二页。

④ 林宝《元和姓纂》，中华书局1994年5月第1版，第一四七五页。

⑤ 阮元校刻《十三经注疏》，中华书局1980年10月第1版，第二三五八页。

⑥ 杨士勛《春秋穀梁传序疏》，载《春秋穀梁传注疏》卷首，见文渊阁《四库全书》经部五，春秋类。

⑦ 沈廷芳《十三经注疏正字》，见文渊阁《四库全书》经部七，五经总义类。

⑧ 《春秋穀梁传注疏》，见文渊阁《四库全书》经部五，春秋类。

《元和姓纂》卷十："尸子云：穀梁俶传《春秋》十五卷。"①

《史记·孟子荀卿列传》云："楚有尸子、长卢。"《集解》云："刘向《别录》曰：'楚有尸子，疑谓其在蜀。'今案：《尸子书》，晋人也，名佼，秦相卫鞅客也。卫鞅商君，谋事画计，立法理民，未尝不与佼规也。商君被刑，佼恐并诛，乃亡逃入蜀。自为造此二十篇书，凡六万余言，卒，因葬蜀。"②

魏糜信注《春秋穀梁传》认为穀梁子"与秦孝公同时"③，王应麟《困学纪闻》曰："穀梁子，或以为名赤，或以为名俶。秦孝公时人。今按《传》载尸子之语，尸佼与商鞅同时。故以为秦孝公时人，然不可考。"④王应麟认为魏糜信所言穀梁子为秦孝公时人是根据尸佼与商鞅同时而推出的，又说这已不可考。我认为根据桓谭《新论》所定《春秋左氏传》主体部分的成书年代可以推出《春秋穀梁传》的大致作时，从而推出穀梁子与尸佼大致同时，尸子是《春秋穀梁传》中记载的最晚的先师，尸子与穀梁子同时。

既然尸子与穀梁子同时，则《元和姓纂》卷十所引尸子云穀梁俶似乎是现存关于穀梁子之名之最早与最可靠之记载，然穀梁子之名不见于《春秋穀梁传》，亦不见于《汉书·艺文志》与《汉书·古今人表》，迟至唐代的《元和姓纂》卷十始引尸子云穀梁俶则绝不可信。《元和姓纂》先言"鲁有穀梁赤，治《春秋传》，子夏门人也。"⑤然后接言"尸子云，穀梁俶传《春秋》十五卷。"⑥《元和姓纂》是以作穀梁赤为较可靠，而以穀梁俶备为一说，则林宝所见《尸子》当即作穀梁俶，林宝所见《尸子》之作穀梁俶当为受阮孝绪《七录》作穀梁俶之影响所致，绝非尸子原文，然尸子所谓传《春秋》十五卷则是可信的。

王先谦《汉书补注》引叶德辉曰："《元和姓纂》一屋穀梁姓下引尸子云：'穀梁俶传《春秋》十五卷。'按：尸子为六国时人，见闻较塙，则以为名俶者是也。"⑦叶德辉只知其一不知其二，叶德辉以为名俶者是也之说不能成立。

---

① 林宝《元和姓纂》，中华书局1994年5月第1版，第一四七四页。

② 《史记·孟子荀卿列传》，司马迁《史记》，中华书局1959年9月第1版，第二三四九页。

③ 《春秋穀梁传注疏》，见文渊阁《四库全书》经部五，春秋类。

④ 王应麟《困学纪闻》卷七《穀梁》部分最后一条。见文渊阁《四库全书》子部十，杂家类二，杂考之属。

⑤ 林宝《元和姓纂》，中华书局1994年5月第1版，第一四七四页。

⑥ 林宝《元和姓纂》，中华书局1994年5月第1版，第一四七四页。

⑦ 王先谦《汉书补注》，《续修四库全书》第二六九册，上海古籍出版社1995年3月第1版，第二一九页。

陆德明《经典释文序录》:“《七录》云:‘名俶,字元始。’”① 阮孝绪《七录》今已亡佚,就现有材料而言,陆德明《经典释文序录》是引《七录》云“名俶,字元始”之现存最早文献。

凡云穀梁子名俶,字元始,本之阮孝绪②,阮孝绪为梁代人。《诗·大雅·既醉》有“令终有俶”③,毛传:“俶,始也。”④《书·胤征》有“俶扰天纪”⑤,伪孔安国传:“俶,始。”⑥《尔雅》亦以俶训始,所以有穀梁俶字元始之说。我认为穀梁子名俶字元始之说不可靠,当为后世由诗书中起名字而来。我认为俶的真正来源当是尗,尗又讹为叔,叔又讹为俶,由诗书又衍生出字元始。我认为俶的真正来源当是尗,尗实为子之形讹。

凡云名赤者,本之桓谭《新论》,桓谭为东汉人。桓谭之说在文献学上的价值要高于阮孝绪之说。特别值得注意的是桓谭《新论》作穀梁赤,桓谭虽然一般被视为东汉人,但是却生于西汉,桓谭《新论》作穀梁赤之文献价值不仅高于阮孝绪之说,而且也高于王充《论衡·案书篇》作穀梁寘之文献价值。同理,王充《论衡·案书篇》作穀梁寘之文献价值也高于阮孝绪之说。名俶不见于先秦两汉典籍,至梁代阮孝绪始见记载,至唐代林宝《元和姓纂》始见记载尸子所谓穀梁俶传《春秋》十五卷,名俶之文献可靠性明显逊于名赤之文献可靠性。

颜师古《汉书注》则又云名喜,颜师古《汉书注》的文献年代晚于阮孝绪之说的文献年代,但喜、寘与赤又有音韵上的关联。由音韵而言,喜、寘与赤有音韵上的关联,但是这不是问题的实质。《春秋穀梁传》在先秦虽然已经有古文文本,但非人人可以得见,社会之中,文化传播,口耳之间,穀梁子之子字遂衍化记录为赤、喜、寘。最早所载之穀梁子之名赤、喜、寘皆与子声韵相似或相同,且古代汉语本身就多双声字和叠韵字,以双声字或叠韵字误记不是没有可能。由字形而言,赤实为穀梁子之子字之形讹。赤不仅为子字之音讹,亦为子字之形讹。我认为穀梁子之名赤、喜、寘当皆由穀梁子之子字演变而来。

---

① 《经典释文序录》,陆德明《经典释文》,中华书局 1983 年 9 月第 1 版,第 12 页。

② 杨士勋《春秋穀梁传序疏》,载《春秋穀梁传注疏》卷首,见文渊阁《四库全书》经部五,春秋类。

③ 孔颖达《毛诗注疏》,阮元校刻《十三经注疏》,中华书局 1980 年 10 月第 1 版,第五三六页。

④ 孔颖达《毛诗注疏》,阮元校刻《十三经注疏》,中华书局 1980 年 10 月第 1 版,第五三六页。

⑤ 孔颖达《尚书注疏》,阮元校刻《十三经注疏》,中华书局 1980 年 10 月第 1 版,第一五七页。

⑥ 孔颖达《尚书注疏》,阮元校刻《十三经注疏》,中华书局 1980 年 10 月第 1 版,第一五七页。

钱大昭《汉书辨疑》记载："喜，闽本作嘉。"① 王先谦《汉书补注》引朱一新曰："汪本作嘉。"② 钱大昭《汉书辨疑》载南宋中后期的建本作"嘉"不作"喜"。

今本《汉书》来源于百衲本《汉书》，而百衲本《汉书》来源于北宋景祐国子监本。北宋景祐国子监本今藏国家图书馆，该书之末尾附有余靖之上言，上言云："景祐元年九月，秘书省余靖上言，国子监所印两汉书，文字舛讹，恐误后学。臣谨参括众本，旁据它书，列而辨之，望行刊正。诏送翰林学士张观等详定闻奏，又命国子监直讲王洙与靖谐赴崇文院雠对。""凡增七百四十一字，损二百一十二字，改正一千三百三字。"国家图书馆藏北宋景祐国子监本补刻痕迹明显，具名之刻工有程保、王文、孙生等人，其中程保是南宋初人，则国家图书馆藏北宋景祐国子监本补刻之时当在南宋初年，底本为北宋仁宗景祐元年至景祐二年国子监本，该本动用北宋仁宗时秘书省、翰林院等最高水平学术力量勘误，该本之文献价值明显高于民间刻本，该本之年代也优于南宋中后期的建本。南宋中期建安黄善夫、刘元起所校刻流布的《汉书》为民间刊本。日本国立松本市博物馆藏黄善夫本《汉书》与北京大学图书馆藏刘元起本《汉书》所用书版是相同的。日本国立松本市博物馆藏黄善夫本《汉书》无北京大学图书馆藏刘元起本《汉书》之牌记，在牌记处刻列校字者五人：校字黄颐、陈熙、虞应仲、刘之问（元起）、叶赉，这样的学术力量与景祐国子监本的学术力量不可同日而语；且黄善夫为南宋中期人，刘元起年辈又在黄善夫之后，建本《汉书》的年代也晚于最迟为南宋初补刻的北宋景祐国子监本。可见，建本《汉书》的文献价值明显低于景祐监本《汉书》。钱大昭《汉书辨疑》所据南宋中后期之建本之"喜"作"嘉"似乎不可靠，景祐监本及其衍生版本均作"喜"，故一般认为南宋中后期之建本作"嘉"当是"喜"传写印刷之误字，不可据。然绝不可将善本绝对化，还要具体问题具体分析，"嘉"很可能是"赤"传写印刷之误字，而"喜"很可能是"嘉"传写印刷之误字，且受到"赤"读音之影响，即"嘉"之力不清或脱落，"嘉"读音与"赤"读音较远，而"喜"读音与"赤"读音较近。

有鉴于此，我认为将穀梁子称为穀梁子最为可靠。在没有直接的证据之前，穀梁子的名字可以分为四类：穀梁子名赤，记载最早，除穀梁子外似穀梁子名赤最为可信；然赤很可能是"子"字之音讹和形讹；亦可能是子形讹为尗，尗又形讹为赤。穀梁子名俶，

---

① 钱大昭《汉书辨疑》，沈钦韩等《汉书疏证》（外二种）二，上海世纪出版股份有限公司、上海古籍出版社 2006 年 4 月第 1 版，第三六一页。

② 王先谦《汉书补注》，《续修四库全书》第二六九册，上海古籍出版社 1995 年 3 月第 1 版，第二一九页。

字元始，汉魏没有记载，可信度较低；我认为俶的真正来源当是赤，赤实为子之形讹。名寘是因与子或赤声韵相近所书之代字，可信度低于名赤之说。穀梁子名喜与名嘉记载较晚，可信度均较低；一般认为建本《汉书》与汪本《汉书》之“嘉”乃“喜”传写印刷之误字，喜与赤、淑、俶、寘声转通作；然“嘉”很可能是“赤”传写印刷之误字，而“喜”很可能是“嘉”传写印刷之误字，且受到“赤”读音之影响。

既然穀梁子有姓有名，实有其人，且实为一人，下一步就需要研究穀梁子生活的大致年代。

关于穀梁子生活的大致年代，清代惠栋的研究非常有参考价值。惠栋《穀梁古义》认为：

> 《孝经说》云：“孔子曰：‘吾志在《春秋》，行在《孝经》。以《春秋》属商，《孝经》属参。’”故应劭《风俗通》言穀梁为子夏门人。杨士勋谓受经于子夏。余案桓谭《新论》云：“《左氏》传世遭战国寝藏，后百余年，鲁穀梁赤为《春秋》。残略，多所违失。”然则穀梁子非亲受经于子夏矣。古人亲受业者称弟子，转相授者称门人。则穀梁子于子夏，犹孟子之于子思。故魏麋信注《穀梁》以为与秦孝公同时也。杨士勋言“穀梁为经作传，传孙卿，卿传鲁人申公，申公传博士江翁”。案孙卿齐愍、襄时人，当秦之惠王，则在其后。又卿著书言天子庙数（僖十五年传：天子七庙云云，是以贵始德之本也。荀卿《礼论》同。）及赙赗禭含之义（隐元年：车马曰赗云云，在《大略》篇），述《春秋》善胥命而言盟诅不及三王（隐八年传，亦在《大略》篇末），诸侯相见，仁者居守。又以太上为天子（隐二年传：知者虑，义者行，仁者守。隐二年传：大上故不名，今在《君子》篇），皆本《穀梁》之说。其言传孙卿，信矣。又隐元年传云成人之美，不成人之恶（《颜渊》）。僖廿二年传云过而不改是谓之过（《卫灵公》）。廿三年传云以不教民战则是弃其师（《子路》），今皆在《论语》中。郑《论语序》云仲弓、子夏等所撰，《论语谶》亦言子夏等七十二人共撰仲尼微言，其诸圣人之徒私淑诸人者乎？又传中所载与《仪礼》《礼记》诸经合者不可悉举，故郑康成《六艺论》云“《穀梁》善于经”。①

惠栋所撰《穀梁古义》所引桓谭《新论》之说见于《经典释文序录》，但文字略有不

① 惠栋《穀梁古义》，《九经古义》卷十五，见文渊阁《四库全书》经部七，五经总义类。

同。唐陆德明《经典释文序录》中有《春秋三传注解传述人》，其中记载："桓谭《新论》云：'《左氏传》遭战国寝藏。后百余年，鲁人穀梁赤作《春秋》，残略多有遗文。又有齐人公羊高缘《经》文作《传》，弥失本事。'"①

惠栋以桓谭《新论》作为考证鲁人穀梁赤年代的主要依据。惠栋所引"孝经说"即《孝经纬·钩命诀》，其中有孔子之言"吾志在《孝经》，行在《春秋》。以《春秋》属商，《孝经》属参"，《孝经纬·钩命诀》认为子夏传孔子《春秋》之学，惠栋即以此立论。

"弟子"与"门人"古可通用，但惠栋认为东汉应劭《风俗通》"穀梁为子夏门人"与杨士勋《春秋穀梁传集解序疏》"受经于子夏"（即亲受业于子夏）是不同的，即惠栋认为亲受业者称弟子，转相授者称门人，穀梁子究竟是子夏之"弟子"还是"门人"呢？惠栋认为：从东汉桓谭《新论》所言穀梁赤撰《春秋穀梁传》在《左传》"行世百余年后"，则从时间上穀梁赤必然不是子夏亲传弟子。既然从时间上穀梁子生活的年代与子夏相距过远。则穀梁子只能受学于子夏之弟子。"古人亲受业者称弟子，转相授者称门人，则穀梁子于子夏，犹孟子之于子思"。又引三国魏麋信注《春秋穀梁传》所言穀梁赤"与秦孝公同时也"，而荀卿则为"齐愍、襄时人，当秦之惠王，则在其后"。明确考证出穀梁赤生活的年代在荀卿之前，与秦孝公同时。

惠栋《穀梁古义》对穀梁子生活年代的考证虽然很有参考价值，但也有可商之处。惠栋《穀梁古义》所引"孝经说"即《孝经纬·钩命诀》，其中有孔子"吾志在《春秋》，行在《孝经》。以春秋属商，孝经属参"之语，此说不可靠。学术界多以为纬书不可以作为可靠之史料。但清代汉学家出于对汉学的崇拜，以纬书本辅翼经书，故其史料可靠。认为纬书是辅翼经书之书，当与图谶之书有别，有史料价值。这只能作为一家之言。《孝经纬·钩命诀》所载孔子"吾志在《春秋》，行在《孝经》。以《春秋》属商，《孝经》属参"之语，不见于先秦典籍，是汉代传说性质的记载，故此说不可靠。就因为《孝经纬·钩命诀》载有孔子有"吾志在《春秋》，行在《孝经》。以《春秋》属商，《孝经》属参"之语，就断定《春秋》是由子夏传出的，明显证据不足。又因桓谭《新论》记载鲁穀梁赤为《春秋》（杨德春按：即《春秋穀梁传》），就认为鲁穀梁赤也必为子夏门人。这种看法同样也是不可靠的。在穀梁赤为《春秋》之前的《春秋穀梁传》传授情况由于缺乏可靠的材料作为证据，难以确知。穀梁赤为子夏亲传弟子或门人的说法只能作为传说对待。由此可见，惠栋《穀梁古义》对穀梁子生活年代的考证并不严密。

---

① 陆德明《经典释文序录·春秋三传注解传述人》，见文渊阁《四库全书》经部七，五经总义类。

桓谭《新论》说《左氏》传世后百余年，鲁人穀梁赤为《春秋》（杨德春按：即《春秋穀梁传》）。在对《春秋左氏传》成书时间的考证结果中成书时间最早的为《春秋左氏传》成书于春秋末年，约公元前五世纪后期，即《左传》的主体部分成书于获麟之后，其主要根据是《史记·十二诸侯年表序》《汉书·艺文志》和《经典释文序录》。

《史记·十二诸侯年表序》："是以孔子明王道，干七十余君，莫能用，故西观周室，论史记旧闻，兴于鲁而次《春秋》，上记隐，下至哀之获麟，约其辞文，去其烦重，以制义法，王道备，人事浃。七十子之徒口受其传指，为有所刺讥、褒讳、挹损之文辞不可以书见也。鲁君子左丘明惧弟子人人异端，各安其意，失其真，故因孔子史记具论其语，成《左氏春秋》。"①

《汉书·艺文志》："古之王者世有史官。君举必书，所以慎言行，昭法式也。左史记言，右史记事，事为《春秋》，言为《尚书》，帝王靡不同之，周室既微，载籍残缺，仲尼思存前圣之业，乃称曰：'夏礼吾能言之，杞不足征也；殷礼吾能言之，宋不足征也，文献不足故也，足则吾能征之矣。'以鲁周公之国，礼文备物，史官有法，故与左丘明观其《史记》，据行事，仍人道，因兴以立功，就败以成罚，假日月以定历数，藉朝聘以正礼乐。有所褒讳贬损，不可书见，口授弟子。弟子退而异言，丘明恐弟子各安其意，以失其真。故论本事而作传，明夫子不以空言说经也。"②

唐陆德明《经典释文序录·注解传述人》载有："古之王者必有史官。君举则书，所以慎言行，昭法式也。诸侯亦有国史，《春秋》即鲁之史记也。孔子应聘不遇，自卫而归，西狩获麟，伤其虚应，乃与鲁君子左丘明观书于太史氏，因鲁史记而作《春秋》，上遵周公遗制，下明将来之法，褒善黜恶，勒成十二公之经，以授弟子，弟子退而异言。丘明恐弟子各安其意以失其真。故论本事而为之传，明夫子不以空言说经也。"③

《史记·十二诸侯年表序》《汉书·艺文志》和《经典释文序录》关于《左传》的主体部分成书于获麟之后的结论与桓谭的观点相同。桓谭所论《左氏传》遭战国寝藏，即《春秋左氏传》的主体部分成书于战国以前，实以《春秋左氏传》的主体部分成于获麟之后，即《春秋左氏传》的主体部分成于春秋末年，约公元前五世纪后期。桓谭《新论》说《左氏传》传世后百余年，鲁人穀梁赤为《春秋》（杨德春按：即《春秋穀梁传》），

① 《史记·十二诸侯年表》，司马迁《史记》，中华书局1959年9月第1版，第五一一页——第五一二页。

② 《汉书·艺文志》，班固《汉书》，中华书局1962年6月第1版，第一七一五页。

③ 吴承仕《经典释文序录疏证》，中华书局1984年3月第1版，第一一四页。

即鲁人穀梁赤为《春秋》（杨德春按：即《春秋穀梁传》）的时间当在获麟后百余年，那么穀梁子大约就是在公元前四世纪中后期作《春秋穀梁传》的。此时为战国中期，则鲁人穀梁赤生活的大致年代也当在战国中期。秦孝公即位于公元前三六一年，卒于公元前三三七年。此时正当公元前四世纪中后期，我所考证的穀梁子生活的大致年代跟陆德明引麋信注以为穀梁子是“秦孝公同时人”① 的说法基本上相吻合。

第四节 《春秋穀梁传》的成书

一、《春秋穀梁传》与《春秋公羊传》产生的先后问题

《春秋穀梁传》与《春秋公羊传》产生之先后，是历代学者聚讼纷纭的学术问题。东汉郑玄申《春秋穀梁传》早出，其说见《礼记·王制》“天子诸侯无事则岁三田”章之《疏》引郑玄云：“《穀梁》四时田者近孔子故也，《公羊》正当六国之亡，谶纬见，读而传为三时田，作传有先后，虽异，不足以断《穀梁》也。”② 此原为郑玄《起废疾》之文。唐代陆德明《经典释文序录》次第部分论述《春秋》及三传次序：“《春秋》既是孔子所作，理当后于周公，故次于《礼》。左丘明受经于仲尼，公羊高受之于子夏，穀梁赤乃后代传闻，三传次第自显。”③可见，唐陆德明《经典释文序录》认为《春秋穀梁传》晚出。宋人刘敞、晁说之亦认为《春秋穀梁传》晚出，刘敞《春秋权衡》云：“明《穀梁》私见《公羊》之书而窃附益之云尔。”④ 晁说之《三传说》云：“《穀梁》晚出于汉，因得监省《左氏》《公羊》之违畔而正之，然或失贼而不讨也，且或与之同恶焉，重可惜哉。至其精深远大者，真得子夏之所传欤。范宁又因诸儒而博辩之，申《穀梁》之志也，其于是非，亦少公矣，非若杜征南一切申《传》，汲汲然不敢异同也。”⑤ 皮锡瑞《经学通论》四：“论《穀梁》在《春秋》之后曾见《公羊》之书，所谓‘一传’即《公羊传》”条认为：“以《穀梁》晚出，曾见《公羊》之书，刘原父（杨德春按：刘敞字原父。）已言之，陈氏（杨德春按：名澧。）推衍尤晰，治《穀梁》者必谓《穀梁》早出，观此可以悟矣。晁说之曰：《穀梁》晚出于汉，因得监省《左氏》《公羊》之违畔而正之，

---

① 吴承仕《经典释文序录疏证》，中华书局 1984 年 3 月第 1 版，第一一四页。

② 阮元校刻《十三经注疏》，中华书局 1980 年 10 月第 1 版，第一三三三页。

③ 陆德明《经典释文序录》，《经典释文》卷一，见文渊阁《四库全书》经部七，五经总义类。

④ 刘敞《春秋权衡》卷十四，见文渊阁《四库全书》经部五，春秋类。

⑤ 晁说之《景迂生集》卷十二，见文渊阁《四库全书》集部三，别集类。

至其精深远大者，真得子夏之所传。范氏（杨德春按：名宁。）又因诸儒而博辨之，申《穀梁》之志也，其于是非，亦少公矣，非若征南（杨德春按：杜预为征南将军。）一切申《传》，汲汲然不敢异同也。”①

主《春秋穀梁传》晚出于《春秋公羊传》之说者仅仅看到《春秋穀梁传》“得监省《左氏》《公羊》之违畔而正之”，就断定其晚出，是把复杂的古籍成书问题简单化了，研究《春秋穀梁传》的成书问题不仅要看到《春秋穀梁传》“得监省《左氏》《公羊》之违畔而正之”的情况，还要看到其成书的复杂过程。这一过程从战国中期穀梁子为《春秋》（即《春秋穀梁传》）开始一直到汉武帝时期江公为《穀梁春秋》（杨德春按：即《春秋穀梁传》）②。《春秋穀梁传》成书的时间跨度大于或长于《春秋公羊传》成书的时间跨度。根据桓谭《新论》云：“《左氏传》遭战国寝藏，后百余年，鲁人穀梁赤作《春秋》（杨德春按：即《春秋穀梁传》），残略，多有遗文。又有齐人公羊高缘经文作传，弥失本事。”③ 鲁人穀梁赤作《春秋》（杨德春按：即《春秋穀梁传》）在时间上要早于齐人公羊高缘经文作《春秋公羊传》的时间。《春秋公羊传》在汉景帝时由胡母子都著于竹帛，写成文字定本。《春秋穀梁传》在汉景帝时还没有形成文字定本，迟至汉武帝时才写成文字定本。《春秋穀梁传》因此得以监省《左氏》《公羊》之违畔而正之。

另外，《春秋穀梁传》与《春秋公羊传》曾经长期处于一个共同传授系统之中，《春秋穀梁传》所谓之“或说曰”或“其一曰”是在一个共同传授系统之中有另外一种说法或不同说法，《春秋穀梁传》从共同传授系统之中分离出来之后，《春秋公羊传》继承或接受了共同传授系统之中之另外一种说法或不同说法，即继承或接受了《春秋穀梁传》所谓之“或说曰”或“其一曰”，如《春秋穀梁传》隐公八年所谓之“或说曰”、庄公二年所谓之“其一曰”均与《春秋公羊传》之义同即当作如是观，绝不可以此作为《春秋穀梁传》晚出于《春秋公羊传》的所谓证据，因为《春秋穀梁传》之作者和传承者绝不至于如此愚蠢而自毁长城，《春秋穀梁传》与《春秋公羊传》是竞争关系，如果《春秋穀梁传》所引用之“其一曰”果真为《春秋公羊传》之义，《春秋穀梁传》绝不会引用，《春秋穀梁传》所引用之“其一曰”只可能是在一个共同传授系统之中有另外一种说法，此时《春秋公羊传》尚未形成，后来《春秋公羊传》继承或接受了共同传授系统之中之

---

① 皮锡瑞《经学通论》四，中华书局 1954 年 10 月第 1 版，第十八页。

② 金德建《瑕丘江公作〈穀梁传〉的推测》，载《人文杂志》1957 年第 3 期。

③ 陆德明《经典释文序录・春秋三传注解传述人》，见文渊阁《四库全书》经部七，五经总义类。

另外一种说法，而此时《春秋穀梁传》早已经形成，《春秋穀梁传》和《春秋公羊传》之经师都知道此情况，故才会传承下来，否则无法解释，《春秋穀梁传》之作者和传承者绝不至于如此愚蠢而自毁长城。

《春秋穀梁传》先于《春秋公羊传》的一条材料。

《春秋穀梁传》隐公五年："穀梁子曰：舞《夏》，天子八佾，诸公六佾，诸侯四佾。初献六羽，始僭乐矣。"①《春秋公羊传》隐公五年："初献六羽何以书？讥。何讥尔？讥始僭诸公也。六羽之为僭奈何？天子八佾，诸公六，诸侯四。诸公者何？诸侯者何？天子三公称公，王者之后称公，其余大国称侯，小国称伯、子、男。天子三公者何？天子之相也。天子之相则何以三？自陕而东者，周公主之，自陕而西者，召公主之，一相处乎内。始僭诸公昉于此乎？前此矣。前此则曷为始乎此？僭诸公，犹可言也，僭天子，不可言也。"②《春秋穀梁传》称"穀梁子曰"。晋范宁认为"言'穀梁子'者，非受于师，自其意也。"③ 范宁之说认为穀梁子与其师对于《春秋》之阐释异趣，穀梁子为了强调此说为穀梁子自己的观点，才自己标上穀梁子曰，以别于师说。穀梁子由于学术异趣首先从原来《春秋》的共同传授系统中分化出来，穀梁子用自己的姓氏标明自己的学问与原来《春秋》的共同传授系统中的师说的不同，实际上是以穀梁子标明了自己的学派。《春秋公羊传》所谓"天子八佾，诸公六，诸侯四"为穀梁子之说，与《左传》所载众仲之说异，穀梁子以初献六羽为始僭乐矣，《春秋公羊传》据穀梁子之说而变异之，以初献六羽为讥始僭诸公也，既然是讥始僭诸公也，何以又言六羽之为僭奈何，言六羽之为僭奈何，还是始僭乐矣，而不是讥始僭诸公也。《春秋公羊传》下文自己也承认始僭诸公前此矣，即此非为始僭诸公甚明，如此则不当以此为始僭诸公。《春秋公羊传》为了异于《春秋穀梁传》而在《春秋穀梁传》之说之基础上东拉西扯，都不能自圆其说，《春秋公羊传》之后起于《春秋穀梁传》甚明，《春秋公羊传》之拙劣亦由此可知矣。

《春秋穀梁传》经过后人修订。

《春秋穀梁传》隐公五年云："尸子曰：'舞《夏》，自天子至诸侯皆用八佾。初献六羽，始厉乐矣。'"④ 关于"厉"的解释，《尔雅·释诂》："'浡、肩、摇、动、蠢、迪、

① 阮元校刻《十三经注疏》，中华书局 1980 年 10 月第 1 版，第二三六九页。

② 阮元校刻《十三经注疏》，中华书局 1980 年 10 月第 1 版，第二二〇七页。

③ 钟文烝《春秋穀梁经传补注》，中华书局 1996 年 7 月第 1 版，第四三页。

④ 阮元校刻《十三经注疏》，中华书局 1980 年 10 月第 1 版，第二三六九页。

俶、厉，作也。’郭璞注：‘浡然，兴作貌，蠢，动作。《公羊传》曰：‘俶甚也。’《穀梁传》曰：‘始厉乐矣。’肩见《书》，迪未详。”① 据此，“厉”当训为“作”。郭璞注引《春秋穀梁传》以证之。扬雄《辅轩使者绝代语释别国方言》曰：“厉、卬，为也。瓯越曰卬，吴曰厉。”② 这说明《春秋穀梁传》在流传过程中，曾由会吴楚方言或可能接触吴楚方言之人传授或书写。《史记·孟子荀卿列传》云：“楚有尸子、长卢。”③《集解》云：“刘向《别录》曰：‘楚有尸子，疑谓其在蜀。’今案：《尸子书》，晋人也，名佼，秦相卫鞅客也。卫鞅商君，谋事画计，立法理民，未尝不与佼规也。商君被刑，佼恐并诛，乃亡逃入蜀。自为造此二十篇书，凡六万余言，卒，因葬蜀。”④ 《汉书·艺文志》云：“《尸子》二十篇。名佼，鲁人，秦相商君师之，鞅死佼逃入蜀。”⑤ 尸子言吴楚方言则尸子当为楚人，刘向以尸子在蜀而曰楚有尸子实误，《集解》以尸子为晋人不能算错，因为楚材晋用，尸子当在晋活动过，《汉书·艺文志》尸子名佼为鲁人，主要是依据尸子与穀梁子有关系。就现有材料而言，尸子当为楚人，由楚而至晋，于晋与《春秋》传授发生关系，后至鲁与穀梁子发生关系，后经晋入秦，再由秦入蜀；另外一种可能是尸子当为楚人，由楚而至晋，于晋与《春秋》传授发生关系，鲁人穀梁子亦至晋与《春秋》传授发生关系，于晋尸子与穀梁子发生关系，后由晋入秦，再由秦入蜀。两种可能性均表明尸子对于《春秋穀梁传》之学之形成所起之重要作用。尸子使用吴楚方言，尸子与穀梁子均重视训诂之作用，对于吴楚方言之厉当有训诂，今本《春秋穀梁传》对于吴楚方言之厉没有训诂，很可能是经过后人修订所致，外地之方言本地人当然要训释，否则不懂，只有本地之方言本地人不需要训释，因为本地人都懂，故删除对于吴楚方言之厉当有之训诂者必然居于吴楚之地，荀子居楚，浮丘伯、申公学于荀子，又与楚元王善。吴为越灭，其地后又归楚。此处用吴地方言而不训释，很可能为荀子或浮丘伯、申公这些曾经居于楚地者修订所致，从现存《春秋穀梁传》传承看，荀卿、浮丘伯、申公修订之可能性最大，因为荀卿、浮丘伯、申公之后之《春秋穀梁传》传承人未居楚地，需要训释吴楚方言之厉，但是由于《春秋穀梁传》在楚地流传时对于吴楚方言之厉当有之训诂已经失传，在汉代当《春秋穀梁传》的流传范围扩大后就是需要对于吴楚方言之厉之训释也

---

① 阮元校刻《十三经注疏》，中华书局 1980 年 10 月第 1 版，第二五七六页。

② 扬雄《辅轩使者绝代语释别国方言》，中华书局 2006 年 9 月第 1 版，第四八一页

③ 《史记·孟子荀卿列传》，司马迁《史记》，中华书局 1959 年 9 月第 1 版，第二三四九页。

④ 《史记·孟子荀卿列传》，司马迁《史记》，中华书局 1959 年 9 月第 1 版，第二三四九页。

⑤ 《汉书·艺文志》，班固《汉书》，中华书局 1962 年 6 月第 1 版，第一七四一页。

因失传而无法实现了，遂使吴楚方言之厉之训释寝藏两千多年，其间郭璞虽有训释，然终究未得确诂。

二、《春秋穀梁传》成书的完成

《四库全书提要》认为《春秋穀梁传》为传其学者所作。《四库全书总目提要》原文为：

《春秋穀梁传注疏》二十卷。内府藏本。晋范宁集解，唐杨士勋疏。其传，则士勋疏称“穀梁子，名俶，字元始，一名赤。受经于子夏，为经作传。”则当为穀梁子所自作。徐彦《公羊传疏》又称：“公羊高五世相授，至胡毋生，乃著竹帛，题其亲师，故曰《公羊传》。穀梁亦是著竹帛者题其亲师，故曰《穀梁传》。”则当为传其学者所作。按《公羊传》“定公即位”一条引“子沈子曰”，何休《解诂》以为后师（案：此注在隐公十一年所引“子沈子”条下）。此传“定公即位”一条，亦称“沈子曰”。公羊、穀梁既同师子夏，不应及见后师。又“初献六羽”一条，称“穀梁子曰”，传既穀梁自作，不应自引已说。且此条又引“尸子曰”，尸佼为商鞅之师，鞅既诛，佼逃于蜀。其人亦在穀梁后，不应预为引据。疑徐彦之言为得其实，但谁著于竹帛则不可考耳。

《汉书·艺文志》载《公羊》《穀梁》二家经十一卷。传亦各十一卷。则经、传初亦别编。范宁《集解》乃并经注之，疑即宁之所合。“定公元年春王三月”一条，发传于“春王”二字之下，以“三月”别属下文，颇疑其割裂。然考刘向《说苑》称：“文王似元年，武王似春王，周公似正月。”向受《穀梁春秋》，知《穀梁》经文以“春王”二字别为一节，故向有此读。至“公观鱼于棠”一条、“葬桓王”一条、“杞伯来逆叔姬之丧以归”一条、“曹伯庐卒于师”一条、“天王杀其弟佞夫”一条皆冠以“传曰”字。惟“桓王”一条与《左传》合。余皆不知所引何传。疑宁以传附经之时。每条皆冠以“传曰”字。如郑玄、王弼之《易》有“彖曰”、“象曰”之例，后传写者删之，此五条其削除未尽者也。

宁注本十二卷，以兼载门生故吏子弟之说，各列其名，故曰《集解》。《晋书》本传称宁此书“为世所重。既而徐邈复为之注，世亦称之。”今考书中乃多引邈注，未详其故。又《自序》有“商略名例”之句，《疏》称宁别有《略例》百余条。此本不载。然注中时有“《传例》曰”字。或士勋割裂其文，散入注疏中欤？士勋始末不可考，孔颖达《左传正义序》称与故四门博士杨士勋参定，则亦贞观中人。其书不及颖达书之赅洽，然诸儒言《左传》者多，言《公》《穀》者少，既乏凭借之资，又《左传》成于众手，此书出于一人，复鲜佐助之力，详略殊观，固其宜也。其疏“长狄眉见于轼”一条。连缀于“身横九亩”句下。与注相离，盖邢昺刊正之时，又多失其原第，亦不尽士勛之旧矣①。

皮锡瑞《经学通论》也持同样意见，认为：“公羊、穀梁既同师子夏，不应及见后师。又‘初献六羽’一条，称‘穀梁子曰’，《传》既穀梁自作，不应自引己说。且此条又引‘尸子曰’，尸佼为商鞅之师，鞅既诛，佼逃于蜀，其人亦在穀梁后，不应预为引据年”此为原因之一。原因之二，“穀梁如受经于子夏，不得亲传孙卿。”那么，《春秋穀梁传》为谁所作呢？皮锡瑞以为《春秋穀梁传》亦是著竹帛者，题其亲师，故曰《穀梁传》，则当为传其学者所作。四库馆臣与皮锡瑞《经学通论》剥夺穀梁子对于《春秋穀梁传》的著作权是不公正的。参看本章第三节。

桓谭《新论》、杨士勋《春秋穀梁传序疏》认为《春秋穀梁传》为穀梁赤所自作。显然，《春秋穀梁传》为穀梁子自作与《春秋穀梁传》为传其学者所作，这两种说法是相互对立的，但这两种说法不过是《春秋穀梁传》成书问题的两个方面，两者又有相通的一面。即《春秋穀梁传》的成书持续了一个相当长的阶段，穀梁子作《春秋穀梁传》，史有明文记载，必有所据，现在还没有直接的证据否定穀梁子对《春秋穀梁传》的著作权。另一方面，《春秋穀梁传》的传其学者对《春秋穀梁传》的成书也起了重要作用。即《春秋穀梁传》作非一人，成非一时。

真正意义上的《春秋穀梁传》当始于穀梁子。《春秋穀梁传》作非一人，成非一时。桓谭《新论》云：“《左氏传》遭战国寝藏，后百余年，鲁人穀梁赤作《春秋》（杨德春按：即《春秋穀梁传》），残略，多有遗文。又有齐人公羊高缘经文作传，弥失本事。”②在穀梁子之前的关于《春秋穀梁传》的传人的文献记载仅为传说性质的记述，不是十分可靠的。鲁人穀梁赤为《春秋》（杨德春按：即《春秋穀梁传》），虽然“残略，多所遗失”，但毕竟是《春秋穀梁传》的第一个文本。在现在还没有充分证据否定这条材料的情况下，还是认为桓谭《新论》之说是有所本的较为公允。并且还有多条证据证明在先秦时期有《春秋穀梁传》的古文文本存在，此先秦时期的《春秋穀梁传》古文文本很可能

① 《春秋穀梁传注疏·提要》，载《春秋穀梁传注疏》卷首，见文渊阁《四库全书》经部五，春秋类。

② 陆德明《经典释文序录·春秋三传注解传述人》，见文渊阁《四库全书》经部七，五经总义类。

就是穀梁子的文本。穀梁子的文本，残略，多所遗失，陆贾《新语》所引《春秋穀梁传》之文不见于今本《春秋穀梁传》。可证鲁人穀梁赤所作之《春秋》（杨德春按：即《春秋穀梁传》），残略，多有遗文。也可证在陆贾《新语》之前，《春秋穀梁传》未形成定本，主要还是以穀梁子的古文残本作为传授的主要依据。要之，穀梁赤的《春秋穀梁传》文本是最早的《春秋穀梁传》文本，因残略，多所遗失，直至汉代武帝时期才形成最后的文字定本。

此前凡论《春秋穀梁传》完全靠口耳相传二百多年之后著于竹帛者皆失。现根据桓谭《新论》云："《左氏传》遭战国寝藏，后百余年，鲁人穀梁赤作《春秋》，残略，多有遗文。"① 并考察现存《春秋穀梁传》的实际情况，我认为《春秋穀梁传》在战国时期先由鲁人穀梁赤以六国文字写成，后残略，多有遗文。多位经师加以补充修改，后其书经秦火不传。至汉，其书复出。因残略，多有遗文，其间又多有损益。《史记·儒林列传》记载："瑕丘江公为《穀梁春秋》。"② 在汉武帝时江公为《穀梁春秋》，此"为"字金德建认为是"撰写"之意③。《史记·儒林列传》记载韩生推《诗》之意"为内外传数万言"，此"为"字也表示"撰写"之意，记载韩婴撰写《韩诗》内外传的史实④。汉武帝时江公为《穀梁春秋》，可能不是凭空创作，而是将先秦的古文文本加以整理补充，用汉代通行的隶书写定。从穀梁子直至汉武帝时最后才形成《春秋穀梁传》的文字定本。文字定本是由汉代所流行的隶书写定的，故为今文经学。可见，《春秋穀梁传》作非一人，成非一时。

《汉书·艺文志》云："《穀梁传》十一卷，穀梁子，鲁人。（师古曰：名喜。）"⑤ 此十一卷本《穀梁传》或十一篇本《穀梁传》当是全本《春秋穀梁传》，当是以十二公分卷，闵公与庄公合为一卷，故为十一卷，此《春秋穀梁传》与穀梁子的古文的、残略的、多有遗文的《春秋穀梁传》明显不是同一版本，此十一卷本《穀梁传》或十一篇本《穀梁传》当是用今文即汉隶书写，很可能就是由瑕丘江公最后写定，此十一卷本《穀梁传》或十一篇本《穀梁传》标志着《春秋穀梁传》成书过程的最后完成，具有划时代的意义。

---

① 陆德明《经典释文序录·春秋三传注解传述人》，见文渊阁《四库全书》经部七，五经总义类。

② 《史记·儒林列传》，司马迁《史记》，中华书局 1959 年 9 月第 1 版，第三一二九页。

③ 金德建《瑕丘江公作〈穀梁传〉的推测》，载《人文杂志》1957 年第 3 期。

④ 《史记·儒林列传》，司马迁《史记》，中华书局 1959 年 9 月第 1 版，第三一二四页。

⑤ 《汉书·艺文志》，班固《汉书》，中华书局 1962 年 6 月第 1 版，第一七〇一页。

第三章　《春秋穀梁传》的早期流传及其背景

第一节　《春秋穀梁传》在战国的流传及其背景

第一部分　关于荀子在《春秋穀梁传》传授系统中的地位

一、荀子是《春秋穀梁传》承前启后的关键人物

现存最早、最完备的有关荀子与《春秋穀梁传》相关的材料是杨士勋《春秋穀梁传序疏》。《春秋穀梁传》就思想来看仍是战国时代的作品，穀梁子之《（穀梁）春秋》残略，多所佚失。在此残本的基础上经过漫长的流传，至汉代武帝时期始成定本，穀梁子只是《春秋穀梁传》的第一作者或是主要作者。根据杨士勋《春秋穀梁传序疏》的说法，穀梁子受经于子夏。朱彝尊《经义考》也是这个说法，可见朱彝尊《经义考》也是本之于杨士勋《春秋穀梁传序疏》的说法。朱彝尊《经义考》卷二百八十五记载："穀梁氏传。穀梁赤受经于子夏，作传，传之荀卿，卿传鲁申公，申公传博士瑕邱江公，公传子至孙为博士。按《穀梁传》亦援沈子之言，又有尸子，度即佼也。佼为卫鞅师。江公门生：鲁荣广王孙，皓星公，皓或作浩。荣广弟子：谏大夫郎中户将沛蔡千秋少君，又事皓星公，梁周庆幼君，中山太傅丁姓子孙。蔡千秋弟子：谏大夫长乐户将邵陵尹更始，子大司农咸。丁姓弟子：长沙太傅楚申章昌曼君。尹更始弟子：翟方进，房凤。江博士弟子：胡常。胡常弟子新讲学大夫梁萧秉君房。治《穀梁春秋》：韦贤、夏侯胜、侍中乐陵侯史高、刘向、中郎王亥、南昌尉寿春梅福子真、尹敏、钟宁君律、密侯霸君房、段肃、魏乐平太守麋信南山、吴尚书仆射丹阳唐固子正、晋堂邑太守张靖、广陵相鲁孔衍舒元、豫章太守顺阳范宁武子。”①

《河南通志》卷五十七人物一记载：“卜商，字子夏，卫人。孔子弟子，以文学称，六经删述之后，《诗》《易》俱传自子夏。徐防谓《诗》《书》《礼》《乐》定自孔子，发明章句始于子夏。《诗》则《小序》，《仪礼》则有《丧服记》。又夫子尝曰：‘《春秋》属商。’其后公羊、穀梁皆其门人。夫子既殁，退老西河，专门教授，为魏文侯师。”②《河南通志》也明确记载穀梁子为子夏门人。但《河南通志》关于穀梁子为子夏门人的记载实际上是根据杨士勋《春秋穀梁传序疏》关于“穀梁子受经于子夏”的说法。这一说法很值得怀疑。根据《史记·仲尼弟子列传》所载，子夏小于孔子四十四岁③，当生于公元前五〇八年，孔子生于公元前五五一年，卒于公元前四七九年，子夏晚年在魏国讲学，居西河，为魏文侯师。如果子夏以《春秋》口授穀梁子，至迟不当迟于公元前四二八年左右，此时子夏已八十高龄，从事传授已很困难。由此时至公元前二一七年荀子卒，其间时间跨度长达二百多年，而《春秋穀梁传》的传人仅有穀梁子和荀子两代，显然有悖常理。对“子夏传穀梁子”的说法产生怀疑也就不足为怪了。由此看来，在子夏和穀梁子之间还应该有一代传人。

汉代以前《春秋穀梁传》的传承系统应该是：子夏传无名氏，此无名氏可能为一人，也可能为多人。现有材料无法确考。无名氏传穀梁子，穀梁子传无名氏，此无名氏可能也不止一人，这一点从《春秋穀梁传》中所引诸子及“传曰”可知，其中一无名氏传荀子，荀子传浮邱伯，或直接传申公。或经浮邱伯传申公。如果荀子既传浮邱伯，又传申公，则荀子传人也不止一人。我认为，真正意义上的《春秋穀梁传》当始于穀梁子，现有材料无法确考穀梁子以前的无名氏和子夏，子夏与《春秋》的关系现无直接证据，基本上属于传说性质，不是很可靠的。退一步说，就算《春秋》是由子夏传出的，子夏所传之《春秋》也只是笼统的《春秋》阐释之学，其中既有《春秋穀梁传》的因素也有《春秋公羊传》的因素。所以，真正意义上的《春秋穀梁传》当始于穀梁子。

清代惠栋《穀梁古义》云：

> 《孝经说》云：“孔子曰：‘吾志在《春秋》，行在《孝经》，以《春秋》属商，

---

① 朱彝尊《经义考》，中华书局 1998 年 11 月第 1 版，第一四六六页。

② 《河南通志》卷五十七人物一，见文渊阁《四库全书》史部十一，地理类三，都会郡县之属。

③ 《史记·仲尼弟子列传》，司马迁《史记》，中华书局 1959 年 9 月第 1 版，第二二〇二页。

《孝经》属参。'"故应劭《风俗通》言穀梁为子夏门人。杨士勋谓受经于子夏。余案桓谭《新论》云:"《左氏》传世遭战国寝藏。后百余年,鲁穀梁赤为《春秋》,残略,多所违失。"然则穀梁子非亲受经于子夏矣。古人亲受业者称弟子,转相授者称门人,则穀梁子于子夏,犹孟子之于子思。故魏麋信注《穀梁》以为与秦孝公同时也。杨士勋言"穀梁为经作传,传孙卿,卿传鲁人申公,申公传博士江翁"。案孙卿齐愍、襄时人,当秦之惠王,则在其后。又卿著书言天子庙数(僖十五年传:天子七庙云云,是以贵始德之本也,荀卿《礼论》同。)及赙赗禭含之义(隐元年:车马曰赗云云,在《大略》篇),述春秋善胥命而言盟诅不及三王(隐八年传,亦在《大略》篇末),诸侯相见,仁者居守。又以大上为天子(隐二年传:知者虑,义者行,仁者守。隐二年传:大上故不名,今在《君子》篇),皆本《穀梁》之说。其言传孙卿,信矣。又隐元年传云:成人之美,不成人之恶(《颜渊》)。僖廿二年传云:过而不改是谓之过(《卫灵公》)。廿三年传云:以不教民战,则是弃其师(《子路》),今皆在《论语》中。郑《论语》序云仲弓、子夏等所撰,《论语谶》亦言子夏等七十二人共撰仲尼微言,其诸圣人之徒私淑诸人者乎?又传中所载与《仪礼》《礼记》诸经合者不可悉举,故郑康成《六艺论》云"穀梁善于经"。①

今由惠栋《穀梁古义》提供的线索看《荀子》中的相关内容,其中的确既有引《春秋穀梁传》之文的,也有用《春秋穀梁传》之说的,惠栋《穀梁古义》提供的这些材料都可以看作是荀子治过《春秋穀梁传》的内证。《荀子》中《成相》《非十二子》《儒效》三篇,每以仲尼、子弓并称。子弓之为仲弓,犹子路之为季路。可知荀卿之学,实出于子夏、仲弓。近人刘师培之《群经大义相通论·〈穀梁〉〈荀子〉相通考》,也是根据清代惠栋《穀梁古义》提供的线索,援引《荀子》与《春秋穀梁传》相互验证,从而得出"穀梁子荀子相通"的结论②。

现举二例以验证之。《大略篇》云:"诸侯相见,卿为介,以其教出毕行,使仁居守。"③《春秋穀梁传》隐公二年传云:"会者,外为主焉耳。知者虑,义者行,仁者守,

① 惠栋《穀梁古义》,《九经古义》卷十五,见文渊阁《四库全书》经部七,五经总义类。

② 刘师培《群经大义相通论》,《中国现代学术经典·黄侃刘师培卷》,河北教育出版社 1996 年 8 月第 1 版,第 592—596 页。

③ 《荀子·大略》,王先谦《荀子集解》,中华书局 1988 年 9 月第 1 版,第四八七页。

有此三者，然后可以出会。”① 荀子此文，正与“义者行，仁者守”一语合。

《大略篇》云：“诰誓不及五帝，盟诅不及三王，交质子不及五伯。”杨倞注：“诰誓，以言辞相戒约也。《礼记》曰：‘约信曰誓。’又曰：‘殷人作誓而民始畔。莅牲曰盟，谓杀牲歃血，告神以盟约也。此言后世德义不足，虽要约转深，犹不能固也。伯，读曰霸，《穀梁传》亦有此语。”②《春秋》隐公八年：“秋，七月庚午，宋公、齐侯、卫侯盟于瓦屋。”③《春秋穀梁传》：“外盟不日，此其日何也？诸侯之参盟于是始，故谨而日之也。诰誓不及五帝，盟诅不及三王，交质子不及二伯。”④

日本汉学家本田成之也试图通过比较《荀子》与《春秋穀梁传》这两部著作的思想来寻找荀子传《春秋穀梁传》的内证。本田成之《春秋穀梁传考》云：“《穀梁》由荀子所传，非无可信之点。以穀梁之法家态度，与荀子学说，颇有吻合之处也。”⑤ 本田成之《春秋穀梁传考》又云：“今观穀梁之说，如前述之重君权，不贵善惠贤，而贵正义等，可谓显受法家之影响。此特其动机耳。又一方则非难战争，不忽民事。（此二例穀梁传中甚多。今略之。）此等说，仍然十足儒家，而与法家不同。余从此点而综合之，穀梁传是从荀子而传。”⑥ 本田成之此文也证明《春秋穀梁传》由荀子而传。

但是，本田成之以穀梁之说显受法家之影响则失之。重君权、贵正义等绝非法家所特有，儒家也讲重君权、贵正义等，此其失一也。本田成之所谓“不贵善惠贤，而贵正义等”不能成立，邪恶一致，正善也必然一致，善与正义不是对立的，而是一致的，可见本田成之思想之混乱，其说不能成立，此其失二也。绝不能因为荀子之弟子韩非、李斯归属法家而牵连到荀子也有法家思想，再由荀子与《春秋穀梁传》之关系而牵连到《春秋穀梁传》也有法家思想，此其失三也。本田成之《春秋穀梁传考》以《春秋穀梁传》如鲁两生之顽古而不知变通⑦，鲁两生为儒生无疑，本田成之《春秋穀梁传考》又

---

① 阮元校刻《十三经注疏》，中华书局1980年10月第1版，第二三六六页。

② 《荀子·大略》，王先谦《荀子集解》，中华书局1988年9月第1版，第五一九页。

③ 阮元校刻《十三经注疏》，中华书局1980年10月第1版，第二三七〇页。

④ 阮元校刻《十三经注疏》，中华书局1980年10月第1版，第二三七〇页——第二三七一页。

⑤ 本田成之《春秋穀梁传考》，江侠菴编译《先秦经籍考》上册，上海：商务印书馆中华民国二十年二月初版，第三百三十二页。

⑥ 本田成之《春秋穀梁传考》，江侠菴编译《先秦经籍考》上册，上海：商务印书馆中华民国二十年二月初版，第三百四十二页。

⑦ 本田成之《春秋穀梁传考》，江侠菴编译《先秦经籍考》上册，上海：商务印书馆中华民国二十年二月初版，第三百十七页。

言穀梁之法家态度，自相矛盾，此其失四也。本田成之诬蔑穀梁之说显受法家之影响是别有用心，其一为日本帝国主义之暴政和侵略暴行辩护，其二在文化上配合日本帝国主义之暴政和侵略暴行，名为研究支那学，实际上是偷天换日、李代桃僵、移花接木，中国文化经过日本人的别有用心的所谓研究之后，不仅面目全非，而且基因变异，后果相当严重，贻害无穷。一些民族败类拾取日本支那学家之牙慧，搬运和贩卖日本支那学家别有用心之鬼话，不过是为虎作伥，自毁长城。穀梁之说显受法家之影响不能成立。

从以上分析来看，荀子确为《春秋穀梁传》传人。但是还有一个问题，《荀子·非十二子》云："正其衣冠，齐其颜色，嗛然而终日不言，是子夏氏之贱儒也。"①《荀子·大略》云："言而不称师谓之畔，教而不称师谓之倍。倍畔之人，明君不内，朝士大夫遇诸涂不与言。"杨倞注："畔者，倍之半也。教人不称师，其罪重。故谓之倍。倍者，反逆之名也。"②《春秋穀梁传》若由子夏传出，子夏乃荀子先师，荀子不会言"是子夏氏之贱儒也。"我认为有两点需要说明，其一，子夏传《春秋穀梁传》只不过是传说，并不是十分可靠。其二，荀子所骂只不过是子夏的不肖弟子，荀子对子夏还是尊敬的。《荀子·大略》云："子夏贫，衣若县鹑。人曰：'子何不仕?'曰：'诸侯之骄我者，吾不为臣。大夫之骄我者，吾不复见。柳下惠与后门者同衣而不见疑非一日之闻也。'"③ 可证荀子对子夏人格之敬重。

《春秋穀梁传》在荀子之后的传承情况是荀子传浮丘伯，或直接传申公。或经浮丘伯传申公。如果荀子既传浮丘伯，又传申公，则荀子传人也不止一人。据《汉书·楚元王传》记载："楚元王交字游，高祖同父少弟也。好书，多材艺。少时尝与鲁穆生、白生、申公俱受《诗》于浮丘伯。伯者，孙卿门人也。及秦焚书，各别去。（师古曰：言同父知其异母。服虔曰：白生，鲁国奄里人。浮丘伯，秦时儒生。师古曰：孙卿姓荀，名况。为楚兰陵令。汉以避宣帝讳，改之曰孙。）"④游国恩《荀卿考》认为荀子生于周赧王元年，即公元前三一四年。卒于秦始皇三十年，即公元前二一七年⑤。罗根泽《荀卿游历考》认为荀子生于周赧王三年，即公元前三一二年⑥。虽然在时间上，申公可以师事荀

---

① 《荀子·非十二子》，王先谦《荀子集解》，中华书局 1988 年 9 月第 1 版，第一〇五页。

② 《荀子·大略》，王先谦《荀子集解》，中华书局 1988 年 9 月第 1 版，第五〇六页。

③ 《荀子·大略》，王先谦《荀子集解》，中华书局 1988 年 9 月第 1 版，第五一三页。

④ 《汉书·楚元王传》，班固《汉书》，中华书局 1962 年 6 月第 1 版，第一九二一页。

⑤ 罗根泽编《古史辨》第四册，朴社中华民国二十二年三月初版，第 103 页—104 页。

⑥ 罗根泽编《古史辨》第四册，朴社中华民国二十二年三月初版，第 134 页。

子，但是，申公在秦始皇三十年，即公元前二一七年正师事浮丘伯。秦始皇统一六国之前，即秦始皇二十六年之前，即公元前二一一年之前，申公可能师事荀子，但存在荀子年龄过大，是否还能够传授的问题；另一方面，又存在申公可能年龄过小，是否能够受学的问题。申公可能师事荀子，在荀子卒后继续师事浮丘伯。在荀子与申公之间很可能还有一代传人，此人很可能是浮丘伯，这种可能性不能排除。

二、荀子晚年的思想变化和兰陵的人文环境对《春秋穀梁传》的影响

荀子晚年见秦政之暴，汉桓宽撰《盐铁论》卷四《毁学》云："大夫曰：'夫怀枉而言正，自托于无欲而实不从，此非士之情也。昔李斯与包丘子俱事荀卿，既而李斯入秦，遂取三公，据万乘之权以制海内，功侔伊、望，名巨太山；而包丘子不免于瓮牖蒿庐，如潦岁之蛙，口非不众也，然卒死于沟壑而已。今内无以养，外无以称，贫贱而好义，虽言好义，亦不足贵者也。'文学曰：'方李斯之相秦也，始皇任之，人臣无二，然而荀卿为之不食，睹其罹不测之祸也。包丘子饭麻蓬藜，修道白屋之下，乐其志，安之于广厦刍豢，无赫赫之势，亦无戚戚之忧。"[①] 可见荀子晚年对秦政不满。荀子在稷下学宫受排挤，已透露出与齐学的分歧的消息。荀子晚年居鲁地，教授浮丘伯与申公，浮丘伯与申公皆习鲁学。从这三点可以看出荀子晚年居于为楚所占之鲁地兰陵之时是不会传授属于齐学的《春秋公羊传》的，荀子对《春秋公羊传》的学习和教授当在居于稷下学宫之时。

荀子是赵人，早年在赵地生活学习，《春秋左氏传》的产生和流传地域在赵地附近，所以荀子学习和教授《春秋左氏传》很可能是在居于赵地的早年时期。荀子曾与赵王议兵于赵，《荀子·议兵》所反映的儒家化的军事思想与《春秋左氏传》的军事思想是基本一致的，即《荀子·议兵》的儒家化的军事思想是来源于《春秋左氏传》的军事思想。《荀子·议兵》中记有拔郢之事[②]，《荀子·议兵》之作时当在荀子居于稷下学宫之前，在秦将白起拔郢之后，秦将白起拔郢在公元前二七八年。荀子大约生于周赧王元年，即公元前三一四年。周赧王五十年是赵孝成王元年，该年为公元前二六四年，荀子五十岁左右。荀子年五十始游齐而居稷下学宫。荀子学习和教授《春秋左氏传》又当在与赵孝成王议兵于赵之前。由此可见荀子一生思想的发展是有脉络可循的，荀子早年学习儒家的传统思想，偏重于古代礼乐制度。中年居于稷下学宫开始创立新说，主张法后王。晚

---

① 桓宽《盐铁论》卷四《毁学》，王利器《盐铁论校注》，中华书局 1992 年 7 月第 1 版，第二二七页。

② 《荀子·议兵》，王先谦《荀子集解》，中华书局 1988 年 9 月第 1 版，第二八三页。

年见秦政之暴，弟子李斯相秦，荀子为之不食，荀子思想发生了一定的变化。荀子一生思想的发展变化的脉络及其学习和教授《春秋》三传的先后顺序有利于认识《春秋》三传思想的差异，也有利于认识汉初陆贾、贾谊和其后的董仲舒在思想上的差异，认识了汉初陆贾、贾谊和其后的董仲舒在思想上的差异，反过来又有利于更加深刻地认识《春秋》三传思想上的差异。

荀子晚年所居之兰陵原为鲁地，荀子晚年所传之学为鲁学。《后汉书》卷三十一《郡国志》第二十一云："东海郡，十三城，户十四万八千七百八十四，口七十万六千四百一十六。郯本国，刺史治，兰陵有次室亭。"刘昭注引《地道记》曰："故鲁次室邑。《列女传》有漆室之女，或作次室。"①

元代于钦撰《齐乘》卷四云："兰陵城，州东南六十里，古鲁之次室邑。《列女传》：鲁次室女倚柱而叹曰：'君老，太子幼。'诸女笑之。次室女曰：'君老必悲，太子幼必悖，悲悖之间，其乱必生。'竟如其言。次室邑，后为楚地，改曰兰陵。春申君封荀卿为兰陵令，城南有荀卿墓，城北有萧望之墓。钦按君老子幼，不得伊周之付托必乱，然未乱而先见者少矣。以荀卿之智，尚不鉴黄歇之败，次室女其贤乎！"②

宋代乐史撰《太平寰宇记》卷二十三河南道二十三云："兰陵县城在县东六十里。史记曰：荀卿适楚，春申君以为兰陵令，因家焉。《十三州志》曰：兰陵，故鲁次室邑，其后（杨德春按：文渊阁《四库全书》作后不作後，误，当作後。）楚取之，改为兰陵县，汉因之。《列（杨德春按：文渊阁《四库全书》作烈不作列，误，当作列，径改，以免以讹传讹。）女传》曰：鲁次室女倚柱而叹曰：'君老，太子幼。'诸女笑之。次室（杨德春按：文渊阁《四库全书》原作氏不作室，误，当作室，径改，以免以讹传讹。）女曰：'君老必悲，太子幼必悖，悲悖之间，其乱必生，竟如其言。次室即此也。"③

由次室女之贤便可窥见鲁文化的深厚底蕴。《史记・货殖列传》论及战国秦汉之际邹鲁之地的风俗说："而邹鲁滨洙泗，犹有周公遗风，俗好儒，备于礼。"④《汉书・地理志》云："孔子闵王道将废，乃修六经以述唐虞三代之道，弟子受业而通者七十有七人。是以其民好学，上礼义，重廉耻。周公始封，太公问：'何以治鲁？'周公曰：'尊尊而亲

① 《后汉书・郡国志》，范晔《后汉书》，中华书局1965年5月第1版，第三四五八页。

② 于钦《齐乘》卷四，见文渊阁《四库全书》史部十一，地理类三，都会郡县之属。

③ 乐史《太平寰宇记》卷二十三河南道二十三，见文渊阁《四库全书》史部十一，地理类二，总志之属。

④ 《史记・货殖列传》，司马迁《史记》，中华书局1959年9月第1版，第三二六六页。

亲。’太公曰：‘后世寖弱矣。’故鲁自文公以后，禄去公室，政在大夫，季氏逐昭公，陵夷微弱三十四世而为楚所灭。”①

与太公望同时受封的周公旦是鲁文化开始形成的起点。《史记·鲁周公世家》云：“周公旦者，周武王弟也。自文王在时，旦为子孝，笃仁，异于群子。及武王即位，旦常辅翼武王，用事居多。”② 周公旦与周室属于同一血统，周公旦立国的思想就是强调血缘关系，“亲亲上恩”，这也就决定了鲁文化的走向。

荀卿适楚，春申君以为兰陵令，因家于兰陵，在“亲亲上恩”的文化大环境之下传授《春秋穀梁传》，使《春秋穀梁传》“亲亲上恩”的文化因素得到进一步加强。

荀卿晚年的思想变化和兰陵的人文环境对《春秋穀梁传》形成与《春秋公羊传》以主张大义灭亲和剧烈的社会变革为其学术特色完全对立的“亲亲上恩”的学术特色起了决定性的作用。

第二部分 关于荀子思想的分期与重新评估荀子思想的地位问题

一、重新评估荀子思想的地位和价值课题的提出

谭嗣同《仁学》：“故常以为二千年来之政，秦政也，皆大盗也；二千年来之学，荀学也，皆乡愿也。惟大盗利用乡愿；惟乡愿工媚大盗。二者交相资，而罔不托之于孔。”③ 谭嗣同之论旨在彻底否定荀子思想的地位和价值，此论影响极为深远。虽然其后谭嗣同以为荀子究天人而发前人所未发、上补孟子、下开王充，但原则上仍然以荀子思想为乡愿，荀子思想的地位和价值在根本上是被否定的，只是在枝节上有补于世。

郭沫若《十批判书·荀子的批判》：“荀子是先秦诸子中最后一位大师，他不仅集了儒家的大成，而且可以说是集了百家的大成的。汉人所传的《诗》《书》《易》《礼》以及《春秋》的传授系统，无论直接或间接，差不多都和荀卿有关，虽不必都是事实，但也并不是全无可能。因为他既是一位儒家的大师，而他为学的程序又是‘始乎诵经，终乎读礼’，六艺之传自然有他的影响在里面了。但公正地说来，他实在可以称为杂家的祖宗，他是把百家的学说差不多都融汇贯通了。”④

郭沫若《十批判书·荀子的批判》：“要之，荀子的思想相当驳杂，他的寿命长、阅

---

① 《汉书·地理志》，班固《汉书》，中华书局 1962 年 6 月第 1 版，第一六六二页。

② 《史记·鲁周公世家》，司马迁《史记》，中华书局 1959 年 9 月第 1 版，第一五一五页。

③ 《仁学》，谭嗣同《谭嗣同全集》（增订本），中华书局 1981 年 1 月第 1 版，第 337 页。

④ 《十批判书·荀子的批判》，郭沫若《十批判书》，东方出版社 1996 年 3 月第 1 版，第 218 页。

历多、涉猎广、著述富，是使其驳杂的一些因素。书非成于一时，文非作于一地，适应环境与时代自然不免有所参差。但他并不纯其为儒，而是吸取了百家的精华，确是无可否认的事实。因此我觉得他倒很像是一位杂家。杂家代表《吕氏春秋》一书，事实上是以荀子思想为其中心思想，也就是我这一断案的旁证了。但这种杂家的面貌也正是秦以后的儒家的面貌，汉武以后学术思想虽统于一尊，儒家成为了百家的总汇，而荀子实开其先河。'今之学者得孙卿之遗言余教，足以为天下法式表仪。……观其善行，孔子弗过'（《尧问》），荀子门徒的这一番赞辞，可谓推崇备至了。然而文庙里面的冷猪头肉才没有荀子的份，这怕就是那些言"术"的窜杂成分误了他吧。那些"术"本来是后代的官僚社会的渡世梯航，尽管人人都在遵守，然而却是不好见天日的东西，于面子问题大有关碍。就这样，荀子便只能做狗肉，而不能做羊头了。"①

郭沫若认为荀子是先秦诸子中最后一位大师，他不仅集了儒家的大成，而且可以说是集了百家的大成的。荀子成了杂家的祖师爷，荀子思想成了一个大杂烩。荀子思想的地位和价值被任意贬低和错误评估。郭沫若之论与谭嗣同旨在彻底否定荀子思想的地位和价值之论有所不同。

李泽厚《中国古代思想史论·荀易庸记要》："荀子或被视为法家，或曰如儒法过渡人物，或'很明显地可以看得出百家的影响。'（郭沫若《十批判书·荀子的批判》185页，人民出版社，1954。）然而按传统说法他是儒家，比较起来，仍然更为准确。但因为传统的说法是儒家自己的，便经常突出他与孔孟正统特别是孟子歧异和对立。其实，荀与孔孟的共同点，其一脉相承处是更为基本和主要的。荀子可说上承孔孟，下接易庸，旁收诸子，开启汉儒，是中国思想史从先秦到汉代的一个关键。"② 表面上看，李泽厚似充分肯定荀子思想的地位和价值。李泽厚之论影响极为深远，不仅因为李泽厚曾经是所谓的思想领袖，而且还因为李泽厚之论渊源有自。

李泽厚《中国古代思想史论·荀易庸记要》："这条线索在中国哲学迈向意志论、目的论或神秘主义时，经常起着重要的抗衡作用。例如，从思孟到董仲舒到汉代谶纬，从魏晋到隋唐，荀子、王充、范缜、刘禹锡、柳宗元等人便分别起了这种重要的理性清醒

① 《十批判书·荀子的批判》，郭沫若《十批判书》，东方出版社 1996 年 3 月第 1 版，第 258 页—第 259 页。

② 《中国古代思想史论·荀易庸记要》，李泽厚《中国古代思想史论》，人民出版社 1985 年 3 月第 1 版，第 106 页。

剂的解毒抗衡作用。这在中国哲学和中国文化心理结构的形成上具有不容低估的地位。”①

李泽厚经过精心装饰的论述具有很大的迷惑性，但是，细按则李泽厚之论不过就是哲学史是唯物论与唯心论的斗争史的新翻版。李泽厚所谓的“意志论、目的论或神秘主义”其实就是唯心主义，荀子、王充、范缜、刘禹锡、柳宗元等人是曾被表彰为所谓的中国古代的唯物主义思想家，而荀子是曾被表彰为中国古代的第一个具有重要影响的唯物主义思想家，李泽厚所谓“起了这种重要的理性清醒剂的解毒抗衡作用”实际上就是对于所谓唯心主义的抗衡作用。那么，唯心主义或曰“意志论、目的论或神秘主义”怎么就成了毒或毒草？抗衡了所谓的毒或毒草怎么就在中国哲学和中国文化心理结构的形成上具有了不容低估的地位？可见，李泽厚之论根本不能成立，李泽厚对荀子思想的地位和价值的评价完全是错误的。

鉴于对于荀子思想的地位和价值或肯定或否定或介于二者之间与杂烩同等，重新评估荀子思想的地位和价值遂成为荀子研究刻不容缓的课题。既然如此，则重新评估荀子思想的地位和价值又当从何入手呢？即既不蹈前人之失而又能够独辟蹊径对于荀子思想的地位和价值做出比较客观公正的重新评估成为重新评估荀子思想的地位和价值研究首先要解决的问题。

二、荀子之人生经历与荀子思想之分期

愚以为荀子年寿长高，荀子的人生经历对其思想必有影响，荀子人生有百年跨度，其思想必有变化，按荀子思想之变化对荀子思想进行分期，就荀子思想每一期的地位和价值分别予以评估必能得出比较客观公正之结论。愚以为对于荀子思想进行分期研究是唯一科学的和可行的进行重新评估荀子思想的地位和价值研究的方法，舍此不可能得出正确或比较正确的结论。

荀子思想之分期必须依据荀子一生之分期，那么，荀子一生又该如何分期呢？荀子的生卒年有多种说法，游国恩《荀卿考》认为荀子生于周赧王元年，即公元前三一四年。卒于秦始皇三十年，即公元前二一七年②。罗根泽《荀卿游历考》认为荀子生于周赧王

① 《中国古代思想史论·荀易庸记要》，李泽厚《中国古代思想史论》，人民出版社 1985 年 3 月第 1 版，第 122 页。

② 罗根泽编《古史辨》第四册，朴社中华民国二十二年三月初版，第 103 页—第 104 页。

三年，即公元前三一二年[①]。

钱穆《荀卿考》考荀子之生当在周显王三十年前[②]，周显王三十年前之最晚之年是周显王二十九年（公元前三四〇年）。钱穆《先秦诸子系年考辨》卷三也考荀子之生当在周显王三十年前[③]，周显王三十年前之最晚之年是周显王二十九年（公元前三四〇年）。钱穆所考荀子生年比游国恩所考荀子生年提早了二十多年，荀子卒年相应地也就提早了二十多年，在游国恩《荀卿考》所考荀子卒于秦始皇三十年，即公元前二一七年的基础上再上推二十年，则荀子在公元前二三七年之前就去世了，如此则荀子未及见李斯之相秦，此与桓宽《盐铁论》卷四《毁学》之相关记载不合。

荀子晚年见秦政之暴、李斯之相秦，汉桓宽《盐铁论》卷四《毁学》云："大夫曰：'夫怀枉而言正，自托于无欲而实不从，此非士之情也。昔李斯与包丘子俱事荀卿，既而李斯入秦，遂取三公，据万乘之权以制海内，功侔伊、望，名巨太山；而包丘子不免于瓮牖蒿庐，如潦岁之蛙，口非不众也，然卒死于沟壑而已。今内无以养，外无以称，贫贱而好义，虽言好义，亦不足贵者也。'文学曰：'方李斯之相秦也，始皇任之，人臣无二，然而荀卿为之不食，睹其罹不测之祸也。包丘子饭麻蓬藜，修道白屋之下，乐其志，安之于广厦刍豢，无赫赫之势，亦无戚戚之忧。'"[④] 可见荀子晚年已见李斯之相秦。

《史记・孟子荀卿列传》："荀卿，赵人。年五十始来游学于齐。"[⑤] 愚以为荀子年五十及年五十以前在赵地值得注意，年五十是荀子生平的一个具有分期意义的时间点，荀子年五十以前是完全可以独立存在的一个时间段，愚以为这是荀子生平分期的第一期，可以称之为荀子早年时期，荀子在其早年时期之思想可以称之为荀子早期思想或荀子前期思想。由于荀子早年时期生活在赵地，不可能不受到赵地人文环境的影响，所以，荀子早期思想受到赵文化的影响。

愚以为荀子年五十始来游学于齐值得注意，即年五十是荀子生平的一个具有分期意义的时间点，荀子年五十以后始来游学于齐，从此荀子开始了居于稷下学宫之人生阶段，愚以为这是荀子生平分期的第二期，可以称之为荀子中年时期，荀子在其中年时期之思想可以称之为荀子中期思想。由于荀子中年时期生活在齐地，不可能不受到齐地人文环

---

① 罗根泽编《古史辨》第四册，朴社中华民国二十二年三月初版，第134页。

② 罗根泽编《古史辨》第四册，朴社中华民国二十二年三月初版，第116页。

③ 钱穆《先秦诸子系年考辨》，商务印书馆中华民国二十四年十二月初版，第三〇二页。

④ 桓宽《盐铁论》卷四《毁学》，王利器《盐铁论校注》，中华书局1992年7月第1版，第二二七页。

⑤ 《史记・孟子荀卿列传》，司马迁《史记》，中华书局1959年9月第1版，第二三四八页。

境的影响，所以，荀子中期思想受到齐文化影响，或曰荀子中期思想受到齐学影响，此时期荀子开始创立新说，主张在法先王之基础上还要法后王。《史记·孟子荀卿列传》："齐人或谗荀卿，荀卿乃适楚，而春申君以为兰陵令。"① 荀子居于稷下学宫之后期受排挤，此绝非政治上之排挤或谗害，因为荀子是学者而非政治家，稷下学宫是学术机构而非政治机关，排挤或谗害荀子当是由于学术上之分歧，故荀子居于稷下学宫之后期受排挤已透露出当时荀子思想与齐学的分歧的消息。

《史记·孟子荀卿列传》："齐人或谗荀卿，荀卿乃适楚，而春申君以为兰陵令。"②愚以为荀子适楚而春申君以为兰陵令值得注意，这也是荀子生平的一个具有分期意义的时间点，荀子适楚而春申君以为兰陵令及之后是完全可以独立存在的一个时间段，愚以为这是荀子生平分期的第三期，可以称之为荀子晚年时期，荀子在其晚年时期之思想可以称之为荀子晚期思想或荀子后期思想。兰陵原为鲁地，荀子晚年时期生活于此，不可能不受到鲁地人文环境的影响，所以，荀子晚期思想受到鲁文化的影响，或曰荀子晚期思想受到鲁学的影响。

三、荀子传习《春秋左氏传》与荀子早期思想

杜预《春秋序》孔颖达疏："据刘向《别录》云：'左丘明授曾申，申授吴起，起授其子期，期授楚人铎椒，铎椒作《抄撮》八卷，授虞卿，卿作《抄撮》九卷，授荀卿，荀卿授张苍。'"③

陆德明《经典释文》卷一《序录》记载："左丘明作《传》以授曾申。申传卫人吴起。起传其子期。期传楚人铎椒。椒传赵人虞卿。卿传同郡荀卿名况。况传武威张苍。……"④

不同来源的材料均记载荀子为《春秋左氏传》传授人，当可信。但是，唐代啖助以刘向《别录》所记载之《左传》传授源流为近世之儒欲尊崇左氏而妄为此记，并且认为若传授分明如此，《汉书》之张苍传、贾谊传及《儒林传》何故不书，则其伪可知也云云。陆淳秉承师学而谓汉初犹不能知则后代从何而得。啖助、陆淳之论实误。《汉书》之张苍传、贾谊传及《儒林传》未记载者犹多，不可仅仅因为《汉书》之张苍传、贾谊传

---

① 《史记·孟子荀卿列传》，司马迁《史记》，中华书局1959年9月第1版，第二三四八页。

② 《史记·孟子荀卿列传》，司马迁《史记》，中华书局1959年9月第1版，第二三四八页。

③ 孔颖达《春秋左传正义》，北京大学出版社1999年12月第一版，第2页。

④ 吴承仕《经典释文序录疏证》，中华书局1984年3月第1版，第一二一页。

及《儒林传》未明确记载，遂即妄断为无，这是典型之默证法，不足为训。《史记·十二诸侯年表序》《汉书·儒林传》均提到一些有关《左传》传习的相关史实，只是没有明确、系统记载，由《史记·十二诸侯年表序》《汉书·儒林传》及其他相关材料可以印证刘向《别录》所记载之《左传》传授源流绝非空穴来风或出于伪造。

钱穆《先秦诸子系年考辨》："齐襄王六年时，重兴稷下。荀卿为老师祭酒，其时年已逾六十，学成名尊矣。而虞卿弃赵相与魏齐逃之魏，事尚在后十年许。时虞卿初出有声，其年事当不出四十，是荀卿为前辈硕学，而虞卿乃后进游士，何从有虞卿著书以授荀卿哉。"① 其一，钱穆谓虞卿年事当不出四十有误。其二，是荀卿为前辈硕学，是虞卿乃后进游士，但是求学不是求年龄，可以大事小，学之所存师之所存，小不见得就无学问，大不见得就有学问，小不见得就写不出书，大不见得就写得出书，故钱穆之说立论之基础实误。其三，钱穆所考荀子生年有误，钱穆误使荀卿早生二十年左右，这也一定程度上强化了荀卿师事虞卿的难度。但是，求学不是求年龄，年龄不是问题，钱穆之所谓考辨没有意义。钱穆所考荀子生年有误，钱穆误使荀卿早生二十年左右，遂至于所谓至春申君死苍年二十而荀卿已及百龄，又自相矛盾谓荀卿年寿今既不可详考②，故钱穆之所谓考辨没有意义，张苍师事荀卿、荀卿授《左传》主体部分于张苍是可能的。

钱穆以穆公时曾参已死③，钱穆实误。《史记》记载母死起终不归，则此为不孝，故曾子薄之而与起绝。曾参传孝经，《史记》记载曾子薄之而与起绝，则此曾子必为曾参。故吴起师事曾参是可以肯定的。此时曾参已老，吴起亦同时就学于曾参之子曾申。曾申亦被称为曾子。《礼记·檀弓上》："穆公之母卒，使人问于曾子曰：'如之何?'。对曰：'申也闻之申之父，曰：哭泣之哀，齐斩之情，饘粥之食，自天子达。布幕，卫也；縿幕，鲁也。'"④ 此曾子必非为曾参，此曾子必为曾参之子曾申。钱穆以此曾子为曾参而断为是穆公时曾参已死⑤，钱穆实误，此时曾参之子曾申已经学有所成，被称为子，此时曾参已老，穆公元年曾参年九十一，已经基本上不能够会客应答，故由其子曾申会客应答，因曾申已经学有所成，亦称为子，会客应答，吴起仕鲁，正在此时或稍前稍后，则吴起师事曾参是可以肯定的，而且吴起师事曾参之子曾申亦是可以肯定的。

---

① 钱穆《先秦诸子系年考辨》，商务印书馆中华民国二十四年十二月初版，第四一三页。

② 钱穆《先秦诸子系年考辨》，商务印书馆中华民国二十四年十二月初版，第四一三页。

③ 钱穆《先秦诸子系年考辨》，商务印书馆中华民国二十四年十二月初版，第一四四页。

④ 阮元校刻《十三经注疏》，中华书局1980年10月第1版，第一二七六页。

⑤ 钱穆《先秦诸子系年考辨》，商务印书馆中华民国二十四年十二月初版，第一四四页。

另外，钱穆《先秦诸子系年考辨》引用《礼记·檀弓上》之“穆公之母卒，使人问于曾子”后误脱“曰：‘如之何?’”四字，一九五六年香港大学出版社增定本以及以此版本为底本之衍生版本仍然延续误脱“曰：‘如之何?’”四字之错误①，以讹传讹，后患无穷。钱穆《先秦诸子系年考辨》引用所谓《史记·吴起传》：“起事曾子，母死不归，曾子薄之，而与起绝，起乃之鲁，事鲁君。”② 一九五六年香港大学出版社增定本以及以此版本为底本之衍生版本同③。《史记·孙子吴起列传》：“遂事曾子。居顷之，其母死，起终不归。曾子薄之，而与起绝。起乃之鲁，学兵法以事鲁君。”④ 钱穆《先秦诸子系年考辨》带有引号的所谓引文与原文不符合者比比皆是，一九五六年香港大学出版社增定本以及以此版本为底本之衍生版本同误，暂且不言钱穆观点之是非，仅就钱穆《先秦诸子系年考辨》带有引号之引文之错误而言，任其流布，以讹传讹，足以窜乱典文，贻害无穷，钱穆之害大矣，愚不得不言之。

钱穆《先秦诸子系年考辨》：“刘向《别录》记《左传源流》云‘左邱明授曾申，申授吴起’，则起师申，非师参也。”钱穆自相矛盾，钱穆以刘向《别录》所记之传授系统为伪，又以刘向《别录》所记之传授系统为真，以为证据，证明起师申，非师参也。钱穆不过如此而已。综上所述则刘向《别录》所记载之《左传》主体部分传授源流是基本上可信的，刘向《别录》《经典释文序录》之说有历史的渊源或影子，传授可以基本上前后接上，基本上可以成立。荀子是赵人，早年在赵地生活学习，《春秋左氏传》的产生和流传地域在赵地附近，所以荀子学习和教授《春秋左氏传》当是荀子居于赵地之早年时期。

荀子在游学稷下学宫之前传习《春秋左氏传》，游学稷下学宫之时传习《春秋公羊传》，不会再传习《春秋左氏传》，荀子曾与赵孝成王议兵于赵，《议兵》所反映的儒家化的军事思想与《春秋左氏传》的军事思想是基本一致的，即《议兵》的儒家化的军事思想是来源于《春秋左氏传》的军事思想。

《议兵》：“《诗》曰：‘王犹允塞，徐方既来。’此之谓也。”⑤

马瑞辰《毛诗传笺通释》卷二十七云：

① 钱穆《先秦诸子系年》，中华书局1985年10月第1版，第一五六页。

② 钱穆《先秦诸子系年考辨》，商务印书馆中华民国二十四年十二月初版，第一四四页。

③ 钱穆《先秦诸子系年》，中华书局1985年10月第1版，第一五六页。

④ 《史记·孙子吴起列传》，司马迁《史记》，中华书局1959年9月第1版，第二一六五页。

⑤ 《荀子·议兵》，王先谦《荀子集解》，中华书局1988年9月第1版，第二八八页。

王犹允塞，《传》：犹，谋也。《笺》："犹，尚。允，信也。王重兵，兵虽临之，尚守信自实满。"瑞辰按：犹、猷古通用，《荀子》《韩诗外传》引《诗》并作"王猷允塞"。《传》训为谋，是也。《笺》训为尚，失之。①

王先谦《诗三家义集疏》卷二十三云：

古书"犹"字，"犬"旁不分左右，然鲁、韩经文具作"猷"，不作"犹"与《笺》训"犹"为尚义异，《荀子》《君道》篇、《议兵》篇并引"王猷允塞"二句，《非相》篇引"徐方既同，天子之功"，皆此义。以上鲁说。《韩诗外传》六《事强暴之国难章》《勇士一呼而三军避章》《赵简子薨而未葬章》并引"王猷允塞"二句，明鲁、韩文与毛同。②

此可证明《议兵》所引为《毛诗》，如此则荀子早年于赵地传习《春秋左氏传》之时也传习《毛诗》。

《春秋左氏传》昭公十八年："子产曰：'天道远，人道迩，非所及也，何以知之？灶焉知天道？是亦多言矣，岂不或信？'遂不与。亦不复火。"③ 此与孔子思想本质上相一致，《论语·雍也》："樊迟问知，子曰：'务民之义，敬鬼神而远之，可谓知矣。'"④《论语·先进》："季路问事鬼神。子曰：'未能事人，焉能事鬼？'曰：'敢问死。'曰：'未知生，焉知死？'"⑤ 左丘明与孔子同耻而好恶同，此种天人相分之思想为《春秋左氏传》关于天道鬼神之根本思想，至于刘氏为尧后则显系汉兴后所伪作，《春秋左氏传》中之其他反映天人相与思想之内容当系汉兴后为争立博士而模仿《春秋公羊传》与《春秋穀梁传》所伪作。要之，天人相分之思想为《春秋左氏传》关于天道鬼神之根本思想，此与《天论》之天人相分之主题相一致。

另外，《春秋左氏传》还有神道设教之思想。《春秋》成公五年："梁山崩。"《春秋左

① 马瑞辰《毛诗传笺通释》，中华书局 1989 年 3 月第 1 版，第一〇三〇页。

② 王先谦《诗三家义集疏》，中华书局 1987 年 2 月第 1 版，第九九〇页。

③ 孔颖达《春秋左传正义》，北京大学出版社 1999 年 12 月第一版，第 1373 页。

④ 刘宝楠《论语正义》，中华书局 1990 年 3 月第 1 版，第二三六页。

⑤ 刘宝楠《论语正义》，中华书局 1990 年 3 月第 1 版，第四四九页。

氏传》云："梁山崩，晋侯以传召伯宗。伯宗辟重，曰：'辟传。'重人曰：'待我，不如捷之速也。'问其所，曰：'绛人也。'问绛事焉，曰：'梁山崩，将召伯宗谋之，'问将若之何，曰：'山有朽壤而崩，可若何？国主山川，故山崩川竭，君为之不举，降服，乘缦，彻乐，出次，祝币。史辞以礼焉，其如此而已。虽伯宗若之何？'伯宗请见之，不可。遂以告，而从之。"① 既然已知梁山崩是因山有朽壤而崩，则君为之不举、降服、乘缦、彻乐、出次、祝币、史辞以礼就是天人相分而神道设教，可见《春秋左氏传》主张天人相分而神道设教。此与《荀子·天论》天人相分而神道设教之主题相一致。《天论》："雩而雨，何也？曰：无何也，犹不雩而雨也。日月食而救之，天旱而雩，卜筮然后决大事，非以为得求也，以文之也。故君子以为文，而百姓以为神。以为文则吉，以为神则凶也。"② 文之即天人相分而神道设教。

以上可证明《天论》为荀子早年于赵地传习《春秋左氏传》时期之作品，其思想属于荀子早期思想。

《致士》："赏不欲僭，刑不欲滥。赏僭则利及小人，刑滥则害及君子。若不幸有过，宁僭无滥；与其害善，不若利淫。"③ 此数语本《左传》襄公二十六年："归生闻之：善为国者，赏不僭而刑不滥。赏僭，则惧及淫人；刑滥，则惧及善人。若不幸而过，宁僭，无滥。与其失善，宁其利淫。无善人，则国从之。"④ 王先谦《荀子集解》："卢文弨曰：'此数语全本《左传》，考荀卿以《左氏春秋》授张苍，苍授贾谊，荀子固传《左氏》之祖师也。'"⑤ 由此可证，《致士》为荀子早年于赵地传习《春秋左氏传》时期之作品，其思想属于荀子早期思想。

《非相》："相人，古之人无有也，学者不道也。"⑥ 此说否定了相面术，其思想本质上与《天论》同，当属荀子早期思想。《非相》："故曰：欲观圣王之迹，则于其粲然者矣，后王是也。彼后王者，天下之君也，舍后王而道上古，譬之是犹舍己之君而事人之君也。"⑦ 此说已经由荀子早期之法先王思想转向中期之法后王思想。《非相》："谈说之

---

① 阮元校刻《十三经注疏》，中华书局 1980 年 10 月第 1 版，第 720 页。

② 《荀子·天论》，王先谦《荀子集解》，中华书局 1988 年 9 月第 1 版，第三一六页。

③ 《荀子·致士》，王先谦《荀子集解》，中华书局 1988 年 9 月第 1 版，第二六四页。

④ 《春秋左传正义》，北京大学出版社 1999 年 12 月第一版，第 1043 页。

⑤ 《荀子·致士》，王先谦《荀子集解》，中华书局 1988 年 9 月第 1 版，第二六四页。

⑥ 《荀子·非相》，王先谦《荀子集解》，中华书局 1988 年 9 月第 1 版，第七二页。

⑦ 《荀子·非相》，王先谦《荀子集解》，中华书局 1988 年 9 月第 1 版，第八〇页——第八一页。

术……君子必辩。”① 此言游说之术，已经属于荀子中期思想，可证明《非相》为荀子早期思想向荀子中期思想过渡时期之作品，但《非相》主体部分之思想仍然属于荀子早期思想。

四、荀子传习《春秋公羊传》与荀子中期思想

《史记·孟子荀卿列传》：“荀卿，赵人。年五十始来游学于齐。”② 今本《荀子》中有部分内容明显与《春秋公羊传》的思想具有一致性，此明显表明荀子传习过《春秋公羊传》。《春秋公羊传》属于齐学，当是荀子居于稷下学宫之时传习《春秋公羊传》。

清代惠栋《公羊古义》云：

> 僖四年《传》：“古者周公东征而西国怨，西征而东国怨。”……荀卿子《王制》篇曰：“周公南征而北国怨，曰：‘何独不来也？’东征而西国怨，曰：‘何独后我也？’”③

《王制》用《春秋公羊传》之义，另外，《王制》：“君者，善群也。”④ 此说与传习《春秋公羊传》之董仲舒说同，董仲舒《春秋繁露》卷五《灭国上》：“君者，不失其群者也。”⑤ 此亦为《春秋公羊传》之义，故《王制》当作于荀子居于稷下学宫传习《春秋公羊传》之时，《王制》之思想属于荀子中期思想。

清代惠栋《公羊古义》云：

> （昭）卅有一年《传》：“珍怪之食。”《荀子·正论》篇曰：“食饮，则重大牢而备珍怪，期臭味。”⑥

《春秋》三传各自为说，形同水火，荀子于《正论》中用《春秋公羊传》义，故《正论》当作于荀子居于稷下学宫传习《春秋公羊传》之时，《正论》之思想属于荀子中期

---

① 《荀子·非相》，王先谦《荀子集解》，中华书局 1988 年 9 月第 1 版，第八六页——第八七页。

② 《史记·孟子荀卿列传》，司马迁《史记》，中华书局 1959 年 9 月第 1 版，第二三四八页。

③ 惠栋《公羊古义》，《九经古义》卷十三，见文渊阁《四库全书》经部七，五经总义类。

④ 《荀子·王制》，王先谦《荀子集解》，中华书局 1988 年 9 月第 1 版，第一六五页。

⑤ 苏舆《春秋繁露义证》，中华书局 1992 年 12 月第 1 版，第一三六页。

⑥ 惠栋《公羊古义》，《九经古义》卷十四，见文渊阁《四库全书》经部七，五经总义类。

思想。

《礼论》："三年之丧，二十五月而毕，哀痛未尽，思慕未忘，然而礼以是断之者，岂不以送死有已，复生有节也哉!"① 《春秋公羊传》闵二年夏五月："三年之丧，实以二十五月。"② 《礼论》当作于荀子居于稷下学宫之时，《礼论》之思想属于荀子中期思想。

《礼论》："礼起于何也？曰：人生而有欲；欲而不得，则不能无求；求而无度量分界，则不能不争；争则乱，乱则穷。先王恶其乱也，故制礼义以分之，以养人之欲、给人之求，使欲必不穷乎物，物必不屈于欲，两者相持而长。是礼之所起也。"③ 此说与《性恶》之思想本质上完全一致。《性恶》："今人之性，生而有好利焉，顺是，故争夺生而辞让亡焉；生而有疾恶焉，顺是，故残贼生而忠信亡焉；生而有耳目之欲，有好声色焉，顺是，故淫乱生而礼义文理亡焉。然则从人之性，顺人之情，必出于争夺，合于犯分乱理，而归于暴。故必将有师法之化、礼义之道，然后出于辞让，合于文理，而归于治。用此观之，然则人之性恶明矣，其善者伪也。"④ 《性恶》云人之性生而好利，即人欲为人之天性，且人之性为恶。此与《礼论》为同一时期之作品，故《性恶》当作于荀子居于稷下学宫之时，《性恶》之思想属于荀子中期思想。

《性恶》："不可学、不可事而在人者，谓之性"⑤ 《正名》："生之所以然者谓之性。性之和所生、精合感应、不事而自然谓之性。"⑥ 《正名》之论性与《性恶》同，则《正名》当作于荀子居于稷下学宫之时，《正名》之思想属于荀子中期思想。《正名》："说行则天下正，说不行则白道而冥穷，是圣人之辨说也。《诗》曰：'颙颙卬卬，如珪如璋，令闻令望。岂弟君子，四方为纲。'此之谓也。"⑦ 王先谦《诗三家义集疏》："《荀子·正名篇》引《诗》五句，全与毛同，疑误。《汉书·叙传》'如珪如璋'，明齐、毛文同。"⑧ 则《正名》引《诗》五句，全用齐诗，则荀子居于稷下学宫之时尚传习齐诗。

《儒效》记载："秦昭王问孙卿子曰：'儒无意于人之国乎？'孙卿子曰：'儒者法先

---

① 《荀子·礼论》，王先谦《荀子集解》，中华书局 1988 年 9 月第 1 版，第三七二页。

② 徐彦《春秋公羊传注疏》，北京大学出版社 1999 年 12 月第一版，第 194 页。

③ 《荀子·礼论》，王先谦《荀子集解》，中华书局 1988 年 9 月第 1 版，第三四六页。

④ 《荀子·性恶》，王先谦《荀子集解》，中华书局 1988 年 9 月第 1 版，第四三四页——第四三五页。

⑤ 《荀子·正名》，王先谦《荀子集解》，中华书局 1988 年 9 月第 1 版，第四一二页。

⑥ 《荀子·性恶》，王先谦《荀子集解》，中华书局 1988 年 9 月第 1 版，第四三六页。

⑦ 《荀子·正名》，王先谦《荀子集解》，中华书局 1988 年 9 月第 1 版，第四二四页。

⑧ 王先谦《诗三家义集疏》，中华书局 1987 年 2 月第 1 版，第九〇七页。

王，隆礼义，谨乎臣子而致贵其上者也。’……王曰：‘然则其为人上何如?’ ”① 秦昭王于公元前三〇六年至公元前二五一年在位，此时正是属于荀子传习《春秋公羊传》的阶段，《儒效》之思想在思想发展阶段上属于荀子中期思想。

《强国》：“公孙子曰……荀卿子说齐相曰”② 荀卿子说齐相当在居于稷下学宫之时。《强国》：“应侯问孙卿子曰：‘入秦何见?’ ”③ 应侯即范雎，秦昭王时曾任秦相，受封于应，号应侯。此可证明荀卿子居于稷下学宫之时曾短暂游秦。则《强国》当作于荀卿子居于稷下学宫传习《春秋公羊传》之时，《强国》之思想在思想发展阶段上属于荀子中期思想。

《大略》云：“汤旱而祷曰：‘政不节与？使民疾与？何以不雨至斯极也！宫室荣与？妇谒盛与？何以不雨至斯极也！苞苴行与？谗夫兴与？何以不雨至斯极也！’ ”④ 此神道设教之思想与《天论》神道设教之思想相一致，据此，《大略》有荀子早年居于赵地时之思想。

清代惠栋《公羊古义》云：

> 桓三年，齐侯、卫侯胥命于蒲。《荀子·大略》篇曰：“《春秋》善胥命，而《诗》非屡盟，其心一也。”⑤

清代惠栋《公羊古义》云：

> (文公）十有二年《传》：“何贤乎缪公？以为能变也。”《荀子·大略》篇曰：“《易》曰：‘复自道，何其咎?’ ” “《春秋》贤穆公，以为能变也。”⑥

以上可证明《大略》有荀子居于稷下学宫时之思想。

---

① 《荀子·儒效》，王先谦《荀子集解》，中华书局 1988 年 9 月第 1 版，第一一七页——第一二〇页。

② 《荀子·强国》，王先谦《荀子集解》，中华书局 1988 年 9 月第 1 版，第二九三页——第二九五页。

③ 《荀子·强国》，王先谦《荀子集解》，中华书局 1988 年 9 月第 1 版，第三〇二页。

④ 《荀子·大略》，王先谦《荀子集解》，中华书局 1988 年 9 月第 1 版，第五〇四页。

⑤ 惠栋《公羊古义》，《九经古义》卷十三，见文渊阁《四库全书》经部七，五经总义类。

⑥ 惠栋《公羊古义》，《九经古义》卷十四，见文渊阁《四库全书》经部七，五经总义类。

《大略》云："诸侯相见，卿为介，以其教出毕行，使仁居守。"①《春秋穀梁传》隐公二年传云："会者，外为主焉耳。知者虑，义者行，仁者守，有此三者，然后可以出会。"②荀子此文，正与"义者行，仁者守"一语合。

《大略》云："诰誓不及五帝，盟诅不及三王，交质子不及五伯。"杨倞注："诰誓，以言辞相戒约也。《礼记》曰：'约信曰誓。'又曰：'殷人作誓而民始畔。'莅牲曰盟。谓杀牲歃血，告神以盟约也。此言后世德义不足，虽要约转深，犹不能固也。伯，读曰霸。《穀梁传》亦有此语。"③

以上可证明《大略》有荀子晚年居于兰陵时之思想。则《大略》乃杂录荀子不同时期言论而成之作品。

在今本《荀子》中属于荀子早期思想者有《议兵》《天论》《致士》《非相》四篇，属于荀子中期思想者有《王制》《正论》《礼论》《性恶》《正名》《儒效》《强国》七篇，属于杂录荀子不同时期言论而成之作品《大略》一篇，其余二十篇之思想则当是完全属于荀子晚年居于兰陵时之思想，故此二十篇当是荀子晚年居于兰陵时之作品。

清代惠栋《公羊古义》云：

> （昭）卅有一年《传》："珍怪之食。"《荀子·正论》篇曰："食饮，则重大牢而备珍怪，期臭味。"④

《春秋》三传各自为说，形同水火，荀子于《正论》中用《春秋公羊传》义，故《正论》当作于荀子中年居于稷下学宫传习《春秋公羊传》之时，《正论》之思想属于荀子中期思想。

《礼论》："三年之丧，二十五月而毕，哀痛未尽，思慕未忘，然而礼以是断之者，岂不以送死有已，复生有节也哉！"⑤《春秋公羊传》闵二年夏五月："三年之丧，实以二十五月。"⑥《礼论》当作于荀子居于稷下学宫之时，《礼论》之思想属于荀子中期思想。

---

① 《荀子·大略》，王先谦《荀子集解》，中华书局 1988 年 9 月第 1 版，第四八七页。

② 阮元校刻《十三经注疏》，中华书局 1980 年 10 月第 1 版，第二三六六页。

③ 《荀子·大略》，王先谦《荀子集解》，中华书局 1988 年 9 月第 1 版，第五一九页。

④ 惠栋《公羊古义》，《九经古义》卷十四，见文渊阁《四库全书》经部七，五经总义类。

⑤ 《荀子·礼论》，王先谦《荀子集解》，中华书局 1988 年 9 月第 1 版，第三七二页。

⑥ 徐彦《春秋公羊传注疏》，北京大学出版社 1999 年 12 月第一版，第 194 页。

《礼论》："礼起于何也？曰：人生而有欲；欲而不得，则不能无求；求而无度量分界，则不能不争；争则乱，乱则穷。先王恶其乱也，故制礼义以分之，以养人之欲、给人之求，使欲必不穷乎物，物必不屈于欲，两者相持而长。是礼之所起也。"① 此说与《性恶》之思想本质上完全一致。《性恶》："今人之性，生而有好利焉，顺是，故争夺生而辞让亡焉；生而有疾恶焉，顺是，故残贼生而忠信亡焉；生而有耳目之欲，有好声色焉，顺是，故淫乱生而礼义文理亡焉。然则从人之性，顺人之情，必出于争夺，合于犯分乱理，而归于暴。故必将有师法之化、礼义之道，然后出于辞让，合于文理，而归于治。用此观之，然则人之性恶明矣，其善者伪也。"②《性恶》云人之性生而好利，即人欲为人之天性，且人之性为恶。此与《礼论》为同一时期之作品，故《性恶》当作于荀子居于稷下学宫之时，《性恶》之思想属于荀子中期思想。

《性恶》："不可学、不可事而在人者，谓之性"③《正名》："生之所以然者谓之性。性之和所生、精合感应、不事而自然谓之性。"④《正名》之论性与《性恶》同，则《正名》当作于荀子居于稷下学宫之时，《正名》之思想属于荀子中期思想。《正名》："说行则天下正，说不行则白道而冥穷，是圣人之辨说也。《诗》曰：'颙颙卬卬，如珪如璋，令闻令望。岂弟君子，四方为纲。'此之谓也。"⑤ 王先谦《诗三家义集疏》："《荀子·正名篇》引《诗》五句，全与毛同，疑误。《汉书·叙传》'如珪如璋'，明齐、毛文同。"⑥ 则《正名》引《诗》五句，全用齐诗，则荀子居于稷下学宫之时尚传习齐诗。

《儒效》记载："秦昭王问孙卿子曰：'儒无意于人之国乎？'孙卿子曰：'儒者法先王，隆礼义，谨乎臣子而致贵其上者也。'……王曰：'然则其为人上何如？'"⑦ 秦昭王于公元前三〇六年至公元前二五一年在位，此时正是属于荀子传习《春秋公羊传》的阶段，《儒效》之思想在思想发展阶段上属于荀子中期思想。

《强国》："公孙子曰……荀卿子说齐相曰"⑧ 荀卿子说齐相当在居于稷下学宫之时。

---

① 《荀子·礼论》，王先谦《荀子集解》，中华书局 1988 年 9 月第 1 版，第三四六页。

② 《荀子·性恶》，王先谦《荀子集解》，中华书局 1988 年 9 月第 1 版，第四三四页——第四三五页。

③ 《荀子·正名》，王先谦《荀子集解》，中华书局 1988 年 9 月第 1 版，第四一二页。

④ 《荀子·性恶》，王先谦《荀子集解》，中华书局 1988 年 9 月第 1 版，第四三六页。

⑤ 《荀子·正名》，王先谦《荀子集解》，中华书局 1988 年 9 月第 1 版，第四二四页。

⑥ 王先谦《诗三家义集疏》，中华书局 1987 年 2 月第 1 版，第九〇七页。

⑦ 《荀子·儒效》，王先谦《荀子集解》，中华书局 1988 年 9 月第 1 版，第一一七页——第一二〇页。

⑧ 《荀子·强国》，王先谦《荀子集解》，中华书局 1988 年 9 月第 1 版，第二九三页——第二九五页。

《强国》："应侯问孙卿子曰：'入秦何见？'"① 应侯即范雎，秦昭王时曾任秦相，受封于应，号应侯。此可证明荀卿子居于稷下学宫之时曾短暂游秦。则《强国》当作于荀卿子居于稷下学宫传习《春秋公羊传》之时，《强国》之思想在思想发展阶段上属于荀子中期思想。

清代惠栋《公羊古义》云：

> 桓三年，齐侯、卫侯胥命于蒲。《荀子·大略》篇曰："《春秋》善胥命，而《诗》非屡盟，其心一也。"②

清代惠栋《公羊古义》云：

> （文公）十有二年《传》："何贤乎缪公？以为能变也。"《荀子·大略》篇曰："《易》曰：'复自道，何其咎？'""《春秋》贤穆公，以为能变也。"③

以上可证明《大略》有荀子中年居于稷下学宫时之思想。

综上所述，在今本《荀子》中属于荀子早期思想者有《议兵》《天论》《致士》《非相》四篇，属于荀子中期思想者有《王制》《正论》《礼论》《性恶》《正名》《儒效》《强国》七篇，属于杂录荀子不同时期言论而成之作品《大略》一篇，其余二十篇之思想则不同于荀子早期思想与荀子中期思想，应当是完全属于荀子晚年居于兰陵时之思想，故此二十篇当是荀子晚年居于兰陵时之作品。

五、荀子传习《春秋穀梁传》与荀子晚期思想

现存最早、最完备的有关荀子与《春秋穀梁传》相关的材料是杨士勋《春秋穀梁传序疏》。杨士勋《春秋穀梁传序疏》云："穀梁子，名俶，字元始，鲁人，一名赤。受经于子夏，为经作传，故曰《穀梁传》。传孙卿，孙卿传鲁人申公，申公传博士江翁。其后鲁人荣广大善《穀梁》，又传蔡千秋，汉宣帝好《穀梁》，擢千秋为郎，由是《穀梁》之

---

① 《荀子·强国》，王先谦《荀子集解》，中华书局 1988 年 9 月第 1 版，第三〇二页。
② 惠栋《公羊古义》，《九经古义》卷十三，见文渊阁《四库全书》经部七，五经总义类。
③ 惠栋《公羊古义》，《九经古义》卷十四，见文渊阁《四库全书》经部七，五经总义类。

传大行于世。”①

清代惠栋《穀梁古义》云：

《孝经说》云：“孔子曰：‘吾志在《春秋》，行在《孝经》，以《春秋》属商，《孝经》属参。’”故应劭《风俗通》言穀梁为子夏门人。杨士勋谓受经于子夏。余案桓谭《新论》云：“《左氏》传世遭战国寝藏。后百余年，鲁穀梁赤为《春秋》，残略，多所违失。”然则穀梁子非亲受经于子夏矣。古人亲受业者称弟子，转相授者称门人，则穀梁子于子夏，犹孟子之于子思。故魏麋信注《穀梁》以为与秦孝公同时也。杨士勋言“穀梁为经作传，传孙卿，卿传鲁人申公，申公传博士江翁”。案孙卿齐愍、襄时人，当秦之惠王，则在其后。又卿著书言天子庙数（僖十五年传：天子七庙云云，是以贵始德之本也，荀卿《礼论》同。）及赙赗禭含之义（隐元年：车马曰赗云云，在《大略》篇），述春秋善胥命而言盟诅不及三王（隐八年传，亦在《大略》篇末），诸侯相见，仁者居守。又以大上为天子（隐二年传：知者虑，义者行，仁者守。隐二年传：大上故不名，今在《君子》篇），皆本《穀梁》之说。其言传孙卿，信矣。又隐元年传云：成人之美，不成人之恶（《颜渊》）。僖廿二年传云：过而不改是谓之过（《卫灵公》）。廿三年传云：以不教民战，则是弃其师（《子路》），今皆在《论语》中。郑《论语》序云仲弓、子夏等所撰，《论语谶》亦言子夏等七十二人共撰仲尼微言，其诸圣人之徒私淑诸人者乎？又传中所载与《仪礼》《礼记》诸经合者不可悉举，故郑康成《六艺论》云“穀梁善于经”。②

今由惠栋《穀梁古义》提供的线索看《荀子》中的相关内容，其中的确既有引《春秋穀梁传》之文的，也有用《春秋穀梁传》之说的，惠栋《穀梁古义》提供的这些材料都可以看作是荀子治过《春秋穀梁传》的内证。《荀子》中《成相》《非十二子》《儒效》三篇，每以仲尼、子弓并称。子弓之为仲弓，犹子路之为季路。可知荀卿之学，实出于子夏、仲弓。

从以上分析来看，荀子确为《春秋穀梁传》传人。

荀子晚年见秦政之暴，汉桓宽《盐铁论》卷四《毁学》云：“大夫曰：‘夫怀枉而言

---

① 阮元校刻《十三经注疏》，中华书局1980年10月第1版，第二三五八页。

② 惠栋《穀梁古义》，《九经古义》卷十五，见文渊阁《四库全书》经部七，五经总义类。

正，自托于无欲而实不从，此非士之情也。昔李斯与包丘子俱事荀卿，既而李斯入秦，遂取三公，据万乘之权以制海内，功侔伊、望，名巨太山；而包丘子不免于瓮牖蒿庐，如潦岁之蛙，口非不众也，然卒死于沟壑而已。今内无以养，外无以称，贫贱而好义，虽言好义，亦不足贵者也。’文学曰：‘方李斯之相秦也，始皇任之，人臣无二，然而荀卿为之不食，睹其罹不测之祸也。包丘子饭麻蓬藜，修道白屋之下，乐其志，安之于广厦刍豢，无赫赫之势，亦无戚戚之忧。’”① 可见荀子晚年对秦政不满。

荀子晚年所居之兰陵原为鲁地，荀子晚年所传之学为鲁学。《汉书·地理志》云：“孔子闵王道将废，乃修六经以述唐虞三代之道，弟子受业而通者七十有七人。是以其民好学，上礼义，重廉耻。周公始封，太公问：‘何以治鲁?’周公曰：‘尊尊而亲亲。’太公曰：‘后世寖弱矣。’故鲁自文公以后，禄去公室，政在大夫，季氏逐昭公，陵夷微弱三十四世而为楚所灭。”② 与太公望同时受封的周公旦是鲁文化开始形成的起点。《史记·鲁周公世家》云：“周公旦者，周武王弟也。自文王在时，旦为子孝，笃仁，异于群子。及武王即位，旦常辅翼武王，用事居多。”③ 周公旦与周室属于同一血统，周公旦立国的思想就是强调血缘关系，“亲亲上恩”，这也就决定了鲁文化的走向。

荀卿适楚，春申君以为兰陵令，因家于兰陵，在“亲亲上恩”的文化大环境之下传授《春秋穀梁传》，使《春秋穀梁传》“亲亲上恩”的文化因素得到进一步加强。荀卿晚年的思想变化和兰陵的人文环境对《春秋穀梁传》形成与《春秋公羊传》以主张大义灭亲和剧烈的社会变革为其学术特色完全对立的“亲亲上恩”的学术特色起了决定性的作用。

《史记·孟子荀卿列传》：“春申君死而荀卿废，因家兰陵。李斯尝为弟子，已而相秦。荀卿嫉浊世之政，亡国乱君相属，不遂大道而营于巫祝，信禨祥，鄙儒小拘，如庄周等又猾稽乱俗，于是推儒、墨、道德之行事兴坏，序列著数万言而卒。因葬兰陵。”④ 荀子晚年居兰陵之时推儒、墨、道德之行事兴坏，《荀子·非十二子》当作于此时。《不苟》末段：“故曰：‘盗名不如盗货。’田仲、史鰌不如盗也。”⑤ 此论与《荀子·非十二子》同，《荀子·非十二子》：“然而其持之有故，其言之成理，足以欺惑愚众。是陈仲、

---

① 桓宽《盐铁论》卷四《毁学》，王利器《盐铁论校注》，中华书局 1992 年 7 月第 1 版，第二二七页。

② 《汉书·地理志》，班固《汉书》，中华书局 1962 年 6 月第 1 版，第一六六二页。

③ 司马迁《史记·鲁周公世家》，司马迁《史记》，中华书局 1959 年 9 月第 1 版，第一五一五页。

④ 《史记·孟子荀卿列传》，司马迁《史记》，中华书局 1959 年 9 月第 1 版，第二三四八页。

⑤ 《荀子·不苟》，王先谦《荀子集解》，中华书局 1988 年 9 月第 1 版，第五二页。

史鳝也。”① 则《不苟》当作于荀子晚年居兰陵之时。。

《春秋》隐公十一年：“十有一年，春，滕侯、薛侯来朝。”《春秋穀梁传》：“天子无事，诸侯相朝，正也。考礼修德，所以尊天子也。诸侯来朝时正也，犆言，同时也，累数，皆至也。”②《修身》全篇论述遵循礼义、修养品德，全本《春秋穀梁传》“考礼修德”，当作于荀子晚年居兰陵之时，此思想属于荀子晚期之思想。

六、荀子晚期思想与《荀卿书》

《荀子·宥坐》：“孔子为鲁摄相，朝七日而诛少正卯。”③《荀子·宥坐》：“子产诛邓析、史付。”④

刘向《说苑》卷十五《指武》：“孔子为鲁司寇，七日而诛少正卯于东观之下。”⑤ 刘向《说苑》卷十五《指武》：“子产诛邓析。”⑥

刘向《说苑·指武》”孔子为鲁司寇”章与《荀子·宥坐》“孔子为鲁摄相”章明显是同一来源。其中“子产诛邓析”之说与《荀子·宥坐》同而异于《春秋左氏传》定公九年所记载之“郑驷歂杀邓析”之说，《春秋左氏传》定公九年记载：“郑驷歂杀邓析，而用其《竹刑》。”⑦ 宋方似孙《子略》卷三云：“刘向非子产杀邓析，推《春秋》验之。”⑧ 此《春秋》当指《春秋左氏传》。

桓谭《新论》云：“刘子政、子骏、子骏兄伯玉三人俱是通人，尤珍重《左氏》，教授子孙，下至妇女，无不读诵，此亦蔽也。”⑨ 王充《论衡·案书篇》云：“刘子政玩弄《左氏》，童仆妻子皆呻吟之。”⑩《汉书·楚元王传》记载：“宣帝时，诏向受《穀梁春秋》，十余年，大明习。及歆校秘书，见古文《春秋左氏传》，歆大好之。……歆数以难

---

① 《荀子·非十二子》，王先谦《荀子集解》，中华书局 1988 年 9 月第 1 版，第九二页。

② 阮元校刻《十三经注疏》，中华书局 1980 年 10 月第 1 版，第二三七一页。

③ 《荀子·宥坐》，王先谦《荀子集解》，中华书局 1988 年 9 月第 1 版，第五二〇页。

④ 《荀子·宥坐》，王先谦《荀子集解》，中华书局 1988 年 9 月第 1 版，第五二一页。

⑤ 刘向《说苑·指武》，向宗鲁《说苑校证》，中华书局 1987 年 7 月第 1 版，第三八〇页。

⑥ 刘向《说苑·指武》，向宗鲁《说苑校证》，中华书局 1987 年 7 月第 1 版，第三八一页。

⑦ 《春秋左传正义》，北京大学出版社 1999 年 12 月第一版，第 1579 页。

⑧ 方似孙《子略》卷三，见文渊阁《四库全书》史部四十一，目录类一，经籍之属。

⑨ 王充《论衡·案书篇》刘盼遂集集解引，黄晖《论衡校释》，中华书局 1990 年 2 月第 1 版，第一一六四页。

⑩ 王充《论衡·案书篇》，黄晖《论衡校释》，中华书局 1990 年 2 月第 1 版，第一一六四页。

向，向不能非间也，然犹自持其《穀梁》义。”①刘向虽玩弄《左氏》，以《左氏》验子产杀邓析，但犹自持其《穀梁》义。

由此可见，刘向《说苑·指武》所载之“子产诛邓析”是用《春秋穀梁传》义，则刘向《说苑·指武》“孔子为鲁司寇，七日而诛少正卯于东观之下”也是用《春秋穀梁传》义。如此则《荀子·宥坐》“孔子为鲁摄相，朝七日而诛少正卯”②也必然是用《春秋穀梁传》义。另外，《春秋穀梁传》还论及与诛少正卯性质相同之事。《春秋》定公十年：“夏，公会齐侯于颊谷，公至自颊谷。”《春秋穀梁传》记载孔子使司马行法而杀优施③。

《春秋穀梁传》记载孔子于颊谷之会使司马行法，优施首足异门而出。《春秋》三传之中只有《春秋穀梁传》记载了孔子为鲁摄相杀人之史实，虽然《春秋穀梁传》未记载孔子为鲁摄相而诛少正卯之史实，但孔子为鲁摄相杀优施与孔子为鲁摄相而诛少正卯是性质相同之事件，《春秋穀梁传》赞同孔子为鲁摄相杀优施，也必然赞同孔子为鲁摄相而诛少正卯，可见，孔子为鲁摄相而诛少正卯必然是《春秋穀梁传》一派之说。徐仁甫《左传疏证》卷五之“《左传》采《荀子》，一则”条云：“《宥坐》子产诛邓析、史付，事异定公九年传。此荀卿未见《左传》之证。”④《春秋》三传之说形同水火，《宥坐》未用《春秋左氏传》之说，此不足以说明荀子未见《春秋左氏传》，而实际上《春秋左氏传》为荀子早年之所传习，荀子于作《宥坐》之时，思想已由早期传习《春秋左氏传》之思想经过中期传习《春秋公羊传》之思想而发展变化为晚期传习《春秋穀梁传》之思想，即《宥坐》体现的是荀子晚期之思想，当作于荀子晚年居兰陵之时。

《宥坐》以下之《子道》《法行》《哀公》《尧问》四篇之思想内容与《荀子·宥坐》之思想内容基本一致，即从思想内容上看《子道》《法行》《哀公》《尧问》四篇属于荀子晚期之思想，当作于荀子晚年居兰陵之时。《宥坐》及以下之《子道》《法行》《哀公》《尧问》五篇虽然在思想上属于荀子晚期之思想，但体裁却是记言体或曰语录体，从文体发展的眼光看，似乎此五篇当系伪作。然而此五篇思想既然属于荀子晚期之思想，则体裁无关宏旨，联系到荀子晚年居兰陵教授《春秋穀梁传》及《鲁诗》，此五篇当系荀子授

① 《汉书·楚元王传》，班固《汉书》，中华书局 1962 年 6 月第 1 版，第一九六七页。

② 《荀子·宥坐》，王先谦《荀子集解》，中华书局 1988 年 9 月第 1 版，第五二〇页。

③ 阮元校刻《十三经注疏》，中华书局 1980 年 10 月第 1 版，第二四四五页。

④ 徐仁甫《左传疏证》，四川人民出版社 1981 年 1 月第一版，第 188 页。

徒之教案。

以下论述《尧问》及其与《荀卿书》相关之问题。首先《尧问》文字极少，很像鲁《论语》第二十篇《尧曰》，当系书籍编辑之最后剩余部分，如此则《尧问》当系原本《荀卿书》之末篇。其次，《尧问》篇末有"为说者曰'孙卿不及孔子'"一段文字，此段文字显非荀子所作，当系荀子弟子所作，此段赞语系原本《荀卿书》之附言，则《尧问》当系原本《荀卿书》之末篇。再次，《尧曰》篇末有"孙卿不及孔子"之论及驳论。此皆由荀子攀比孔子而起，即荀子以孔子第二自居，荀子与孔子二人相仿佛系由原本《荀卿书》与鲁《论语》二书相仿佛而引发，则原本《荀卿书》当系仿鲁《论语》二十篇之制。复次，以《尧问》为原本《荀卿书》之末篇可知原本《荀卿书》当系仿鲁《论语》二十篇之制及鲁《论语》以《尧曰》终篇，鲁《论语》二十篇以《学而》开篇，在今本《荀子》三十二篇中只有《劝学》与鲁《论语》之《学而》相类似，则《劝学》当系原本《荀卿书》之首篇。另外，刘向本《荀卿新书》、杨倞本《荀子》均以《劝学》为首篇，当有所本，当是本之于原本《荀卿书》，此也可推测出《劝学》当系原本《荀卿书》之首篇。又次，上文已证明荀子早年和中年时期之作品共十一篇，加之集不同时期言论之作品《大略》一篇，其余二十篇作品当为荀子晚年居兰陵时之作品，若荀子居兰陵时编辑其作品成书，亦当为二十篇之制。

《史记·孟子荀卿列传》："荀卿嫉浊世之政，亡国乱君相属，不遂大道而营于巫祝，信禨祥，鄙儒小拘，如庄周等又猾稽乱俗，于是推儒、墨、道德之行事兴坏，序列著数万言而卒。因葬兰陵。"①"序列"即谓荀卿自己编辑了原本《荀卿书》，收集自己晚年居兰陵时之作品二十篇。西汉中秘之书出于保存文献之需要，存有荀卿各个时期的不同来源的作品，刘向于中秘校书时也是出于中秘保存文献之需要，去其重复，得荀卿作品三十二篇，比原本《荀卿书》多收十二篇荀卿作品，此十二篇荀卿作品当系荀卿自编《荀卿书》时黜落之荀卿早期和中期之作品。因刘向中秘校书所编之荀卿作品三十二篇异于荀卿自编之《荀卿书》二十篇，所以刘向称之为《荀卿新书》。

七、《春秋》三传的传授与《论语》的编辑、传授

王充《论衡·正说篇第八十一》：

> 说《论》者，皆知说文解语而已，不知《论语》本几何篇；但周以八寸为尺，

① 《史记·孟子荀卿列传》，司马迁《史记》，中华书局1959年9月第1版，第二三四八页。

不知《论语》所独一尺之意。

> 夫《论语》者，弟子共纪孔子之言行，勑记之时甚多，数十百篇，以八寸为尺，纪之约省，怀持之便也。以其遗非经，传文纪识恐忘，故但以八寸尺，不二尺四寸也。汉兴失亡。至武帝发取孔子壁中古文，得二十一篇，齐、鲁二，河间九篇，三十篇。至昭帝女读二十一篇。宣帝下太常博士，时尚称书难晓，名之曰传；后更隶写以传诵。初，孔子孙孔安国以教鲁人扶卿，官至荆州刺史，始曰《论语》。今时称《论语》二十篇，又失齐、鲁、河间九篇。本三十篇，分布亡失，或二十一篇。目或多或少，文赞或是或误。说《论语》者，但知以剥解之问，以纤微之难，不知存问本根篇数章目。温故知新，可以为师；今不知古，称师如何？①

王充《论衡·正说篇第八十一》云"又失齐、鲁、河间九篇"，则所谓"齐、鲁二，河间九篇"当作"齐、鲁、河间九篇"，二当为衍文。"或二十一篇"之或字当为成字之形讹。元本"目或多或少"之前有两篇字，是也；一篇字与九合为九篇，一篇字与目合为篇目，此篇目之目字当为则字之残存或残字，文赞之赞字当为则字之形讹，"或二十一篇。目或多或少，文赞或是或误"当作"成二十一篇。篇则或多或少，文则或是或误"。"至昭帝女读二十一篇"之女字当为始字之残存或残字，王充之意为武帝发取孔子壁中古文存于中秘，至昭帝始读二十一篇，所以才有宣帝下太常博士事。"名之曰传"是说《论语》是传不是经，与上文"以其遗非经，传文纪识恐忘，故但以八寸尺，不二尺四寸也"呼应，"名之曰传"意为"称它为传"，王充《论衡》的传抄者不明此名字当训称，而错误以为名是书名之意，致使出现"始曰《论语》"之误；"始曰《论语》"之后是"今时称《论语》二十篇"，上文有"齐、鲁二，河间九篇，三十篇"，二为衍文，三十篇也是经过改动的，下文"又失齐、鲁、河间九篇"，可以证明齐、鲁、河间之九篇是异于发取孔子壁中古文所得之二十一篇的，王充之意为齐、鲁、河间共有九篇异于发取孔子壁中古文所得之二十一篇，王充绝不是说齐、鲁、河间之《论语》只有九篇或共有九篇，"始曰《论语》"之后之"今时称《论语》二十篇"正是针对以前《论语》之篇数而言的，故"始曰《论语》"之始字当为衍文，很可能是"昭帝女"之女字的另外一部分所导致的衍文，鲁二之二字与经过改动的"三十篇"当在"曰《论语》"之后，即当作"曰

① 王充《论衡·正说篇》，黄晖《论衡校释》中华书局1990年2月第1版，第一一三五页——第一一三九页。

《论语》二十一篇”，所以接言“今时称《论语》二十篇”，意为又少了一篇，接言“又失齐、鲁、河间九篇”，故当作“曰《论语》二十一篇”，否则下文“今时称《论语》二十篇”没有着落、无从谈起，下文“又失齐、鲁、河间九篇”更是没有着落、无从谈起。

今本王充《论衡·正说篇》之“至武帝发取孔子壁中古文，得二十一篇，齐、鲁二，河间九篇，三十篇。至昭帝女读二十一篇。宣帝下太常博士，时尚称书难晓，名之曰传；后更隶写以传诵。初，孔子孙孔安国以教鲁人扶卿，官至荆州刺史，始曰《论语》。今时称《论语》二十篇，又失齐、鲁、河间九篇。本三十篇，分布亡失，或二十一篇。目或多或少，文赞或是或误”当作“至武帝发取孔子壁中古文，得二十一篇，齐、鲁、河间九篇，至昭帝始读二十一篇。宣帝下太常博士，时尚称书难晓，名之曰传；后更隶写以传诵。初，孔子孙孔安国以教鲁人扶卿，官至荆州刺史，曰《论语》二十一篇，今时称《论语》二十篇，又失齐、鲁、河间九篇。本三十篇，分布亡失，成二十一篇，篇则或多或少，文则或是或误”。其中“得二十一篇，齐、鲁、河间九篇”尚有缺文，但是，根据上下文，意思大致能够理解，即齐、鲁、河间九篇异于所得二十一篇。“汉兴失亡”是习惯说法或曰特殊表达，“汉兴失亡”之意思不是汉兴以后失亡或汉兴时失亡，而是汉兴以前失亡，即到汉兴时不见《论语》，汉兴以后，《论语》复出，齐、鲁、河间《论语》即是，且先于发取孔子壁中古文所得之二十一篇《论语》，否则无法比较。王充不是经学家，对于《论语》的来龙去脉不是很清楚，但是，王充的记载有历史的影子，故王充的记载有其自身的史料价值，王充记载《论语》在先秦即有，王充记载汉代有河间《论语》，河间《论语》当是流传于燕赵一带异于齐论、鲁论的《论语》版本，河间《论语》为刘歆、班固、郑玄所不记载很可能是河间《论语》与孔子壁中古文二十一篇本同源，河间《论语》异于他本之篇也可能是献书者所伪造，没有学术价值，故河间《论语》为刘歆、班固、郑玄所不记载。王充《论衡·正说篇》记载河间《论语》证明燕赵一带有异于齐论、鲁论的《论语》版本存在，这一点非常重要，河间《论语》很可能与孔子壁中古文二十一篇本同源，故河间《论语》为刘歆、班固、郑玄所不记载。

王充《论衡·正说篇》所谓“夫《论语》者，弟子共纪孔子之言行，勑记之时甚多，数十百篇，以八寸为尺，纪之约省，怀持之便也”只不过是王充的推测而已，以八寸为尺，纪之约省，怀持之便也，但是，一人不可能仅仅怀持一二片竹简即可，如果仅仅怀持一二片竹简即可，那也就没有编辑《论语》的必要了。王充《论衡·正说篇》所谓“今时称《论语》二十篇，又失齐、鲁、河间九篇。本三十篇，分布亡失”也不过是王充的推测而已，王充不是经学家，王充知道齐、鲁、河间《论语》有九篇异于发取孔子壁中古文所得之二十一篇《论语》，王充将二者相加得出《论语》共有三十篇的结论，故王充的《论语》共有三十篇的说法是错误的。

《柳宗元集》卷四《论语辩二篇》上篇：

> 或问曰：儒者称《论语》孔子弟子所记，信乎？曰：未然也。孔子弟子，曾参最少，少孔子四十六岁。曾子老而死。是书记曾子之死，则去孔子也远矣。曾子之死，孔子弟子略无存者矣。吾意曾子弟子之为之也。何哉？且是书载弟子必以字，独曾子、有子不然。由是言之，弟子之号之也。
>
> 然则有子何以称子？曰：孔子之殁也，诸弟子以有子为似夫子，立而师之。其后不能对诸子之问，乃叱避而退，则固尝有师之号矣。今所记独曾子最后死，余是以知之。盖乐正子春、子思之徒与为之尔。或曰：孔子弟子尝杂记其言，然而卒成其书者，曾氏之徒也。①

《史记·仲尼弟子列传》："卜商字子夏。少孔子四十四岁。"②《史记·仲尼弟子列传》："颛孙师，陈人，字子张。少孔孔子四十八岁。"③《史记·仲尼弟子列传》："曾参，南武城人，字子舆。少孔子四十六岁。"④ 子夏仅仅年长曾参二岁，子张又年幼曾参二岁。是书记曾子之死，曾子之死，孔子弟子尚有存者矣。愚意子夏之为之也。是书载弟子必以字，独曾子、有子不然。由是言之，子夏之号之也。孔子弟子尝杂记其言，然而卒成其书者，子夏之为之也。

《孟子·滕文公上》：

> 昔者孔子没，三年之外，门人治任将归：入揖于子贡，相向而哭，皆失声，然后归。子贡反，筑室于场；独居三年，然后归。他日，子夏、子张、子游，以有若似圣人，欲以所事孔子事之，强曾子。曾子曰："不可。江汉以濯之，秋阳以暴之，皜皜乎不可尚已！"⑤

---

① 柳宗元《与韦中立论师道书》，《柳宗元集》，中华书局 1979 年 9 月第 1 版，第一一〇页——第一一一页。

② 《史记·仲尼弟子列传》，司马迁《史记》，中华书局 1959 年 9 月第 1 版，第二二〇二页。

③ 《史记·仲尼弟子列传》，司马迁《史记》，中华书局 1959 年 9 月第 1 版，第二二〇三页。

④ 《史记·仲尼弟子列传》，司马迁《史记》，中华书局 1959 年 9 月第 1 版，第二二〇五页。

⑤ 阮元校刻《十三经注疏》，中华书局 1980 年 10 月第 1 版，第二七〇六页。

《孟子》的记载很值得玩味，子夏为首之三大弟子一致以有若似圣人，实际上如同一人。关于孔子继承人或曰似圣人的问题实际上只涉及子夏、有子、曾参三人，子夏、曾参均得孔子秘传，子夏实际上是得孔子晚年真传，有子是当时活着的孔子学生中最突出的，但是就现有材料而言有子未得孔子秘传，有子传经之可能性几乎没有，曾参以为有子不可，其后孔子之众弟子也以为有子不可，即有子不具备编辑经书的学养和众望所归的主持资格，有子编写经书之可能性也几乎没有，《论语》不可能是有子及其门人所编辑。

《孟子》记载子夏为首之三大弟子以有子似圣人而曾参以为不可，其一，反映出曾参年少轻狂，自视很高，没有把有子放在眼里，连表面文章都不想作，一点面子都不给有子，可见，曾参其人人品不高，不懂礼让，也就未得孔子之学的根本。其二，也反映出曾参得到孔子秘传之孝经大义，自以为孔子真传在己不在有子。子夏为首之三大弟子以有子似圣人一方面反映出子夏宽厚，姿态高，最起码还做做表面文章，可见，子夏其人人品高洁，懂得礼让，深得孔子之学的根本。另一方面也反映出子夏得到孔子秘传之春秋大义，却并不以孔子继承人自居，眼里还有各位同学，这一点很重要。其三，曾参以皜皜乎不可尚已论孔子，孔子之学在曾参手上再也不发展了，抱残守缺，曾参之学必然灭亡。子夏为首之三大弟子以有子似圣人，子夏为首之三大弟子虽然未言孔子可以超越或赶上，至少尚以孔子能似，即大致能赶上孔子，如此则孔子之学尚有发展之希望，子夏为首之三大弟子之学之发展前途必然要好于曾参之学，尚不至于灭亡或失传。《论语》首篇为《学而》，《学而》首录孔子之言，次即录有子之言，再次录曾子之言，如此排列值得研究。如今据对于《孟子》之记载之分析而再观《论语》首篇，基本上可以排除曾参编辑之可能性，而子夏编辑的可能性很高，其实就现有材料而言只有子夏等极少数品德高洁、学养深厚、有发展前途者具有编辑之可能，若曾参编辑必不可有子直追孔子，亦必不可居于有子之后，若曾参之弟子编辑亦不会超越曾参之愚昧与偏见，愚意《论语》初次编辑当为子夏之为之也。

《礼记·檀弓上》：

> 子夏丧其子而丧其明。曾子吊之曰："吾闻之也，朋友丧明则哭之。"曾子哭，子夏亦哭，曰："天乎！予之无罪也。"曾子怒曰："商，女何无罪也？吾与女事夫子于洙泗之间，退而老于西河之上，使西河之民，疑女于夫子，尔罪一也；丧尔亲，

使民未有闻焉，尔罪二也；丧尔子，丧尔明，尔罪三也。而曰女何无罪与！”子夏投其杖而拜曰：“吾过矣！吾过矣！吾离群而索居，亦已久矣。”①

其一，子夏相信天命，以其无罪而丧其子、丧其明质问于天；曾参实不相信天命，以丧明为丧子所导致，已经背离了孔子的学说，比疑子夏于夫子之罪更重，也没有天罚，曾参放胆发怒，一如小人之肆无忌惮，所谓子思、孟子之学不可能由曾参而来。其二，曾参指控子夏之一二二罪，涉及敬师孝亲，与孔子以《孝经》属参暗合。其三，曾参怒责子夏，实际上是曾参与子夏相争之反映，即存在曾参与子夏对于孔子学说传授解释权和继承权之争夺，曾参所谓“吾与女事夫子于洙泗之间，退而老于西河之上，使西河之民，疑女于夫子”表面以未能显师相责，实际上是嫉妒子夏之传教成就，吾与女事夫子，其实事夫子者尚多，吾与女之意也就不言自明了；通过西河传教最后子夏实际上取得孔子学说之传授解释权和继承权，即所谓“疑女于夫子”，曾参气急败坏，方才罗织罪名而怒责子夏，一如小人之肆无忌惮，这实际上暗示曾参几乎没有传教成就，即孔子学说绝非曾参所传。其四，子夏投其杖而拜、谢过反映子夏宽厚仁德、虚心接受意见、勇于承认错误、严格要求自己，这些都是子夏超越曾参之处，在一定程度上也暗示了孔子学说之传授解释权和继承权之最终归属。其五，疑女于夫子也反映出子夏以孔子可以比拟，即孔子学说可以发展，此为子夏之长；曾参以孔子不可比拟，更不可超越，即孔子学说也不可以发展，此为曾参之短。曾参以孔子不可比拟为敬师，疑女于夫子即是未能显师，此反映出曾参之愚昧与偏见，孔子学说绝非曾参所传，孔子学说也绝非曾参所能传。

关于《论语·为政》子夏问孝孔子批评子夏的问题，愚以为此反映出子夏人品高尚，小人当然要利用编辑师说之机会删除不利于自己之材料，子夏绝不为小人之所为，而且还要把曾参称为曾子排在自己前面。此其一。孔子之教授因材施教，孔子与弟子之答问因人而异，如果孔子弟子不将孔子之教诲写出或讲出，孔子又述而不作，旁人从何而知？故今本《论语》中那些看上去似乎不利于某弟子的言语都是某弟子自己提供出来的，孔子弟子尚能真实记录和提供孔子的言论，现在研究《论语》的所谓学者，以小人之心度君子之腹，根本就不是从事学术研究的那块材料，还要滥竽充数、恬不知耻地搞小人的那一套，非研究也，小人也，此其二。

另外，褚斌杰也有同样性质的错误，褚斌杰《中国古代文体概论》（增订本）：

① 阮元校刻《十三经注疏》，中华书局1980年10月第1版，第一二八二页。

断竹，续竹；飞土，逐宍（古肉字）！

这是一首比较原始的猎歌，它反映了渔猎时代人民的劳动生活，描写了他们砍竹、接竹，制造出狩猎工具，然后用弹丸去追捕猎物的整个劳动过程。短歌中流露着原始人对自己学会制造灵巧猎具的自豪感和喜悦，也表现着他们获取更多猎物的无限渴望。诗，很简短，但浑朴、自然，有很强的概括力，是一支原始型的优秀民谣。①

优秀与否只有比较方能知晓，褚斌杰说《弹歌》是一支原始型的优秀民谣，那么，原始型的不优秀的民谣是什么样子的，褚斌杰见过吗？试举一二例证？原始人的生活条件远不如今人，这是不言自明的真理，今人有冰箱，可以储存食物，原始人只能是现打现吃，打猎物多了放不住，只能吃腐肉，其一不好吃，其二容易得病。由此可见，原始人绝没有获取更多猎物的无限渴望，够吃即可。

关于《论语》之编辑，《汉书·艺文志》以为门人相与辑而论纂，即孔门弟子相与辑而论纂，愚以为此门人绝非再传弟子之名称。愚以为《论语》之初次编辑孔门弟子之外者无与焉，即如《乡党》亦为众弟子之所为也。其一，孔子之政治活动和社会活动多有弟子随行。其二，孔子之政治活动和社会活动无有弟子随行者，孔子亦可能向弟子言及。愚意以为《乡党》记录孔子之活动而非记录孔子之言论，当是《论语》初次编辑之最后一篇。郑玄以为《论语》为仲弓、子游、子夏等编辑，王肃以为子贡、子游编辑，宋均《论语崇爵谶》以为子夏等六十四人共同编辑，三说均排除曾参，此为有本之论。愚以为《论语》之编辑还要考虑传教之需要，子夏传教事业最大，有需求才有编辑，就此而言，非子夏莫属。《论语》初次编辑当只有十篇。《论语》初次编辑本与《春秋》一起传授，是作为《春秋》的辅助材料而流传的，在子夏至穀梁子阶段，《论语》初次编辑本又增加了五篇，形成《论语》二次编辑本十五篇，《论语》二次编辑本产生的根本原因就是社会需求，所以，《论语》二次编辑本十五篇流传范围比《论语》初次编辑本十篇广大。荀子最早接触的就是《论语》二次编辑本十五篇，荀子早年在赵地生活学习，传习《春秋左氏传》，《春秋左氏传》襄公三十一年子产曰："侨闻学而后入政，未闻以政学者也。"荀

① 褚斌杰《中国古代文体概论》（增订本），北京大学出版社 1990 年 10 月第一版，第 37 页—第 38 页。

子当对于《论语》二次编辑本十五篇的次序和内容作了修订，篇章又有所补充，具体情况现在已经无法详考，据王充之说，后来的河间本和孔壁本当是由荀子早年编辑本所衍生。

何晏《论语序》："汉中垒校尉刘向言：《鲁论语》二十篇，皆孔子弟子记诸善言也。大子大傅夏侯胜、前将军萧望之、丞相韦贤及子玄成等传之。"① 夏侯胜、萧望之、韦贤皆传习《春秋穀梁传》，刘向也传习《春秋穀梁传》，而《春秋穀梁传》实由荀子而传，则《鲁论语》实作为鲁学之一个组成部分与同作为鲁学的《春秋穀梁传》《鲁诗》等一起由荀子于其晚年而传。如此则荀子中年传习《春秋公羊传》《齐诗》之时，当也传授《齐论语》。

《鲁论语》二十篇之最后编辑者当是荀子。《荀卿书》二十篇是已知最早模仿《论语》的著作，今本《论语》二十篇来源于《鲁论语》二十篇，后五篇的一些问题，如战国时之语言特点、骈偶化倾向、篇章结构扩大、不仅仅记录言语等等，表明后五篇当为战国中后期编入，而战国中后期的儒家传经者只有荀子具备编辑条件，孟子所习为《春秋穀梁传》，但是不是传授人，故孟子不具备编辑《论语》后五篇的条件。如此则《齐论语》的后七篇也当为荀子所编辑。即荀子当是《论语》三次编辑本的编辑者，《论语》三次编辑本由于流传地域之不同分为三个版本。其一为流传于燕赵一带的《论语》三次编辑本，后来发展衍生为河间本和孔壁本，河间本篇数不详，孔壁本为二十一篇。其二为流传于齐地的《齐论语》二十二篇，比《论语》二次编辑本多出七篇。其三为流传于鲁地的《鲁论语》二十篇，比《论语》二次编辑本多出五篇。

关于《论语·季氏》"季氏将伐颛臾"章的几个问题。

孔子曰："求！君子疾夫舍曰欲之而必为之辞。丘也闻有国有家者，不患寡而患不均，不患贫而患不安。盖均无贫，和无寡，安无倾。夫如是，故远人不服，则修文德以来之。既来之，则安之。"②

首先，此论或此段文字与《论语·尧曰》矛盾，不仅与所谓"四海困穷，天禄永终"矛盾，也与所谓"周有大赉，善人是富"矛盾，如果《论语》后五篇为同一人编订，则绝不会如此，其中必有传写错误。其次，即就《论语·季氏》"季氏将伐颛臾"章此段文字而言，亦前后矛盾，无法导出"既来之，则安之"，即寡而安则远人无由不服，彼不服

① 阮元校刻《十三经注疏》，中华书局 1980 年 10 月第 1 版，第二四五四页。

② 阮元校刻《十三经注疏》，中华书局 1980 年 10 月第 1 版，第二五二〇页。

则此不安，安也无从谈起，既然已安则无由来之，安之更是无从谈起。故此段文字必有错乱。再次，寡则安无不倾，所以要多之，多之有两种办法，一种是武力，一种是文德，所以，孔子才反对谋动干戈，而言“故远人不服，则修文德以来之”，接言“既来之，则安之”才顺理成章，否则无从谈起。复次，今本《论语》之“盖均无贫，和无寡，安无倾”之盖字是表示或具有转折意义之发语词，盖后之文字是对于盖前孔子所听闻之论的批驳。又次，无贫应该互乙为贫无，无寡之无字错乱，当在倾前，此无字本当作不字，由于句读错误而于盖后形成三个带有无字的三字句，此不字遂被妄改为无字而置于和后寡前。今本《论语》之“盖均无贫，和无寡，安无倾。”当校改为“盖均贫无和，寡，安无不倾。”孔子讲和而不同，贫富在一起才谈得上和，故均贫无和。寡，安无不倾，寡而安是暂时现象，社会要发展，社会不可能一直停留在小国寡民的阶段，故寡则安无不倾。

《论语·季氏》在荀子早年即编入《论语》，中年在稷下传习《公羊》，受到《公羊》思想影响，文字可能已经出现错乱，后来《公羊》学派在《礼运》大同思想的影响下，在《齐论语》中延续了稷下传习可能已经出现的错乱或开始出现错乱。荀子晚年所编辑的《鲁论语》当不误，然汉代安昌侯张禹以《齐论语》校改《鲁论语》，形成《论语》定本，《齐论语》的错乱遂在《论语》定本中保留至今。

八、结论

荀子思想的地位和价值要依据荀子思想三期变化的实际情况分别加以评估，只有对于荀子早期思想、荀子中期思想、荀子晚期思想的地位和价值分别进行具体分析而分别加以评估才能够消除荀子思想的所谓矛盾，使荀子思想的地位和价值问题得到一个比较科学和比较接近于荀子思想的实际情况的解决。

通过上文的具体研究和分析，完全可以得出以下结论。

荀子早期思想受赵文化影响，与《春秋左氏传》的思想具有一致性，侧重于儒家礼乐文化的形式，基本上属于原始儒学的思想。荀子此时期之思想实开汉代春秋左氏之学之帷幕。荀子早期思想的地位和价值取决于对于汉代春秋左氏之学的地位和价值之评估。

荀子中年居于稷下学宫，荀子中期思想受到齐文化影响或曰受到齐学影响，与《春秋公羊传》的思想具有一致性，此时期荀子开始创立新说，主张在法先王之基础上还要法后王，此时期荀子所谓之礼由其早年注重礼之形式进一步形式化，礼和法基本上没有什么太大之区别，可以说基本上是名异而实同，荀子此时期之思想实开汉代公羊学之帷幕。荀子中期思想的地位和价值取决于对于汉代公羊学的地位和价值之评估。

荀子晚年所居之兰陵原为鲁地，荀子晚期思想深受鲁文化之影响，与《春秋左氏传》

的思想具有一致性，荀子晚年所传之学为鲁学。荀子此时期开始注重礼之内容——仁，从而转向内圣与外王并重之学。荀子晚年之学与孟子之学是有根本区别的，孟子之学完全导向心性之学，即由内圣而外王之学，韩愈所继承和发扬的就是此学，宋明理学或曰宋明道学所继承和发扬的也是此学，只不过更加精致而已。荀子晚年之学与孟子之学是有根本区别的，荀子晚年之学是内圣与外王并重之学，内圣有内圣之价值和路径，外王有外王之价值和路径，内圣与外王并重形成似内圣又不是内圣、似外王又不是外王的第三种价值和路径。荀子此时期之思想实开汉代穀梁学之帷幕。荀子晚期思想的地位和价值取决于对于汉代穀梁学的地位和价值之评估。

愚以为荀子晚期思想代表着新儒学发展的方向。

第三部分 关于孟子与《春秋穀梁传》

一、穀梁子与孟子的先后问题（上）

顾炎武《日知录》卷四“子沈子”条曰：

> 隐公十一年《公羊传》“子沈子曰”，注云：“‘子沈子’，后师明说此意者，沈子称子，冠氏上者，著其为师也。不但言‘子曰’者，辟孔子也。其不冠子者，他师也。”按传中有“子公羊子曰”，而又有“子沈子曰”，“子司马子曰”，“子女子曰”，“子北宫子曰”，何后师之多与？然则此传不尽出于公羊子也明矣。①

由顾炎武《日知录》卷四“子沈子”条可知，《春秋公羊传》不尽出于公羊子甚明，子北宫子、子女子、子司马子、子沈子皆为先师，均有所贡献于《春秋公羊传》。

因《春秋穀梁传》《春秋公羊传》同出于子夏，可证《春秋穀梁传》《春秋公羊传》异流而同源；又因《春秋穀梁传》引用沈子等人之说法，而《春秋公羊传》亦引用子沈子等人之说法，可证《春秋穀梁传》《春秋公羊传》不仅同源，而且在相当长之时期中系由相同之传授者传授，即《春秋穀梁传》和《春秋公羊传》长期处于同一传授系统之中而未分派。

《春秋公羊传》引用子北宫子、子女子、子司马子、子沈子、子公羊子基本上都是赞成其说，引以自重，所以称子冠氏上以著其为春秋公羊学派之发展做出了重要贡献。凡《春秋公羊传》称子冠氏上者，《春秋穀梁传》皆不冠子，这些人不仅是《春秋穀梁传》

---

① 顾炎武《日知录》，黄汝成《日知录集释》，中华书局2006年12月第1版，第二六一页。

的传授者和亲师，而且也是《春秋公羊传》的传授者和亲师，其所能教者均是相传源于子夏之《春秋》阐释之学。既然这些人是穀梁赤的亲师，但是《春秋穀梁传》却不称子冠氏上，这说明穀梁赤不承认这些人是老师，即这些人对《春秋》之阐释与穀梁赤异趣。更为重要的是穀梁赤引用这些人基本上均非赞成其说、引以自重，亦非为了说明己说之来源，而基本上均是作为反论罗列出来，其目的一为表明这些人对于《春秋》之阐释与穀梁赤异趣，故不称子冠氏上，二为博学于文，以为参考。穀梁赤系由于学术异趣而从原共同传授系统中分化出来，可见，穀梁赤就是穀梁学派之创始人，也就是《春秋穀梁传》之最早之作者。而原共同传授系统是否还有分化，现已无法考知，可能还有分化，以形成邹氏、夹氏之学，但原共同传授系统之主体部分后来形成了《春秋公羊传》学派。

《四库全书提要》云："又'初献六羽'一条，称'穀梁子曰'，传既穀梁自作，不应自引己说。且此条又引'尸子曰'，尸佼为商鞅之师，鞅既诛，佼逃于蜀。其人亦在穀梁后，不应预为引据。"① 穀梁赤自引己说的问题涉及穀梁子的年代和《穀梁传》的著作权问题，晋范宁认为"言'穀梁子'者，非受于师，自其意也。"② 这就是说穀梁子与其师对于《春秋》的阐释从根本上异趣，穀梁赤为了强调其为己说，以别于师说。穀梁赤由于学术异趣首先从原来的《春秋》共同传授系统之中分化出来，并用自己之姓氏标明自己之学说与原来的《春秋》共同传授系统之中之师说不同，实际上即是以穀梁标明了自己之学派，穀梁子当然即是穀梁学派之创始人，亦即是《春秋穀梁传》之最早之作者。

钟文烝曰："自著穀梁子者，因下有尸子，故以相别，非必不受诸师也。穀梁子得自称者，犹《孟子》书自称孟子，《庄子》书自称庄子。又其先则曾子承夫子之意作《孝经》，自称曾子。"③ 曾子和孟子发展了儒家思想，庄子发展了道家思想，钟文烝认为穀梁赤在师说之基础上发展了师说，从而形成了新学派。既然穀梁赤开创了新学派，则穀梁赤当然即是此新学派之创始人，亦即是《春秋穀梁传》之最早作者，穀梁赤自引己说并不能否定穀梁赤对于《穀梁传》之著作权。

关于穀梁子与尸子的关系亦涉穀梁子的年代和《穀梁传》之著作权问题，尸子是《春秋穀梁传》所载之最晚之先师，尸子当与穀梁赤同时。《史记·孟子荀卿列传》云：

---

① 永瑢等《四库全书总目》，中华书局 1965 年 6 月第 1 版，第二一一页。

② 钟文烝《春秋穀梁经传补注》，中华书局 1996 年 7 月第 1 版，第四三页。

③ 钟文烝《春秋穀梁经传补注》，中华书局 1996 年 7 月第 1 版，第四三、四四页。

"楚有尸子、长卢。"①《集解》云："刘向《别录》曰：'楚有尸子，疑谓其在蜀。'今案：《尸子书》，晋人也，名佼，秦相卫鞅客也。卫鞅商君，谋事画计，立法理民，未尝不与佼规也。商君被刑，佼恐并诛，乃亡逃入蜀。自为造此二十篇书，凡六万余言，卒，因葬蜀。"②《汉书·艺文志》云："《尸子》二十篇。名佼，鲁人，秦相商君师之，鞅死佼逃入蜀。"③

王应麟《汉艺文志考证》卷七"尸子二十篇"条云：

> 《史记》云："楚有尸子。"注："刘向《别录》云：'楚有尸子，疑谓其在蜀。'今案尸子书，晋人也，名佼，秦相卫鞅客也。卫鞅，商君。谋事画计，立法理民，未尝不与佼规也。商君被刑，佼恐并诛，乃亡逃入蜀，造二十篇书，凡六万余言。"《后汉书注》云："尸佼作书二十篇。内十九篇陈道德仁义之纪，内一篇言九州险阻、水泉所起。"④

魏麋信注《春秋穀梁传》认为穀梁子与"秦孝公同时"⑤，王应麟《困学纪闻》曰："穀梁子，或以为名赤，或以为名俶。秦孝公时人。今按《传》载尸子之语，尸佼与商鞅同时。故以为秦孝公时人，然不可考。"⑥ 王应麟认为魏麋信所言穀梁子为秦孝公时人是根据尸佼与商鞅同时而推出的，又说这已不可考。《经典释文序录》中有《春秋三传注解传述人》记载："桓谭《新论》云：'《左氏传》遭战国寝藏，后百余年，鲁人穀梁赤作《春秋》，残略，多有遗文。又有齐人公羊高缘经文作传，弥失本事。'"⑦ 我认为据桓谭《新论》所定《左传》之成书年代可推出《穀梁传》的大致作时，从而推出穀梁赤与尸佼大致同时。

桓谭《新论》言《左氏》传世后百余年，鲁人穀梁赤为《春秋》（杨德春按：即《春秋穀梁传》）。在对《左传》成书时间之考证中，成书时间最早者为《左传》成书于春秋

---

① 《史记·孟子荀卿列传》，司马迁《史记》，中华书局 1959 年 9 月第 1 版，第二三四九页。

② 《史记·孟子荀卿列传》，司马迁《史记》，中华书局 1959 年 9 月第 1 版，第二三四九页。

③ 《汉书·艺文志》，班固《汉书》，中华书局 1962 年 6 月第 1 版，第一七四一页。

④ 王应麟《汉艺文志考证》卷七，见文渊阁《四库全书》史部十四，目录类一，经籍之属。

⑤ 《春秋穀梁传注疏》，见文渊阁《四库全书》经部五，春秋类。

⑥ 王应麟《困学纪闻》卷七《穀梁》部分最后一条。见文渊阁《四库全书》子部十，杂家类二，杂考之属。

⑦ 吴承仕《经典释文序录疏证》，中华书局 1984 年 3 月第 1 版，第一一四页。

末年，约公元前五世纪后期，即《左传》之主体部分成书于获麟之后，其主要根据是《史记·十二诸侯年表序》《汉书·艺文志》和《经典释文序录》。

《史记·十二诸侯年表序》："是以孔子明王道，干七十余君，莫能用，故西观周室，论史记旧闻，兴于鲁而次《春秋》，上记隐，下至哀之获麟，约其辞文，去其烦重，以制义法，王道备，人事浃。七十子之徒口受其传指，为有所刺讥、褒讳、挹损之文辞不可以书见也。鲁君子左丘明惧弟子人人异端，各安其意，失其真，故因孔子史记具论其语，成《左氏春秋》。"①

《汉书·艺文志》："古之王者世有史官。君举必书，所以慎言行，昭法式也。左史记言，右史记事，事为《春秋》，言为《尚书》，帝王靡不同之，周室既微，载籍残缺，仲尼思存前圣之业，乃称曰：'夏礼吾能言之，杞不足征也；殷礼吾能言之，宋不足征也，文献不足故也，足则吾能征之矣。'以鲁周公之国，礼文备物，史官有法，故与左丘明观其《史记》，据行事，仍人道，因兴以立功，就败以成罚，假日月以定历数，藉朝聘以正礼乐。有所褒讳贬损，不可书见，口授弟子。弟子退而异言，丘明恐弟子各安其意，以失其真。故论本事而作传，明夫子不以空言说经也。"②

唐陆德明《经典释文序录·注解传述人》："古之王者必有史官。君举则书，所以慎言行，昭法式也。诸侯亦有国史，《春秋》即鲁之史记也。孔子应聘不遇，自卫而归，西狩获麟，伤其虚应，乃与鲁君子左丘明，观书于太史氏，因鲁史记而作《春秋》。上遵周公遗制，下明将来之法，褒善黜恶，勒成十二公之经，以授弟子。弟子退而异言，丘明恐弟子各安其意，以失其真。故论本事而为之传，明夫子不以空言说经也。"③

桓谭的观点与《史记·十二诸侯年表序》《汉书·艺文志》和《经典释文序录》关于《左传》的主体部分成书于获麟之后的观点相同。桓谭所论《左氏传》遭战国寝藏，即《春秋左氏传》的主体部分成书于战国以前，实即以《春秋左氏传》的主体部分成于获麟之后，即《左传》之主体部分成于春秋末年，约公元前五世纪后期。桓谭《新论》言《左传》传世后百余年，穀梁子为《春秋》（即《春秋穀梁传》），时间当在获麟后百余年，那么穀梁子大约即是于公元前四世纪后、中期作《春秋穀梁传》，此时为战国中期，则穀梁子生活之大致年代也当在战国中期。秦孝公于公元前三六一年即位，于公元前三

① 《史记·十二诸侯年表》，司马迁《史记》，中华书局 1959 年 9 月第 1 版，第五一一页——第五一二页。

② 《汉书·艺文志》，班固《汉书》，中华书局 1962 年 6 月第 1 版，第一七一五页。

③ 吴承仕《经典释文序录疏证》，中华书局 1984 年 3 月第 1 版，第一一四页。

三七年卒。此时正当公元前四世纪后、中期，我所考证之穀梁子生活之大致年代与陆德明引麋信注以为穀梁子是“秦孝公同时人”之说法基本上相吻合。

二、穀梁子与孟子的先后问题（下）

孟子之生卒年据《孟子年谱》，孟子生于周定王三十七年四月初二，卒于周赧王二十六年一月十五，即公元前二八九年，享年八十四岁。其一，该年谱来历不明，其二，周定王无三十七年，故孟子生年难以确定。

首先，《史记·孟子荀卿列传》记载孟子“退而与万章之徒序诗书，述仲尼之意，作孟子七篇。”① 则孟子参与了《孟子》之写作。《孟子》书中称鲁平公之谥号，鲁平公卒于周赧王十九年，孟子当见鲁平公之卒，则孟子卒于周赧王二十六年之说当可信。

其次，中国民间一直流传七十三八十四之说或曰“七十三八十四，阎王不请自己去”，其实这种说法涉及孔孟之死亡年龄，孔孟之道在中国有巨大之影响，孔孟之死亡年龄遂成为死亡禁忌。生物皆求生避死，故死亡禁忌是人类最重要的禁忌之一。中国人把七十三八十四作为老年人的两个坎，如果孔孟不是七十三八十四死的，中国人不会以七十三八十四作为死亡禁忌，即不会将该禁忌的年岁不禁忌而将不该禁忌的年岁加以禁忌，故中国民间一直流传的七十三八十四之说可以作为考证孔孟年寿的可靠证据。

另外，《水浒传》第二十一回“虔婆醉打唐牛儿 宋江怒杀阎婆惜”：“唐牛儿捏手捏脚，上到楼上，板壁缝里张时，见宋江和婆惜两个都低着头；那婆子坐在横头桌子边，口里七十三八十四只顾嘈。”② 七十三八十四绝不是用来形容说话东一句、西一句或唠唠叨叨，七十三、八十四即指孔子、孟子之享年，表现那婆子连忌讳的话题也都说了。

又及，冯梦龙《醒世恒言》第十三卷“勘皮靴单证二郎神”：“却有一个三都捉事使臣姓冉名贵，唤做冉大，极有机变，不知替王观察捉了几多疑难公事，王观察极是爱他。当日冉贵见观察眉头不展，面带忧容，再也不来答扰，只管南天北地，七十三八十四说开了去。”③ 七十三八十四绝不是用来形容说话东一句、西一句或唠唠叨叨，七十三、八十四即指孔子、孟子之享年，表现其连忌讳的话题也都说了。

可见，世传孟子享年八十四岁，当可信。但是，我认为孟子享年八十四岁当为实岁而非虚岁。日本泷川资言《史记会注考证》引俞樾曰：

---

① 《史记·孟子荀卿列传》，司马迁《史记》，中华书局 1959 年 9 月第 1 版，第二三四三页。

② 施耐庵、罗贯中《水浒传》，人民文学出版社 1975 年 10 月北京第 1 版，第 272 页。

③ 冯梦龙《醒世恒言》，上海古籍出版社 1996 年 12 月第 1 版，第 234 页。

至生年为襄二十一则两传皆同，襄三十一年《左传正义》引二十一年贾逵注：经云：此年仲尼生。哀十六年夏四月己丑卒，七十三年。又引昭二十四年服虔载贾逵语云：是岁孟僖子卒，属其子使事仲尼，仲尼是年三十五，计自襄二十一至昭二十四，正三十五岁。是孔子以襄二十一年生，贾、服旧说皆同，自襄二十一至哀十六，共七十四年，而贾逵云年七十三者，犹绛县老人生于文十一年，至襄三十年，亦是七十四年，而传称七十三年也。杜预不达此义，乃从《史记》作襄二十二年生，朱子《论语序说》亦云：襄二十二年十有一月庚子生，胥失之矣。今定孔子于襄二十一年十月庚子生，是月庚辰朔，则庚子二十一日也，周十月，夏八月，为今八月二十一日。①

司马迁与《史记》之修补者也与杜预犯了同样的错误，即司马迁与《史记》之修补者在参考今本《左传》主体部分之原本时，对于其中之七十三年产生了误解，其本为实岁，以此上推孔子生年，便为鲁襄公二十一年而孔子生，而司马迁与《史记》之修补者皆误以此七十三年为虚岁。

鉴于《史记》记载孔子享年七十三为实际岁数而非虚岁，则世传孟子享年八十四岁亦当为实际岁数而非虚岁，由孟子卒于周赧王二十六年上推八十四岁，则孟子生于周烈王三年，即公元前三七三年。孟子生于周烈王三年，其见梁惠王时已五十余岁，梁惠王可称其为叟。故我认为孟子当生于周烈王三年。即孟子在穀梁子之后。

另外，《春秋》桓公三年："九月，齐侯送姜氏于讙。"《春秋穀梁传》云："礼，送女，父不下堂，母不出祭门。诸母兄弟不出阙门。父戒之曰：'谨慎从尔舅之言。'母戒之曰：'谨慎从尔姑之言。'诸母般申之曰：'谨慎从尔父母之言。'送女踰竟，非礼也。"②《春秋穀梁传》只言从舅姑父母之言，不言夫子，并未要求妻子从丈夫之言，《春秋穀梁传》对于妇女的要求尚较低，说明《春秋穀梁传》年代相对较早。《孟子·滕文公下》记载孟子曰："是焉得为大丈夫乎？子未学礼乎？丈夫之冠也，父命之；女子之嫁也，母命之，往送之门。戒之曰：'往之女家，必敬必戒，无违夫子。'以顺为正者，妾

① 司马迁撰、泷川资言考证、水泽利忠校补《史记会注考证附校补》，上海古籍出版社1986年4月第1版，第一一四四页。

② 阮元校刻《十三经注疏》，中华书局1980年10月第1版，第二三七三页。

妇之道也。居天下之广居，立天下之正位，行天下之大道，得志与民由之，不得志独行其道；富贵不能淫，贫贱不能移，威武不能屈，此之谓大丈夫。”①《孟子·滕文公下》要求妻子不仅要敬舅姑，而且要从丈夫之言，即无违夫子，说明《孟子》对于妇女的要求进一步加强，也表明孟子之世对于妇女的要求比在穀梁子之世对于妇女的要求进一步加强，即穀梁子在孟子之前。

三、关于井田制的问题

《春秋》庄公二十八年：“臧孙辰告籴于齐。”《春秋穀梁传》云：“古者税什一，丰年补败，不外求而上下皆足也。虽累凶年，民弗病也。一年不艾而百姓饥，君子非之。不言如，为内讳也。”②《春秋穀梁传》在此表达的思想虽以托古而言之，但是，《春秋穀梁传》还是在讲自己的农业经济思想。《春秋穀梁传》提出应该实行税什一的税收制度，由于税收由税什二减为税什一，在下的百姓手中就有一点余钱，虽累凶年，民弗病也。必不至于“一年不艾而百姓饥”。但是，在上的官府因税收减少，必将降低其奢侈的水平。《春秋穀梁传》所言“不外求而上下皆足”实际上是要求官府向百姓在农业经济上做出一定程度的让步。反映出《春秋穀梁传》的某些民本主义色彩。

《春秋穀梁传》还有两处提到古时实行什一之税，表明《春秋穀梁传》对于减轻赋敛非常重视。《春秋穀梁传》的原文如下：

《春秋》宣公十五年：“初税亩。”《春秋穀梁传》云：“初者，始也。古者什一，（范宁注：一夫一妇佃田百亩以共五口父母妻子也。又受田一十亩以为公田，公田在内，私田在外。此一夫一妇为耕百一十亩。）藉而不税。（范宁注：藉此公田而收其入，言不税民。）初税亩，非正也。”③

《春秋》哀公十二年：“十有二年，春。用田赋。”《春秋穀梁传》云：“古者公田什一，用田赋非正也。”范宁注云：“古者五口之家，受田百亩，为官田十亩，是为私得其什，而官税其一，故曰什一。周谓之彻，殷谓之助，夏谓之贡，其实一也。皆通法也。今乃弃中平之法，而田财并赋，言其赋民甚矣。”④

《春秋穀梁传》强调古者税什一，是由公田中的收成作为税赋，这实际上是以实物作

---

① 阮元校刻《十三经注疏》，中华书局 1980 年 10 月第 1 版，第二七一〇页。

② 阮元校刻《十三经注疏》，中华书局 1980 年 10 月第 1 版，第二三八八页。

③ 阮元校刻《十三经注疏》，中华书局 1980 年 10 月第 1 版，第二四一五页。

④ 阮元校刻《十三经注疏》，中华书局 1980 年 10 月第 1 版，第二四五〇页。

为税赋。初税亩田财并赋，不但要给实物，还要缴纳钱财。所以说“其赋民甚矣”。可见，《春秋穀梁传》不仅主张降低赋税，而且还主张以实物作为税赋。当时，商品农业经济并不很发达，农业劳动者将农产品交换为货币有困难，一般都是低价卖出，所以，以钱财为赋税加重了农业劳动者的负担。《春秋穀梁传》不仅主张降低赋税，而且还主张以实物作为税赋。以减轻农业劳动者的负担。《春秋穀梁传》的这一农业经济思想也是值得肯定的。

其次，在诸侯国内部实行井田制，使劳动者实际上小有恒产。《春秋穀梁传》关于提倡井田制的论述如下：

《春秋》宣公十五年：“初税亩。”《春秋穀梁传》云：“初者，始也。古者什一，（范宁注：一夫一妇佃田百亩以共五口父母妻子也。又受田一十亩以为公田，公田在内，私田在外。此一夫一妇为耕百一十亩。）藉而不税。（范宁注：藉此公田而收其入，言不税民。）初税亩，非正也。古者三百步为里，名曰井田。井田者，九百亩。公田居一。（范宁注：出除公田八十亩，余八百二十亩。故井田之法，八家共一井，八百亩，余二十亩，家各二亩半为庐舍。）私田稼不善，则非吏。（范宁注：非，责也。吏，田畯也。言吏急民，使不得营私田。）公田稼不善，则非民。（范宁注：民勤私也。）初税亩者，非公之去公田而履亩，十取一也。以公之与民为已悉矣。（范宁注：悉谓尽其力。）古者公田为居。（范宁注：八家共居）井灶葱韭尽取焉。（范宁注：损其庐舍家作一园以种五菜，外种楸桑，以备养生送死。）”①

《春秋穀梁传》主张在诸侯国内实行井田制，这一主张的核心是将劳动者固定在土地上，从而实现社会安定。这是有利于统治者的。但是这一主张也有有利于劳动者的地方：其一，井田制的赋税较低。其二，井田者，九百亩。出除公田八十亩，余八百二十亩。故井田之法，八家共一井，八百亩，余二十亩，每家各二亩半为庐舍。每家有一百亩私田。这样，劳动者实际上小有恒产，《春秋》庄公三十一年：“秋，筑台于秦。”《春秋穀梁传》云：“不正，罢民三时，虞山林薮泽之利，且财尽则怨，力尽则怼。”②《春秋穀梁传》特别强调不使百姓财尽，要使百姓小有余钱。制民之产的富民、裕民思想是《春秋穀梁传》的重要农业经济思想。

《春秋》哀公十二年：“十有二年，春。用田赋。”《春秋穀梁传》云：“古者公田什

① 阮元校刻《十三经注疏》，中华书局 1980 年 10 月第 1 版，第二四一五页。

② 阮元校刻《十三经注疏》，中华书局 1980 年 10 月第 1 版，第二三八九页。

一，用田赋非正也。”范宁注云：“古者五口之家，受田百亩，为官田十亩，是为私得其什，而官税其一，故曰什一。周谓之彻，殷谓之助，夏谓之贡，其实一也。皆通法也。今乃弃中平之法，而田财并赋，言其赋民甚矣。”①

周谓之彻，殷谓之助，夏谓之贡，其实一也，所谓一即是皆不收钱财，即不收税钱。《春秋穀梁传》认为税什一乃中平之法，田财并赋为过激。

《孟子·滕文公上》：

> 使毕战问井地。
>
> 孟子曰：“子之君将行仁政，选择而使子，子必勉之！夫仁政，必自经界始。经界不正，井地不钧，谷禄不平。是故暴君污吏必慢其经界。经界既正，分田制禄可坐而定也。夫滕壤地褊小，将为君子焉，将为野人焉。无君子莫治野人，无野人莫养君子。请野九一而助，国中什一使自赋。卿以下必有圭田，圭田五十亩。余夫二十五亩。死徙无出乡，乡田同井。出入相友，守望相助，疾病相扶持，则百姓亲睦。方里而井，井九百亩，其中为公田。八家皆私百亩，同养公田。公事毕，然后敢治私事，所以别野人也。此其大略也。若夫润泽之，则在君与子矣。”

古者什一与井田制是一回事，是一个概念的两种表达方式。孟子不知此，而认为是两回事，又加入九一而助、卿以下必有圭田等，这是错误的，是在穀梁子说法的基础上的添枝加叶。本来穀梁子认为古者什一与井田制是一回事，藉而不税，就是助。孟子却误解为国中什一使自赋，赋就是税，又说野九一而助，这是助税并存，这与《春秋》和三传关于“初税亩”的记载矛盾，故孟子之说为误。

《周礼·地官·小司徒 》载 ：“乃经土地而井牧其田野，九夫为井，四井为邑，四邑为丘，四丘为甸，四甸为县，四县为都，以任地事而令贡赋，凡税敛之事。”一般以此记载作为九夫为井而无公田之井田制之依据，这是错误的。《春秋》和三传明确记载初税亩，《周礼·地官·小司徒 》言以任地事而令贡赋、言凡税敛之事，其为初税亩之后之情况无疑，此绝非周初之情况。如此则九夫为井而无公田之井田制根本不存在，如此则井田制分为八家为井而有公田与九夫为井而无公田两个系统之说根本不能成立。九夫为井之井不是井田制的意思，九夫为井之井是一个行政单位，井田制是八家养一家，或曰

① 阮元校刻《十三经注疏》，中华书局 1980 年 10 月第 1 版，第二四五〇页。

井田制是八夫养一夫，九夫为井是以井为行政单位，八夫和八夫所养一个公家夫都要缴纳税赋，这显然是后起的情况。

《孟子》常常对古代之事进行添枝加叶的发挥，对井田制进行添枝加叶的发挥就是明证。

四、《春秋》三传与葵丘之会天子禁令问题

葵丘之会是春秋时期一次重要之盟会，是齐桓公霸业之顶峰。齐桓公于葵丘之会所定之天子禁令是研究春秋时期政治斗争之重要材料。

在当时周室衰微、周天子实际上没有任何权威的情况下，齐桓公通过会盟的方式以周天子的名义解决诸侯国之间的争端，其中最重要的一次会盟即是葵丘之会。《春秋》僖公九年："九月戊辰，诸侯盟于葵丘。"《春秋穀梁传》云："桓盟不日，此何以日？美之也。为见天子之禁，故备之也。葵丘之会，陈牲而不杀。读书加于牲上，壹明天子之禁，曰：'毋雍泉，毋讫籴，毋易树子，毋以妾为妻，毋使妇人与国事！'"① 齐桓公所主盟会《春秋》不书日，此书日，《春秋穀梁传》认为此乃《春秋》赞美齐桓公所主之葵丘之会，其原因即是齐桓公于葵丘之会颁布天子禁令。《春秋穀梁传》明确记载葵丘之会天子禁令为五条：毋雍泉，毋讫籴，毋易树子，毋以妾为妻，毋使妇人与国事。

《春秋》云："九月，戊辰。诸侯盟于葵丘。"《春秋公羊传》云："桓之盟不日，此何以日？危之也。何危尔？贯泽之会，桓公有忧中国之心，不召而至者，江人、黄人也。葵丘之会，桓公震而矜之，叛者九国。震之者何？犹曰振振然。矜之者何？犹曰莫若我也。"②《春秋公羊传》以葵丘之会为危险，因为桓公震而矜之，叛者九国，并且未载天子禁令，可见《春秋公羊传》对葵丘之会持否定态度。

《春秋》云："九月，戊辰。诸侯盟于葵丘。"③《春秋左氏传》云："秋，齐侯盟诸侯于葵丘。曰：'凡我同盟之人，既盟之后，言归于好。'宰孔先归，遇晋侯，曰：'可无会也，齐侯不务德而勤远略，故北伐山戎，南伐楚，西为此会也。东略之不知西则否矣。其在乱乎？君务靖乱，无勤于行。'晋侯乃还。"④《春秋左氏传》记载葵丘之会未完而宰孔先归，透露出葵丘之会有叛者之消息。宰孔以齐侯不务德而勤远略煽动晋侯叛会，更

---

① 阮元校刻《十三经注疏》，中华书局 1980 年 10 月第 1 版，第二三九六页。

② 徐彦《春秋公羊传注疏》，北京大学出版社 1999 年 12 月第一版，第 223 页。

③ 孔颖达《春秋左传正义》，北京大学出版社 1999 年 12 月第一版，第 355 页。

④ 孔颖达《春秋左传正义》，北京大学出版社 1999 年 12 月第一版，第 358 页。

可证明《春秋公羊传》所谓“叛者九国”之真实性。另外，《春秋左氏传》也未记载葵丘之会天子禁令。可见，《春秋左氏传》与《春秋公羊传》在对葵丘之会持否定态度上是完全相同的。

《春秋左氏传》不载天子之禁。《春秋左氏传》以记载详备著称，对桓公霸业之记载尤其详备，葵丘之会又是桓公霸业之顶峰，葵丘之会乃所谓桓公霸业盛之极，衰之始。而桓公于葵丘之会所立天子五禁又是葵丘之会的核心内容，《春秋左氏传》竟然对桓公于葵丘之会所立天子五禁只字未提，这是值得研究的。《春秋左氏传》与《春秋穀梁传》《春秋公羊传》的性质是不同的，《春秋左氏传》是重史实的，无论如何也不可能将如此重要的史实处理掉。可能的解释只能是在穀梁子之前的《春秋左氏传》主体部分的作者对桓公于葵丘之会所立天子五禁已知之甚少。另外，《春秋左氏传》对桓公霸业之记载尤其详备而深刻，《春秋左氏传》记载宰孔所谓齐侯不务德而勤远略，这可谓深刻地指出了桓公霸业之本质。

《春秋公羊传》损五禁为四禁而移于阳穀之会，其所述四禁之次序及文字皆同于《春秋穀梁传》。很明显，《春秋公羊传》是借鉴了《春秋穀梁传》关于桓公于葵丘之会所立天子五禁之记载。

五、《孟子》与葵丘之会天子禁令问题

《孟子·告子下》云：

> 五霸，桓（杨德春按：石经讳作威。）公为盛，葵丘之会诸侯，束牲载书而不歃血。初命曰：“诛不孝，无易树子，无以妾为妻。”再命曰：“尊贤育才，以彰有德。”三命曰：“敬老慈幼，无忘宾旅。”四命曰：“士无世官，官事无摄，取士必得，无专杀大夫。”五命曰：“无曲防，无遏籴，无有封而不告。”曰：“凡我同盟之人，既盟之后，言归于好。”今之诸侯皆犯此五禁，故曰今之诸侯，五霸之罪人也。①

《孟子注疏》卷十二汉赵岐注云：

> 齐桓公，五霸之盛者也，与诸侯会于葵丘，束缚其牲，但加载书，不复歃血。言畏桓公，不敢负之，不得专诛不孝。树，立也。已立世子，不得擅易也。不得立

---

① 阮元校刻《十三经注疏》，中华书局1980年10月第1版，第二七五九页。

爱妾为嫡妻也。尊贤养才，所以彰明有德之人。敬老爱小，恤矜孤寡，客羁旅勿忘忽也。仕为大臣，不得世官，贤臣乃得世禄也。官事无摄，无旷庶僚也。取士必得贤也。立贤无方也。无专杀大夫，不得以私怒行戮也。无敢违王法而以己意设防禁也，无遏止穀籴不通邻国也，无以私恩擅有封赏而不告盟主也。言归于好，无构怨也。桓公施此五命，而今诸侯皆犯之，故曰罪人也。①

焦循《孟子正义》曰："夫已立之世子，将废立之，必以不孝为之罪，然则'诛不孝'、'无易树子'二事，殊相牴牾。盖赵氏以'诛不孝无易树子'七字作一句，谓子之不孝者当诛，但已立为世子，不得以其不孝而专诛而擅易之，须公论而后诛之。"② 赵岐、焦循已发现"诛不孝"与"无易树子"之间存在矛盾，赵岐以"诛不孝无易树子"为一句，如此则不当用"易"字而应用"诛"字，全句当为"诛不孝无诛树子"，如此方才通顺，可见，虽然赵岐、焦循曲为之说，但是《孟子·告子下》所载齐桓公于葵丘之会所立之天子禁令还是存在矛盾，则《孟子·告子下》所载齐桓公于葵丘之会所立之天子禁令之真实性大打折扣。

孟子其人在穀梁子后，在穀梁子之时，葵丘之会桓公所立天子禁令之史料已十分稀少，《春秋穀梁传》记载十分简略，《春秋左氏传》竟未加记载，至孟子之时，葵丘之会天子禁令之内容反而详细了，则《孟子·告子下》所载桓公于葵丘之会所立之五命很值得怀疑。

宋代黄震《黄氏日抄》卷九《读春秋三》云：

九月，戊辰。诸侯盟于葵丘。孟子曰："五霸，桓公为盛，葵丘之会，诸侯束牲载书而不歃血。初命曰：诛不孝，毋易树子，毋以妾为妻。再命曰：尊贤育材，以彰有德。三命曰：敬老慈幼，毋忘宾旅。四命曰：仕毋世官，官事无摄，取士必得，毋专杀大夫。五命曰：毋曲防，毋遏籴，毋有封而不告。曰：凡我同盟之人，既盟之后，言归于好。"

近世张氏洽曰："一命之词，三纲所系，盖修身正家之要。自此以下，尊贤敬臣、子庶民、柔远人、怀诸侯之意略备。故穀梁氏谓：'陈牲而不歃血，读书加于牲

① 阮元校刻《十三经注疏》，中华书局1980年10月第1版，第二七五九页。

② 焦循《孟子正义》，中华书局1987年10月第1版，第八四六页。

上，壹明天子之禁。’其提纲挈领，以正率人，盖春秋之所未有。”

木讷赵氏鹏飞曰：“襄王即位，适丁齐威之方霸，威公于是率东诸侯，会宰周公于葵丘，宣天子五禁以令诸侯。是会实为春秋之冠，王室赖之多矣。”

石林叶氏梦得则曰：“襄王之立，非惠王意，而惠后犹存，襄王未知得终安其位。此霸主之所当忧，王亦出内臣以临之。无易树子，载之初命，如是而仅终丧，犹有子带之难，则齐侯之虑不得不预也。”

武夷胡氏安国亦曰：“观《孟子》所载初命之词，则知桓公翼戴王室之事信矣。”

愚按：孔子称威公一匡天下，民到于今受其赐。孟子说诸侯以行王，始力贬齐桓，于葵丘之会犹力称之。如此则葵丘之会之盛可知。至公羊氏乃谓葵丘之会，桓公震而矜之，叛者九国。左氏亦载晋侯将如会，宰孔言齐侯不务德而勤远略，以止其行反。皆于葵丘之会有疵焉，何耶？盖盛之极，衰之始。而霸者本源非正，吝骄易生，诚亦有如二氏之讥云尔。然叛者九国，不见其实，而宰孔之言亦过矣。春秋生民之免左衽，正以桓公伐戎伐楚之功，而宰孔反以为非。齐之不能大戢楚人而灭江、灭黄、力不能讨者，正以晋大国之独不协力也。奈何晋方欲如会而反止其行？或者襄王虽立而子带傍睨，宰孔虽身预其会、阴有贰心者耶。然则九国之叛无实，而宰孔之言非公也。①

黄震认为孟子虽力贬齐桓而于葵丘之会犹力称之，则葵丘之会应该肯定。其理由一为孔子称赞齐桓公一匡天下，民到于今受其赐。二为孟子虽力贬齐桓而于葵丘之会犹力称之，则葵丘之会应该肯定。黄震认为《春秋公羊传》所记载之九国之叛不实，而《春秋左氏传》所记载之宰孔之言不公正。虽然黄震之论比较客观公正，但其于葵丘之会天子禁令却未置一词。张洽认为一命之词乃三纲所系，盖修身正家之要。自此以下，尊贤敬臣、子庶民、柔远人、怀诸侯之意略备，其提纲挈领，以正率人，盖春秋之所未有。但张洽未言及《孟子》所记载之葵丘之会天子禁令之真伪。叶梦得言及无易树子，载之初命，则叶梦得也以《孟子》所记载之葵丘之会天子禁令为准。胡安国亦以《孟子》所载之葵丘之会天子禁令初命之词为准。如此则《孟子》所载之葵丘之会天子禁令之真实性就亟须研究了。

上文已证穀梁赤大约是在公元前四世纪中后期作《春秋穀梁传》的，即在孟子出生

① 黄震《黄氏日抄》卷九，《四库全书》经部八，四书类。

前后，穀梁子已作《春秋穀梁传》，即《春秋穀梁传》的写作年代比《孟子》的写作年代要早七八十年。

既然孟子其人在穀梁子后，那么，在穀梁子之时，葵丘之会桓公所立天子禁令之史料已十分稀少，《春秋穀梁传》记载十分简略，《春秋左氏传》竟未加记载，至孟子之时，葵丘之会天子禁令之内容反而详细了，显然《孟子·告子下》所载桓公于葵丘之会所立之五命很值得怀疑。

齐桓公为春秋霸主，其所务必在远略而不在仁德，其所立天子之禁也是着眼于处理国与国之间的关系，以毋雍泉为首。孟子其人在穀梁子后，《孟子·告子下》所载桓公于葵丘之会所立五命，前四命之主要内容皆关乎人伦教化，如果《孟子·告子下》所载桓公于葵丘之会所立之五命为真，则齐侯务仁德而非勤于远略也。故《孟子·告子下》所载桓公于葵丘之会所立之五命是不真实的，孟子出于宣扬仁义道德之需要，对于《春秋穀梁传》关于桓公于葵丘之会所立之天子五禁之记载进行了添枝加叶的发挥。《孟子》常常对古代之事进行添枝加叶的发挥，对井田制进行添枝加叶的发挥就是明证。

由此可见，《春秋穀梁传》所记载之葵丘之会天子禁令是现存最早的也是最可信的关于葵丘之会天子禁令之记载，《孟子》所载之葵丘之会天子禁令是在《春秋穀梁传》关于葵丘之会天子禁令之记载的基础上所进行的添枝加叶的发挥。

六、其他相关问题

还有一个与此相关的问题，《春秋穀梁传》僖公二十二年云："故曰礼人而不答，则反其敬；爱人而不亲，则反其仁；治人而不治，则反其知。"① 而《孟子·离娄上》记载"孟子曰：'爱人不亲反其仁，治人不治反其智，礼人不答反其敬，行有不得者皆反求诸己。'"② 两者基本相同。这里有三点需要说明：其一，该《春秋穀梁传》之语是具体的，而该《孟子》之语却是由具体到一般概括。很明显，该《孟子》之语是在该《春秋穀梁传》之语的基础上所进行的概括，这是《孟子》抄用了《春秋穀梁传》，而不是《春秋穀梁传》抄用了《孟子》。其二，该《春秋穀梁传》之语是三个推论，每一个推论的形式是前句为前提而后句为结论。如第一个推论，前句为前提：如果对别人施礼而别人并不理睬；后句为结论：那么就反求自己对别人是否恭敬。正因为如此，该《春秋穀梁传》之语之句子就比较长，而且用了虚词。而该《孟子》之语却都是短句，把虚词省略了，

① 阮元校刻《十三经注疏》，中华书局1980年10月第1版，第二四〇〇页。

② 阮元校刻《十三经注疏》，中华书局1980年10月第1版，第二七一八页。

成为归纳出“行有不得者皆反求诸己”这一结论的三个特例。很明显，该《孟子》之语是在该《春秋穀梁传》之语的基础上所进行的加工。其三，该《春秋穀梁传》之语虽是排比句，但三句的顺序是随机的，不是精心组织的。而该《孟子》之语四句话却是精心组织的，第一句的最后一字与第三句的最后一字押韵，第二句的最后一字与第四句的最后一字也押韵。很明显，该《孟子》之语是在该《春秋穀梁传》之语的基础上所进行的组织加工。总而言之，这是《孟子》抄用了《春秋穀梁传》，而不是《春秋穀梁传》抄用了《孟子》。

鉴于《孟子》所载之葵丘之会天子禁令是在《春秋穀梁传》关于葵丘之会天子禁令之记载的基础上所进行的添枝加叶的发挥，加之《孟子·离娄上》对《春秋穀梁传》僖公二十二年“故曰”一段文字之修改引用，可以得出一个连带的相关结论：孟子学习过《春秋穀梁传》。

综上所述，《春秋穀梁传》所记载之葵丘之会天子禁令是现存最早的也是最可信的关于葵丘之会天子禁令之记载，在得出此结论的同时，还可以得出一个连带的相关结论：孟子学习过《春秋穀梁传》，但是，孟子不是《春秋穀梁传》的传承人。

《礼记·檀弓上》：

> 子夏丧其子而丧其明。曾子吊之曰：“吾闻之也，朋友丧明则哭之。”曾子哭，子夏亦哭，曰：“天乎！予之无罪也。”曾子怒曰：“商，女何无罪也？吾与女事夫子于洙泗之间，退而老于西河之上，使西河之民，疑女于夫子，尔罪一也；丧尔亲，使民未有闻焉，尔罪二也；丧尔子，丧尔明，尔罪三也。而曰女何无罪与！”子夏投其杖而拜曰：“吾过矣！吾过矣！吾离群而索居，亦已久矣。”[①]

其一，子夏相信天命，以其无罪而丧其子、丧其明质问于天；曾子实不相信天命，以丧明为丧子所导致，已经背离了孔子的学说，比疑子夏于夫子之罪更重，也没有天罚，曾子放胆发怒，一如小人之肆无忌惮，所谓子思、孟子之学不可能由曾子而来。其二，曾子指控子夏之一二三罪，涉及敬师孝亲，与孔子以《孝经》属参暗合。其三，曾子怒责子夏，实际上是曾子与子夏相争之反映，即存在曾参与子夏对于孔子学说传授解释权和继承权之争夺，曾参所谓“吾与女事夫子于洙泗之间，退而老于西河之上，使西河之

① 阮元校刻《十三经注疏》，中华书局 1980 年 10 月第 1 版，第一二八二页。

民，疑女于夫子”表面以未能显师相责，实际上是嫉妒子夏之传教成就，吾与女事夫子，其实事夫子者尚多，吾与女之意也就不言自明了；通过西河传教最后子夏实际上取得孔子学说之传授解释权和继承权，即所谓“疑女于夫子”，曾参气急败坏，方才罗织罪名而怒责子夏，一如小人之肆无忌惮，这实际上暗示曾参几乎没有传教成就，即孔子学说绝非曾参所传。其四，子夏投其杖而拜、谢过反映子夏宽厚仁德、虚心接受意见、勇于承认错误、严格要求自己，这些都是子夏超越曾参之处，在一定程度上也暗示了孔子学说之传授解释权和继承权之最终归属。其五，疑女于夫子也反映出子夏以孔子可以比拟，即孔子学说可以发展，此为子夏之长；曾参以孔子不可比拟，更不可超越，即孔子学说也不可以发展，此为曾参之短。曾参以孔子不可比拟为敬师，疑女于夫子即是未能显师，此反映出曾参之愚昧与偏见，孔子学说绝非曾参所传，孔子学说也绝非曾参所能传。

《孝经纬·钩命诀》中有孔子之言“吾志在《孝经》，行在《春秋》。以《春秋》属商，《孝经》属参。”此纬书之记载虽然可靠性不如经书和正史，但是，结合其他文献材料，此纬书之此说不是空穴来风，存在一定程度的历史的影子。由此可知孔子传经于子夏与曾子二人，曾子传子思没有可靠证据，但是，子思并未传孟子，孟子是自己从当时所能接触到的子夏、穀梁子一派的儒者处学习，自己取舍，自己独立思考，逐步归向子思学派的。问题的关键是曾子传子思后，这一派的学问就失传了，汉代复出的《孝经》不是曾子所传，而是子夏、穀梁子、荀子一派所传，这是问题的关键所在。《大戴礼记》之内容是子夏、穀梁子、荀子一派所传，《大戴礼记》中的关于曾子的文献自然也是子夏、穀梁子、荀子一派所传。《小戴礼记·曾子问》言天无二日、言尊无二上，《小戴礼记·坊记》也言天无二日、言尊无二上，《孟子·万章上》也言天无二日，天无二日、尊无二上为《论语》所不载，当为孔子之微言大义，即《小戴礼记·曾子问》和《小戴礼记·坊记》所言之天无二日、尊无二上与《孟子·万章上》所言之天无二日皆出于《春秋穀梁传》所载孔子之微言大义“大上故不名”，证明《小戴礼记》之内容也是子夏、穀梁子、荀子一派所传，这也再次证明孟子学习过《春秋穀梁传》。《孝经》中关于天子之孝的内容应当是子夏、穀梁子、荀子一派的思想，而绝不是曾子、子思学派的思想。孟子是从子夏、穀梁子一派的儒者处学习，自己取舍，自己独立思考，逐步归向子思学派的，也可以说曾子子思之学失传后，孟子在子夏、穀梁子、荀子一派所传之学说和文献的基础上创造和重新构建了曾子子思之学，这一套学问后来被称为思孟之学，这一学派后来被称为思孟学派。

《孟子》最后一章《尽心下》第三十八章：

孟子曰："由尧、舜至于汤，五百有余岁。若禹、皋陶，则见知之。若汤，则闻而知之。由汤至于文王，五百有余岁。若大公望、散宜生，则见而知之。若孔子，则闻而知之。由孔子而来，至于今，百有余岁。去圣人之世，若此其未远也。近圣人之居，若此其甚也。然而无有乎尔，则亦无有乎尔！"①

孟子实际上提出了儒家的新的道统观，尧、舜、汤、文王、孔子，孟子以孔子之继承者自居，但是，未明言。孟子的这种道统观实际上就是来源于并且针对于《春秋穀梁传》或《春秋》的传授系统，因为就现有材料而言，孔子晚年仅传二经，而其中之一《孝经》失传，至汉复出，为子夏、穀梁子、荀子一派所传，有传授系统的只有《春秋》，在《春秋》传授中，孟子受子夏、穀梁子、荀子一派的《春秋穀梁传》影响最大，孟子在《孟子》最后一章提出新的道统观，将自己学问的来源直接上接孔子，以孔子私塾弟子自居，也以孔子学说的继承人自居，黜落子夏、穀梁子，这也从反面证明孟子之学来源于子夏、穀梁子、荀子一派所传之学，自己取舍，自己独立思考，孟子在子夏、穀梁子、荀子一派所传之学说和文献的基础上创造和重新构建了曾子子思之学。

第二节《春秋穀梁传》在汉初至武帝时的流传及其背景

《春秋穀梁传》在汉代的传承比较清楚，也鲜有异义。

《汉书》卷八十八《儒林传》云：

瑕丘江公受《穀梁春秋》及《诗》于鲁申公，传子至孙为博士。武帝时，江公与董仲舒并。仲舒通五经，能持论，善属文。江公呐于口，上使与仲舒议，不如仲舒。而丞相公孙弘本为公羊学，比辑其议，卒用董生。于是上因尊公羊家，诏太子受《公羊春秋》，由是《公羊》大兴。

太子既通，复私问《穀梁》而善之。其后浸微，唯鲁荣广王孙、皓星公二人受焉。广尽能传其（杨德春按：指瑕丘江公。）《诗》《春秋》（杨德春按：即《春秋穀梁传》），高材捷敏，与《公羊》大师眭孟等论，数困之，故好学者颇复受《穀梁》。

---

① 阮元校刻《十三经注疏》，中华书局1980年10月第1版，第二七八〇页。

沛蔡千秋少君、梁周庆幼君、丁姓子孙皆从广受。千秋又事皓星公，为学最笃。

宣帝即位，闻卫太子好《穀梁春秋》，以问丞相韦贤、长信少府夏侯胜及侍中乐陵侯史高，皆鲁人也，言穀梁子本鲁学，公羊氏乃齐学也，宜兴《穀梁》。时千秋为郎，召见，与公羊家并说，上善《穀梁》说，擢千秋为谏大夫给事中。后有过，左迁平陵令，复求能为《穀梁》者，莫及千秋。上愍其学且绝，乃以千秋为郎中户将，选郎十人从受。汝南尹更始翁君本自事千秋，能说矣，会千秋病死，征江公孙为博士。刘向以故谏大夫通达待诏，受《穀梁》，欲令助之。江博士复死，乃征周庆、丁姓待诏保宫，使卒授十人。

自元康中始讲，至甘露元年，积十余岁，皆明习，乃召五经名儒太子太傅萧望之等大议殿中，平《公羊》《穀梁》同异，各以经处是非。时《公羊》博士严彭祖、侍郎申挽、伊推、宋显，《穀梁》议郎尹更始、待诏刘向、周庆、丁姓并论。公羊家多不见从，愿请内侍郎许广，使者亦并内《穀梁》家中郎王亥，各五人，议三十余事。望之等十一人各以经谊对，多从《穀梁》。由是《穀梁》之学大盛。庆、姓皆为博士。姓至中山太傅，授楚申章昌曼君，为博士，至长沙太傅，徒众尤盛。尹更始为谏大夫、长乐户将，又受《左氏传》，取其变理合者以为章句，传子咸及翟方进，琅邪房凤，咸至大司农，方进丞相，自有传。"①

一、从陆贾、贾谊、董仲舒思想的差异可把握《春秋》三传的思想差异

现着重研究汉初《春秋穀梁传》传人陆贾、《春秋左氏传》传人贾谊、《春秋公羊传》传人董仲舒三人思想的差异和特色，从而更准确地把握《春秋》三传的思想差异。

战国后期，阴阳家的思想盛行起来，并且阴阳五行思想与老子思想结合起来了。《吕氏春秋》的"十二纪"中，阴阳五行思想不仅与君主的起居饮食、政治活动和祭祀活动相结合，而且与百姓的日常生活和生产活动相结合。秦朝的统治者和被统治者普遍信奉阴阳五行思想。汉朝的统治者和被统治者也普遍信奉阴阳五行思想。阴阳五行思想的起源现在还不十分清楚，但邹衍是齐人，阴阳五行思想与齐文化有着千丝万缕的联系。汉兴，含有阴阳五行思想的黄老思想成为汉初的统治思想。不仅仅是汉承秦制，连秦的思想上层建筑也继承下来了。秦的思想上层建筑与秦的制度上层建筑的指导思想，是具有一致性的。汉初盛行黄老思想，其所立之制度必为秦制，其所行之政也必为秦政。

黄老思想在汉惠帝至汉武帝以前的大约七十年的时间里一直居于统治思想的地位。

---

① 《汉书·儒林传》，班固《汉书》，中华书局1962年6月第1版，第三六一七页——第三六一八页。

汉惠帝时曹参为齐相。“闻胶西有盖公，善治黄老言，使人厚币请之，既见盖公，盖公为言治道贵清静而民自定。推此类具言之。参于是避正堂，舍盖公焉。其治要用黄老术，故相齐九年，齐国安集，大称贤相。惠帝二年，萧何卒，参闻之，告舍人趣治行，吾将入相。居无何，使者果召参。参去，属其后相曰：‘以齐狱市为寄，慎勿扰也。’后相曰：‘治无大于此者乎？’参曰：‘不然。夫狱市者，所以并容也，今君扰之，奸人安所容也？吾是以先之。’”① 盖公献策：治道贵清静而民自定。曹参从之，曹参治齐用黄老之术，九年而齐国安集，大称贤相。汉相萧何死，曹参代之，饮酒不理事而治。可见，曹参对普通老百姓沿用萧何所定汉律九章以严刑威之，这用的是黄老最根本的刑名思想，对于能对汉政权构成威胁的大奸则采取欲擒故纵的黄老的策略思想。

在战国中期，旧的社会制度已基本上崩溃，新的社会制度正处于建立的过程之中。人处在剧烈的社会历史变革之中，一切社会价值也处于重新评估之中。《老子》三十八章云：“故失道而后德，失德而后仁，失仁而后义，失义而后礼。夫礼者，忠信之薄，而乱之首，前识者，道之华，而愚之始。是以大丈夫处其厚不处其薄，居其实不居其华。”②《老子》认为制度上层建筑和思想上层建筑都是没有价值的。人的社会性被否定了，人被作为自然物对待。全身保性就成为人和其他动物共同的唯一目的，《老子》充满了保存自己、消灭敌手的智慧。汉初的黄老思想是道法一体的。汉承秦制不仅继承了秦的制度上层建筑，也继承了秦的思想上层建筑。黄老思想主张放任无为而进行自然选择，一如动物界，社会贫富迅速分化，兼并加剧，旧乱未定，新乱又起。儒家在这种情况下就要儒化道家。

大乱之后，社会通过自然选择使有能力者居位，由乱而治，这一过程是以巨大的社会破坏为代价的。新政权建立后就应当以建立制度上层建筑来稳定社会秩序，结束自然选择，施行人文化的统治，所谓“马上得之，宁可以马上治之乎？且汤武逆取而以顺守之，文武并用，长久之术也。”③ 面对时代的政治要求，主要治《春秋穀梁传》的陆贾、主要治《春秋左氏传》的贾谊和主要治《春秋公羊传》的董仲舒各自提出了自己的政治主张。陆贾、贾谊都主张兴礼乐，实行儒家常规的礼乐教化以渐进的方式移风易俗。陆贾主仁，强调礼的内容，比较中正平和。贾谊主礼，偏向于形式，有复古倒退和实行法

① 《史记·曹相国世家》，司马迁《史记》，中华书局1959年9月第1版，第二〇二九页。

② 《老子》三十八章，朱谦之《老子校释》，中华书局1984年11月第1版，第一五二页——第一五三页。

③ 《史记·郦生陆贾列传》，司马迁《史记》，中华书局1959年9月第1版，第二六九九页。

治的倾向。而董仲舒则主张先行更化，继续以苛暴的权宜之计代替儒家常规的礼乐教化，实际上是儒法合一，外儒内法。

二、陆贾思想特点与《春秋穀梁传》思想特点的一致性

前文已证陆贾与荀卿、浮丘伯、申公所传的鲁学的关系，陆贾从浮丘伯受《春秋穀梁传》，研究陆贾的思想的特点，可以考见《春秋穀梁传》的思想的特点。

《史记·郦生陆贾列传》云："陆贾者，楚人也。以客从高祖定天下，名为有口辩士，居左右，常使诸侯。"①

《史记·郦生陆贾列传》云："陆生时时前说称《诗》《书》，高帝骂之曰：'乃公居马上而得之，安事《诗》《书》?'陆生曰：'居马上得之，宁可以马上治之乎？且汤武逆取而以顺守之，文武并用，长久之术也。昔者吴王夫差、智伯极武而亡，秦任刑法不变，卒灭赵氏，乡使秦已并天下，行仁义，法先圣，陛下安得而有之?'高帝不怿而有惭色，乃谓陆生曰：'试为我著秦所以失天下，吾所以得之者何，及古成败之国。'陆生乃粗述存亡之征，凡著十二篇，每奏一篇，高帝未尝不称善，左右呼万岁，号其书曰《新语》。"②

面对时代的政治要求，陆贾时时在高帝前说称《诗》《书》，主张马上马下异术。

《四库全书》子部一《新语》之《提要》云："今但据其书论之，则大旨皆崇王道，黜霸术，归本于修身用人。其称引老子者，惟《思务篇》引'上德不德'一语，余皆以孔氏为宗，所援据多《春秋》《论语》之文，汉儒自董仲舒外，未有如是之醇正也，流传既久，其真其赝，存而不论可矣。"③《四库全书》子部一《新语》之《提要》深刻地指出陆贾的思想的大旨皆崇王道，黜霸术，归本于修身用人。

汉代陆贾撰《新语》卷上《道基》云：

> 传曰："天生万物，以地养之，圣人成之。"功德参合，而道术生焉。故曰：张日月，列星辰，序四时，调阴阳，布气治性，次置五行，春生夏长，秋收冬藏，阳生雷电，阴成霜雪，养育群生，一茂一亡，润之以风雨，曝之以日光，温之以节气，降之以殒霜，位之以众星，制之以斗衡，苞之以六合，罗之以纪纲，改之以灾变，

① 《史记·郦生陆贾列传》，司马迁《史记》，中华书局1959年9月第1版，第二六九七页。

② 《史记·郦生陆贾列传》，司马迁《史记》，中华书局1959年9月第1版，第二六九九页。

③ 永瑢等《四库全书总目》，中华书局1965年6月第1版，第七七一页。

告之以祯祥，动之以生杀，悟之以文章。故在天者可见，在地者可量，在物者可纪，在人者可相。故地封五岳，画四渎，规洿泽，通水泉，树物养类，苞殖万根，暴形养精，以立群生，不违天时，不夺物性，不藏其情，不匿其诈。故知天者仰观天文，知地者俯察地理。跂行喘息，蜎飞蠕动之类；水生陆行，根着叶长之属。为宁其心而安其性，盖天地相承，气感相应而成者也。于是先圣乃仰观天文，俯察地理，图画乾坤，以定人道，民始开悟，知有父子之亲、君臣之义、夫妇之道、长幼之序，于是百官立，王道乃生。

……

夫驴、骡、骆驰，犀、象、瑇瑁，琥珀、珊瑚，翠羽、珠、玉，山生水藏，择地而居，洁清明朗，润泽而濡，磨而不磷，涅而不淄，天气所生，神灵所治，幽闲清净，与神浮沉，莫不（原作之，据俞樾说改。）効力为用，尽情为器。故曰圣人成之。所以能统物通变，治情性，显仁义也。夫人者，宽博浩大，恢廓密微，附远宁近，怀来万邦。故圣人怀仁仗义，分明纤微，忖度天地，危而不倾，佚而不乱者，仁义之所治也。行之于亲近而疎远悦，修之于闺门之内而名誉驰于外。故仁无隐而不著，无幽而不彰者。虞舜蒸蒸于父母，光耀于天地；伯夷、叔齐饿于首阳，功美垂于万代；太公自布衣升三公之位，累世享千乘之爵；知伯仗威任力兼三晋而亡。是以君子握道而治，据德而行，席仁而坐，杖义而强，虚无寂寞，通动无量。故制事因短，而动益长，以圆制规，以矩立方。……

夫谋事不并仁义者后必败，殖不固本而立高基者后必崩。故圣人防乱以经艺，工正曲以准绳。德盛者威广，力盛者骄众。齐桓公尚德以霸，秦二世尚刑而亡故。故虐行则怨积，德布则功兴，百姓以德附，骨肉以仁亲，夫妇以义合，朋友以义信，君臣以义序，百官以义承，曾、闵以仁成大孝，伯姬以义建至贞，守国者以仁坚固，佐君者以义不倾，君以仁治，臣以义平，乡党以仁恂恂，朝廷以义便便，美女以贞显其行，烈士以义彰其名，阳气以仁生，阴节以义降，鹿鸣以仁求其群，关雎以义鸣其雄，《春秋》以仁义贬绝，《诗》以仁义存亡，《乾》《坤》以仁和合，《八卦》以义相承，《书》以仁叙九族，君臣以义制忠，《礼》以仁尽节，乐以礼升降。仁者道之纪，义者圣之学。学之者明，失之者昏，背之者亡。陈力就列，以义建功，师旅行阵，德仁为固，仗义而强，调气养性，仁者寿长，美才次德，义者行方，君子以义相褒，小人以利相欺，愚者以力相乱，贤者以义相治。《穀梁传》曰："仁者以治亲，义者以利尊。万世不乱，仁义之所治也。”①

以上为《道基》的主体部分，《道基》全文的核心就是一个“仁”字。陆贾认为天生万物，地载之，万物并未产生价值，所谓莫之效力为用。圣人以仁义成就万物，即以仁义挺立道德主体，开辟价值之源。陆贾在《新语》中引用《春秋穀梁传》之语“仁者以治亲，义者以利尊，万世不乱，仁义之所治也。”以之作为《新语》第一篇《道基》的结论，而《道基》又是《新语》全书的理论基石。可以说陆贾的思想就是源于《春秋穀梁传》，研究陆贾的思想就可以窥见《春秋穀梁传》的思想的特色。虽然陆贾《新语》第一篇《道基》的结论所引用的《春秋穀梁传》之语“仁者以治亲，义者以利尊，万世不乱，仁义之所治也”不见今本《春秋穀梁传》，但当见于陆贾所用之古文文本之《春秋穀梁传》，故“仁者以治亲，义者以利尊，万世不乱，仁义之所治也”仍可看作是《春秋穀梁传》的中心思想。

《新语》的《辅政》云：

> 夫居高者自处不可以不安，履危者任杖不可以不固。自处不安则坠，任杖不固则仆。是以圣人居高处上，则以仁义为巢，乘危履倾，则以圣贤为杖。故高而不坠，危而不仆。
>
> 昔者，尧以仁义为巢，舜以稷、契为杖，故高而益安，动而益固，处宴安之台，承克让之途，德配天地，光被八极，功垂于无穷，名传于不朽，盖自处得其巢，任杖得其人也。秦以刑罚为巢，故有覆巢破卵之患，以赵高、李斯为杖，故有倾仆跌伤之祸，何哉？所任者非也。②

陆贾认为尧以仁义为巢，舜以禹稷契为杖，故高而不坠，危而不仆。秦以刑罚为巢，故有覆巢破卵之患，以赵高、李斯为杖，故有倾仆跌伤之祸。这不仅强调仁义的作用，而且把仁义与用人相联系，即要用仁义之士。

《新语》的《无为》云：

---

① 陆贾《新语》卷上，王利器《新语校注》，中华书局 1986 年 8 月第 1 版，第一页——第三四页。

② 陆贾《新语》卷上，王利器《新语校注》，中华书局 1986 年 8 月第 1 版，第五〇页——第五一页。

道莫大于无为，行莫大于谨敬。何以言之？昔虞舜治天下也，弹五弦之琴，歌《南风》之诗，寂若无治国之意，漠若无忧天下之心，然而天下大治。周公制作礼乐，郊天地，望山川，师旅不设，刑格法悬，而四海之内奉供来臻，越裳之君，重译来朝，故无为者乃有为也。

秦始皇设刑罚，为车裂之诛，以敛奸邪，筑长城于戎境，以备胡、越，征大吞小，威震天下，将帅横行，以服外国，蒙恬讨乱于外，李斯治法于内，事逾烦天下逾乱，法逾滋而奸逾炽，兵马益设而敌人逾多。秦非不欲治也，然失之者，乃举措太众，而刑罚太极故也。

是以君子尚宽舒以襃其身，行身中和以致疏远，民畏其威而从其化，怀其德而归其境，美其治而不敢违其政。民不罚而畏，不赏而劝，渐渍于道德，被服于中和之所致也。

夫法令者所以诛暴也，故曾、闵之孝，夷、齐之廉，此宁畏法教而为之者哉？故尧、舜之民，可比屋而封，桀、纣之民，可比屋而诛，何者？化使其然也。故近河之地湿，而近山之木长者，以类相及也。①

陆贾所讲论之“无为”已完全不是黄老的无为思想，而是对“无为”加以儒家的解说。周公制作礼乐，郊天地望山川，师旅不设，刑格法悬。无为首先就是废除刑罚，而周公制作礼乐本身就是有为，这是陆贾的儒家化的无为。其次是更核心的内容，陆贾以孔子的中和思想解说黄老的无为思想，认为中正平和、宽舒平缓是无为的思想内核。反对黄老刑名的苛猛之政。将黄老的不施文教、任其自然、以自然之天罚而行刑罚的无为思想改造为儒家的人文教化思想。陆贾不是受到黄老思想的影响而是为推行儒家思想而借鸡下蛋。当时黄老盛行，提倡儒家实为不易，陆贾巧妙地将黄老的基本概念加以儒家的解说，使黄老思想儒家化，黄老思想从根本上变质了。黄老思想与法家思想有一定关系，绝不能以《春秋穀梁传》的有关记载与《汉书》记载的黄生之论、《韩非子》的相关记载等似乎相似而误认为《春秋穀梁传》有黄老思想或法家思想。

《春秋》僖公八年：“八年，春，王正月，公会王人、齐侯、宋公、卫侯、许男、曹伯、陈世子款，盟于洮。”《春秋穀梁传》云：“王人之先诸侯，何也？贵王命也。朝服虽

① 陆贾《新语》卷上，王利器《新语校注》，中华书局1986年8月第1版，第五九页——第六五页。

敝，必加于上；弁冕虽旧，必加于首。周室虽衰，必先诸侯。兵车之会也。”①

《春秋穀梁传》这条材反映出一定的黄老思想，这不是《春秋穀梁传》受到了黄老思想的影响，而是《春秋穀梁传》在当时黄老盛行的情况下，提倡儒家实为不易，《春秋穀梁传》巧妙地将黄老的基本概念加以儒家的解说，即通过黄生之论解说周室虽衰，必先诸侯，使黄老思想儒家化，黄老思想从根本上变质了。黄老思想与法家思想有一定关系，绝不能以《春秋穀梁传》的有关记载与《汉书》记载的黄生之论、《韩非子》的相关记载等似乎相似而误认为《春秋穀梁传》有黄老思想或法家思想。

《新语》的《无为》云：“乃论不验之语，学不然之事，图证天地之形，说灾变之异，背圣王之法，异圣人之意，惑学者之心，移众人之志指。”陆贾是反对说灾变之异等迷信活动的，这就在天变灾异上与董仲舒有了本质的区别。从中也就可以窥见《春秋穀梁传》与《春秋公羊传》在天变灾异上的本质的区别。

综上所述，陆贾的思想是中正平和的，以仁义教化为根本，主张由黄老刑名之政过渡到仁政，马上马下异术。陆贾在《新语》中引用《春秋穀梁传》之语“仁者以治亲，义者以利尊，万世不乱，仁义之所治也。”以之作为《新语》第一篇《道基》的结论，而《道基》又是《新语》全书的理论基石。可以说陆贾的思想就是源于《春秋穀梁传》，研究陆贾的思想就可以窥见《春秋穀梁传》的思想的特色。虽然陆贾《新语》第一篇《道基》的结论所引用的《春秋穀梁传》之语“仁者以治亲，义者以利尊，万世不乱，仁义之所治也”不见于今本《春秋穀梁传》，但当见于陆贾所用之古文文本之《春秋穀梁传》，故“仁者以治亲，义者以利尊，万世不乱，仁义之所治也”仍可看作是《春秋穀梁传》的中心思想。这是陆贾从浮丘伯受《春秋穀梁传》所得之精华。由此入手便可洞察《春秋穀梁传》与《春秋公羊传》的本质区别。

三、贾谊思想特点与《春秋左氏传》思想特点的一致性

杜预《春秋序》孔颖达疏：“据刘向《别录》云：‘左丘明授曾申，申授吴起，起授其子期，期授楚人铎椒，铎椒作《抄撮》八卷，授虞卿，卿作《抄撮》九卷，授荀卿，荀卿授张苍。’”②

陆德明《经典释文》卷一《序录》记载：“左丘明作《传》以授曾申。申传卫人吴起。起传其子期。期传楚人铎椒。椒传赵人虞卿。卿传同郡荀卿名况。况传武威张苍。

① 阮元校刻《十三经注疏》，中华书局 1980 年 10 月第 1 版，第二三九五页。

② 《春秋左传正义》，北京大学出版社 1999 年 12 月第一版，第 2 页。

苍传洛阳贾谊……”①

荀子、贾谊为《春秋左氏传》传授人，当可信。唐代啖助以刘向《别录》所记载之《左传》传授源流为近世之儒欲尊崇左氏而妄为此记，并且认为若传授分明如此，《汉书》之张苍传、贾谊传及《儒林传》何故不书，则其伪可知也云云。陆淳秉承师学而谓汉初犹不能知则后代从何而得。啖助、陆淳之论实误。《汉书》之张苍传、贾谊传及《儒林传》未记载者犹多，不可仅仅因为《汉书》之张苍传、贾谊传及《儒林传》未明确记载，遂即妄断为无，这是典型之默证法，不足为训。《史记·十二诸侯年表序》《汉书·儒林传》均提到一些有关《左传》传习的相关史实，只是没有明确、系统记载，由《史记·十二诸侯年表序》《汉书·儒林传》及其他相关材料可以印证刘向《别录》所记载之《左传》传授源流绝非空穴来风或出于伪造。

钱穆《先秦诸子系年考辨》：“齐襄王六年时，重兴稷下。荀卿为老师祭酒，其时年已逾六十，学成名尊矣。而虞卿弃赵相与魏齐逃之魏，事尚在后十年许。时虞卿初出有声，其年事当不出四十，是荀卿为前辈硕学，而虞卿乃后进游士，何从有虞卿著书以授荀卿哉。”② 其一，钱穆谓虞卿年事当不出四十有误。其二，是荀卿为前辈硕学，是虞卿乃后进游士，但是求学不是求年龄，可以大事小，学之所存师之所存，小不见得就无学问，大不见得就有学问，小不见得就写不出书，大不见得就写得出书，故钱穆之说立论之基础实误。其三，钱穆所考荀子生年有误，钱穆误使荀卿早生二十年左右，这也一定程度上强化了荀卿师事虞卿的难度。但是，求学不是求年龄，年龄不是问题，钱穆之所谓考辨没有意义。钱穆所考荀子生年有误，钱穆误使荀卿早生二十年左右，遂至于所谓至春申君死苍年二十而荀卿已及百龄，又自相矛盾谓荀卿年寿今既不可详考③，故钱穆之所谓考辨没有意义，张苍师事荀卿、荀卿授《左传》主体部分于张苍是可能的。

钱穆以穆公时曾参已死④，钱穆实误。《史记》记载母死起终不归，则此为不孝，故曾子薄之而与起绝。曾参传孝经，《史记》记载曾子薄之而与起绝，则此曾子必为曾参。故吴起师事曾参是可以肯定的。此时曾参已老，吴起亦同时就学于曾参之子曾申。曾申亦被称为曾子。《礼记·檀弓上》：“穆公之母卒，使人问于曾子曰：‘如之何?’。对曰：

① 吴承仕《经典释文序录疏证》，中华书局1984年3月第1版，第一二一页。

② 钱穆《先秦诸子系年考辨》，商务印书馆中华民国二十四年十二月初版，第四一三页。

③ 钱穆《先秦诸子系年考辨》，商务印书馆中华民国二十四年十二月初版，第四一三页。

④ 钱穆《先秦诸子系年考辨》，商务印书馆中华民国二十四年十二月初版，第一四四页。

‘申也闻之申之父，曰：哭泣之哀，齐斩之情，馆粥之食，自天子达。布幕，卫也；缕幕，鲁也。’”① 此曾子必非为曾参，此曾子必为曾参之子曾申。钱穆以此曾子为曾参而断为是穆公时曾参已死②，钱穆实误，此时曾参之子曾申已经学有所成，被称为子，此时曾参已老，穆公元年曾参年九十一，已经基本上不能够会客应答，故由其子曾申会客应答，因曾申已经学有所成，亦称为子，会客应答，吴起仕鲁，正在此时或稍前稍后，则吴起师事曾参是可以肯定的，而且吴起师事曾参之子曾申亦是可以肯定的。

另外，钱穆《先秦诸子系年考辨》引用《礼记·檀弓上》之“穆公之母卒，使人问于曾子”后误脱“曰：‘如之何?’”四字，一九五六年香港大学出版社增定本以及以此版本为底本之衍生版本仍然延续误脱“曰：‘如之何?’”四字之错误③，以讹传讹，后患无穷。钱穆《先秦诸子系年考辨》引用所谓《史记·吴起传》：“起事曾子，母死不归，曾子薄之，而与起绝，起乃之鲁，事鲁君。”④ 一九五六年香港大学出版社增定本以及以此版本为底本之衍生版本同⑤。《史记·孙子吴起列传》：“遂事曾子。居顷之，其母死，起终不归。曾子薄之，而与起绝。起乃之鲁，学兵法以事鲁君。”⑥ 钱穆《先秦诸子系年考辨》带有引号的所谓引文与原文不符合者比比皆是，一九五六年香港大学出版社增定本以及以此版本为底本之衍生版本同误，暂且不言钱穆观点之是非，仅就钱穆《先秦诸子系年考辨》带有引号之引文之错误而言，任其流布，以讹传讹，足以窜乱典文，贻害无穷，钱穆之害大矣，愚不得不言之。

钱穆《先秦诸子系年考辨》：“刘向《别录》记《左传源流》云‘左邱明授曾申，申授吴起’，则起师申，非师参也。”钱穆自相矛盾，钱穆以刘向《别录》所记之传授系统为伪，又以刘向《别录》所记之传授系统为真，以为证据，证明起师申，非师参也。钱穆不过如此而已。综上所述则刘向《别录》所记载之《左传》主体部分传授源流是基本上可信的，刘向《别录》《经典释文序录》之说有历史的渊源或影子，传授可以基本上前后接上，基本上可以成立。

贾谊《治安策》云：“进言者皆曰天下已安已治矣，臣独以为未也。曰安且治者，非

① 阮元校刻《十三经注疏》，中华书局1980年10月第1版，第一二七六页。

② 钱穆《先秦诸子系年考辨》，商务印书馆中华民国二十四年十二月初版，第一四四页。

③ 钱穆《先秦诸子系年》，中华书局1985年10月第1版，第一五六页。

④ 钱穆《先秦诸子系年考辨》，商务印书馆中华民国二十四年十二月初版，第一四四页。

⑤ 钱穆《先秦诸子系年》，中华书局1985年10月第1版，，第一五六页。

⑥《史记·孙子吴起列传》，司马迁《史记》，中华书局1959年9月第1版，第二一六五页。

愚则谀，皆非事实知治乱之体者也。夫抱火厝之积薪之下而寝其上，火未及燃，因谓之安，方今之势，何以异此！本末舛逆，首尾衡决，国制抢攘，非甚有纪，胡可谓治！”① 贾谊主张以礼致治，这是一个缓慢的渐进过程，礼只是一个形式，离开仁就有蜕变为法的可能。而董仲舒主张治后兴礼，陆贾主张以仁致治。

“虽行不轨如厉王者，令之不肯听，召之安可致乎？幸而来至，法安可得加！动一亲戚，天下圜视而起，陛下之臣虽有悍如冯敬者，适启其口，匕首已陷其匈矣。”② 贾谊也是主张对亲人动杀的，这与董仲舒相同。也是教君主以行杀戮，这也与董仲舒相同。贾谊主张对亲人施以杀戮，只是从物质上的力量对比来看，胜负难测；从利害关系上来看投鼠忌器，得不偿失。

贾谊主张使用恩威两套刀具，即两手都来硬的。贾谊《治安策》又云：“屠牛坦一朝解十二牛，而芒刃不顿者，所排击剥割，皆众理解也。至于髋髀之所，非斤则斧。夫仁义恩厚，人主之芒刃也；权势法制，人主之斤斧也。今诸侯王，皆众髋髀也。释斤斧之用，而欲婴以芒刃，臣以为不缺则折。胡不用之淮南、济北？势不可也。”③ 仁义恩厚是人主之芒刃，权势法制是人主之斤斧。贾谊的比喻意味深长，仁义恩厚被比喻为人主之芒刃，也是一把刀，用以宰割人民。从中可以窥见贾谊思想离法家有多近，也可以窥见贾谊所习之《春秋左氏传》虽重古礼，以古礼为教，但极易于通向以法为教的政治思想，因为礼一旦抽去其中的仁的内核，其外在形式就与法律规定没有多大的区别了。

贾谊《治安策》又云：“长沙乃在二万五千户耳，功少而最完，势疏而最忠，非独性异人也。亦形势然也。曩令樊、郦、绛、灌据数十城而王，今虽已残亡可也；令信、越之伦列为彻侯而居，虽至今存可也。然则天下之大计可知已。欲诸王之皆忠附，则莫若令如长沙王；欲臣子之勿菹醢，则莫若令如樊、郦等；欲天下之治安，莫若众建诸侯而少其力。力少则易使以义，国小则亡邪心。令海内之势如身之使臂，臂之使指，莫不制从。诸侯之君不敢有异心，辐凑并进而归命天子，虽在细民，且知其安，故天下咸知陛下之明。割地定制，令齐、赵、楚各为若干国，使悼惠王、幽王、元王之子孙毕以次各受祖之分地，地尽而止，及燕、梁他国皆然。其分地众而子孙少者，建以为国，空而置之，须其子孙生者，举使君之。诸侯之地其削颇入汉者，为徙其侯国及封其子孙也，所

---

① 《汉书·贾谊传》，班固《汉书》，中华书局 1962 年 6 月第 1 版，第二二三〇页。

② 《汉书·贾谊传》，班固《汉书》，中华书局 1962 年 6 月第 1 版，第二二三四页。

③ 《汉书·贾谊传》，班固《汉书》，中华书局 1962 年 6 月第 1 版，第二二三六页。

以数偿之一寸之地，一人之众，天子亡所利焉，诚以定治而已，故天下咸知陛下之廉。地制壹定，宗室子孙莫虑不王，下无倍畔之心，上无诛伐之志，故天下咸知陛下之仁，法立而不犯，令行而不逆。”①

贾谊认为人行仁善并非人之性本来仁善，而是形势使然，即形势迫使人不可为非，通过众建诸侯而少其力，使诸侯的力量最小化，诸侯即使有为非之心也无为非之力。这与强化刑罚，迫使人不可为非是同一性质的思想。这也就极易于通向法家的那一套政治主张。

《汉书·贾谊传》云："谊以为汉兴二十余年，天下和洽，宜当改正朔，易服色制度，定官名，兴礼乐，乃草具其仪法，色上黄，数用五，为官名悉更，奏之。文帝谦让未皇也。"② "谊之所陈略施行矣。及欲改定制度，以汉为土德，色上黄，数用五及欲试属国，施五饵三表以系单于，其术固以疏矣。"③ 贾谊主礼，偏向于形式，从而导致有复古倒退和实行法治的倾向，贾谊欲改定制度的主张在汉初就未能施行，也从侧面反映出贾谊复古礼的思想与当时的实际政治需要的距离。

《春秋》成公五年："梁山崩。"《春秋左氏传》云："梁山崩，晋侯以传召伯宗，伯宗辟重，曰：'辟传。'重人曰：'待我不如捷之速也。'问其所，曰：'绛人也。'问绛事焉，曰：'梁山崩，将召伯宗谋之，'问将若之何，曰：'山有朽壤而崩可若何？国主山川，故山崩川竭，君为之不举，降服乘缦，彻乐出次，祝币史辞以礼焉，其如此而已。虽伯宗若之何？'伯宗请见之，不可，遂以告而从之。"④《春秋左氏传》所记重人曰："山有朽壤而崩可若何？"既然已知梁山崩是因山有朽壤而崩，则"君为之不举，降服乘缦，彻乐出次，祝币史辞以礼焉"就属多余了。古礼要求遭变异要降服乘缦，彻乐出次，祝币史辞。此古礼不存于官府，而由重人言之，真是礼失而求诸野。可见《春秋左氏传》善于礼，其政治目的就是复古倒退，恢复古代礼乐制度的形式。可见，贾谊的思想与《春秋左氏传》的思想是一致的。

《春秋左氏传》崇尚礼，强调礼治。《春秋左氏传》隐公十一年引"君子"之言曰："礼，经国家，定社稷，序民人，利后嗣也。"⑤ 这对礼的政治作用的评价是很高的。《春

---

① 《汉书·贾谊传》，班固《汉书》，中华书局 1962 年 6 月第 1 版，第二二三七页。

② 《汉书·贾谊传》，班固《汉书》，中华书局 1962 年 6 月第 1 版，第二二二二页。

③ 《汉书·贾谊传》，班固《汉书》，中华书局 1962 年 6 月第 1 版，第二二六五页。

④ 阮元校刻《十三经注疏》，中华书局 1980 年 10 月第 1 版，第一九〇一页——第一九〇二页。

⑤ 阮元校刻《十三经注疏》，中华书局 1980 年 10 月第 1 版，第一七三六页。

秋左氏传》昭公二十五年载晋赵简子与郑游吉论礼：

子大叔见赵简子，简子问揖让周旋之礼焉。对曰："是仪也，非礼也。"简子曰："敢问何为礼？"对曰："吉也闻诸先大夫子产曰：'夫礼，天之经也，地之义也，民之行也。'天地之经，而民实则之。则天之明，因地之性，生其六气，用其五行。气为五味，发为五色，章为五声，淫则昏乱，民失其性。是故为礼以奉之：为六畜、五牲、三牺，以奉五味；为九文、六彩、五章，以奉五色；为九歌、八风、七音、六律，以奉五声。为君臣上下，以则地义；为夫妇内外，以经二物；为父子、兄弟、姑姊、甥舅、昏媾、姻亚，以象天明；为政事、庸力、行务，以从四时；为刑罚威狱，使民畏忌，以类其震曜杀戮；为温慈惠和，以效天之生殖长育。民有好恶、喜怒、哀乐，生于六气，是故审则宜类，以制六志。哀有哭泣，乐有歌舞，喜有施舍，怒有战斗；喜生于好，怒生于恶。是故审行信令，祸福赏罚，以制死生。生，好物也；死，恶物也。好物，乐也；恶物，哀也。哀乐不失，乃能协于天地之性，是以长久。"简子曰："甚哉，礼之大也！对曰："礼，上下之纪，天地之经纬也，民之所以生也，是以先王尚之。故人之能自曲直以赴礼者，谓之成人。大，不亦宜乎！"简子曰："鞅也，请终身守此言也。"①

游吉论礼是把礼作为天地万物的最高法则来看待的，所谓"天之经也，地之义也，民之行也"，礼的内容无所不包，涉及君臣夫妇父子、兄弟、姑姊、甥舅、昏媾、姻亚、政事、庸力、行务、刑罚威狱等，值得注意的是：《春秋左氏传》所崇尚的礼，其内容包含刑罚威狱，《春秋左氏传》的思想有通向法家的内在可能。孔子的仁中没有刑罚威狱的内容，可见，《春秋左氏传》所崇尚的礼是缺乏仁的内容，而有法家的内容。

综上所述，贾谊主张兴礼乐，实行儒家常规的礼乐教化以渐进的方式移风易俗。陆贾主仁，比较中正平和。贾谊主礼，首先是迷信古礼，这是偏向于礼的形式的一种表现，有忽视礼的内容——仁的倾向，礼一旦失去仁的内容就与法没有什么区别了。这就导致贾谊的思想有复古倒退和实行法治的倾向。

四、董仲舒思想特点与《春秋公羊传》思想特点的一致性

董仲舒《贤良对一》云："国家将有失道之败，而天乃先出灾害以谴告之。不知自

① 阮元校刻《十三经注疏》，中华书局1980年10月第1版，第二一〇七页——第二一〇九页。

省，又出怪异以警惧之，尚不知变，而伤败乃至。以此见天心之仁爱人君而欲止其乱也，自非大亡道之世者，天尽欲扶持而全安之，事在强勉而已矣。”① 董仲舒主张人君而欲止其乱，应当强力疾作，即硬干或奋力而为，天尽欲扶持而全安之，但大亡道之世则另当别论。这与法家的当今之世竞于气力而主张强力疾作是一致的，大亡道古来有几？可见，这是主张放胆干，止乱或拨乱反正可以不择手段。

董仲舒《贤良对一》又云：

孔子曰：“德不孤，必有邻。”皆积善累德之效也。及至后世，淫佚衰微，不能统理群生，诸侯背畔，残贼良民以争壤土，废德教而任刑罚，刑罚不中则生邪气；邪气积于下，怨恶畜于上。上下不和，则阴阳缪盭而妖孽生矣，此灾异所缘而起也。②

臣闻命者天之令也，性者生之质也，情者人之欲也。或夭或寿，或仁或鄙，陶冶而成之，不能粹美，有治乱之所生，故不齐也。孔子曰：“君子之德风也，小人之德草也，草上之风必偃。”故尧舜行德则民仁寿，桀纣行暴则民鄙夭。夫上之化下，下之从上犹泥之在钧，唯甄者之所为；犹金之在镕，唯冶者之所铸。绥之斯俫，动之斯和。此之谓也。③

臣谨案《春秋》之文求王道之端，得之于正，正次王，王次春。春者，天之所为也；正者，王之所为也。其意曰，上承天之所为而下以正其所为，正王道之端云尔。然则王者欲有所为，宜求其端于天。天道之大者在阴阳。阳为德，阴为刑；刑主杀而德主生。是故阳常居大夏，而以生育养长为事，阴常居大冬，而积于空虚不用之处。以此见天之任德不任刑也。天使阳出布施于上而主岁功，使阴入伏于下而时出佐阳；阳不得阴之助，亦不能独成岁。终阳以成岁为名，此天意也。王者承天意以从事，故任德教而不任刑。刑者不可任以治世，犹阴之不可任以成岁也。为政而任刑，不顺于天，故先王莫之肯为也。今废先王德教之官，而独任执法之吏治民，毋乃任刑之意欤？孔子曰：“不教而诛谓之虐。”虐政用于下，而欲德教之被四海，

① 《汉书·董仲舒传》，班固《汉书》，中华书局 1962 年 6 月第 1 版，第二四九八页。

② 《汉书·董仲舒传》，班固《汉书》，中华书局 1962 年 6 月第 1 版，第二五〇〇页。

③ 《汉书·董仲舒传》，班固《汉书》，中华书局 1962 年 6 月第 1 版，第二五〇一页。

故难成也。①

董仲舒认为人或仁或鄙，不能粹美，良莠不齐，必须自上而下进行改造，与孔子所不同的是，孔子主张以君子改造小人要潜移默化，董仲舒之德化是依靠政权之力量自上而下的暴风骤雨式的改造，而且是大批量的改造。所谓“犹泥之在钧，唯甄者之所为；犹金之在镕，唯冶者之所铸”。其中“唯甄者之所为”“唯冶者之所铸”简直不把人当人看，一如对待自然物一般对待人，根本不考虑被改造者的反应和感受。这就背离了孔子思想的核心——忠恕而已，也就从根本上背离了人文思想而归于黄老刑名的自然思想。

董仲舒《贤良对一》又云：

臣谨案《春秋》谓一元之意，一者，万物之所从始也。元者，辞之所谓大也。谓一为元者，视大始而欲正本也。《春秋》深探其本而反自贵者始，故为人君者，正心以正朝廷，正朝廷以正百官，正百官以正万民，正万民以正四方。四方正，远近莫敢不壹于正，而亡有邪气奸其间者。是以阴阳调而风雨时，群生和而万民殖，五谷孰而草木茂，天地间被润泽而大丰美，四海之内闻盛德而皆徕臣，诸福之物，可致之祥，莫不毕至，而王道终矣。②

君主即位之第一年称元年本是史文之常，《春秋公羊传》以为重事，唯天子乃得称，于是有黜周王鲁之说。以天子之权予鲁。董仲舒为治春秋公羊学的学者，故其对策云：即位之一年必称元年，示大始而欲正本也。汉以下改元为大事，皆《春秋公羊传》所开启。称元年、示大始而欲正本就是为了主张更张更化，即从根本上施行社会变革，而不是进行渐进式的社会变革，这是与孔子的思想相左的。下面董仲舒就提出了更张更化的主张。

董仲舒《贤良对一》又云：

至周之末世，大为亡道，以失天下。秦继其后，独不能改，又益甚之，重禁文学，不得挟书，弃捐礼谊而恶闻之，其心欲尽灭先王之道，而颛为自恣苟简之治，

① 《汉书·董仲舒传》，班固《汉书》，中华书局1962年6月第1版，第二五〇一页——第二五〇二页。

② 《汉书·董仲舒传》，班固《汉书》，中华书局1962年6月第1版，第二五〇二页——第二五〇三页。

故立为天子十四岁而国破亡矣。自古以倈，未尝有以乱济乱，大败天下之民如秦者也。其遗毒余烈，至今未灭，使习俗薄恶，人民嚚顽，抵冒殊扞，孰烂如此之甚者也。孔子曰："腐朽之木不可彫也，粪土之墙不可圬也。"今汉继秦之后，如朽木粪墙矣，虽欲善治之，亡可奈何。法出而奸生，令下而诈起，如以汤止沸、抱薪救火，愈甚亡益也。窃譬之琴瑟不调，甚者必解而更张之，乃可鼓也；为政而不行，甚者必变而更化之，乃可理也。当更张而不更张，虽有良工不能善调也；当更化而不更化，虽有大贤不能善治也。故汉得天下以来，常欲善治而至今不可善治者，失之于当更化而不更化也。古人有言曰："临渊羡鱼，不如退而结网。"今临政而愿治七十余岁矣，不如退而更化，更化则可善治，善治则灾害日去，福禄日来。诗云："宜民宜人，受禄于天。"①

董仲舒认为统治的对象——人民与工匠施工的对象一样。孔子认为宰我如朽木粪墙不可教，就不教了，并不主张对宰我施行肉体消灭或从根本上进行强制性改造。董仲舒主张更张更化，依靠政权的力量，通过包括杀戮在内的强制措施自上而下地正不正而反之正，从根本上施行社会变革。这与董仲舒《庙殿灾异对》之主张杀戮宗亲以正不正而反之正是完全一致的，只是《庙殿灾异对》明言诛杀，而《贤良对》较为隐讳。《庙殿灾异对》与此有关的文字如下，可对读："昔秦受亡周之敝，而亡以化之；汉受亡秦之敝，又亡以化之。夫继二敝之后，承其下流，兼受其猥，难治甚矣。又多兄弟亲戚骨肉之连，骄扬奢侈恣睢者众，所谓重难之时者也。陛下正当大敝之后，又遭重难之时，甚可忧也。故天灾若语陛下：'当今之世，虽敝而重难，非以太平至公，不能治也。视亲戚贵属在诸侯远正最甚者，忍而诛之，如吾燔辽东高庙乃可；视近臣在国中处旁仄及贵而不正者，忍而诛之，如吾燔高园殿乃可'云尔。"②

董仲舒《贤良对二》云：

臣愿陛下兴太学，置明师，以养天下之士，数考问以尽其材，则英俊宜可得矣。今之郡守、县令，民之师帅，所使承流而宣化也；故师帅不贤，则主德不宣，恩泽不流。今吏既亡教训于下，或不承用主上之法，暴虐百姓，与奸为市，贫穷孤弱，

① 《汉书·董仲舒传》，班固《汉书》，中华书局 1962 年 6 月第 1 版，第二五〇四页——第二五〇五页。

② 《汉书·五行志》，班固《汉书》，中华书局 1962 年 6 月第 1 版，第一三三二页。

冤苦失职，甚不称陛下之意。是以阴阳错缪，氛气充塞，群生寡遂，黎民未济，皆长吏不明，使至于此也。①

夫长吏多出于郎中、中郎，吏二千石子弟选郎吏，又以富訾，未必贤也。且古所谓功者，以任官称职为差，非所谓积日累久也。故小材虽累日不离于小官，贤材虽未久，不害为辅佐。是以有司竭力尽知，务治其业而以赴功。今则不然。累日以取贵，积久以致官，是以廉耻贸乱，贤不肖浑殽，未得其真。臣愚以为使诸列侯郡守二千石各择其吏民之贤者，岁贡各二人以给宿卫，且以观大臣之能；所贡贤者有赏，所贡不肖者有罚。夫如是，诸侯、吏二千石皆尽心于求贤，天下之士可得而官使也。徧得天下之贤人，则三王之盛易为，而尧舜之名可及也。毋以日月为功，实试贤能为上，量材而授官，录德而定位，则廉耻殊路，贤不肖异处矣。②

董仲舒主张贤者的迅速提升，毋以日月为功。反对累日以取贵，积久以致官。这是主张社会等级结构的迅速变化和根本变化，都是激烈的革命化的变动，与社会等级结构渐进式的改革格格不入，故这与儒家的基本思想相去甚远。另外，董仲舒主张贤者的迅速提升，毋以日月为功。这也是反对礼治的，即反对制度政治。这与儒家的基本思想也相去甚远。

董仲舒《贤良对三》又云："故《春秋》变古则讥之，天令之谓命，命非圣人不行；质朴之谓性，性非教化不成；人欲之谓情，情非制度不节。是故王者上谨于承天意，以顺命也；下务明教化民，以成性也；正法度之宜别上下之序，以防欲也：修此三者而大本举矣。人受命于天，固超然异于群生，入有父子兄弟之亲，出有君臣上下之谊，会聚相遇，则有耆老长幼之施；粲然有文以相接，驩然有恩以相爱，此人之所以贵也。生五谷以食之，桑麻以衣之，六畜以养之，服牛乘马，圈豹槛虎，是其得天之灵，贵于物也。故孔子曰：'天地之性人为贵。'明于天性，知自贵于物；知自贵于物，然后知仁谊；知仁谊，然后重礼节；重礼节，然后安处善；安处善，然后乐循理；乐循理，然后谓之君子。故孔子曰'不知命亡以为君子'，此之谓也。"③

① 《汉书・董仲舒传》，班固《汉书》，中华书局 1962 年 6 月第 1 版，第二五一二页。

② 《汉书・董仲舒传》，班固《汉书》，中华书局 1962 年 6 月第 1 版，第二五一二页——第二五一三页。

③ 《汉书・董仲舒传》，班固《汉书》，中华书局 1962 年 6 月第 1 版，第二五一五页——第二五一六页。

董仲舒贤良对虽也说“故《春秋》变古则讥之”，但董仲舒更强调“义”和“权变”，由近及远，抓大放小。这样一来，孔子的仁学思想，在“义”和“权变”的借口之下被冷落了，董仲舒在“义”和“权变”的借口下完全可以为所欲为。

董仲舒撰《春秋繁露》卷一《王道》云：“《春秋》立义：天子祭天地，诸侯祭社稷，诸山川不在封内不祭。有天子在，诸侯不得专地，不得专封，不得专执天子之大夫，不得舞天子之乐，不得致天子之赋，不得适天子之贵。君亲无将，将而诛。大夫不得世，大夫不得废置君命。立适以长不以贤，立子以贵不以长。立夫人以适不以妾，天子不臣母后之党。亲迎以来远，故未有不先近而致远者也。故内其国而外诸夏，内诸夏而外夷狄，言自近者始也。”① 何休在董仲舒的基础上提出三科九旨之说：新周，故宋，以春秋当新王，此一科三旨也。所见异辞，所闻异辞，所传闻异辞，此二科六旨也。内其国而外诸侯，内诸侯而外夷狄，此三科九旨也。这一套理论的核心就是由近及远，抓大放小。这一套理论的指导思想就是“义”和“权变”。这样一来，孔子的仁学思想，在“义”和“权变”的借口之下被冷落了，董仲舒在“义”和“权变”的借口下完全可以为所欲为。

宋洪迈撰《容斋续笔》卷七“董仲舒《灾异对》”条云：

> 汉武帝建元六年，辽东高庙、长陵高园殿灾，董仲舒居家，推说其意，草稿未上，主父偃窃其书奏之。上召视诸儒，仲舒弟子吕步舒不知其师书，以为大愚。于是下仲舒吏，当死。诏赦之，仲舒遂不敢复言灾异。此本传所书。而《五行志》载其对曰：“汉当亡秦大敝之后，承其下流。又多兄弟亲戚骨肉之连，骄扬奢侈恣睢者众，故天灾若语陛下：‘非以太平至公，不能治也，视亲戚贵属在诸侯远正最甚者，忍而诛之，如吾燔辽东高庙乃可；视近臣在国中处旁仄及贵而不正者，忍而诛之，如吾燔高园殿乃可’云尔。在外而不正者，虽贵如高庙，犹灾燔之，况诸侯乎？在内不正者，虽贵如高园殿，犹燔灾之，况大臣乎？此天意也。”
>
> 其后淮南、衡山王谋反，上思仲舒前言，使吕步舒持斧钺治淮南狱，以《春秋》谊颛断于外，不请，既还奏事，上皆是之，凡与王谋反列侯二千石豪杰，皆以罪轻重受诛，二狱死者数万人。呜呼！以武帝之嗜杀，时临御方数岁，可与为善。庙殿之灾，岂无他说，而仲舒首劝其杀骨肉大臣，与平生学术大为乖剌，驯致数万人之

① 苏舆《春秋繁露义证》，中华书局1992年12月第1版，第一一二页——第一一六页。

祸，皆此书启之也。①

洪迈认为董仲舒《灾异对》“视亲戚贵属在诸侯远正最甚者，忍而诛之”“视近臣在国中处旁仄及贵而不正者，忍而诛之”使汉武帝最后下决心派吕步舒持斧钺治淮南狱，以《春秋》谊颛断于外，不请，既还奏事，汉武帝皆是之，凡与王谋反，列侯二千石豪杰，皆以罪轻重受诛，二狱死者数万人。洪迈认为董仲舒首劝汉武帝杀骨肉大臣，与其平生学术大为乖剌。洪迈没有看出董仲舒平生学术儒法合一、外儒内法的系统性，这是洪迈的局限性。

马端临《文献通考》卷九十二宗庙考二天子宗庙云：

> 西山真氏曰：仲舒对策言天人相与之际，以为天心仁爱人君而欲止其乱。又谓人君所为美恶之极与天地流通而往来相应，此皆药石之至言也。至火灾之对，则传会甚矣！况又导人主以诛杀，与前所谓尚德不尚刑者，何其自相戾邪也。夫亲戚之骄僭，近臣之专横，夫岂无道以裁制之？岂必诛杀而后快哉？史称仲舒居家推说其意，草稿未上，主父偃窃其书奏焉，上召视诸儒，仲舒弟子吕步舒，不知其师书，以为大愚，于是下仲舒吏，当死。诏赦之，仲舒遂不敢复言灾异。其后淮南衡山反，上思仲舒前言，使吕步舒持斧钺治淮南狱，以《春秋》谊颛断于外，不请，既还，事上皆是之。史又言淮南衡山江都谋反，迹见公卿，寻端治之，竟其党与，坐死者数万人。夫谋反，不过数人，而坐死者若是其众，岂非仲舒前言有以发帝之忍心与？②

真德秀认为董仲舒贤良对策言天人相与之际，以为天心仁爱人君而欲止其乱。又谓人君所为美恶之极与天地流通而往来相应，此皆药石之至言。至《火灾之对》，岂必诛杀而后快？真德秀与洪迈一样，没有看出董仲舒平生学术儒法合一、外儒内法的系统性，这也是真德秀的局限性。

马端临《文献通考》卷一百六十三刑考二刑制云：

---

① 洪迈《容斋随笔》，中华书局2005年11月第1版，第三〇五页。

② 马端临《文献通考》，中华书局1986年9月第1版，第八三二页。

按汉儒如贾谊、董仲舒最为醇正，然至其论诸侯王，则皆主于诛杀。仲舒此对（指董仲舒《灾异对》）与天人三策议论迥别，真西山亦谓太史公言贾谊明申韩，今读《政事书》，蔼然有洙泗，典刑未见，其为申韩之学，至诸侯王皆众髋髀等语，然后知太史公之说不缪。孟子曰：子以为有王者作。将比今之诸侯而诛之乎？其教之不改而后诛之乎？圣贤处事固不同也。盖诸侯王虽汉初之深患，然根连株逮而诛锄之于后，固不若建法立制而防闲之于初也。孝文时淮南济北亦尚构逆，讨而戮之，罪止其身，未尚深竟党与，亦不闻复有后患，何必诛及二万余人哉！①

马端临读《政事书》的感觉很有代表性，初读《政事书》，蔼然有洙泗之气象，典刑未见，至诸侯王皆众髋髀等语，然后知太史公之说其为申韩之学之不缪。我于前文已通过分析而得出结论，贾谊所习的《春秋左氏传》重视礼的形式，但礼一旦失去仁的内核，实际上与法律也就没有什么区别了。贾谊的思想极易于通向法家的思想。马端临认为董仲舒《灾异对》与天人三策之议论迥别，没有看出董仲舒平生学术儒法合一、外儒内法的系统性，这也是马端临的局限性。

董仲舒主张先发制人，防患于未然。董仲舒《春秋繁露》的《俞序》云："故予先言《春秋》详已而略人，因其国而容天下。《春秋》之道，大得之则以王，小得之则以霸。故曾子、子石盛美齐侯安诸侯，尊天子。霸王之道，皆本于仁。仁，天心，故次以天心。爱人之大者，莫大于思患而豫防之，故蔡得意于吴，鲁得意于齐，而《春秋》皆不告，故次以言怨人不可迩，敌国不可狎，攘窃之国不可使久亲，皆为民除患之意也。"② 可见，董仲舒主张先发制人，以防患于未然为仁之大者，可见董仲舒主张仁义的虚伪性。防患于未然，即所谓诛心，没有犯罪之人，以防患诛之。董仲舒之前，萧何所定法律虽严酷，但尚有法可依，人没有犯罪，刑罚不加其身。董仲舒主张先发制人，讲究诛心，董仲舒弟子以《春秋》断狱，以诛心为断，以防患为口实，专杀于外，无需请示武帝，可谓无法无天。韩非主张"明主之国，无书简之文，以法为教；无先王之语，以吏为师。"③ 法家还有法可依，董仲舒的外儒内法可谓无法无天，比法家还可怕。

《春秋》庄公三十二年："秋，七月，癸巳，公子牙卒。"《春秋公羊传》云：

---

① 马端临《文献通考》，中华书局 1986 年 9 月第 1 版，第一四一六页。

② 苏舆《春秋繁露义证》，中华书局 1992 年 12 月第 1 版，第一六一页——第一六二页。

③ 《韩非子·五蠹》，王先慎《韩非子集解》，中华书局 1998 年 7 月第 1 版，第四五二页。

何以不称弟？杀也。杀则曷为不言刺？为季子讳杀也。曷为为季子讳杀？季子之遏恶也。不以为国狱，缘季子之心而为之讳。季子之遏恶奈何？庄公病，将死，以病召季子，季子至而授之以国政，曰：寡人即不起此病，吾将焉致乎鲁国。季子曰：般也存，君何忧焉？公曰：庸得若是乎？牙谓我曰：鲁一生一及，君已知之矣，庆父也存。季子曰：夫何敢！是将为乱乎？夫何敢！俄而牙弑械成。季子和药而饮之，曰：公子从吾言而饮此，则必可以无为天下戮笑，必有后乎鲁国。不从吾言而不饮此，则必为天下戮笑，必无后乎鲁国。于是从其言而饮之，饮之无傫氏，至乎王堤而死。公子牙今将尔，辞曷为与亲弑者同？君亲无将，将而诛焉。然则善之与？曰：然。杀世子母弟，直称君者，甚之也。季子杀母兄何善尔？诛不得辟兄，君臣之义也。然则曷为不直诛而酖之，行诛乎兄，隐而逃之，使托若以疾死然，亲亲之道也。①

《春秋公羊传》竟然以季子杀母兄为善，主张大义灭亲，根本不顾及血缘亲情。在杀戮亲人的具体手段上，以不见鲜血而自欺欺人地逃避伦理道德之困境，《春秋公羊传》以此为亲亲之道，则《春秋公羊传》所谓之亲亲之道实为大义灭亲之一块遮羞布，完全是表面文章，没有任何伦理道德之实质。董仲舒教武帝大义灭亲的思想与《春秋公羊传》的思想完全一致。

董仲舒迷信政权的力量，以政权的强制力量务除天下所患，实行强力急作式的或曰暴风骤雨式的更张更化。董仲舒《春秋繁露》的《符瑞》云：“有非力之所能致而自致者，西狩获麟，受命之符是也。然后托乎《春秋》正不正之间，而明改制之义。一统乎天子，而加忧于天下之忧也，务除天下所患。而欲以上通五帝，下极三王，以通百王之道，而随天之终始，博得失之效，而考命象之为，极理以尽情性之宜，则天容遂矣。百官同望异路，一之者在主，率之者在相。”②

董仲舒特别强调人君之权的重要性。董仲舒撰《春秋繁露》卷四《王道》云：“故道同则不能相先，情同则不能相使，此其教也。由此观之，未有去人君之权，能制其势者也；未有贵贱无差，能全其位者也。故君子慎之。”③ 这都是强调借助于政权的强制力量

① 阮元校刻《十三经注疏》，中华书局 1980 年 10 月第 1 版，第二二四二页——第二二四三页。

② 苏舆《春秋繁露义证》，中华书局 1992 年 12 月第 1 版，第一三一页——第一三二页。

③ 苏舆《春秋繁露义证》，中华书局 1992 年 12 月第 1 版，第一五七页——第一五八页。

以实行激烈的社会变革。

最能代表董仲舒外儒内法思想的著作当是《春秋繁露》卷六《保位权》。

董仲舒撰《春秋繁露》卷六《保位权》云：

> 民无所好，君无以劝（杨德春按：劝原作权，据文意改）也。民无所恶，君无以畏也。无以劝（杨德春按：劝原作权，据文意改），无以畏，则君无以禁制也。无以禁制，则比肩齐势而无以为贵矣。故圣人之治国也，因天地之性情，孔窍之所利，以立尊卑之制，以等贵贱之差。设官府爵禄，利五味，盛五色，调五声，以诱其耳目，自令清浊昭然殊体，荣辱踔然相驳，以感动其心，务致民令有所好。有所好然后可得而劝也，故设赏以劝之。有所好必有所恶，有所恶然后可得而畏也，故设罚以畏之。既有所劝，又有所畏，然后可得而制。制之者，制其所好，是以劝赏而不得多也。制其所恶，是以畏罚而不得过也。所好多则作福，所恶过则作威。作威则君亡权，天下相怨；作福则君亡德，天下相贼。故圣人之制民，使之有欲，不得过节；使之敦朴，不得无欲。无欲有欲，各得以足，而君道得矣。
>
> 国之所以为国者，德也。君之所以为君者，威也。故德不可共，威不可分。德共则失恩，威分则失权。失权则君贱，失恩则民散。民散则国乱，君贱则臣叛。是故为人君者，固守其德，以附其民；固执其权，以正其臣。声有顺逆，必有清浊；形有善恶，必有曲直。故圣人闻其声则别其清浊，见其形则异其曲直。于浊之中，必知其清；于清之中，必知其浊；于曲之中，必见其直；于直之中，必见其曲。于声无小而不取，于形无小而不举。不以著蔽微，不以众揜寡，各应其事以致其报。黑白分明，然后民知所去就，民知所去就，然后可以致治，是为象则。为人君者，居无为之位，行不言之教，寂而无声，静而无形，执一无端，为国源泉。因国以为身，因臣以为心。以臣言为声，以臣事为形。有声必有响，有形必有影。声出于内，响报于外；形立于上，影应于下。响有清浊，影有曲直，响所报非一声也，影所应非一形也。故为君虚心静处，聪听其响，明视其影，以行赏罚之象。其行赏罚也，响清则生清者荣，响浊则生浊者辱，影正则生正者进，影枉则生枉者绌。击名考质，以参其实。赏不空施，罚不虚出。是以群臣分职而治，各敬而事，争进其功，显广其名，而人君得载其中，此自然致力之术也。圣人由之，故功出于臣，名归于

君也。①

这就是董仲舒从《春秋公羊传》总结出来的统治术。对民无须施以教化而要使民有欲，民有欲则君可以以奖赏制之，使民有所畏而以刑罚制之。设官府爵禄是为了施赏罚而不是为了施教化，以赏罚二柄治国，这是韩非治国的基本手段。立尊卑之制，以等贵贱之差，这是因天地之性情，孔窍之所利，因而尊卑之制、贵贱之差完全是物质利益的差别关系，这就使礼制完全物质利益化了。在孔子的思想中，礼制是人的道德价值的体现，礼制的核心是仁，由仁开辟价值之源，所以自天子以至庶民皆以修身为本，修身的目的在求仁，设官府的目的在施教化、行仁政。可见董仲舒的统治术是外儒内法，是与孔子的思想背道而驰的。

董仲舒《贤良对》之思想被前人称为醇正，董仲舒被前人称为醇儒，通过以上分析可见前人皆失之。董仲舒思想的本质是儒法合一，外儒内法，在“义”和“权变”的借口之下可以不择手段、为所欲为。由此入手便可洞察《春秋公羊传》与《春秋穀梁传》的本质区别。

第三节　《春秋穀梁传》在汉武帝时代的流传及其背景

汉武帝选择《春秋公羊传》而不是《春秋穀梁传》作为官方统治思想，根本原因在于《春秋公羊传》的思想适合于这一时期的政治需要，次要原因为齐鲁地域文化上之分别。当时高官多为习齐学者。实际上这也就以历史的实际发展情况证明了《春秋穀梁传》无法家思想可供汉武帝利用，即《春秋穀梁传》无法家思想。

《汉书·儒林传》云：“瑕丘江公受《穀梁春秋》及《诗》于鲁申公，传子至孙为博士。武帝时，江公与董仲舒并。仲舒通五经，能持论，善属文。江公呐于口，上使与仲舒议，不如仲舒。而丞相公孙弘本为公羊学，比辑其议，卒用董生。于是上因尊公羊家，诏太子受《公羊春秋》，由是《公羊》大兴。太子既通，复私问《穀梁》而善之。其后浸微，唯鲁荣广王孙、皓星公二人受焉，广尽能传其《诗》《春秋》（即《春秋穀梁传》）。”②

---

① 苏舆《春秋繁露义证》，中华书局 1992 年 12 月第 1 版，第一七二页——第一七六页。

② 《汉书·儒林传》，班固《汉书》，中华书局 1962 年 6 月第 1 版，第三六一七页。

从这段史料来看，汉武帝最终采纳《春秋公羊传》而不是《春秋穀梁传》作为正统思想。原因是春秋公羊学大师董仲舒能持论，而《春秋穀梁传》传人江公呐于口，口才不如董仲舒。但是，统治思想的选定仅仅以口呐为由是很难令人信服的。此外，丞相公孙弘本为春秋公羊学者。比较董仲舒与江公之议，足用董仲舒之论。公孙弘有无党同伐异之嫌，也都不是问题的实质，因为个人在历史中的作用毕竟是有限的。《春秋公羊传》在汉景帝时就已立于学官，至汉武帝时，公孙弘以治《春秋公羊传》入相封侯，天下学者靡然向风。似乎《春秋公羊传》学术地位的上升，是由于公孙弘入相封侯的结果。其实公孙弘以治《春秋公羊传》入相封侯，正是由于《春秋公羊传》的思想适合于这一时期的政治需要，当时社会现实的政治需要选择了公孙弘，而不是相反。

汉武帝时期的政治需要与汉代初年以来的政治形势密切相关。汉高祖刘邦建立汉朝以后，实行与民休息的政策，导致权力下放。内忧外患，连年不断。这就进一步削弱了中央集权。接着吕后专权，文景之治，政治经济权力进一步下放，汉代社会处于黄老无为而治的氛围之中。接着是吴楚七国之乱，这表明中央集权已遭到严重削弱。到汉武帝时期政权很不稳固，社会矛盾十分尖锐，宫廷内部斗争也十分激烈。在这种社会背景之下，统治者迫切需要加强中央集权。这就必须要强调大一统，加强法制，刑德并举。《春秋公羊传》正好适应了这种政治需要，受到统治者的高度重视。汉武帝不仅完全接受了公羊学的政治主张，而且将《春秋公羊传》所阐发的《春秋》的微言大义作为办案的依据。《春秋公羊传》对汉武帝时的整个社会生活产生了广泛的影响。而《春秋穀梁传》的政治思想有不适合于汉武帝的政治需要之处。

要之，《春秋穀梁传》未能成为汉武帝时期之正统统治思想主要原因为《春秋穀梁传》之学术不符合汉武帝的政治需要，春秋公羊学之中的法家因素较多，符合汉武帝的政治需要，次要原因为齐鲁地域文化上之分别。当时高官多为习齐学者。实际上这也就以历史的实际发展情况证明了《春秋穀梁传》无法家思想可供汉武帝利用，即《春秋穀梁传》无法家思想。

一、《春秋穀梁传》之学术不符合汉武帝的政治需要

（一）《春秋穀梁传》之学术不符合汉武帝对内大一统的政治需要

《汉书·儒林传》记载："辕固，齐人也。以治《诗》。孝景时为博士。与黄生争论于上前。黄生曰：'汤武非受命，乃杀也。'固曰：'不然，夫桀纣荒乱，天下之心皆归汤武。汤武因天下之心而诛桀纣，桀纣之民弗为使而归汤武，汤武不得已而立，非受命为何?'黄生曰：'冠虽敝，必加于首；履虽新，必贯于足。何者？上下之分也。今桀纣虽

失道，然君上也。汤武虽圣，臣下也。夫主有失行，臣不正言匡过，以尊天子，反因过而诛之，代立南面，非杀而何？' 固曰：'必若云是，高皇帝代秦即天子之位，非邪？' 于是上曰：'食肉毋食马肝，未为不知味也。言学者毋言汤武受命，不为愚。'"①

齐人辕固生与黄生争论的核心问题是关于政权更替的问题。黄生从"道生一"的思想出发，认为君主的地位是不能变动的。所谓"冠虽敝，必加于首；履虽新，必贯于足。"这一上下关系是不能变的。桀纣虽失道，然君上也。汤武虽圣，臣下也。这实际上否定了汉高祖刘邦代秦即天子之位的合法性。

《春秋》僖公八年："八年，春，王正月，公会王人、齐侯、宋公、卫侯、许男、曹伯、陈世子款，盟于洮。"《春秋穀梁传》云："王人之先诸侯，何也？贵王命也。朝服虽敝，必加于上；弁冕虽旧，必加于首。周室虽衰，必先诸侯。兵车之会也。"②

《春秋穀梁传》僖公八年所载"朝服虽敝，必加于上；弁冕虽旧，必加于首。周室虽衰，必先诸侯"这条材料，从表面上看与黄生之论毫无二致，但实际上二者是有区别的，《春秋穀梁传》僖公八年所载"朝服虽敝，必加于上；弁冕虽旧，必加于首。周室虽衰，必先诸侯"是对黄老思想的儒化，汉初之时黄老思想盛行，提倡儒学实为不易，只能借鸡下蛋，用黄老的话语表达儒家的思想，参阅本章第二节。《春秋穀梁传》僖公八年所载"朝服虽敝，必加于上；弁冕虽旧，必加于首。周室虽衰，必先诸侯"也是在讲"尊王"，但是这种"尊王"思想是僵化的，旨在维持社会结构的相对稳定。这实际上否定了汉高祖刘邦代秦即天子之位的合法性，也就是否定了汉朝的合法性。但是这并不影响《春秋穀梁传》成为正统思想，逆取者以儒家思想为正统思想在中国历史上不乏其例。关键问题是汉武帝及其以前的汉代皇帝处于上升时期，以自己作为天命转移的受益者，对汤武革命取认可的态度，赞成社会秩序的变动甚或激烈变动，这样，旨在维持社会结构相对稳定的《春秋穀梁传》就不合乎汉武帝的口味，而主张社会结构激烈变动的《春秋公羊传》就得到了汉武帝的青睐。由对《春秋穀梁传》僖公八年所载"朝服虽敝，必加于上；弁冕虽旧，必加于首。周室虽衰，必先诸侯"这条材料的分析来看，《春秋穀梁传》的"尊王"思想是不适合汉武帝的统治需要的。绝不可以《春秋穀梁传》的记载与《汉书》记载的黄生之论似乎相似而误认为《春秋穀梁传》有黄老思想或法家思想。

现在再来看《春秋穀梁传》的另一条材料。

---

① 《汉书·儒林传》，班固《汉书》，中华书局 1962 年 6 月第 1 版，第三六一二页。

② 阮元校刻《十三经注疏》，中华书局 1980 年 10 月第 1 版，第二三九五页。

《春秋》庄公九年："公及齐大夫盟于暨。"《春秋穀梁传》云："公不及大夫。（范宁注：春秋之义，内大夫可以会诸侯。公不可以盟外大夫。所以明尊卑、定内外也。今齐国无君，要当有任其盟者，故不得不以权通。）大夫不名，无君也。（范宁注：礼：君前臣名，齐无君。故大夫不名。）盟，纳子纠也。不日，其盟渝也。（范宁注：变盟，立小白。）当齐无君，制在公矣。当可纳而不纳，故恶内也。"①

这条材料也是在讲"明尊卑，定内外"。但是又说"当齐无君，制在公矣。"君位继承是关乎封建集权统治存亡的大事，公室本身要牢牢掌握君位继承的决定权，君位继承的决定权绝不能旁落于大臣或外部势力之手。齐无君，大臣插手册立之事，从表面上看已成大错。春秋之义内大夫可以会诸侯，公不可以盟外大夫。鲁庄公会外大夫，从表面上看已是错上加错。但是《春秋穀梁传》旨在反对君主一人独操君位继承的决定权，由公室宗族和国际社会参与决定君位的继承，以确保君位的公正和平稳继承，这种思想明显不利于汉武帝的中央集权专政统治。

《春秋》庄公九年："九月，齐人取子纠杀之。"（范宁注：言子纠者，明其贵宜为君。）《春秋穀梁传》云："外不言取，言取，病内也。取，易辞也。犹曰取其子纠而杀之云尔。（范宁注：犹言自齐之子纠，今取而杀之，言鲁不能救护也。）十室之邑，可以逃难。百室之邑，可以隐死。以千乘之鲁，而不能存子纠，以公为病矣。"②

"十室之邑，可以逃难。百室之邑，可以隐死"都是战国时期的情况和思想，反映了《春秋穀梁传》旨在建立一个相对宽松的社会的理想。这是不符合汉武帝大一统的政治要求的，这种思想也明显不利于汉武帝的中央集权专政统治。由此可见，董仲舒通《五经》，能持论，善属文。江公呐于口。上使与仲舒议，不如仲舒。而丞相公孙弘本为《公羊》学，比辑其义，卒用董生。于是上因尊《公羊》家，招太子受《公羊春秋》，由是《公羊》大兴。这只是问题的表面，最本质的问题在于《春秋穀梁传》的思想内容不适合汉武帝对内大一统的政治要求。

（二）《春秋穀梁传》之学术不符合汉武帝对外大攘夷的政治需要

《春秋公羊传》庄公四年记齐襄公灭纪国，以齐襄公灭纪国为贤襄公。《春秋》庄公四年："纪侯大去其国。"《春秋公羊传》："大去者何？灭也。孰灭之？齐灭之。曷为不言齐灭之？为襄公讳也，《春秋》为贤者讳。何贤乎襄公？复雠也。何雠尔？远祖也。哀公

① 阮元校刻《十三经注疏》，中华书局1980年10月第1版，第二三八二页。

② 阮元校刻《十三经注疏》，中华书局1980年10月第1版，第二三八二页——第二三八三页。

亨乎周，纪侯谮之。以襄公之为于此焉者，事祖祢之心尽矣。尽者何？襄公将复雠乎纪，卜之曰：'师丧分焉。''寡人死之，不为不吉也。'远祖者几世乎？九世矣。九世犹可以复雠乎？虽百世可也。家亦可乎？曰：不可。国何以可？国君一体也。先君之耻犹今君之耻也，今君之耻犹先君之耻也。国君何以为一体？国君以国为体，诸侯世。故国君为一体也。今纪无罪，此非怒与？曰：非也。古者有明天子，则纪侯必诛，必无纪者。纪侯之不诛，至今有纪者，犹无明天子也。古者诸侯必有会聚之事，相朝聘之道，号辞必称先君以相接，然则齐纪无说焉，不可以并立乎天下。故将去纪侯者，不得不去纪也。有明天子，则襄公得为若行乎？曰：不得也。不得，则襄公曷为为之？上无天子，下无方伯，缘恩疾者可也。"①

《春秋公羊传》认为不仅可以复九世之雠。而且可以复百世之雠。这种大复仇的思想实际上是主张社会结构的剧烈变化，以激烈的方式解决社会矛盾和社会问题。

《史记》卷一百十《匈奴列传》云："汉既诛大宛，威震外国，天子意欲遂困胡。乃下诏曰：'高皇帝遗朕平城之忧，高后时单于书绝悖逆。昔齐襄公复百世之雠，《春秋》大之。'是岁太初四年也。"② 此处《春秋》大之所用之义为《春秋公羊传》之义。

汉武帝就是以《春秋公羊传》提供的复百世之雠的理论为依据发动了对匈奴的长达十四年的战争，在此期间社会结构发生了剧烈的变化。卫青、霍去病、李广利、桑弘羊、霍光等以布衣平步青云，知识分子被冷落，无数平民百姓死于沟壑。社会经济遭到严重破坏。汉武帝统治的后期实际上已到大乱的边缘。

《春秋》庄公四年："纪侯大去其国。"《春秋穀梁传》云："大去者，不遗一人之辞也。言民之从者四年而后毕也。纪侯贤而齐侯灭之，不言灭而曰大去其国者，不使小人加乎君子。"③《春秋穀梁传》没有提出大复仇等旨在进行剧烈社会变革的思想观点，自然不适合于汉武帝以长期残酷战争的激烈方式解决夷狄问题。

另外，《春秋公羊传》在汉景帝时就已立博士，胡毋子都、董仲舒在汉景帝时都以治《春秋公羊传》而为《春秋》博士，《春秋公羊传》在汉武帝时被确立为统治思想。《春秋穀梁传》、《春秋左氏传》其时皆未立学官，故从官方政治角度可以《春秋公羊传》代指《春秋》，《春秋公羊传》所阐发之《春秋》大义即可代替《春秋》大义。继《春秋公羊

① 阮元校刻《十三经注疏》，中华书局1980年10月第1版，第二二二六页。

② 《史记·匈奴列传》，司马迁《史记》，中华书局1959年9月第1版，第二九一六页。

③ 阮元校刻《十三经注疏》，中华书局1980年10月第1版，第二三八一页。

传》立博士之后，《春秋穀梁传》、《春秋左氏传》也相继立博士，从官方政治角度即不当以《春秋公羊传》代指《春秋》，亦不当仅仅以《春秋公羊传》所阐发之《春秋》大义代替《春秋》大义。从纯学术角度更不应该以《春秋公羊传》代指《春秋》，亦不当仅仅以《春秋公羊传》所阐发之《春秋》大义代替《春秋》大义。杨树达《春秋大义述》以"荣复仇"为所谓之春秋大义之首，这仅仅是《春秋公羊传》之大义而已。故杨树达《春秋大义述》之书名即不妥，当改为《公羊春秋大义述》，此其一。即使是在《春秋公羊传》所阐发之《春秋》大义之中，大复仇也不是居于首位的，此其二。大复仇也不等同于"荣复仇"，"荣复仇"之说也是有问题的，此其三。杨树达《春秋大义述》以鼓舞抗日为口实。我认为，鼓舞抗日也要坚持正义立场，抗日要依靠人民群众，不是依靠某个元帅贤明，中国人民受到中国传统文化之熏陶，中国传统文化以儒学为主，儒学的核心是仁义道德，即关键是坚持正义立场和原则，绝不能提倡和宣扬无原则之仇杀，更不能提倡和宣扬以暴易暴，此其四。曾运乾序所谓"吾友长沙杨积微先生，说字之精，远逾段令；释词之审，上迈二王"与实际严重不符，杨树达与段玉裁、王念孙、王引之绝不可同日而语；《汉书》颜师古注一般与《汉书》合刊并行，杨树达《汉书窥管》达不到与《汉书》合刊并行的水平，与《汉书》颜师古注绝不可同日而语；《淮南子》高诱注和许慎注一般也与《淮南子》合刊并行，杨树达《淮南子证闻》达不到与《淮南子》合刊并行的水平，与《淮南子》高诱注和许慎注绝不可同日而语；曾运乾如此言论对于学风和后代学者必然产生不良影响，此其五。

二、汉武帝时之官吏多为习齐学者或符合齐文化要求者

齐文化与鲁文化的形成可以追根溯源到周初行封建之时。当时太公望被封于齐。齐文化的形成即始于此。《吕氏春秋·仲冬纪·长见》曰："吕太公望封于齐，周公旦封于鲁。二君者甚相善也，相谓曰：'何以治国?'太公望曰：'尊贤上（尚）功。'周公旦曰：'亲亲上恩。'"① 太公望"尊贤尚功"确定了齐文化的发展方向。周公旦"亲亲上恩"确定了鲁文化的发展方向。这一故事又见于《淮南子》等书。《史记·货殖列传》论及战国秦汉之际的齐地风俗说："宽缓阔达而足智，好议论。"②《汉书·地理志》云："太公治齐，修道术，尊贤智，赏有功，故至今其土多好经术，矜功名，宽缓阔达而足智。其失夸奢朋党，言与行缪，虚诈不情，急之则离散，缓之则放纵。始桓公兄襄公淫乱，姑

① 《吕氏春秋·仲冬纪·长见》，陈奇猷《吕氏春秋校释》，学林出版社一九八四年四月初版，第六〇五页。

② 《史记·货殖列传》，司马迁《史记》，中华书局 1959 年 9 月第 1 版，第三二六五页。

姊妹不嫁。于是令国中民家长女不得嫁，名曰巫儿，为家主祠，嫁者不利其家。民至今以为俗。痛乎！道民之道可不慎哉！昔太公始封，周公问：‘何以治齐？’太公曰：‘举贤而上功。’周公曰：‘后世必有篡杀之臣。’其后二十九世为强臣田和所灭，而和自立为齐侯。初和之先陈公子完有罪来奔齐，齐桓公以为大夫，更称田氏，九世至和而篡齐，至孙威王称王，五世为秦所灭。临甾海岱之间一都会也，其中具五民云。”① 《史记·货殖列传》论及战国秦汉之际邹鲁之地的风俗说：“而邹鲁滨洙泗，犹有周公遗风，俗好儒，备于礼。”②《汉书·地理志》云：“孔子闵王道将废，乃修六经以述唐虞三代之道，弟子受业而通者七十有七人。是以其民好学，上礼义，重廉耻。周公始封，太公问：‘何以治鲁？’周公曰：‘尊尊而亲亲。’太公曰：‘后世寖弱矣。’故鲁自文公以后，禄去公室，政在大夫，季氏逐昭公，陵夷微弱三十四世而为楚所灭。”③

与太公望同时受封的周公旦是鲁文化开始形成的起点。《史记·鲁周公世家》说：“周公旦者，周武王弟也。自文王在时，旦为子孝，笃仁，异于群子。及武王即位，旦常辅翼武王，用事居多。”④ 周公旦与周室属于同一血统，周公旦立国的思想就是强调血缘关系，“亲亲上恩”，这也就决定了鲁文化的走向。

由于齐鲁地域文化差异的形成，齐鲁之人在执政思想上也开始分化，汉代官僚之中，齐鲁之人非常多，立于学官的儒家学说又多为齐学，齐文化之影响随齐学之立于学官而波及天下了。朝中官僚绝大多数所学为齐学，作为齐学的春秋公羊学被汉武帝立为统治思想是得到朝中绝大多数官僚的支持的。而丞相公孙弘，本为公羊学，比辑其议，卒用董生。丞相公孙弘只不过是这些官僚的政治代表罢了。这样，汉武帝通过立春秋公羊学为统治思想，在政权组织上也强化了中央集权。

从武帝大兴《春秋公羊传》之学之后，习公羊学者俯拾青紫，坐至公卿，而《春秋穀梁传》的传习者与习《春秋公羊传》的学者已不可同日而语。瑕丘江公将《春秋穀梁传》传与荣广、皓星公。《汉书·儒林传》称：“广尽能传其（杨德春按：指瑕丘江公。）《诗》《春秋》（杨德春按：即《春秋穀梁传》），高材捷敏，与《公羊》大师眭孟等论，数困之，故好学者颇复受《穀梁》。”⑤ 其中有蔡千秋、周庆、丁姓子孙，蔡千秋还得到

① 《汉书·地理志》，班固《汉书》，中华书局 1962 年 6 月第 1 版，第一六六一页。

② 《史记·货殖列传》，司马迁《史记》，中华书局 1959 年 9 月第 1 版，第三二六六页。

③ 《汉书·地理志》，班固《汉书》，中华书局 1962 年 6 月第 1 版，第一六六二页。

④ 《史记·鲁周公世家》，司马迁《史记》，中华书局 1959 年 9 月第 1 版，第一五一五页。

⑤ 《汉书·儒林传》，班固《汉书》，中华书局 1962 年 6 月第 1 版，第三六一七页。

皓星公的传授，“为学最笃”。证明《春秋穀梁传》仍具有与《春秋公羊传》争夺统治思想地位的实力。特别是在汉武帝的统治使社会矛盾激化的情况下，《春秋穀梁传》对汉代知识分子产生了吸引力。伴随着对汉武帝之政的矫正，《春秋穀梁传》的学术地位也随之发生了变化。

第四节 《春秋穀梁传》在汉宣帝时代的流传及其背景

汉代经学在汉武帝时期是五经七博士，在汉宣帝时期，变为五经十四博士。其中增立《春秋穀梁传》的博士，使得《春秋穀梁传》也成为官方学说，从而使《春秋穀梁传》在汉宣帝时期的政治生活中发挥了重要作用。可以说，汉宣帝增立《春秋穀梁传》的博士根本就不是扶持学术或发展学术，而是以《春秋穀梁传》作为政治工具，使《春秋穀梁传》在汉宣帝时期的政治生活中发挥了重要作用。

一种经学思想要在政治生活中发挥重要作用，其本身的思想建设是第一性的。《春秋穀梁传》之学在汉宣帝时期作为一种经学学说也不例外。经过长期的思想理论建设，《春秋穀梁传》之学已经形成和发展了与春秋公羊学不同的特色，到汉武帝时代，在与《春秋公羊传》争夺官方统治思想之地位受挫后，一度浸微，唯鲁荣广尽能传其（杨德春按：指瑕丘江公。）《诗》《春秋》（杨德春按：即《春秋穀梁传》），高材捷敏，与《公羊》大师眭孟等论，数困之，这说明《春秋穀梁传》之学与春秋公羊学之分歧依然存在。与春秋公羊学之分歧是《春秋穀梁传》之学在汉宣帝时期的政治生活中发挥重要作用的思想理论基础。《春秋穀梁传》比《春秋公羊传》更加重视伦理道德，重视“亲亲上恩”。《春秋穀梁传》的“亲亲上恩”的特色迎合了汉宣帝缓和社会矛盾的政治需要。《春秋穀梁传》本身的思想内容吸引了统治者的注意。《春秋穀梁传》在经学思想上的特征和长处是使其被立于学官的重要原因，也是其得以在汉宣帝时期的政治生活中发挥重要作用的重要原因。郑玄《六艺论》认为“《穀梁》善于《经》。”① 即郑玄认为《春秋穀梁传》善于传达《春秋》的微言大义，郑玄是从经学角度表述《春秋穀梁传》本身的思想理论特色的。《春秋穀梁传》实兼《春秋公羊传》之长而鲜其弊，其说之纯正，《春秋左氏传》实难望其项背。《春秋穀梁传》本身的思想理论特色是《春秋穀梁传》在汉宣帝时期的政治生活中发挥重要作用的基础。

---

① 惠栋《穀梁古义》，见文渊阁《四库全书》经部七，五经总义类。

一、汉宣帝对《春秋穀梁传》的个人感情

《春秋穀梁传》为汉宣帝祖父卫太子之所好，故宣帝对祖辈所好之学有一定的感情。加之汉宣帝少经大难，对强调“亲亲上恩”的《春秋穀梁传》有一定的感情。总之，汉宣帝立《春秋穀梁传》博士是有一定的感情因素在里面的。

《后汉书·陈元传》记载：“往者，孝武皇帝好《公羊》，卫太子好《穀梁》，有诏诏太子受《公羊》，不得受《穀梁》。孝宣皇帝在人间时，闻卫太子好《穀梁》，于是独学之。及即位，为石渠论而穀梁氏兴，至今与《公羊》并存。此先帝后帝各有所立，不必其相因也。”① 根据陈元的说法，因为祖父卫太子刘据喜欢《春秋穀梁传》，汉宣帝在民间时就已经对《春秋穀梁传》有好感，后来增立《春秋穀梁传》博士就建立在这种感情基础上。

《汉书·儒林传》云：“宣帝即位，闻卫太子好《穀梁春秋》，以问丞相韦贤、长信少府夏侯胜及侍中乐陵侯史高，皆鲁人也，言穀梁子本鲁学，公羊氏乃齐学也，宜兴《穀梁》。”② 据此，汉宣帝在即位以后，才了解卫太子刘据爱好《春秋穀梁传》。不论宣帝是在民间还是即位后才知道卫太子刘据爱好《春秋穀梁传》的，当宣帝得知卫太子刘据爱好《春秋穀梁传》，这就拉近了《春秋穀梁传》与宣帝的感情，特别是与否定卫太子的正统性的《春秋公羊传》相比较，宣帝的感情上的好恶是不能排除的。《汉书·儒林传》云：“宣帝即位，闻卫太子好《穀梁春秋》，以问丞相韦贤、长信少府夏侯胜及侍中乐陵侯史高。”③ 宣帝一听到卫太子好《穀梁春秋》，这么一点小事，竟连问丞相韦贤、长信少府夏侯胜及侍中乐陵侯史高三人，证明宣帝对与卫太子有关的事情非常重视，把对卫太子的感情及于卫太子之所好。汉宣帝之提升《春秋穀梁传》的学术地位不能排除其中的感情因素。

《汉书·外戚列传》云：“是时，霍将军有小女，与皇太后有亲。公卿议更立皇后，皆心仪霍将军女，亦未有言。上乃诏求微时故剑，大臣知指，白立许婕妤为皇后。”④ 这条材料证明汉宣帝是一个讲亲情、有仁心之人。

汉宣帝少经大难，生长于民间，霍光奏议称汉宣帝“慈仁爱人”⑤；“上（杨德春按：

---

① 《后汉书·郑范陈贾张列传》，范晔《后汉书》，中华书局1965年5月第1版，第一二三一页。

② 《汉书·儒林传》，班固《汉书》，中华书局1962年6月第1版，第三六一七页。

③ 《汉书·儒林传》，班固《汉书》，中华书局1962年6月第1版，第三六一七页。

④ 《汉书·外戚列传》，班固《汉书》，中华书局1962年6月第1版，第三九六五页。

⑤ 《汉书·宣帝纪》，班固《汉书》，中华书局1962年6月第1版，第二三八页。

指汉宣帝。）有意欲用淮阳王代太子，然以少依许氏，俱从微起，故终不背焉。”① 霍光奏议、汉宣帝由对许氏的感情而及于许氏之子都表明汉宣帝是一个讲亲情、有仁心的人。这三条材料足以证明汉宣帝是一个讲亲情、有仁心之人。既然汉宣帝是一个讲亲情、有仁心之人，这就不能排除汉宣帝对卫太子的感情，也就不能排除汉宣帝提升《春秋穀梁传》的学术地位并使其发挥政治作用具有个人感情上的因素。在汉宣帝提升《春秋穀梁传》的学术地位并使其发挥政治作用的问题上，完全排除汉宣帝的感情因素而纯粹从政治功利方面寻求解答，这是片面的，也是与历史事实不相符合的。

二、《春秋穀梁传》符合汉宣帝的政治需要及在当时政治中所发挥的作用

首先，汉宣帝增立《春秋穀梁传》博士，将《春秋穀梁传》的政治思想作为基本的统治思想，公之于天下，对武帝之政的流弊有所矫正，使尖锐的社会矛盾有所缓和。

《汉书·眭两夏侯京翼李传》云：“眭弘字孟，鲁国蕃人也。少时好侠，斗鸡走马，长乃变节，从嬴公受《春秋》，以明经为议郎，至符节令。孝昭元凤三年正月，泰山莱芜山南匈匈有数千人声，民视之，有大石自立，高丈五尺，大四十八围，入地深八尺，三石为足。石立后有白乌数千下集其旁。是时昌邑有枯社木卧复生，又上林苑中大柳树断枯卧地，亦自立生，有虫食树叶成文字曰‘公孙病已立’，孟推《春秋》之意，以为‘石柳皆阴类，下民之象。泰山者岱宗之岳，王者易姓告代之处。今大石自立，僵柳复起，非人力所为，此当有从匹夫为天子者。枯社木复生，故废之家公孙氏当复兴者也。’孟意亦不知其所在，即说曰：‘先师董仲舒有言，虽有继体守文之君，不害圣人之受命。汉家尧后，有传国之运。汉帝宜谁差天下，求索贤人，禅以帝位，而退自封百里，如殷周二王后，以承顺天命。’孟使友人内官长赐上此书。时昭帝幼，大将军霍光秉政，恶之，下其书廷尉。奏赐、孟妄设袄言惑众，大逆不道，皆伏诛。后五年孝宣帝兴于民间，即位，征孟子为郎。”② 眭弘以董仲舒为先师，以讲灾异为手段，其目的只有一个，就是进行剧烈的社会变革。辅佐汉昭帝的霍光出于维护刘汉政权的需要杀眭弘。汉宣帝即位后，采用高明柔克的儒家思想，为眭弘平反，又说接受禅让的贤人就是汉宣帝本人，巧妙地笼络了公羊学者，又维护了刘汉政权。但董仲舒、眭弘的公羊学本质上是要进行剧烈的社会变革，这是不符合汉宣帝时代稳定社会局势的要求的。

---

① 《汉书·元帝纪》，班固《汉书》，中华书局 1962 年 6 月第 1 版，第二七七页。

② 《汉书·眭两夏侯京翼李传》，班固《汉书》，中华书局 1962 年 6 月第 1 版，第三一五三页——第三一五四页。

汉宣帝是武帝曾孙，卫太子孙，少年时因巫蛊事件曾在民间生活过，亲身经历了人生的磨难，了解民间疾苦，《汉书·宣帝纪》称汉宣帝“操行节俭，慈仁爱人。”① 他即位后，面对复杂的社会矛盾和紧张的宗室关系，改变汉武帝严刑峻法的政策，实行崇尚礼制、亲亲上恩的政策，力图缓和社会矛盾，巩固自己的政治地位，为此采取了一系列措施。《汉书·宣帝纪》记载：

本始四年春正月下诏曰：“盖闻农者兴德之本也。今岁不登，已遣使者赈贷困乏，其令太官损膳省宰，乐府减乐人，使归就农业。丞相以下至都官令丞上书入穀，输长安仓，助贷贫民。民以车船载穀入关者，得毋用传。”②

地节四年二月下诏曰：“导民以孝，则天下顺。今百姓或遭衰绖凶灾，而吏繇事，使不得葬，伤孝子之心，朕甚怜之。自今诸有大父母、父母丧者勿繇事，使得收敛送终，尽其子道。”五月又下诏曰：“父子之亲，夫妇之道，天性也。虽有患祸，犹蒙死而存之，诚爱结于心，仁厚之至也，岂能违之哉！自今子首匿父母，妻匿夫，孙匿大父母，皆勿坐。其父母匿子，夫匿妻，大父母匿孙，罪殊死，皆上请廷尉以闻。”③

元康二年夏五月诏曰；“狱者，万民之命，所以禁暴止邪，养育群生也。能使生者不怨，死者不恨，则可谓文吏矣。今则不然，用法或持巧心，析律贰端，深浅不平，增辞饰非，以成其罪，奏不如实，上亦亡繇知此。朕之不明，吏之不称，四方黎民将何仰哉？二千石各察官属，勿用此人，吏务平法。或擅兴繇役，饰厨传，称过使客，越职踰法，以取名誉，譬犹践薄冰以待白日，岂不殆哉？今天下颇被疾疫之灾，朕甚愍之，其令郡国被灾甚者毋出今年租赋。”④

又曰：“闻古天子之名，难知而易讳也。今百姓多上书触讳以犯罪者，朕甚怜之，其更讳询，诸触讳在令前者赦之。”⑤

① 《汉书·宣帝纪》，班固《汉书》，中华书局 1962 年 6 月第 1 版，第二三八页。

② 《汉书·宣帝纪》，班固《汉书》，中华书局 1962 年 6 月第 1 版，第二四五页。

③ 《汉书·宣帝纪》，班固《汉书》，中华书局 1962 年 6 月第 1 版，第二五〇页——第二五一页。

④ 《汉书·宣帝纪》，班固《汉书》，中华书局 1962 年 6 月第 1 版，第二五五页——第二五六页。

⑤ 《汉书·宣帝纪》，班固《汉书》，中华书局 1962 年 6 月第 1 版，第二五六页。

元康三年三月下诏曰："盖闻象有罪，舜封之。骨肉之亲，粲而不殊。其封故昌邑王贺为海昏侯。"①

五凤二年秋八月下诏曰："夫婚姻之礼，人伦之大者也。酒食之会，所以行礼乐也。今郡国二千石或擅为苛禁，禁民嫁娶不得具酒食相贺召，由是废乡党之礼令，民亡所乐，非所以导民也。《诗》不云乎？'民之失德，干糇以愆。'勿行苛政。"②

汉宣帝这种富有仁爱亲情色彩的宽松政策缓和了社会矛盾，吏称其职，民安其业，单于慕义，稽首称藩，所以，《汉书·宣帝纪》赞汉宣帝："赞曰：孝宣之治，信赏必罚，综核名实，政事文学法理之士咸精其能，至于技巧工匠器械，自元、成间鲜能及之，亦足以知吏称其职，民安其业也。遭值匈奴乖乱，推亡固存，信威北夷，单于慕义，稽首称藩。功光祖宗，业垂后嗣，可谓中兴，侔德殷宗、周宣矣。"③

不难看出，汉宣帝的施政方针与汉武帝的施政方针迥然不同，汉宣帝的政治思想与《春秋穀梁传》的思想基本上是一致的，可以说汉宣帝的施政方针就是《春秋穀梁传》所宣扬和倡导的思想精神的体现。宣帝在民间亲身体验过民间生活的艰辛，即位后面临汉武帝、汉昭帝遗留下来的尖锐的社会矛盾。宣帝必须缓和当时尖锐的社会矛盾，而亲亲尚恩、并在此前提下强调礼治的《春秋穀梁传》正好满足了宣帝的政治要求，受到宣帝的重视和喜爱，宣帝作为政治家是否相信《春秋穀梁传》的思想并不重要，重要的是宣帝通过立《春秋穀梁传》于学官，将《春秋穀梁传》的政治思想作为基本的统治思想，公之于天下，对汉武帝之政的流弊有所矫正，使尖锐的社会矛盾有所缓和。明白这个缘故，就可以理解在宣帝杂王霸而用、不重儒生而用宦官的条件下，《春秋穀梁传》地位却上升了的问题。

其次，汉宣帝立《春秋穀梁传》博士，以《春秋穀梁传》作为官方思想在于强调血缘正统。其他皇室子孙，无权觊觎皇位。这就需要强调社会结构相对稳定的《春秋穀梁传》作为正统思想，而属于齐学之《春秋公羊传》则不能适应汉宣帝之统治需要。《春

---

① 《汉书·宣帝纪》，班固《汉书》，中华书局 1962 年 6 月第 1 版，第二五七页。

② 《汉书·宣帝纪》，班固《汉书》，中华书局 1962 年 6 月第 1 版，第二六五页。

③ 《汉书·宣帝纪》，班固《汉书》，中华书局 1962 年 6 月第 1 版，第二七五页。

秋》隐公四年："冬，十有二月，卫人立晋。"《春秋穀梁传》云："其称人以立之，何也？得众也。得众则是贤也，贤则其曰不宜立，何也？《春秋》之义，诸侯与正而不与贤也。"① 这与眭弘的"先师董仲舒有言，虽有继体守文之君，不害圣人之受命。汉家尧后，有传国之运，汉帝宜谁差天下，求索贤人，禅以帝位，而退自封百里，如殷周二王后，以承顺天命"形成了鲜明的对照。

汉宣帝即位之后，其地位并不稳固，楚元王刘延寿以为广陵王刘胥乃武帝之子，天下有变必得立，阴欲附倚，辅助其夺取皇位。《汉书·楚元王传》云："宣帝即位，延寿以为广陵王胥武帝子，天下有变必得立，阴欲附倚辅助之，故为其后母弟赵何齐取广陵王女为妻，与何齐谋曰：'我与广陵王相结，天下不安，发兵助之，使广陵王立。何齐尚公主，列侯可得也。'因使何齐奉书遗广陵王曰：'愿长耳目，毋后人有天下。'何齐父长年上书告之，事下有司，考验辞服，延寿自杀。"②

汉宣帝即位之后，仍然担心昌邑王复起，制诏山阳太守张敞，令其监视昌邑王。《汉书·武五子传》云："大将军光更尊立武帝曾孙，是为孝宣帝。即位，心内忌贺，元康二年遣使者赐山阳太守张敞玺书曰：'制诏山阳太守：其谨备盗贼，察往来过客。毋下所赐书！'敞于是条奏贺居处，著其废亡之效，……"③

汉宣帝即位后，还要防止霍光奏太后废昌邑王事在自己身上重演。

《春秋》僖公二十四年："冬，天王出居于郑。"

《春秋左氏传》云："冬，王使来告难曰：'不穀不德，得罪于母弟之宠子带，鄙在郑地汜，敢告叔父。'臧文仲对曰：'天子蒙尘于外，敢不奔问官守。'王使简师父告于晋，使左鄢父告于秦。天子无出，书曰'天王出居于郑'，辟母弟之难也。天子凶服降名，礼也。郑伯与孔将鉏、石甲父、侯宣多省视官具于汜，而后听其私政。礼也。"④《春秋左氏传》云："初，甘昭公有宠于惠后，惠后将立之，未及而卒。昭公奔齐，王复之，又通于隗氏，王替隗氏，颓叔桃子曰：我实使狄，狄其怨我。遂奉太叔以狄师攻王。王御士将御之，王曰：先后其谓我何？宁使诸侯图之。王遂出，及坎欿，国人纳之。秋，颓叔桃子奉太叔以狄师伐周，大败周师，获周公忌父、原伯、毛伯、富辰。王出适郑，处于

① 阮元校刻《十三经注疏》，中华书局1980年10月第1版，第二三六九页。

② 《汉书·楚元王传》，班固《汉书》，中华书局1962年6月第1版，第一九二五页。

③ 《汉书·武五子传》，班固《汉书》，中华书局1962年6月第1版，第二七六七页。

④ 阮元校刻《十三经注疏》，中华书局1980年10月第1版，第一八一八页。

氾。太叔以隗氏居于温。”①

《春秋公羊传》云：“王者无外，此其言出何？不能乎母也。鲁子曰：是王也，不能乎母者，其诸此之谓与。”②

根据《春秋左氏传》的记载，天王出居于郑之时惠后已亡，而《春秋公羊传》以为不能乎母，注云：明母得而废之，这就为吕雉废少帝、霍光奏太后废昌邑王之事提供了经学之理论依据，也为后世母后颛朝，外戚擅废立之柄，提供了经学之理论依据。对于汉宣帝来说，《春秋公羊传》不仅仅已经是不适应汉宣帝矫正武帝之政的偏差的政治需要，而且已经是直接威胁到汉宣帝政权的安全。

《春秋穀梁传》云：“天子无出，出，失天下也。居者，居其所也，虽失天下，莫敢有也。”范注：“虽实出奔，而王者无外。王之所居，诸侯不敢有之以为国。”

《春秋穀梁传》没有为霍光奏太后废昌邑王之事提供经学之理论依据。汉宣帝即位后，要防止霍光奏太后废昌邑王事在自己身上重演，《春秋公羊传》的经学思想是不符合汉宣帝的政治要求的。

汉宣帝即位后，还要强调自己作为卫太子之孙继承皇位的合理性。不能仅仅作为昭帝的过继之子而继承皇位，仅以昭帝的过继之子而继承皇位，则太后可以擅废立之柄，为昭帝再过继一子易如反掌，霍光奏太后废昌邑王事在汉宣帝自己身上就会重演。汉宣帝要强调自己作为卫太子之孙继承皇位的合理性，就会与《春秋公羊传》的经学思想发生冲突，从而亲近《春秋穀梁传》的经学思想。

《汉书·隽不疑传》云：“始元五年，有一男子乘黄犊车，建黄旐，衣黄襜褕，著黄冒，诣北阙，自谓卫太子。公车以闻，诏使公卿将军中二千石杂识视。长安中吏民聚观者数万人。右将军勒兵阙下，以备非常。丞相御史中二千石至者并莫敢发言。京兆尹不疑后到，叱从吏收缚。或曰：‘是非未可知，且安之。’不疑曰：‘诸君何患于卫太子！昔蒯聩违命出奔，辄距而不纳，《春秋》是之。卫太子得罪先帝，亡不即死，今来自诣，此罪人也。’遂送诏狱。”③ 隽不疑引用的《春秋》，就是《春秋公羊传》。

《春秋》哀公二年：“夏，四月，丙子。卫侯元卒。滕子来朝。晋赵鞅帅师，纳卫世子蒯聩于戚。”《春秋公羊传》云：“戚者何？卫之邑也。曷为不言入于卫？父有子，子不

① 阮元校刻《十三经注疏》，中华书局1980年10月第1版，第一八一八页。

② 阮元校刻《十三经注疏》，中华书局1980年10月第1版，第二二五九页。

③ 《汉书·隽疏于薛平彭传》，班固《汉书》，中华书局1962年6月第1版，第三〇三七页。

得有父也。”何休《春秋公羊传解诂》云：“明父得有子而废之，子不得有父之所有。故夺其国文，正其义也。不贬蒯聩者，下曼姑围戚无恶文，嫌曼姑可为辄诛其父，故明不得也。不去国见挈者，不言入于卫，不可醇无国文。辄出奔不书者，不责拒父也。主书者，与顿子同。”① 主书者，与顿子同，这反映出《春秋公羊传》强烈的法家思想因素，父子之间，亲情全无。徐彦《春秋公羊传疏》的解释证明了这一点。

徐彦《春秋公羊传疏》云：“解云：正以犯父之命，理宜贬之，不谓更有经文可决也。然则文十四年郤缺纳不正，贬之称人。今赵鞅亦是纳不当得位之人，而不贬者，正以纳父罪不至贬也。彼传云‘此晋郤缺也，其称人何？贬。曷为贬？不与大夫专废置君也’，是其讥之义矣。云故明不得也者，正蒯聩无恶文，则知曼姑不得诛之明矣。云不去国见挈者云云，正以文十四年‘晋人纳接菑’，注云‘接菑不系邾娄者，见挈于郤缺也’，今此不见挈者，不可醇无国文故也。云辄出奔不书云云，知辄出奔者，正以蒯聩之入故也。诸侯之礼，礼当死位，若其出奔者，皆书而责之。今不书者，正欲不责辄之拒父故也。云主书者与顿子同者，即僖二十五年‘秋，楚人围陈，纳顿子于顿’，彼注云‘纳顿子书者，前出奔当绝，还入为盗国当诛。书楚纳之，与之同罪也。主书者，从楚纳之。’然则定十四年‘夏（按阮元校刊，夏当作秋），蒯聩出奔宋’之时，子无去父之义，已当合绝，今还入为盗国，复当合诛。晋纳之，与同罪。主书者，从晋纳，故曰与顿子同义。然则蒯聩犯父之命，其恶明矣。但晋为霸主，法度所在，而纳逆命之子，夺已立之侯。故云主书者，从晋纳矣。”②

从《春秋》书“卫世子蒯聩”来看，《春秋》是承认蒯聩在血缘上是正统的，有继承君位的权利。但蒯聩曾欲弑母，得罪卫灵公，出奔于外。徐彦《春秋公羊传疏》认为：“彼注云‘纳顿子’书者，前出奔，当绝还，入为盗国，当诛。书楚纳之，与之同罪也。主书者从楚纳之，然则定十四年夏蒯聩出奔宋之时，子无去父之义，已当合绝，今还入，为盗国，复当合诛。晋纳之，与同罪。主书者从晋纳，故曰与顿子同义。然则蒯聩犯父之命，其恶明矣。”隽不疑也说：“卫太子得罪先帝，亡不即死，今来自诣，此罪人也。”③ 隽不疑、徐彦明言得罪先帝，理应诛杀，也就没有君位继承权。《论语·述而》记载了孔子对辄拒父不赞成：冉有曰：“夫子为卫君乎？”子贡曰：“诺，吾将问之。”入

① 阮元校刻《十三经注疏》，中华书局 1980 年 10 月第 1 版，第二三四六页。

② 阮元校刻《十三经注疏》，中华书局 1980 年 10 月第 1 版，第二三四六页。

③ 《汉书·隽疏于薛平彭传》，班固《汉书》，中华书局 1962 年 6 月第 1 版，第三〇三七页。

曰："伯夷、叔齐何人也?"曰："古之贤人也。"曰："怨乎?"曰："求仁得仁，又何怨?"出曰："夫子不为也。"[①] 孔子认为辄不应拒父，而应效仿伯夷、叔齐让国，这样一来，蒯聩仍有继承君位的权利，这就是因为蒯聩在血缘上是辄的父亲、卫灵公的世子。孔子所强调的就是宗法血缘的关系，这是维系宗法社会的纽带。《春秋》书"卫世子蒯聩"就是承认蒯聩在血缘上是正统的，有继承君位的权利。

《春秋穀梁传》在解说《春秋》哀公二年"晋赵鞅帅师纳卫世子蒯聩于戚"时也以辄尊王父之命为是。这是从维护宗法家族的根本利益出发，只有"尊祖"，才能最大限度地消除宗法家族内部的分歧和纷争。但是，《春秋穀梁传》也强调宗法家族内部的亲情。《春秋》哀公三年："春，齐国夏、卫石曼姑帅师围戚。"《春秋穀梁传》云："此卫事也，其先国夏，何也? 子不围父也。不系戚于卫者，子不有父也。"[②] 明确指出辄不应围父，子不有父就是儿子不认父亲了，这明显违反伦理，这是《春秋穀梁传》所反对的。《春秋穀梁传》强调父子之间应讲亲情，在"尊祖"的前提下，父子之间以亲情相礼让。可见，《春秋穀梁传》的思想更接近于《论语·述而》篇孔子对这一问题的看法，但与孔子之论还是有一定的距离。《春秋公羊传》主张蒯聩以前出奔，当绝还，返回为盗国，当诛，不仅不讲父子亲情，还否定了蒯聩的君位继承权，其出为逃犯，其入为盗国之贼。卫太子得罪武帝，也是"罪人"，没有君位继承权，汉宣帝作为卫太子的后人继承君位也就不合理。对于汉宣帝来说，《春秋公羊传》已经不仅仅是直接威胁到汉宣帝政权的合理性，而且更为重要的是《春秋公羊传》不适应宣帝矫正武帝之政的偏差的政治需要，不适应宣帝停止公室宗亲之间的杀戮以求中兴的政治需要。

《春秋公羊传》在汉景帝时就已立博士，胡毋子都、董仲舒在汉景帝时都以治《春秋公羊传》而为《春秋》博士，《春秋公羊传》在汉武帝时被确立为统治思想。《春秋公羊传》之所以在汉景帝时得以立博士，在于汉景帝时社会已要求加强中央集权。面对《春秋公羊传》的巨大影响，要从理论上确立汉宣帝政权的正统性，不是一朝一夕所能解决的。汉宣帝通过增立和支持《春秋公羊传》的对立面来达到逐步削弱《春秋公羊传》的巨大影响的目的。通过《春秋公羊传》与《春秋穀梁传》的辩论，多从《春秋穀梁传》，使天下士人之思想逐步归向《春秋穀梁传》，在意识形态和社会舆论上确立汉宣帝即位的合理性。

---

① 阮元校刻《十三经注疏》，中华书局1980年10月第1版，第二四八二页。

② 阮元校刻《十三经注疏》，中华书局1980年10月第1版，第二四四九页。

再次，在政府组织上，一朝天子一朝臣，先朝之权臣要更换，这批人多为治《春秋公羊传》之齐人，宣帝通过立《春秋穀梁传》于学官，从上至下培植一大批为汉宣帝自己可用之人。另一方面，通过兴立《春秋穀梁传》博士，使《春秋公羊传》博士不废而实废。因为上有所好，下必学之。一时间形成《春秋穀梁传》大盛之势。此热彼冷。天下士人有限，学《春秋穀梁传》者多了，则学《春秋公羊传》者相对就少了。这样一来，一时间使《春秋公羊传》博士不废而实废，沉重打击了春秋公羊学的政治力量。这就在政府组织上巩固了汉宣帝之位。

《春秋公羊传》在汉景帝时立博士，在汉武帝时作为官方的政治学说，《春秋公羊传》的思想占据了当时意识形态领域的统治地位。研习《春秋公羊传》的儒生越来越多，官吏也越来越多地归向《春秋公羊传》。到昭宣之际，《春秋公羊传》的门生故吏遍布天下，在这样的形势下，新皇即位，新的官僚从何而来？必须设立新的学说，以此为根据选拔人才以作为官僚机构的后备力量。

《汉书·萧望之传》云："地节三年夏，京师雨雹，望之因是上疏，愿赐清闲之宴，口陈灾异之意。宣帝自在民间闻望之名，曰：'此东海萧生邪？下少府宋畸问状，无有所讳。'望之对，以为《春秋》昭公三年大雨雹，是时季氏专权，卒逐昭公。乡使鲁君察于天变，宜亡此害。今陛下以圣德居位，思政求贤，尧舜之用心也。然而善祥未臻，阴阳不和，是大臣任政，一姓擅势之所致也。附枝大者贼本心；私家盛者公室危。唯明主躬万机，选同姓，举贤材，以为腹心，与参政谋，令公卿大臣朝见奏事，明陈其职，以考功能，如是则庶事理，公道立，奸邪塞，私权废矣。对奏，天子拜望之为谒者。时上初即位，思进贤良，多上书言便宜，辄下望之问状，高者请丞相御史，次者中二千石试事，满岁以状闻，下者报闻，或罢归田，里所白处奏皆可。"① 这说明萧望之和宣帝对时局的看法是大臣任政，一姓擅权。附枝大者贼本心；私家盛者公室危。唯明主躬万机，选同姓，就是"亲亲"。举贤材以为腹心，就是要选拔心腹。这只能通过立《春秋穀梁传》博士来实现，从而从上至下培植一大批为汉宣帝自己可用之人，巩固汉宣帝之位。

值得注意的是萧望之上疏也是大讲天变灾异，完全是春秋公羊学。萧望之治齐诗，其学为齐学。《汉书·萧望之传》记载："萧望之字长倩，东海兰陵人也。徙杜陵。家世以田为业，至望之，好学，治齐《诗》，事同县后仓且十年。以令诣太常受业，复事同学

---

① 《汉书·萧望之传》，班固《汉书》，中华书局1962年6月第1版，第三二七三页。

博士白奇，又从夏侯胜问《论语》、礼服。京师诸儒称述焉。”①

夏侯胜受《尚书》，说灾异，其学也为齐学。《汉书·夏侯胜传》记载：“夏侯胜字长公。初，鲁共王分鲁西宁乡以封子节侯，别属大河。大河后更名东平。故胜为东平人。胜少孤，好学，从始昌受《尚书》及《洪范五行传》，说灾异。后事蔄卿，又从欧阳氏问。为学精熟，所问非一师也。善说礼服，征为博士，光禄大夫。会昭帝崩，昌邑王嗣立，数出。胜当乘舆前谏曰：‘天久阴而不雨，臣下有谋上者，陛下出欲何之？’王怒谓胜为袄言，缚以属吏。吏白大将军霍光，光不举法。是时，光与车骑将军张安世谋欲废昌邑王。光让安世以为泄语，安世实不言。乃召问胜，胜对言：‘在《洪范传》曰：皇之不极，厥罚常阴，时则下人有伐上者，恶察察言，故云臣下有谋。’光、安世大惊，以此益重经术士。后十余日，光卒与安世白太后，废昌邑王，尊立宣帝。”②

萧望之、夏侯胜皆鲁人，所治皆齐学。通过立《春秋穀梁传》博士可以使鲁人的政治地位有所提高，打击了春秋公羊学的政治力量，从而使自己的政治地位有所提高。

三、关于汉宣帝崇尚明察、任用宦官的问题

似乎汉宣帝不重儒术，杂用王霸，其实，这是不全面的。《汉书》记载：“是时上（指汉宣帝刘询）方用刑法，信任中尚书宦官，宽饶奏封事曰：‘方今圣道浸废，儒术不行，以刑余为周、召，以法律为《诗》《书》。”③ 相同的记载还有：“初，宣帝不甚从儒术，任用法律，而中书宦官用事。”④ “时，上好儒术文辞，颇改宣帝之政，言事者多进见，人人自以为得上意”⑤。从这里可以发现：汉元帝好儒术，颇改宣帝之政，则汉宣帝不好儒术。最有代表性的材料还是他与元帝之间的一段对话：“年二岁，宣帝即位。八岁，立为太子。壮大，柔仁好儒。见宣帝所用多文法吏，以刑名绳下，大臣杨恽、盖宽饶等坐刺讥辞语为罪而诛，尝侍燕，从容言：‘陛下持刑太深，宜用儒生。’宣帝作色曰：‘汉家自有制度，本以霸王道杂之，奈何纯任德教，用周政乎！且俗儒不达时宜，好是古非今，使人眩于名实，不知所守，何足委任？’乃叹曰：‘乱我家者，太子也！’繇是疏太子而爱淮阳王，曰：‘淮阳王明察好法，宜为太子。’而王母张婕妤尤幸。上有意欲用淮

① 《汉书·萧望之传》，班固《汉书》，中华书局1962年6月第1版，第三二七一页。

② 《汉书·眭两夏侯京翼李传》，班固《汉书》，中华书局1962年6月第1版，第三一五五页。

③ 《汉书·盖诸葛刘郑孙毋将何传》，班固《汉书》，中华书局1962年6月第1版，第三二四七页。

④ 《汉书·萧望之传》，班固《汉书》，中华书局1962年6月第1版，第三二八四页。

⑤ 《汉书·匡张孔马传》，班固《汉书》，中华书局1962年6月第1版，第页。

阳王代太子，然以少依许氏，俱从微起，故终不背焉。”①这些材料似乎表明：汉宣帝不甚好儒，使用刑法，任用宦官。但是，对这些材料应当进行更深入的分析。

汉宣帝疏太子而爱淮阳王，欲用淮阳王代太子。然以少依许氏，俱从微起，故终不背焉。这说明汉宣帝非常注重亲情。霍光奏议称“师受《诗》《论语》《孝经》，操行节俭，慈仁爱人”②。作为政治家，汉宣帝要调整各种各样的人的利益，仅仅用儒家思想是不够的。作为最高统治者，汉宣帝面临篡弑的危险，明察好法，也是出于职业需要，汉宣帝深知最高统治者的职业，充满危险，所以要明察好法，淮阳王明察好法，宜为太子，“宜”就是“适合”。淮阳王明察好法，适合于最高统治者这一危险职业。汉宣帝从职业经验出发，这与是否喜欢无关。汉宣帝不甚好儒术只能理解为汉宣帝不甚喜欢“缘经饰事”的儒术，汉宣帝操行节俭，慈仁爱人，从本质上还是儒者。至于汉宣帝任用中书宦官，则再次表明汉宣帝人单势孤，朝中无可用之人。昭帝朝之旧官僚，基本上为权臣所收买。经学之士，基本上出于齐学，《春秋公羊传》也是齐学，也不合汉宣帝的需要。且经学之士多依附权臣，萧望之是得罪于霍光，不为其所用，才投靠汉宣帝，为汉宣帝所用。夏侯胜不为霍光所用，投靠昌邑王，被霍光、张安世所审问，之后才投靠汉宣帝，为汉宣帝所用。汉宣帝人单势孤，朝中无可用之人，只能暂时任用宦官。汉宣帝提倡《春秋穀梁传》，自元康中始讲，至甘露三年，积十余岁，逐步培养和选拔了一批可用之人。汉宣帝朝后期经学之士入仕者颇多，这与武昭之世形成了鲜明的对照。随着汉宣帝朝后期经学之士入仕者的增多，汉宣帝有了可用之人，基本上就不用宦官了。总之，汉宣帝用宦官只是无可用之人情况下的权宜之计，汉宣帝还是重用儒生的。汉宣帝操行节俭，慈仁爱人，从本质上还是儒者。

四、《春秋穀梁传》促成了经学知识分子精英阶层的形成

在宣帝之前经学知识分子在汉政权中仅备顾问，没有实权。公孙弘以《春秋公羊传》之经生居相位，但经学知识分子并未形成一个精英阶层，从而分享政治权力。《春秋公羊传》的人才思想是完全通过自然选择方式选拔官员，强调越级提拔，这在董仲舒的《贤良对》和《春秋繁露》中都有阐发。通过自然选择方式选拔官员，经学知识分子是很难分享到政治权力的，政治的残酷性和其他特性常使残酷的人和具有其他特殊能力的人进入权力中心。通过自然选择方式选拔官员，经学知识分子与残酷的人和具有其他特殊能

① 《汉书·元帝纪》，班固《汉书》，中华书局1962年6月第1版，第二七七页。

② 《汉书·宣帝纪》，班固《汉书》，中华书局1962年6月第1版，第二三八页。

力的人相比没有任何优势。《春秋公羊传》又主张剧烈的、根本的社会变革，社会剧烈变革，社会结构变动过快，乱哄哄你方唱罢我登场。这就不利于经学知识分子形成一个精英阶层以左右政权。

《春秋穀梁传》更强调以仁为核心的礼制，推行的是制度政治，不可能支持越级提拔，通过以仁为核心的礼制干预官员的选拔，那些残酷的人和具有其他特殊能力的人常与以仁为核心的礼制相左，很难进入权力中心。这就为循规蹈矩的经学知识分子提供了入仕的可能，从而使经学知识分子摆脱了仅备顾问而已的可悲命运。《春秋穀梁传》主张为政舒缓，重视社会结构的相对稳定，这就为经学知识分子形成一个精英阶层以左右政权提供了可能。

宣帝之时，经学知识分子精英阶层的形成是通过两条途径进行的。一条途径是经学之士从学经师，每一经师有许多弟子门生，其中有一人为官，即举荐同门师友，在政权中形成宗派山头。在社会中形成经学知识分子精英阶层。另一条是旧官僚通过读经而进入经学知识分子精英阶层。

按董仲舒的人才思想，经学知识分子是很难分享到政治权力的。汉武帝时代的实际情况也证明了这一点，除公孙弘外，在汉武帝时代身居要津的权贵霍光、桑弘羊、田千秋、张汤、张安世都不是经学之士。宣帝时，通过立《春秋穀梁传》博士，实现了统治思想的转变，《春秋穀梁传》最终促成了经学知识分子精英阶层的形成。实现了孔子“学而优则仕”的思想，对汉代及以后的中国政治产生了深远影响。宣元时期身居要津的主要经学知识分子权贵如下：

《汉书·隽疏于薛平彭传》云：“疏广字仲翁，东海兰陵人也。少好学，明《春秋》，家居教授，学者自远方至。征为博士太中大夫。地节三年，立皇太子，选丙吉为太傅，广为少傅。数月，吉迁御史大夫，广徙为太傅，广兄子受字公子，亦以贤良举为太子家令。受好礼恭谨，敏而有辞。……顷之，拜受为少傅。”①

《汉书·隽疏于薛平彭传》云：“于定国字曼倩，东海郯人也。”② “定国乃迎师学《春秋》，身执经，北面备弟子礼。为人谦恭，尤重经术士，虽卑贱徒步往过，定国皆与

① 《汉书·隽疏于薛平彭传》，班固《汉书》，中华书局 1962 年 6 月第 1 版，第三〇三九页。

② 《汉书·隽疏于薛平彭传》，班固《汉书》，中华书局 1962 年 6 月第 1 版，第三〇四一页。

钩礼，恩敬甚备，学士咸称焉。”① “为廷尉十八岁，迁御史大夫。甘露中，代黄霸为丞相，封西平侯。”②

《汉书·隽疏于薛平彭传》云：“薛广德字长卿，沛郡相人也。以鲁《诗》教授楚国，龚胜、舍师事焉。萧望之为御史大夫，除广德为属，数与论议，器之，荐广德经行宜充本朝。为博士，论石渠，迁谏大夫，代贡禹为长信少府、御史大夫。广德为人温雅，有酝藉。”③

《汉书·王贡两龚鲍传》云：“王吉字子阳，琅邪皋虞人也。少好学明经，以郡吏举孝廉为郎，补若卢右丞，迁云阳令。举贤良为昌邑中尉……”④ “王既到，即位二十余日以行淫乱废。昌邑群臣坐在国时不举奏王罪过，令汉朝不闻知，又不能辅道，陷王大恶，皆下狱诛。唯吉与郎中令龚遂以忠直数谏正得减死，髡为城旦。起家复为益州刺史，病去官。复征为博士谏大夫。”⑤

《汉书·王贡两龚鲍传》云：“贡禹字少翁，琅邪人也。以明经絜行著闻，征为博士，凉州刺史，病去官。复举贤良为河南令。”⑥ “元帝初即位，征禹为谏大夫……”⑦

《汉书·韦贤传》云：“韦贤字长孺，鲁国邹人也。”⑧ “贤为人质朴少欲，笃志于学，兼通《礼》《尚书》，以《诗》教授，号称邹鲁大儒。征为博士，给事中，进授昭帝《诗》，稍迁光禄大夫詹事，至大鸿胪。昭帝崩，无嗣，大将军霍光与公卿共尊立孝宣帝。帝初即位，贤以与谋议，安宗庙，赐爵关内侯，食邑。徙为长信少府。以先帝师，甚见尊重。本始三年，代蔡义为丞相，封扶阳侯，食邑七百户，时贤七十余，为相五岁，地节三年以老病乞骸骨，赐黄金百斤，罢归，加赐弟一区。丞相致仕自贤始。年八十二薨，谥曰节侯。” ⑨

---

① 《汉书·隽疏于薛平彭传》，班固《汉书》，中华书局 1962 年 6 月第 1 版，第三〇四二页——第三〇四三页。

② 《汉书·隽疏于薛平彭传》，班固《汉书》，中华书局 1962 年 6 月第 1 版，第三〇四三页。

③ 《汉书·隽疏于薛平彭传》，班固《汉书》，中华书局 1962 年 6 月第 1 版，第三〇四六页——第三〇四七页。

④ 《汉书·王贡两龚鲍传》，班固《汉书》，中华书局 1962 年 6 月第 1 版，第三〇五八页。

⑤ 《汉书·王贡两龚鲍传》，班固《汉书》，中华书局 1962 年 6 月第 1 版，第三〇六二页。

⑥ 《汉书·王贡两龚鲍传》，班固《汉书》，中华书局 1962 年 6 月第 1 版，第三〇六九页。

⑦ 《汉书·王贡两龚鲍传》，班固《汉书》，中华书局 1962 年 6 月第 1 版，第三〇六九页。

⑧ 《汉书·韦贤传》，班固《汉书》，中华书局 1962 年 6 月第 1 版，第三一〇一页。

⑨ 《汉书·韦贤传》，班固《汉书》，中华书局 1962 年 6 月第 1 版，第三一〇七页。

《汉书·韦贤传》云："少子玄成，复以明经历位至丞相。故邹鲁谚曰：'遗子黄金满籯，不如一经。"①

《汉书·魏相丙吉传》云："魏相字弱翁，济阴定陶人也，徙平陵。少学《易》，为郡卒史，举贤良，以对策高第，为茂陵令。顷之，御史大夫桑弘羊客诈称御史止传，丞不以时谒，客怒缚丞。相疑其有奸，收捕，案致其罪，论弃客市，茂陵大治。后迁河南太守，禁止奸邪，豪强畏服。"②

《汉书·魏相丙吉传》云："丙吉字少卿，鲁国人也。治律令，为鲁狱史。积功劳稍迁至廷尉右监。坐法失官，归为州从事。武帝末，巫蛊事起，吉以故廷尉监征，诏治巫蛊郡邸狱。"③"代魏相为丞相。吉本起狱法小吏，后学《诗》《礼》，皆通大义。及居相位，上宽大，好礼让，掾史有罪臧，不称职，辄予长休告，终无所案验。客或谓吉曰：'君侯为汉相，奸吏成其私，然无所惩艾。'吉曰：'夫以三公之府有案吏之名，吾窃陋焉。'后人代吉，因以为故事。公府不案吏，自吉始，于官属掾史，务掩过扬善。"④

《汉书·夏侯胜传》记载："夏侯胜字长公。初，鲁共王分鲁西宁乡以封子节侯，别属大河。大河后更名东平，故胜为东平人。胜少孤，好学，从始昌受《尚书》及《洪范五行传》，说灾异。后事蔺卿，又从欧阳氏问。为学精熟，所问非一师也。善说礼服，征为博士，光禄大夫。会昭帝崩，昌邑王嗣立，数出。胜当乘舆前谏曰：'天久阴而不雨，臣下有谋上者，陛下出欲何之？'王怒谓胜为袄言，缚以属吏。吏白大将军霍光，光不举法。是时，光与车骑将军张安世谋欲废昌邑王。光让安世以为泄语，安世实不言。乃召问胜，胜对言：'在《洪范传》曰：皇之不极，厥罚常阴，时则下人有伐上者，恶察察言，故云臣下有谋。'光、安世大惊，以此益重经术士。后十余日，光卒与安世白太后，废昌邑王，尊立宣帝。"⑤

《汉书·萧望之列传》云："萧望之字长倩，东海兰陵人也，徙杜陵。家世以田为业，至望之，好学，治《齐诗》，事同县后仓且十年。以令诣太常受业，复事同学博士白奇，

---

① 《汉书·韦贤传》，班固《汉书》，中华书局 1962 年 6 月第 1 版，第三一〇七页。

② 《汉书·魏相丙吉传》，班固《汉书》，中华书局 1962 年 6 月第 1 版，第三一三三页。

③ 《汉书·魏相丙吉传》，班固《汉书》，中华书局 1962 年 6 月第 1 版，第三一四二页。

④ 《汉书·魏相丙吉传》，班固《汉书》，中华书局 1962 年 6 月第 1 版，第三一四五页——第三一四六页。

⑤ 《汉书·眭两夏侯京翼李传》，班固《汉书》，中华书局 1962 年 6 月第 1 版，第三一五五页。

又从夏侯胜问《论语》、礼服。京师诸儒称述焉。”①“代丙吉为御史大夫。”②

五、《春秋穀梁传》在汉宣帝朝全盛后迅速衰微

宣帝时期《春秋穀梁传》确实受到尊崇，打破了《春秋》学领域《春秋公羊传》的一统天下，皇帝的诏书和大臣的上奏里仍然较多地采用《春秋公羊传》的学说，这只能是文化的滞后现象和春秋公羊学的巨大影响，这都不能在短时间内消除。

由于宣帝的重视和支持，《春秋穀梁传》的地位不断提高，力量不断壮大。据《汉书·儒林传》记载，宣帝逐步重用习《春秋穀梁传》的学者，征召瑕丘江公之孙为博士，立于学官，选取生员，深入讲习，自元康中始讲，至甘露元年，积十余岁，皆明习，乃召五经名儒太子太傅萧望之等人议殿中，讲论《公羊》《穀梁》同异，各以经处是非。参加这次论战的《公羊》学者有严彭祖，《穀梁》学者有尹更始、刘向、周庆、丁姓等。论三十余事，望之等十一人各以经谊对，多从《穀梁》，于是《穀梁》之学大盛，周庆、丁姓皆为博士。通过这次论战，《春秋穀梁传》作为一个独立的学派，一度取得了与《春秋公羊传》平分秋色的政治地位，可以说《春秋穀梁传》进入了历史上仅有的辉煌时期。

从外部的《春秋公羊传》方面来看，《春秋公羊传》自武帝以来经过长期发展，理论上体系完备，内容丰富，博大精深。政治实践中可操作性强，更符合封建集权统治的需要，在绝大部分封建集权统治者看来，《春秋穀梁传》失之于迂腐了，可操作性不强。学术队伍上，《春秋公羊传》经师人数众多，门生故吏遍于天下。宣帝朝一过，《公羊》学之地位迅速恢复。《春秋穀梁传》仍难以摆脱旁支庶出之地位。在宣帝提倡之下，《春秋穀梁传》短暂大盛之后，《春秋公羊传》的地位得以恢复，因此《汉书》以《春秋公羊传》为正统思想。但是恢复后的《春秋公羊传》，也已发生了变化，《春秋公羊传》与《春秋穀梁传》融合的趋势逐渐加强。疑古学派以《汉书》中汉宣帝朝君臣之传记多记《春秋公羊传》之说而不记《春秋穀梁传》之说，从而否定宣帝朝兴立《春秋穀梁传》博士之事，大误。要之，汉宣帝兴立《春秋穀梁传》博士是有政治动机的，故很难推翻。但《汉书》中关于《春秋穀梁传》的记载还是有一些问题需要进一步研究。

从内部的《春秋穀梁传》方面来看，在汉宣帝之后，《春秋穀梁传》的学术队伍的中坚力量蜕化变质，完全投入《春秋左氏传》学术的怀抱。唐代陆德明撰《经典释文序录·注解传述人》云：“左丘明作《传》以授曾申，申传卫人吴起，起传其子期，期传楚

① 《汉书·萧望之列传》，班固《汉书》，中华书局1962年6月第1版，第三二七一页。

② 《汉书·萧望之列传》，班固《汉书》，中华书局1962年6月第1版，第三二七九页。

人铎椒，椒传赵人虞卿，卿传同郡荀卿，名况，况传武威张苍，苍传洛阳贾谊，谊传至其孙嘉，嘉传赵人贯公，贯公传其少子长卿，长卿传京兆尹张敞及侍御史张禹，禹数为御史大夫萧望之言《左氏》，望之善之，荐禹征待诏，未及问，会病死，禹传尹更始，更始传其子咸及翟方进、胡常，常授黎阳贾护，护授苍梧陈钦。”①

《汉书·儒林传》云：“尹更始为谏大夫、长乐户将，又受《左氏传》，取其变理合者以为章句，传子咸及翟方进、琅邪房凤。咸至大司农，方进，丞相，自有传。”②

《汉书·儒林传》云：“汉兴，北平侯张苍及梁太傅贾谊、京兆尹张敞、大中大夫刘公子皆修《春秋左氏传》。谊为《左氏传训故》，授赵人贯公，为河间献王博士，子长卿为荡阴令，授清河张禹长子，禹与萧望之同时为御史，数为望之言《左氏》，望之善之，上书数以称说。后望之为太子太傅，荐禹于宣帝，征禹待诏，未及问，会疾死，授尹更始，更始传子咸及翟方进、胡常。常授黎阳贾护季君，哀帝时待诏为郎，授苍梧陈钦子佚，以《左氏》授王莽，至将军。而刘歆从尹咸及翟方进受。由是言《左氏》者本之贾护、刘歆。”③

唐马总撰《意林》卷三引桓谭《新论》云：“刘子政、子骏、骏兄弟子伯玉俱是通人，尤重《左氏》，教授子孙，下至妇女，无不读诵，此亦蔽也。”④ 汉王充撰《论衡》卷二十九《案书篇》云：“刘子政玩弄《左氏》，童仆妻子皆呻吟之。”⑤ 尹更始以《春秋左氏传》注《春秋穀梁传》，硬将《春秋穀梁传》往古文经学的阵营里拉。《春秋公羊传》出于自身生存发展的需要对《春秋穀梁传》进行排斥和打压。《春秋穀梁传》的师法和家法终于丧失，《春秋穀梁传》遂成为绝学。研究《春秋穀梁传》也就只能依据《春秋穀梁传》的文本，参照《春秋穀梁传》在早期流传过程中与《春秋公羊传》《春秋左氏传》学术差异的线索，恢复《春秋穀梁传》学术的大致轮廓。

经学知识分子精英阶层形成并控制权力核心之后，经学知识分子的理想主义在权力的刺激之下进一步膨胀，这就使《春秋穀梁传》的经学知识分子背离了《春秋穀梁传》学术的中正平和，倒向更为理想主义的属于古文经学的《春秋左氏传》。尹更始援《春秋左氏传》以注《春秋穀梁传》，成《春秋穀梁传章句》，这是《春秋穀梁传》的经学知识

① 陆德明《经典释文序录·春秋三传注解传述人》，见文渊阁《四库全书》经部七，五经总义类。

② 《汉书·儒林传》，班固《汉书》，中华书局1962年6月第1版，第三六一八页。

③ 《汉书·儒林传》，班固《汉书》，中华书局1962年6月第1版，第三六二〇页。

④ 马总《意林》卷三，见文渊阁《四库全书》子部七，杂家类五，杂纂之属。

⑤ 王充《论衡·案书篇》，黄晖《论衡校释》中华书局1990年2月第1版，第一一六四页。

分子背离了《春秋穀梁传》学术的中正平和而倒向更为理想主义的属于古文经学的《春秋左氏传》的标志之一。《春秋穀梁传》学者尹更始、尹咸、刘向、房凤、胡常、翟方进等皆归向古文经学的《春秋左氏传》,《春秋穀梁传》的学术由此衰微。

第四章 《春秋穀梁传》的思想研究

第一节 《春秋穀梁传》的经济思想

《春秋穀梁传》的义利观是研究《春秋穀梁传》经济思想的基础，以下这段文字系统地阐述了《春秋穀梁传》的义利观。

《春秋》隐公元年："春，王正月。"《春秋穀梁传》云："《春秋》贵义而不贵惠，信道而不信邪。"①

《春秋》贵义而不贵惠，信道而不信邪。义是适合于道的，惠是不合乎道的，即惠是邪念的产物。道的内容就是天理，具体到这段文字之中就是兄先弟后的伦理关系，这种关系是天决定的，所以叫做天伦，根据天定的兄先弟后的伦理关系，隐公作为儿子受命于父，作为诸侯受命于周天子。隐公在位是合乎道的，也就是说是正义的。隐公要让位给桓公是废天伦而忘君父，是邪念。也就是等于把千乘之国的君位的道德因素抛弃了，而仅仅把千乘之国的君位当作小恩小惠送给别人。可见，《春秋穀梁传》重义轻利，反对以功利目的代替道义目的。

综上所述，《春秋穀梁传》的义利观是重义轻利或曰义主利从，该思想是《春秋穀梁传》以政治和道德干预经济的理论前提，也是中国文化的优良传统，应予以充分肯定。以现代的眼光看，这也是平衡或制衡西方自由主义经济思想的有力思想武器。

一、《春秋穀梁传》经济思想的本质及关于战略经济资源安全的经济思想

《春秋穀梁传》的经济思想的本质是在维护君权的前提之下的具有某些民本主义色彩的富民、裕民的小农经济思想。

---

① 阮元校刻《十三经注疏》，中华书局1980年10月第1版，第二三六五页。

春秋战国时期，战乱频仍，战乱有各种不同类型的原因，但其中一个很重要的原因就是对土地的争夺。中国自古以来就是一个农业国。土地是农业生产最重要的生产资料。《春秋穀梁传》对土地的观点可以从两个方面来看。

首先，各个诸侯要严守周礼，各个诸侯之间不得互相侵夺土地。《春秋》隐公四年："四年，春，王二月。莒人伐杞，取牟娄。"《春秋穀梁传》云："传曰：'言伐、言取，所恶也。'"范宁注："称'传曰'者，穀梁子不亲受于师，而闻之于传者。既伐其国又取其土，明伐不以罪，而贪其利。两书取伐以彰其恶。"《春秋穀梁传》接着又云："诸侯相伐取地于是始，故谨而志之也。"范宁注："春秋之始。"杨士勋疏："释曰外取邑不志，今志之者为入春秋以来最是取地之始，故志之也。"①

《春秋穀梁传》认为莒人为《春秋》所恶在于伐杞而取牟娄。范宁注以为莒人贪利，故夺取杞之牟娄。自隐桓之后，《春秋穀梁传》言诸侯之间夺取土地的事件越来越多，简直多得不可胜书。但在隐桓之时，诸侯之间夺取土地才刚刚开始。诸侯土地受之天王，传之先祖。强者不得并兼，弱者不宜失守。入春秋之始，犹以取邑为重。莒人声罪伐人而强夺其土地。故特书曰取，以著其恶。其根源在于诸侯贪土地之利，只要用声讨贪欲的办法对诸侯的贪欲加以限制，就可以控制土地兼并。可见，《春秋穀梁传》的经济思想的核心是以政治和道德干预经济，特别是干预最重要的生产资料——土地的占有。《春秋公羊传》认为此为春秋疾始取邑也。但《春秋公羊传》主张剧烈的、不断的社会结构变动，并不是真要稳定土地占有制度。

《春秋穀梁传》主张对于水这种仅次于土地的资源要共同使用，不得垄断水源。《春秋》僖公九年："九月，戊辰。诸侯盟于葵丘。"《春秋穀梁传》云："桓盟不日，此何以日？美之也。为见天子之禁，故备之也。葵丘之会，陈牲而不杀。读书加于牲上，壹明天子之禁，（范注：壹犹专也。）曰："毋雍泉，（范注：专水利以障谷。）毋讫籴，（范注：讫，止也。谓贮粟。）毋易树子，（范注：树子，嫡子。）毋以妾为妻，毋使妇人与国事。（范注：女正位于内。）"② 齐桓公所定天子禁令第一条就是"毋雍泉"。范宁注"雍泉"为"专水利以障谷"，"毋雍泉"就是不得垄断水源。可见，《春秋穀梁传》主张对于水这种仅次于土地的资源要共同使用，不得垄断水源。即通过齐桓公所定天子禁令干预水资源的使用。这同样反映了《春秋穀梁传》的经济思想的核心是以政治和道德干预经济，

① 阮元校刻《十三经注疏》，中华书局 1980 年 10 月第 1 版，第二三六九页。

② 阮元校刻《十三经注疏》，中华书局 1980 年 10 月第 1 版，第二三九六页。

特别是干预最重要的生产资料——土地的占有，以政治和道德干预水资源的使用。

其次，在诸侯国内部，实行井田制。《春秋穀梁传》关于提倡井田制的论述如下：

《春秋》宣公十五年："初税亩。"《春秋穀梁传》云："初者，始也。古者什一，（范宁注：一夫一妇佃田百亩以共五口父母妻子也。又受田一十亩以为公田，公田在内，私田在外。此一夫一妇为耕百一十亩。）藉而不税。（范宁注：藉此公田而收其入，言不税民。）初税亩，非正也。古者三百步为里，名曰井田。井田者，九百亩。公田居一。（范宁注：出除公田八十亩，余八百二十亩。故井田之法，八家共一井，八百亩，余二十亩，家各二亩半为庐舍。）私田稼不善，则非吏。（范宁注：非，责也。吏，田畯也。言吏急民，使不得营私田。）公田稼不善，则非民。（范宁注：民勤私也。）初税亩者，非公之去公田而履亩，十取一也。以公之与民为已悉矣。（范宁注：悉谓尽其力。）古者公田为居。（范宁注：八家共居）井灶葱韭尽取焉。（范宁注：损其庐舍家作一园以种五菜，外种楸桑，以备养生送死。）"①

《春秋穀梁传》主张在诸侯国内实行井田制，这一主张的核心是将劳动者固定在土地上，从而实现社会安定。这是有利于统治者的。但是这一主张也有有利于劳动者的地方：其一，井田制的赋税较低。其二，井田者，九百亩。出除公田八十亩，余八百二十亩。故井田之法，八家共一井，八百亩，余二十亩，每家各二亩半为庐舍。每家有一百亩私田。这样，劳动者实际上小有恒产，《春秋》庄公三十一年："秋，筑台于秦。"《春秋穀梁传》云："不正，罢民三时，虞山林薮泽之利，且财尽则怨，力尽则怼。"②《春秋穀梁传》特别强调不使百姓财尽，要使百姓小有余钱。制民之产的富民、裕民思想是《春秋穀梁传》的重要经济思想。

《春秋》哀公十二年："十有二年，春。用田赋。"《春秋穀梁传》云："古者公田什一，用田赋非正也。"范宁注云："古者五口之家，受田百亩，为官田十亩，是为私得其什，而官税其一，故曰什一。周谓之彻，殷谓之助，夏谓之贡，其实一也。皆通法也。今乃弃中平之法，而田财并赋，言其赋民甚矣。"③

《春秋穀梁传》认为税什一乃中平之法，田财并赋为过激。

《春秋穀梁传》的经济思想的本质是在维护君权的前提之下具有某些民本主义的色

---

① 阮元校刻《十三经注疏》，中华书局 1980 年 10 月第 1 版，第二四一五页。

② 阮元校刻《十三经注疏》，中华书局 1980 年 10 月第 1 版，第二三八九页。

③ 阮元校刻《十三经注疏》，中华书局 1980 年 10 月第 1 版，第二四五〇页。

彩。实际上就是使劳动者小有恒产，通过制民之产以富民、裕民的小农经济思想。《春秋穀梁传》讲井田是使劳动者小有恒产，并且通过井田制以减轻税赋。《春秋公羊传》也讲井田，但《春秋公羊传》是在大一统的前提下的、以君主为本位的经济思想。井田制主要是作为基层的政治经济组织。《春秋左氏传》主张恢复历史上的井田制，其本质是为领主政治服务的。

经济学是研究资源最优配置的学问，经济学研究的对象是经济，那么，经济就是资源的最佳配置。当代西方经济的主流是市场经济，即通过市场调配资源，其弊端显而易见，中国的《春秋穀梁传》以道德和政治调配资源是对市场调配资源之有益补充，具有重要的经济思想史价值和意义。

赵靖《中国经济思想史》云："中国的传统经济思想是强调求富的经济思想。"① 这是不符合中国传统经济思想的实际的，至少不符合《春秋穀梁传》的经济思想，《春秋穀梁传》是重义轻利的，强调以道德和政治干预经济。《春秋穀梁传》的经济思想的本质是在维护君权的前提之下的具有某些民本主义色彩的富民、裕民的小农经济思想。人民群众实际上要为君主和国家劳动和生产，强调的是报效、付出和奉献，即重义轻利，在维护君权的前提之下，即在君主富和国家富的前提之下，人民群众才有可能小有恒产，这在中国历史上算是比较具有某些民本主义色彩的富民、裕民的小农经济思想了。以现代挑剔的眼光看，《春秋穀梁传》的经济思想都是先进的、具有经济思想史意义的、足以救治西方自由主义经济思想弊端的、与西方经济思想并列或抗衡而毫不逊色的经济思想。因为资源是有限的，就是强调求富也不可能人人都成为摩根或洛克菲勒。

制民之产的富民、裕民思想是《春秋穀梁传》的重要经济思想，该思想对稳定社会、发展生产具有极其重大的意义，用现在的眼光看都是了不起的。劳动者在食不果腹的条件下去发展经济是危险的，也是不人道的；劳动者在居无其所的条件下去发展经济是危险的，也是不人道的。不要再奢谈什么求富了，在中国能够满足劳动者最起码的衣食住行的生活需求就是了不起的经济成就，能够提出满足劳动者最起码的衣食住行的生活需求的经济思想就是了不起的经济思想。如果认真把中国的经济历史研究一下，甚至就是认真把中国春秋时代的经济历史研究一下，都不可能得出中国的传统经济思想是强调求富的经济思想的所谓结论。在中国历史上有几个富人？在中国能够满足劳动者最起码的衣食住行的生活需求就是了不起的经济成就，能够提出满足劳动者最起码的衣食住行的

① 赵靖《中国经济思想史》第四卷，北京大学出版社 2002 年 12 月第 1 版，第 542 页。

生活需求的经济思想就是了不起的经济思想。

二、注重农耕生产的经济思想

《春秋穀梁传》对于农业生产非常重视，是把农业生产当作关乎国计民生的大事来对待的。可以说《春秋穀梁传》是以农业为本的，因而《春秋穀梁传》要求国君以发展农业生产作为关乎国计民生的头等大事。在当时的农业生产力条件下，农业生产完全是靠天吃饭，雨水是一年能否丰收的决定性因素。《春秋穀梁传》对雨水的关注和记载对于每一个认真的读者都会留下深刻的印象。

《春秋》僖公三年："春，王正月。不雨。"《春秋穀梁传》云："不雨者，勤雨也。"《春秋》僖公三年："夏，四月。不雨。"《春秋穀梁传》云："一时言'不雨'者，闵雨也。闵雨者，有志乎民者也。"《春秋》僖公三年："六月，雨。"《春秋穀梁传》云："'雨'云者，喜雨也。喜雨者，有志乎民者也。"① 《春秋》文公二年："自十有二月不雨，至于秋七月。"《春秋穀梁传》云："历时而言不雨，文不忧雨也。不忧雨者，无志乎民也。"②可见，《春秋穀梁传》把雨与农业生产相联系。

《春秋》僖公三年："夏，四月。不雨。"《春秋公羊传》云："何以书？记异也。"《春秋》僖公三年："六月，雨。"《春秋公羊传》云："其言六月雨何？上雨而不甚也。"《春秋公羊传》没有把雨水和农业生产相联系，而是与灾异相联系。在重视农业生产和关心经济上，《春秋公羊传》与《春秋穀梁传》不可同日而语。

在农业生产之余，《春秋穀梁传》主张开禁利民，具有多种经营的思想。《春秋》庄公二十八年："冬，筑微。"《春秋穀梁传》云："山林薮泽之利，所以与民共也，虞之，非正也。"③《春秋》庄公三十一年："秋，筑台于秦。"《春秋穀梁传》云："不正，罢民三时，虞山林薮泽之利，且财尽则怨，力尽则怼。"④ 可见《春秋穀梁传》反对政府与民争利的作法。但是《春秋穀梁传》主张开禁利民并不是主张政府对经济活动不加控制、完全放开。如前所述，《春秋穀梁传》的经济思想的核心是以政治和道德干预经济，特别是干预最重要的生产资料——土地的占有，以政治和道德干预水资源的使用。从这个意义上说，《春秋穀梁传》的经济思想的本质是在维护君权的前提之下的具有某些民本主义

① 阮元校刻《十三经注疏》，中华书局1980年10月第1版，第二三九二页。

② 阮元校刻《十三经注疏》，中华书局1980年10月第1版，第二四〇五页。

③ 阮元校刻《十三经注疏》，中华书局1980年10月第1版，第二三八八页。

④ 阮元校刻《十三经注疏》，中华书局1980年10月第1版，第二三八九页。

色彩的富民、裕民的小农经济思想。《春秋穀梁传》所主张的开禁利民只是在维护君权的前提之下，即确保政府对主要经济活动进行干预的前提之下的一种富民、裕民的手段。

《春秋公羊传》也主张开禁，但这是为了富国强兵，不是为了发展小农经济。通过开禁这种经济放任政策，迅速产生一批大地主，然后通过为民请命式的假仁假义以政治手段剥夺这些大地主的财产以富国强兵，然后再产生一批新的大地主，再行剥夺，始终保持社会结构不断的剧烈变动。

《春秋穀梁传》以农业生产为国计民生的根本。因而《春秋穀梁传》要求国君把发展农业生产作为关乎国计民生的头等大事来抓。其他副业生产和多种经营都只不过是一种富民、裕民的手段，都是卑者之事，或者说是皂隶之事，绝不是国君应该抓的关乎国计民生的头等大事。在这一点上《春秋穀梁传》与《春秋左氏传》的观点基本上相同。《春秋》隐公五年："春，公矢鱼于棠。"《春秋左氏传》云："鸟兽之肉不登于俎，皮革齿牙骨角毛羽不登于器。则公不射，古之制也。若夫山林川泽之实，器用之资，皂隶之事，官司之守，非君所及也。"①《春秋》隐公五年："春，公观鱼于棠。"《春秋穀梁传》云："传曰：常事曰视，非常曰观。礼，尊不亲小事，卑不尸大功。鱼，卑者之事也。公观之，非正也。"②

在农业生产过程中，经常遇到各种自然灾害，主要是虫灾、霜冻和水灾。《春秋穀梁传》对虫灾和水灾多有记载，这也可表明《春秋穀梁传》对农业的重视。如：

《春秋》桓公五年："螽。螽，虫灾也。"《春秋穀梁传》云："甚则月，不甚则时。"③

《春秋》定公元年："冬，十月，陨霜杀菽。"《春秋穀梁传》云："未可以杀而杀，举重。可杀而不杀，举轻。其曰菽，举重也。"④

《春秋》庄公七年："秋，大水。"《春秋穀梁传》云："高下有水灾，曰大水。"

《春秋》庄公七年："无麦、苗。"《春秋穀梁传》云："麦、苗同时也。"⑤

三、关于粮食安全的经济思想

由于当时农业生产力的低下，加之经常遇到各种自然灾害，基本上是靠天吃饭，能有一个丰年是非常不容易的。《春秋穀梁传》对这种少有的丰年加以记载也体现了《春秋

① 阮元校刻《十三经注疏》，中华书局 1980 年 10 月第 1 版，第一七二七页。

② 阮元校刻《十三经注疏》，中华书局 1980 年 10 月第 1 版，第二三六九页。

③ 阮元校刻《十三经注疏》，中华书局 1980 年 10 月第 1 版，第二三七四页。

④ 阮元校刻《十三经注疏》，中华书局 1980 年 10 月第 1 版，第二四四三页。

⑤ 阮元校刻《十三经注疏》，中华书局 1980 年 10 月第 1 版，第二三八二页。

穀梁传》以农为本、关注经济的思想。如,《春秋》桓公三年:“有年。”《春秋穀梁传》云:“五穀皆熟,为有年也。”① 实际上,春秋二百四十二年之中丰年并不多见。《春秋》惟于桓公之世书有年,于宣公之世书大有年。盖桓、宣享国皆十有八年,而书有年者各一岁,则他年多歉,可见当时农业生产力的低下,加之经常遇到各种自然灾害,基本上是靠天吃饭,能有一个丰年是非常不容易的。

在这种多歉收之年而民不聊生的形势下,《春秋穀梁传》提出了具有重要意义的储备粮食、丰年补败的经济思想。如《春秋》庄公二十八年:“臧孙辰告籴于齐。”《春秋穀梁传》云:“国无三年之畜,曰国非其国也。一年不升,告籴诸侯。告,请也。籴,籴也。不正,故举臧孙辰以为私行也。国无九年之畜,曰不足;无六年之畜,曰急;无三年之畜,曰国非其国也。诸侯无粟,诸侯相归粟,正也。臧孙辰告籴于齐,告,然后与之,言内之无外交也。古者税什一,丰年补败,不外求而上下皆足也。虽累凶年,民弗病也。一年不艾而百姓饥,君子非之。不言如,为内讳也。”② 从《春秋穀梁传》提出“国无九年之畜,曰不足”也可以看出当时农业生产力的低下,一连九年都可能出现荒年,一个国家如果没有九年的粮食储备,就叫作粮食不足。《春秋穀梁传》提出“无六年之畜,曰急;无三年之畜,曰国非其国也”。一个国家如果没有六年的粮食储备,就叫作粮食危机,很紧急。一个国家如果没有三年的粮食储备,那么那个国家就不能算作是一个国家了。非常明显,《春秋穀梁传》在粮食储备问题上具有深深的危机感。一个国家要储备九年以上的粮食,这在中国历史上具有特别重要的意义。这对于中国的现在和未来仍然具有特别重要的意义。

《春秋左氏传》云:“冬,饥。臧孙辰告籴于齐,礼也。”③《春秋左氏传》只是说臧孙辰告籴于齐是合乎礼的,没有提出有关粮食储备的思想。

《春秋公羊传》云:“告籴者何?请籴也。何以不称使?以为臧孙辰之私行也。曷为以臧孙辰之私行?君子之为国也,必有三年之委,一年不熟,告籴,讥也。”④《春秋公羊传》虽然提出了有关粮食储备的思想,但是《春秋公羊传》只要求有三年之委就够了。

《礼记注疏》卷十二《王制》云:“国无九年之蓄,曰不足;无六年之蓄,曰急;无

① 阮元校刻《十三经注疏》,中华书局 1980 年 10 月第 1 版,第二三七四页。

② 阮元校刻《十三经注疏》,中华书局 1980 年 10 月第 1 版,第二三八八页。

③ 阮元校刻《十三经注疏》,中华书局 1980 年 10 月第 1 版,第一七八三页。

④ 阮元校刻《十三经注疏》,中华书局 1980 年 10 月第 1 版,第二二四一页。

三年之蓄，曰国非其国也。三年耕必有一年之食；九年耕必有三年之食。以三十年之通，虽有凶旱水溢，民无菜色，然后天子食，日举以乐。”① 值得注意的是《礼记注疏》卷十二《王制》所记载的该内容与《春秋穀梁传》的相关内容竟然连字句都完全相同，《礼记》是战国后期至汉代初期儒家学者对虞、夏、商、周四代礼制的追记。而《春秋穀梁传》最初的古文文本作于战国中期，在年代上《春秋穀梁传》要早于《礼记》，上文所引《王制》的内容明显是《礼记》抄用了《春秋穀梁传》。也可证明《礼记》的原始材料由《春秋穀梁传》学派所传。

《淮南鸿烈·主术训》云：“夫民之为生也，一人蹠耒，而耕不过十亩，中田之获，卒岁之收，不过亩四石，妻子老弱仰而食之。时有涔旱灾害之患，有以给上之征赋车马兵革之费。由此观之，则人之生悯矣！夫天地之大，计三年耕而余一年之食，率九年而有三年之畜，十八年而有六年之积，二十七年而有九年之储，虽涔旱灾害之殃，民莫困穷流亡也。故国无九年之畜，谓之不足；无六年之积，谓之悯急；无三年之畜，谓之穷乏。故有仁君明王，其取下有节，自养有度，则得承受于天地，而不离饥寒之患矣。若贪主暴君，挠于其下，侵渔其民，以适无穷之欲，则百姓无以被天和而履地德矣。食者，民之本也。民者，国之本也。国者，君之本也。是故人君者上因天时，下尽地财，中用人力。是以群生遂长，五穀蕃植。”② 首先，三年耕而人为节余一年之食，此为有为之治，正与《淮南鸿烈·主术训》开篇所云之“人主之术，处无为之事”③ 相矛盾，故上引一大段文字绝非《淮南鸿烈·主术训》所固有，而系抄入或窜入之文字。其次，“故有仁君明王，其取下有节，自养有度”④ 反映的是儒家的节制思想，此与道家清静无欲自有本质之不同，《淮南鸿烈·精神训》云：“今夫儒者，不本其所以欲而禁其所欲，不原其所以乐而闭其所乐，是犹决江河之源而障之以手也。”⑤ 可见，仁君明王之取下有节和自养有度与三年耕而人为节余一年之食均属儒家决江河之源而障之以手也。故上引一大段文字绝非《淮南鸿烈·主术训》所固有，而系抄入或窜入之文字。再次，《礼记》成书之时间下限与《淮南鸿烈》成书之时间下限基本同时，故《淮南鸿烈》不可能抄《礼

① 阮元校刻《十三经注疏》，中华书局 1980 年 10 月第 1 版，第一三三四页。

② 《淮南鸿烈·主术训》，刘文典《淮南鸿烈集解》，中华书局 1989 年 5 月第 1 版，第三〇七页——第三〇八页。

③ 《淮南鸿烈·主术训》，刘文典《淮南鸿烈集解》，中华书局 1989 年 5 月第 1 版，第二六九页。

④ 《淮南鸿烈·主术训》，刘文典《淮南鸿烈集解》，中华书局 1989 年 5 月第 1 版，第三〇七页。

⑤ 《淮南鸿烈·主术训》，刘文典《淮南鸿烈集解》，中华书局 1989 年 5 月第 1 版，第二四一页。

记》。《淮南鸿烈》成书于汉武帝时代，而《春秋穀梁传》的古文写本由穀梁子始作于战国中期，最后用汉隶写定于汉武帝时代。在年代上《春秋穀梁传》要早于《淮南鸿烈》，即《春秋穀梁传》的积贮备荒思想要早于《淮南鸿烈》的积贮备荒思想，而且《淮南鸿烈》的积贮备荒思想是抄自《春秋穀梁传》或由引用《春秋穀梁传》而窜入《淮南鸿烈》的。

国以民为本，民以食为天，中国自从进入农业社会以来，一直到近代始终以农业为立国之本，《春秋穀梁传》继承了《尚书・无逸》知稼穑之艰难的思想，要求储备九年以上的粮食，这在中国历史上具有特别重要的意义。汉代人口激增，工商发达，耕田者流失，贾谊《论积贮疏》提出“夫积贮者，天下之大命也”① 的思想，晁错《论贵粟疏》提出“欲民务农，在于贵粟”②的思想。贾谊、晁错皆主张务本劝农，积贮备荒。从《春秋穀梁传》开始，经《淮南鸿烈・主术训》、贾谊《论积贮疏》、晁错《论贵粟疏》，一直到朱升三策“高筑墙，广积粮，缓称王”③，积贮粮食以备荒一般都是有识之士的战略选择，中国历史上的大动乱基本上都是以粮荒为导火索而引起，朱升三策提出的背景正是大运河运粮受阻引发粮荒，最终导致元朝的灭亡；以朱升三策建立起来的明朝最终也是因粮荒被李自成所推翻。所以，积贮粮食一般都是有识之士的战略选择，可以说，《春秋穀梁传》是做出积贮粮食这一战略选择的比较早、比较全面、比较深刻的思想源泉，具有重要的经济思想史价值和意义。

《春秋穀梁传》对粮食储备问题的关注源于《春秋穀梁传》的民本思想。在《春秋穀梁传》看来如果没有粮食，百姓就会饿死。由于当时农业生产力的低下，加之经常遇到各种自然灾害，基本上是靠天吃饭，能有一个丰年是非常不容易的，基本上都是歉收之年。如果国家没有粮食储备，又遇到了荒年，为了不使百姓饿死，《春秋穀梁传》提出了通过政治和道德手段确保诸侯之间的粮食安全援助的经济思想。

首先，《春秋》僖公九年：“九月，戊辰。诸侯盟于葵丘。”《春秋穀梁传》云：“桓盟不日，此何以日？美之也。为见天子之禁，故备之也。葵丘之会，陈牲而不杀。读书加于牲上，壹明天子之禁，（范注：壹犹专也。）曰：“毋雍泉，（范注：专水利以障谷）毋讫籴，（范注：讫，止也。谓贮粟。）毋易树子，（范注：树子，嫡子。）毋以妾为妻，毋

---

① 《汉书・食货志上》，班固《汉书》，中华书局 1962 年 6 月第 1 版，第一一三〇页。

② 《汉书・食货志上》，班固《汉书》，中华书局 1962 年 6 月第 1 版，第一一三三页。

③ 张廷玉等《明史》，中华书局 1974 年 4 月第 1 版，第三九二九页。

使妇人与国事。（范注：女正位于内。）”① 齐桓公所定天子禁令第二条就是“毋讫籴”，范宁注：“讫，止也。”即如果一诸侯发生粮荒，其他有粮食储备的诸侯不得囤积居奇，而要将粮食卖给发生粮荒的诸侯。齐桓公所定天子禁令得到《春秋穀梁传》的赞美。《春秋》庄公二十八年：“臧孙辰告籴于齐。”《春秋穀梁传》云：“诸侯无粟，诸侯相归粟，正也。臧孙辰告籴于齐，告，然后与之，言内之无外交也。古者税什一，丰年补败，不外求而上下皆足也。虽累凶年，民弗病也。一年不艾而百姓饥，君子非之。不言如，为内讳也。”② 臧孙辰告籴于齐，齐桓公不仅向鲁国提供了粮食，还归还了鲁国赠送的铜器、玉器等物品。体现了对鲁国荒灾的同情。《春秋穀梁传》就是要通过政治和道德手段确保各诸侯国的粮食安全。这种通过政治和道德手段确保诸侯之间的粮食安全援助的经济思想具有特别重要的意义。就是用现在挑剔的眼光看，这种经济思想也是非常了不起的。现在解决粮食安全问题的办法也没有超出两千年前《春秋穀梁传》解决这一问题的框架。

其次，《春秋穀梁传》从民本思想出发，在遇到荒年的情况下，为使百姓不至于饿死，《春秋穀梁传》提出“诸侯相归粟”的经济思想。如果一诸侯无粟，有者有道德义务向无粟诸侯赠送粮食。《春秋》定公五年：“夏，归粟于蔡。”《春秋穀梁传》云：“诸侯无粟，诸侯相归粟，正也。孰归之？诸侯也。不言归之者，专辞也，义迩也。”③ 当一诸侯出现粮荒之时，其他的有粮的诸侯国就把自己的粮食赠送给这个国家，这是正确的。那么是谁将粮食赠送给蔡国了？是一个诸侯国。《春秋》未言将粮食赠送给蔡国的诸侯国之名，《春秋穀梁传》认为这是专言鲁国，但是每一个诸侯国都有与鲁国相近的仗义之举或道德义务。可见，《春秋穀梁传》是把向无粮诸侯国赠送粮食作为一种道德义务加以提倡。《春秋穀梁传》关于粮食安全的经济思想体现了在维护君权的前提之下的某些民本主义色彩。这一点是应该给予充分肯定的。

如果遇到饥荒，在向有粮诸侯国购买和接受有粮诸侯国的赠送之外，国君还要按照礼制的规定，与百姓共渡难关，如《春秋》襄公二十四年：“大饥。”《春秋穀梁传》云：“五穀不升为大饥。一穀不升谓之嗛，二穀不升谓之饥，三穀不升谓之馑，四穀不升谓之康，五穀不升谓之大侵。大侵之礼，君食不兼味，台榭不涂，弛侯廷道不除，百官布而

---

① 阮元校刻《十三经注疏》，中华书局 1980 年 5 月第 1 版，第二三九六页。

② 阮元校刻《十三经注疏》，中华书局 1980 年 10 月第 1 版，第三〇八页。

③ 阮元校刻《十三经注疏》，中华书局 1980 年 10 月第 1 版，第二四四四页。

不制，鬼神祷而不祀。此大侵之礼也。”① 在大荒年，国君吃饭时不能有两种以上的菜肴，亭台楼阁不得装饰，取消射箭，宫廷道路不清理，不增设新的职位，祭鬼神不使用祭品。虽然这些措施对于救荒灾不过是杯水车薪，但是体现了《春秋穀梁传》的某些民本主义色彩，这也是应该给予充分肯定的。

另外，《墨子・七患》云：“一穀不收谓之馑，二穀不收谓之旱，三穀不收谓之凶，四穀不收谓之餽，五穀不收谓之饥。岁馑，则仕者大夫以下皆损禄五分之一。旱，则损五分之二。凶，则损五分之三。馈，则损五分之四。饥，则尽无禄，禀食而已矣。故凶饥存乎国，人君彻鼎食五分之五，大夫彻县，士不入学，君朝之衣不革制，诸侯之客，四邻之使，雍食而不盛，彻骖骓，涂不芸，马不食粟，婢妾不衣帛，此告不足之至也。”② 俞樾疑旱乃罕之误，俞樾误，旱训不雨后起，为引申义，旱字形为以干蔽日，即有枯萎伤害之义，故旱不误。

《春秋穀梁传》解释《春秋》襄公二十四年之“大饥”，故云“五穀不升为大饥”，接言一二三四五，五穀不升谓之大侵，接言大侵之礼，全文层次分明，环环相扣，为一统一之整体，且要言不烦。反观《墨子・七患》相关文字则层次混乱，东拼西凑；穀梁子在墨子之后，穀梁子已经不知道大侵之礼之细节，墨子又如何知道？《墨子・七患》所载之大侵之礼之细节必然是墨子后学在《春秋穀梁传》记载基础上之发挥和补充或径为后世窜入文字；五穀为五，故以五分俸禄相配，未言损禄五分之五而言尽无禄，还算有知识，至于言人君彻鼎食五分之五，则其无知可知也，必为墨子后学所为或后世窜入文字；以五分之五之五为三系曲为之说，毫无根据，实误。

大侵据范宁之解就是大伤害、大灾害。大侵之礼就是大伤害、大灾害之礼，大有至大之义。《墨子・七患》谓“此告不足之至也”，《墨子・七患》以大训至，以不足训侵，《墨子・七患》之“此告不足之至也”即是解释大侵之礼之总结句，则《墨子・七患》必有“五穀不孰谓之大侵”八字，《艺文类聚》引《墨子》有此八字，毕沅据以校补此八字，王念孙以为既然已言“五穀不收谓之饥”就不当再言“五穀不孰谓之大侵”八字，王念孙误，必有“五穀不孰谓之大侵”八字，孙诒让以王念孙之说为是亦误，刘师培以王说近是又言或《类聚》所引亦非衍文，刘师培首鼠两端，不足论也。《墨子・七患》之“五穀不收谓之饥”是“五穀不收谓之大饥”经过修改之后的形态，而“五穀不收谓之大

① 阮元校刻《十三经注疏》，中华书局 1980 年 10 月第 1 版，第二四三〇页。

② 孙诒让《墨子閒诂》，北京：中华书局 2001 年 4 月第 1 版，第二五页——第二七页。

饥”抄袭自《春秋穀梁传》之“五穀不升为大饥”，而且此句位置也错乱，竟然不知此句为解释《春秋》之“大饥”之语，删大后移必然导致“五穀不孰谓之大侵”无处安顿，墨子在穀梁子之前，则此必为墨子后学所为或后世窜入文字。

故《墨子·七患》自“一穀不收谓之馑”至“此告不足之至也”一段文字必为墨子后学所为或后世窜入文字。

《墨子·七患》云：“周书曰：‘国无三年之食者，国非其国也；家无三年之食者，子非其子也。’”，今本《逸周书·文传解》无此句，今本《逸周书·文传解》云：“《夏箴》曰：小人无兼年之食，遇天饥，妻子非其有也；大夫无兼年之食，遇天饥，臣妾舆马非其有也。”①《三国志·魏志·徐胡二王传》云：“广农积穀，有兼年之储，……”②《贞观政要·纳谏》云：“国无兼年之积，何用两都之好？”③ 可见，《夏箴》所谓之兼年之储为一系统，与《春秋穀梁传》三年之储及三年之倍数六年之储和九年之储不是同一来源，亦非同一传授系统。《墨子·七患》所谓“周书曰：‘国无三年之食者，国非其国也；家无三年之食者，子非其子也。’”与今本《逸周书·文传解》之“《夏箴》曰：小人无兼年之食，遇天饥，妻子非其有也；大夫无兼年之食，遇天饥，臣妾舆马非其有也”语意相关联，故宝历本二子字作家实误；同理，三年当是二年之形讹，当据今本《逸周书·文传解》之兼年校改《墨子·七患》之三年为二年，原本《夏箴》当作二年，周书引用《夏箴》自然当亦作二年，后世流传过程中被文饰为兼年。

四、社会分工、协调发展，各得其所的交换思想

《春秋穀梁传》主张实行社会分工。《春秋》成公元年：“三月，作丘甲。”④“作”实际上是制定的意思。丘甲就是丘甲制，当时九夫为井，四井为邑，四邑为丘，四丘为甸。每甸出车一乘，戎马四匹，牛十二头，甲士三人，步卒七十二人。实行丘甲制就是将每甸之税赋令每丘出之。但是《春秋穀梁传》因不明丘甲制的情况，将“作丘甲”理解为“作，为也，丘为甲也。丘甲国之事也，丘作甲，非正也。丘作甲之为非正。”显然，《春秋穀梁传》认为“作”就是“制作”之意。“丘为甲”就是让每一丘的民众制作盔甲。制作盔甲是国家的事情，让每一丘的民众都去制作盔甲这是不符合正道的。《春秋穀梁传》

---

① 《逸周书·文传解》，《逸周书》，见文渊阁《四库全书》史部六，别史类。

② 陈寿《三国志》，中华书局 1959 年 12 月第 1 版，第七四二页。

③ 《贞观政要·纳谏》，吴兢《贞观政要》，见文渊阁《四库全书》史部七，杂史类。

④ 阮元校刻《十三经注疏》，中华书局 1980 年 10 月第 1 版，第二四一七页。

进一步论述古代的社会分工，实际上是代表了《春秋穀梁传》的社会分工思想。原文如下：

《春秋》成公元年："三月，作丘甲。"《春秋穀梁传》云："作，为也，丘为甲也。丘甲国之事也，丘作甲，非正也。丘作甲之为非正。何也？古者立国家，百官具，农工皆有职以事上，古者有四民，有士民，（范注："学习道艺者。"）有商民，（范注："通四方之货者。"）有农民，（范注："播殖耕稼者。"）有工民，（范注："巧心劳手以成器物者。"）夫甲非人人之所能为也，（范注："各有业也。"）丘作甲，非正也。"①

《春秋穀梁传》认为古有四民，分别是士民、商民、农民、工民。根据范宁注的解释，士民是学习道艺的人，商民是通四方财货的人，农民是从事农业生产的人，工民是制作器物的人。士民完全是从事脑力劳动的人，商民的一部分也是从事脑力劳动的人，商民中的小商小贩以自己的体力劳动从事贩运，应属于体力劳动者。农民、工民都是完全的体力劳动者。《春秋穀梁传》认为"夫甲非人人之所能为也"，这就表明士民、商民、农民、工民各有分工，不能人人都去作甲。士民、商民、农民、工民通过交换关系共同构成一个社会，协调发展，各得其所。

《春秋穀梁传》的"以农业为本，士、商、农、工协调发展"的经济思想是最适合当时中国社会情况的经济思想，在中国经济思想史上具有重要的地位，也理应具有重要的地位。《春秋穀梁传》的社会分工、协调发展，各得其所的交换思想也具有重要的经济思想史价值和意义。

五、薄赋敛的经济思想

《春秋》庄公二十八年："臧孙辰告籴于齐。"《春秋穀梁传》云："古者税什一，丰年补败，不外求而上下皆足也。虽累凶年，民弗病也。一年不艾而百姓饥，君子非之。不言如，为内讳也。"②《春秋穀梁传》在此表达的思想虽以托古而言之，但是，《春秋穀梁传》还是在讲自己的经济思想。《春秋穀梁传》提出应该实行税什一的税收制度，由于税收由税什二减为税什一，在下的百姓手中就有一点余钱，虽累凶年，民弗病也，必不至于"一年不艾而百姓饥"。但是，在上的官府因税收减少，必将降低其奢侈的水平。《春秋穀梁传》所言"不外求而上下皆足"实际上是要求官府向百姓在经济上做出一定程度的让步，反映出《春秋穀梁传》的某些民本主义色彩。

---

① 阮元校刻《十三经注疏》，中华书局1980年10月第1版，第二四一七页。

② 阮元校刻《十三经注疏》，中华书局1980年10月第1版，第二三八八页。

《春秋穀梁传》还有两处提到古时实行什一之税，表明《春秋穀梁传》对于减轻赋敛非常重视。《春秋穀梁传》的原文如下：

《春秋》宣公十五年："初税亩。"《春秋穀梁传》云："初者，始也。古者什一，（范宁注：一夫一妇佃田百亩以共五口父母妻子也。又受田一十亩以为公田，公田在内，私田在外。此一夫一妇为耕百一十亩。）藉而不税。（范宁注：藉此公田而收其入，言不税民。）初税亩，非正也。"①

《春秋》哀公十二年："十有二年，春。用田赋。"《春秋穀梁传》云："古者公田什一，用田赋非正也。"范宁注云："古者五口之家，受田百亩，为官田十亩，是为私得其什，而官税其一，故曰什一。周谓之彻，殷谓之助，夏谓之贡，其实一也。皆通法也。今乃弃中平之法，而田财并赋，言其赋民甚矣。"②

《春秋穀梁传》强调古者税什一，是由公田中的收成作为税赋，这实际上是以实物作为税赋。初税亩田财并赋，不但要缴纳实物，还要缴纳钱财。所以说"其赋民甚矣"。可见，《春秋穀梁传》不仅主张降低赋税，而且还主张以实物作为税赋。当时，商品经济并不很发达，农业劳动者将农产品交换为货币有困难，一般都是低价卖出，所以，以钱财为赋税加重了农业劳动者的负担。《春秋穀梁传》不仅主张降低赋税，而且还主张以实物作为税赋。以减轻农业劳动者的负担。《春秋穀梁传》的这一经济思想也是值得肯定的。

六、反对战争经济和迫使统治者节俭的思想

《春秋穀梁传》反对乘败人之绩而深为利的作法。如，《春秋》定公四年："庚辰，吴入楚。"《春秋穀梁传》云："日入，易无楚也。易无楚者，坏宗庙，徙陈器，挞平王之墓，何以不言灭也？欲存楚也。其欲存楚奈何？昭王之军败而逃，父老送之，曰：'寡人不肖，亡先君之邑，父老反矣，何忧无君。寡人且用此入海矣。'父老曰：'有君如此，其贤也，以众不如吴，以必死不如楚。'相与击之，一夜而三败吴人，复立。何以谓之吴也？狄之也。何谓狄之也？君居其君之寝，而妻其君之妻。大夫居其大夫之寝，而妻其大夫之妻。盖有欲妻楚王之母者，不正。乘败人之绩而深为利，居人之国，故及其狄道也。"③

《春秋穀梁传》反对吴国趁着击败楚国的机会，破坏楚国的宗庙，掠夺楚国宗庙中的

---

① 阮元校刻《十三经注疏》，中华书局1980年10月第1版，第二四一五页。

② 阮元校刻《十三经注疏》，中华书局1980年10月第1版，第二四五〇页。

③ 阮元校刻《十三经注疏》，中华书局1980年10月第1版，第二四四四页。

祭器，鞭楚平王尸的不人道行为。《春秋穀梁传》反对吴趁着击败楚国的机会大肆谋取利益，侵占楚国土地的不人道行为。吴王居楚王之寝宫，奸淫楚王的内眷。吴国大夫居楚国大夫之寝室，奸淫楚国大夫的内眷。还有吴人想奸淫楚王之母。对此，《春秋穀梁传》认为是不合正道的，是倒退到夷狄之国的野蛮行为。

《春秋穀梁传》反对战争经济和军事经济的思想具有重要的现代意义和经济思想史意义。靠发战争财不可能富国富民，不仅不可能持续，而且早晚必出问题。靠出售武器同样不可能富国富民，不仅不可能持续，而且早晚必出问题。《春秋穀梁传》反对战争经济和军事经济的思想具有重要的经济思想史意义。

《春秋》桓公十五年："十有五年，春，二月，天王使家父来求车。"《春秋穀梁传》云："古者，诸侯时献于天子以其国之所有，故有辞让而无征求。求车，非礼也。求金，甚矣。"[①]《春秋》文公九年："九年，春，毛伯来求金。"《春秋穀梁传》云："求车犹可，求金甚矣。"《春秋穀梁传》于桓公十五年云："求车，非礼也。"此处又言："求车犹可，求金甚矣。"显然，《春秋穀梁传》认为首先周天子不应求车，求车，非礼也。古者，诸侯时献于天子以其国之所有，故有辞让而无征求。但如今非古时可比，诸侯不献，周天子亦不可求，求则非礼。其次周天子必须获得进贡，以维持日常生活，让周天子求金，即让周天子连日常生活费用都没有，还要向诸侯去求，显然是过分了，但让周天子求车是可以的，即不向周天子进贡车等豪华物品，以便不使周天子拥有过大经济力量，导致一则腐化、二则以周天子拥有之过大经济力量干涉诸侯内部事务。

《春秋穀梁传》迫使统治者节俭的思想具有重要的现代意义和经济思想史意义。只有统治者节俭，才能有表率作用，从而使天下人节俭。在遇到自然灾害和经济不景气等情况，统治者和政府机关更应该节俭，与百姓共渡难关。统治者和政府机关应该起到节俭的表率作用。联合国也应该节俭，联合国在现代国际政治中与东周及其天子一样，是所谓的天下共主，其实却并非如此，既要尊重联合国的权威，又要对联合国所能发挥的实际作用有清醒的认识。美国长期拖欠联合国会费，其口实就是联合国的浪费，即联合国应该精简开支。随着中国成为世界第二大经济体，我国的联合国会费额度也将大幅提高，这个钱不能随随便便交给联合国任其挥霍，要加强对联合国会费开支的审计，推进联合国精简机构，提高效率。节俭是重要的经济思想，在某种意义上节俭就等于经济，英语的经济一词就有节俭的意思。地球只有一个，资源是有限的，节俭自然就是绝对必要的。

---

① 阮元校刻《十三经注疏》，中华书局 1980 年 10 月第 1 版，第二三七八页。

所谓的不会花钱就不会挣钱的思想是危险的，《春秋穀梁传》的节俭的经济思想具有重要的经济思想史意义。

第二节 《春秋穀梁传》的政治思想

《春秋穀梁传》的政治思想包括两个大的方面。一为关于处理诸侯国之间关系的思想。一为关于处理诸侯国内部关系的思想。

一、关于处理诸侯国之间关系的思想

第一，内诸夏而外夷狄。

内外是就以鲁为中心的中原华夏文化各诸侯国而言的。以鲁为中心的中原华夏文化各诸侯国为诸夏，内诸夏就是认同华夏文化，外夷狄就是不认同夷狄之文化。平王东迁以后，周室衰微，隐、桓之世为天下无王之始，周之天子已不能统治天下。鲁为周公之子伯禽的封地，人文荟萃，为诸夏所宗，《春秋》本为鲁史，故言华夏文化以鲁为中心。

“内诸夏而外夷狄”之论所隐含的政治意义和政治思想就是“保存中国文化”，其关键在于保存中原地区之文化传统和价值观念，以中原地区之文化传统和价值观念作为进行各种政治活动的指导思想。

如，《春秋》僖公二十七年：“冬，楚人、陈侯、蔡侯、郑伯、许男围宋。”《春秋穀梁传》云：“楚人者，楚子也。其曰人，何也？人楚子，所以人诸侯也。其人诸侯，何也？不正其信夷狄而伐中国也。”① 可见，《春秋穀梁传》认为“信夷狄而伐中国”是不正确的，所谓“信夷狄”就是认同夷狄的文化传统和价值观念。也就是说，“信夷狄而伐中国”是不符合中原地区之文化传统和价值观念的，这就遭到了《春秋穀梁传》的贬斥。

又如，《春秋》宣公十一年：“丁亥，楚子入陈。”《春秋穀梁传》云：“入者，内弗受也。日入，恶入者也。何用弗受也？不使夷狄为中国也。”② 范宁注：“楚子入陈，纳淫乱之人执国威柄，制其君臣，慎倒上下，错乱邪正，是以夷狄为中国。”《春秋穀梁传》提出“不使夷狄为中国也”，就是不使夷狄以夷狄的文化传统和价值观念在中国行事，以夷狄的文化传统和价值观念插手或干预中原国家的事务。范宁注明确指出了这一点，范宁注认为：“楚子入陈，纳淫乱之人执国威柄，制其君臣，慎倒上下，错乱邪正，是以夷

---

① 阮元校刻《十三经注疏》，中华书局 1980 年 10 月第 1 版，第二四〇一页。

② 阮元校刻《十三经注疏》，中华书局 1980 年 10 月第 1 版，第二四一四页。

狄为中国。”楚子入陈任用淫乱之人，控制陈国君臣，颠倒上下之伦理关系，颠倒是非，这些作法都是违背中原地区之文化传统和价值观念的，是以夷狄的文化传统和价值观念在中国行事。《春秋穀梁传》激烈反对以夷狄为中国的作法，认为这是不能接受的，即所谓“内弗受也”。

《春秋公羊传》也讲“内诸夏而外夷狄”，但其所强调的不是文化内涵，而是地理和政治策略的内涵。《春秋公羊传》认为《春秋》的目的是拨乱世反诸正，在拨乱反正的过程中的政治策略就是从地理空间上由近及远，内其国而外诸夏，内诸夏而外夷狄。这样，诸夏与夷狄的区别就是正与乱的区别，而诸夏与夷狄的文化区别就被忽略了。

第二，深察名号以确定各诸侯国的尊卑等级。

周代王、公、侯、伯、子、男皆通用不别，这在周代青铜器铭文中可以得到证明，但是，前提必须是相关周代青铜器铭文可靠，不存在伪造等情况，若相关周代青铜器铭文为伪造，则另当别论。王国维《古诸侯称王说》云：

> 然观古彝器铭识，则诸侯称王者颇不止一二觏。徐楚之器无论已。《夨王鼎》云：“夨王作宝尊。”《散氏盘》云：“乃为图夨王于豆新宫东廷。”而《夨伯彝》则称夨伯，是夨以伯而称王者也。……盖古时天泽之分未严，诸侯在其国自有称王之俗。即徐楚吴楚之称王者，亦沿周初旧习，不得尽以僭窃目之。①

夨以伯而称王，可见周代王、公、侯、伯、子、男皆通用不别，春秋时代吴楚之称王乃是沿袭西周旧习，并非僭越窃居。郭沫若《金文丛考·金文所无考》也认为：“王、公、侯、伯、子、男皆古国君之通称。”② “五等爵禄实周末儒者托古改制之所为，盖因旧有之名称而赋之以等级也。”③ 杨树达《积微居小学述林·古爵名无定称说》赞同王国维、郭沫若的观点并将青铜器铭文中的爵名分为七类：“余遍览彝器铭文，知铭文国君之名称不但与《春秋》岐异而已，即在彝铭本身，虽同一国君，彼此互殊者仍至夥。”④ “前人说经者谓诸侯在其国内得称公，《春秋》书法有前后异称者，又设为进爵降爵之说。

① 王国维《古诸侯称王说》，《观堂集林》第四册，中华书局1959年6月第1版，第1152页—第1153页。

② 郭沫若《金文丛考》，人民出版社一九五四年六月北京第一版，第52页。

③ 郭沫若《金文丛考》，人民出版社一九五四年六月北京第一版，第53页。

④ 杨树达《积微居小学述林》，1954年2月中国科学院出版，第二五〇页。

由今观之，彼皆弥缝牵附之辞，非当时之实录也。今举其大例，凡得七宗。一曰侯公兼称，二曰侯伯兼称，三曰侯子兼称，四曰侯公伯兼称，五曰公伯兼称，六曰公子兼称，七曰伯子兼称云。”①

然而值得注意的是：今本《春秋》将王、公、侯、伯、子、男自上而下等级化。《春秋》将周代皆通用不别的王、公、侯、伯、子、男等级化的真实目的现在已无法确考。值得注意的还有：今本《春秋》对于周天子称天王，对于鲁君称公，对于宋君称公，对于齐君称侯，对于郑君称伯，对于楚君称子，对于许君称男。但是对于杞君则初称侯（桓公二年），继而称伯（庄公二十七年），此后多以伯称，又偶以子称（僖公二十三年、僖公二十七年、襄公二十九年）。这不大可能是孔子整理修订《春秋》时的疏忽，疏忽一次两次是可能的，而以孔子之精明再三再四地疏忽是不大可能的。这是有意而为之。由此而论，孔子整理修订《春秋》，将王、公、侯、伯、子、男自上而下等级化，而公低于王、侯低于公、伯低于侯、子低于伯、男低于伯的根据是什么？目的又何在？均已不得而知。对于鲁君称公的根据是什么？对于宋君称公的根据是什么？对于齐君称侯的根据是什么？对于郑君称伯的根据是什么？对于楚君称子的根据是什么？对于许君称男的根据是什么？对于杞君称侯、称伯、称子的根据是什么？均已不得而知。

《春秋穀梁传》以周天子为王；王下分五等爵：公、侯、伯、子、男；《春秋穀梁传》称吴、楚之君为子，可见，《春秋穀梁传》反对吴、楚之君称王；这三点是《春秋穀梁传》对《春秋》文意的基本的理解和阐发。在此基础上，《春秋穀梁传》的五等爵已经成为重新处理诸侯国与诸侯国关系和秩序的手段，通过深察名号决嫌明疑，确定各诸侯国的尊卑关系。《春秋穀梁传》以五等爵确定各诸侯国的尊卑关系，防止僭越，以保持社会结构和秩序的相对稳定。《春秋穀梁传》的五等爵并不是以褒贬进退的赏罚为目的。《春秋穀梁传》对吴国一度贬而称“人”，“吴信中国而攘夷狄，吴进矣”②，进而称“子”，但是，“人”不是五等爵之一，且因褒奖吴而提升吴的地位又跨越了“男”，贬吴也跨越了“男”而贬为“人”，可见，《春秋穀梁传》是把吴定位在“子”的爵位上，褒贬进退的赏罚不是《春秋穀梁传》的五等爵的目的。

《春秋公羊传》和《春秋繁露》也讲深察名号，但《春秋公羊传》将《春秋》的五等

① 杨树达《积微居小学述林》，1954 年 2 月中国科学院出版，第二五〇页。

② 阮元校刻《十三经注疏》，中华书局 1980 年 10 月第 1 版，第二三四四页。

爵改为三等爵，若按《礼记·王制》所载“天子之田方千里。”[①] 天子也有封地禄田，天子也为一爵，则《春秋公羊传》的三等爵包括天子一爵，从而将《春秋》的五等爵合为公侯、伯子男两等，从数学上讲，当爵位等级降到只有一个等级时就与没有设立爵位等级一样了，《春秋公羊传》的三等爵比没有设立爵位等级只稍微强一点，爵位等级低者可以借此一步登天，可见《春秋公羊传》的三等爵是以社会的剧烈变革为目的的。而《春秋穀梁传》通过深察名号决嫌明疑，确定各诸侯国的尊卑关系，防止僭越，以保持社会结构和秩序的相对稳定。

第三，尊周、尊天子的大一统思想。

春秋时期，周室衰微。《春秋穀梁传》认为必须尊周、尊天子。《春秋》僖公八年：“春，王正月。公会王人、齐侯、宋公、卫侯、许男、曹伯、陈世子款，盟于洮。”《春秋穀梁传》云：“‘王人’之先诸侯，何也？贵王命也。朝服虽敝，必加于上；弁冕虽旧，必加于首；周室虽衰，必先诸侯。兵车之会也。”[②] 《春秋》隐公十一年：“十有一年，春，滕候、薛侯来朝。”《春秋穀梁传》：“考礼修德，所以尊天子也。”[③] 作为诸侯，必须向周天子进贡。《春秋》桓公十五年：“十有五年，春，二月，天王使家父来求车。”《春秋穀梁传》云：“古者，诸侯时献于天子以其国之所有，故有辞让而无征求。求车，非礼也。求金，甚矣。”[④] 根据名份等级的不同，宗庙之数也不同，庙堂房屋柱子的颜色也有差别。《春秋》僖公十五年：“已卯，晦，震夷伯之庙。”《春秋穀梁传》云：“天子七庙，诸侯五，大夫三，士二。”[⑤] 《春秋》庄公二十三年：“秋，丹桓宫楹。”《春秋穀梁传》云：“礼，天子诸侯黝垩，大夫仓，士黈。丹楹，非礼也。”[⑥]

在当时周室衰微、周天子实际上没有任何权威的情况下，《春秋穀梁传》主张以会盟的方式，由大国以周天子的名义解决诸侯国之间的争端。如，《春秋》僖公九年：“九月戊辰，诸侯盟于葵丘。”齐桓公所定天子禁令，《春秋穀梁传》加以赞美。《春秋穀梁传》云：“桓盟不日，此何以日？美之也。为见天子之禁，故备之也。葵丘之会，陈牲而不

---

① 阮元校刻《十三经注疏》，中华书局 1980 年 10 月第 1 版，第一三二二页。

② 阮元校刻《十三经注疏》，中华书局 1980 年 10 月第 1 版，第二三九五页。

③ 阮元校刻《十三经注疏》，中华书局 1980 年 10 月第 1 版，第二三七一页。

④ 阮元校刻《十三经注疏》，中华书局 1980 年 10 月第 1 版，第二三七八页。

⑤ 阮元校刻《十三经注疏》，中华书局 1980 年 10 月第 1 版，第二三九七页。

⑥ 阮元校刻《十三经注疏》，中华书局 1980 年 10 月第 1 版，第二三八六页。

杀。读书加于牲上，壹明天子之禁。”①

《春秋》云：“九月，戊辰。诸侯盟于葵丘。”《春秋公羊传》云：“桓之盟不日，此何以日？危之也。何危尔？贯泽之会，桓公有忧中国之心，不召而至者，江人、黄人也。葵丘之会，桓公震而矜之，叛者九国。震之者何？犹曰振振然。矜之者何？犹曰莫若我也。”②

《春秋》云：“九月，戊辰。诸侯盟于葵丘。”《春秋左氏传》云：“秋，齐侯盟诸侯于葵丘。曰：‘凡我同盟之人，既盟之后，言归于好。’宰孔先归，遇晋侯，曰：‘可无会也，齐侯不务德而勤远略，故北伐山戎，南伐楚，西为此会也。东略之不知西则否矣。其在乱乎？君务靖乱，无勤于行。’晋侯乃还。”③

《孟子注疏》（汉赵歧注，宋孙奭音义并疏）卷十二《告子章句下》云：

五霸，桓（杨德春按：石经讳作威。）公为盛，葵丘之会诸侯，束牲载书而不歃血。初命曰：“诛不孝，无易树子，无以妾为妻。”再命曰：“尊贤育才，以彰有德。”三命曰：“敬老慈幼，无忘宾旅。”四命曰：“士无世官，官事无摄，取士必得，无专杀大夫。”五命曰：“无曲防，无遏籴，无有封而不告。”曰：“凡我同盟之人，既盟之后，言归于好。”今之诸侯皆犯此五禁，故曰今之诸侯，五霸之罪人也。

（注：齐桓公，五霸之盛者也，与诸侯会于葵丘，束缚其牲，但加载书，不复歃血。言畏桓公，不敢负之，不得专诛不孝。树，立也。已立世子，不得擅易也。不得立爱妾为嫡妻也。尊贤养才，所以彰明有德之人。敬老爱小，恤矜孤寡，客羁旅勿忘忽也。仕为大臣，不得世官，贤臣乃得世禄也。官事无摄，无旷庶僚也。取士必得贤也。立贤无方也。无专杀大夫，不得以私怒行戮也。无敢违王法而以己意设防禁也，无遏止穀籴不通邻国也，无以私恩擅有封赏而不告盟主也。言归于好，无构怨也。桓公施此五命，而今诸侯皆犯之，故曰罪人也。）④

孟子其人在穀梁子后，在穀梁子之时，葵丘之会桓公所立天子禁令之史料已十分稀

① 阮元校刻《十三经注疏》，中华书局1980年10月第1版，第二三九六页。

② 阮元校刻《十三经注疏》，中华书局1980年10月第1版，第二三五二页。

③ 阮元校刻《十三经注疏》，中华书局1980年10月第1版，第一八〇〇页。

④ 阮元校刻《十三经注疏》，中华书局1980年10月第1版，第二七五九页。

少，《春秋穀梁传》记载十分简略，《春秋左氏传》竟未加记载，至孟子之时，葵丘之会天子禁令之内容反而详细了，则《孟子・告子下》所载桓公于葵丘之会所立之五命很值得怀疑。

宋黄震撰《黄氏日抄》卷九《读春秋三》：

九月，戊辰。诸侯盟于葵丘。孟子曰："五霸，桓公为盛，葵丘之会，诸侯束牲载书而不歃血。初命曰：诛不孝，毋易树子，毋以妾为妻。再命曰：尊贤育材，以彰有德。三命曰：敬老慈幼，毋忘宾旅。四命曰：仕毋世官，官事无摄，取士必得，毋专杀大夫。五命曰：毋曲防，毋遏籴，毋有封而不告。曰：凡我同盟之人，既盟之后，言归于好。"近世张氏洽曰："一命之词，三纲所系，盖修身正家之要。自此以下，尊贤敬臣、子庶民、柔远人、怀诸侯之意略备。故穀梁氏谓："陈牲而不歃血，读书加于牲上，壹明天子之禁。"其提纲挈领，以正率人，盖春秋之所未有。

木讷赵氏鹏飞曰："襄王即位，适丁齐威之方霸，威公于是率东诸侯，会宰周公于葵丘，宣天子五禁以令诸侯。是会实为春秋之冠，王室赖之多矣。"

石林叶氏梦得则曰："襄王之立，非惠王意，而惠后犹存，襄王未知得终安其位。此霸主之所当忧，王亦出内臣以临之。无易树子，载之初命，如是而仅终丧，犹有子带之难，则齐侯之虑不得不预也。"

武夷胡氏安国亦曰："观《孟子》所载初命之词，则知桓公翼戴王室之事信矣。"

愚按：孔子称威公一匡天下，民到于今受其赐。孟子说诸侯以行王，始力贬齐桓，于葵丘之会犹力称之。如此则葵丘之会之盛可知。至公羊氏乃谓葵丘之会，桓公震而矜之，叛者九国。左氏亦载晋侯将如会，宰孔言齐侯不务德而勤远略，以止其行反。皆于葵丘之会有疵焉，何耶？盖盛之极，衰之始。而霸者本源非正，吝骄易生，诚亦有如二氏之讥云尔。然叛者九国，不见其实，而宰孔之言亦过矣。春秋生民之免左衽，正以桓公伐戎伐楚之功，而宰孔反以为非。齐之不能大戢楚人而灭江、灭黄、力不能讨者，正以晋大国之独不协力也。奈何晋方欲如会而反止其行？或者襄王虽立而子带傍睨，宰孔虽身预其会，阴有贰心者耶。然则九国之叛无实，而宰孔之言非公也。①

---

① 黄震《黄氏日抄》卷九，《四库全书》经部八，四书类。

《春秋左氏传》不载天子之禁。《春秋左氏传》以记载详备著称，对桓公霸业之记载尤其详备，葵丘之会又是桓公霸业之顶峰，葵丘之会乃所谓桓公霸业盛之极，衰之始。而桓公于葵丘之会所立天子五禁又是葵丘之会的核心内容，《春秋左氏传》竟然对桓公于葵丘之会所立天子五禁只字未提，这是值得研究的。《春秋左氏传》与《春秋穀梁传》《春秋公羊传》的性质是不同的，《春秋左氏传》是重史实的，无论如何也不可能将如此重要的史实处理掉。可能的解释只能是在穀梁子之前的《春秋左氏传》的作者对桓公于葵丘之会所立天子五禁已知之甚少。另外，《春秋左氏传》对桓公霸业之记载尤其详备而深刻，《春秋左氏传》记载宰孔所谓齐侯不务德而勤远略，这可谓深刻地指出了桓公霸业之本质。

《春秋公羊传》损五禁为四禁而移于阳穀之会，其所述四禁之次序及文字皆同于《春秋穀梁传》。很明显，《春秋公羊传》是借鉴了《春秋穀梁传》关于桓公于葵丘之会所立天子五禁之记载。

孟子其人在穀梁子后，在穀梁子之时，葵丘之会桓公所立天子禁令之史料已十分稀少，《春秋穀梁传》记载十分简略，《春秋左氏传》竟未加记载，至孟子之时，葵丘之会天子禁令之内容反而详细了，则《孟子·告子下》所载桓公于葵丘之会所立之五命很值得怀疑。

齐桓公为春秋霸主，其所务必在远略而不在仁德，其所立天子之禁也是着眼于处理国与国之间的关系，以毋雍泉为首。孟子其人在穀梁子后，《孟子·告子下》所载桓公于葵丘之会所立五命，前四命之主要内容皆关乎人伦教化，如果《孟子·告子下》所载桓公于葵丘之会所立之五命为真，则齐侯务仁德而非勤于远略也。故《孟子·告子下》所载桓公于葵丘之会所立之五命是不真实的，孟子出于宣扬仁义道德之需要，对于《春秋穀梁传》关于桓公于葵丘之会所立之天子五禁之记载进行了添枝加叶的发挥。《孟子》常常对古代之事进行添枝加叶的发挥，对井田制进行添枝加叶的发挥就是明证。

再联系到《春秋穀梁传》僖公二十二年所载"故曰礼人而不答，则反其敬；爱人而不亲，则反其仁；治人而不治，则反其知。"[①] 之语与《孟子·离娄上》所载"孟子曰：'爱人不亲反其仁，治人不治反其智，礼人不答反其敬，行有不得者皆反求诸己。'"[②] 之语基本相同。这里有三点需要说明：其一，该《春秋穀梁传》之语是具体的，而该

---

① 阮元校刻《十三经注疏》，中华书局 1980 年 10 月第 1 版，第二四〇〇页。

② 阮元校刻《十三经注疏》，中华书局 1980 年 10 月第 1 版，第二七一八页。

《孟子》之语却是由具体到一般概括。很明显，该《孟子》之语是在该《春秋穀梁传》之语的基础上所进行的概括，这是《孟子》抄用了《春秋穀梁传》，而不是《春秋穀梁传》抄用了《孟子》。其二，该《春秋穀梁传》之语是三个推论，每一个推论的形式是前句为前提而后句为结论。如第一个推论，前句为前提：如果对别人施礼而别人并不理睬。后句为结论：那么就反求自己对别人是否恭敬。正因为如此，该《春秋穀梁传》之语之句子就比较长，而且用了虚词。而该《孟子》之语却都是短句，把虚词省略了，成为归纳出“行有不得者皆反求诸己”这一结论的三个特例。很明显，该《孟子》之语是在该《春秋穀梁传》之语的基础上所进行的加工。其三，该《春秋穀梁传》之语虽是排比句，但三句的顺序是随机的，不是精心组织的。而该《孟子》之语四句话却是精心组织的，第一句的最后一字与第三句的最后一字押韵，第二句的最后一字与第四句的最后一字也押韵。很明显，该《孟子》之语是在该《春秋穀梁传》之语的基础上所进行的组织加工。总而言之，这是《孟子》抄用了《春秋穀梁传》，而不是《春秋穀梁传》抄用了《孟子》。

第四，在诸侯国与诸侯国的交往中要以诚相待。

季孙行父、郤克、孙良夫、公子手使齐，齐不以礼相待。《春秋》成公元年：“冬，十月。”《春秋穀梁传》云：“季孙行父秃，晋郤克眇，卫孙良夫跛，曹公子手偻，同时而聘于齐。齐使秃者御秃者，使眇者御眇者，使跛者御跛者，使偻者御偻者。萧同侄子处台上而笑之，闻于客，客不说而去，相与立胥闾而语，移日不解。齐人有知之者，曰：‘齐之患，必自此始矣。’”①《春秋穀梁传》通过“齐人有知之者，曰：齐之患，必自此始”告诫后人外交无小事，在诸侯国与诸侯国的交往中不仅要以礼相待，更要以诚相待。《论语》主要讨论处理人与人之间关系的问题，对于处理国与国之间关系的问题则语焉不详。《春秋穀梁传》实际上将孔子处理人与人之间关系的思想在处理国与国之间关系的问题上进行了发挥和推广。

在《春秋穀梁传》看来鞌之战的主要原因就在于齐在外交活动中未能以诚相待。《春秋左氏传》与《春秋公羊传》也载戏笑聘齐之客事，但都十分简略，认为戏笑聘齐之客只不过是鞌之战的次要原因，鞌之战的主要原因在于齐晋争霸愈演愈烈。这一点《春秋公羊传》没有《春秋左氏传》明显，《春秋公羊传》在解释不盟于师而盟于袁娄时插入戏笑聘齐之客事，以萧同侄子为质列为四条件之末，前三条皆关乎争霸，可见，与《春秋左氏传》一样，《春秋公羊传》也认为鞌之战的主要原因在于齐晋争霸愈演愈烈。

---

① 阮元校刻《十三经注疏》，中华书局 1980 年 10 月第 1 版，第二四一七页。

在《春秋穀梁传》看来，国与国之间的关系和人与人之间的关系一样，不仅仅是赤裸裸的利害关系。若人与人之间仅仅是赤裸裸的利害关系，则他人即地狱，人类将永无宁日。若国与国之间仅仅是赤裸裸的利害关系，国与国之间只能是相互算计，相互提防，争斗不休。人与人之间要以诚相待，诚是仁的基础，人与人之间只有以诚相待之后才能体谅和爱对方。国与国之间也要以诚相待，由此达成国与国之间相互体谅、和平共处的仁和状态。《春秋穀梁传》以戏笑聘齐之客事为鞌之战的主要原因是把握住了孔子思想的精华。《春秋左氏传》与《春秋公羊传》以齐晋争霸愈演愈烈为鞌之战的主要原因的观点与孔子之门尚有距离。

晋骊姬之乱，《春秋左氏传》与《春秋公羊传》只是突出晋献公以妾为妻、易树子之违背宗法伦理制度。《春秋穀梁传》则不仅突出晋献公以妾为妻、易树子之违背宗法伦理制度，而且进一步挖掘骊姬之乱的心性根源。通过骊姬“私心”之恶与申生“孝心”之善的鲜明对比，强调了人的善恶心性在人类历史进程中的重要作用。在这一点上《春秋穀梁传》是把握住了孔子思想的精华。礼只是外在的、形式层面的，人而不仁，如礼何？礼的核心内容是仁。通过教化人可以爱人，由有仁心者所组成的政府可以改变人类历史的进程，使人类步入大同社会。《春秋左氏传》与《春秋公羊传》仅仅强调宗法伦理制度而未及于心性层面的仁心的培养，宗法伦理制度徒有礼的空壳，与法家的法规条文无异，《春秋左氏传》与《春秋公羊传》未能把握住孔子思想的精华。

二、关于处理诸侯国内部关系的政治思想

第一，提倡礼制，严守等级。

《春秋穀梁传》认为，君臣、父子、兄弟、夫妇之间有严格的等级差别。君臣之间等级地位不同，所司之职也不相同，君不尸小事，臣不专大名。《春秋》襄公十九年：“晋士匄帅师侵齐，至穀，闻齐侯卒，乃还。”《春秋穀梁传》云：“还者，事未毕之辞也。受命而诛生，死无所加其怒，不伐丧，善之也。善之则何为未毕也？君不尸小事，臣不专大名，善则称君，过则称己，则民作让矣。士匄外专君命，故非之也。然则为士匄者宜奈何？宜墠帷而归命乎介。”①

据《春秋》桓公十一年：“突归于郑。”《春秋穀梁传》云：“死君难，臣道也。”臣要为国君尽忠死难。臣不能假借君命行事。《春秋》宣公十五年：“王札子杀召伯、毛伯。”《春秋穀梁传》云：“王札子者，当上之辞也。杀召伯、毛伯，不言其何也？两下相杀也。

① 阮元校刻《十三经注疏》，中华书局1980年10月第1版，第二四二九页——第二四三〇页。

两下相杀，不志乎《春秋》，此其志，何也？矫王命以杀之，非忿怒相杀也。故曰：以王命杀也。以王命杀则何志焉？为天下主者，天也。继天者，君也。君之所存者，命也。为人臣而侵其君之命而用之，是不臣也。为人君而失其命，是不君也。君不君，臣不臣。此天下所以倾也。"① 显然，《春秋穀梁传》认为世界的主宰是"天"，国君是继"天"而立者。国君存在的目的就是代"天"发布命令。若国君失去发布命令之权，就不是国君了，人臣发布君命，也就不是人臣了。君臣关系是"天"所规定的。

提倡礼制的本质就是建立严格的贵贱尊卑的等级制度，用贵治贱，用贤治不肖。《春秋穀梁传》昭公四年："《春秋》之义，用贵治贱，用贤治不肖，不以乱治乱也。"② 国君因地位高贵，不能与地位低贱者接近。如《春秋穀梁传》襄公二十九年："礼，君不使无耻，不近刑人，不狎敌，不迩怨。贱人非所贵也，贵人非所刑也，刑人非所近也。"③ 诸侯地位尊贵，兄弟之间不能随便以亲属关系相称。《春秋》桓公十四年："夏五，郑伯使其弟御来盟。"《春秋穀梁传》云："诸侯之尊，弟兄不得以属通。"④ 夫人的礼仪和地位不能超过国君。《春秋》成公十五年："秋，八月，庚辰。葬宋共公。"《春秋穀梁传》云："夫人之义，不逾君也，为贤者崇也。"⑤

第二，以民为本的政治思想。

民本思想是儒家的重要政治思想。《春秋穀梁传》是儒家的重要经典，具有强烈的民本思想。可以说，"以民为本"是《春秋穀梁传》最重要的政治思想。

《春秋》隐公五年："十有二月，宋人伐郑，围长葛。"《春秋穀梁传》云："伐国不言围邑，此其言围，何也？久之也。"范宁注解释道："宋以此冬围之，至六年冬乃取之。古者师出不逾时，重民之命，爱民之财，乃暴师经年，仅而后克，无仁隐之心，而有贪利之行，故围伐兼举以明之。"⑥《春秋穀梁传》强调重民之命，爱民之财，表现出对人民的强烈的人文关爱，可见，《春秋穀梁传》的民本思想的核心是仁。

又如《春秋》桓公十四年："十有二月，宋人以齐人、蔡人、卫人、陈人伐郑。"《春

① 阮元校刻《十三经注疏》，中华书局1980年10月第1版，第二四一五页。

② 阮元校刻《十三经注疏》，中华书局1980年10月第1版，第二四三四页。

③ 阮元校刻《十三经注疏》，中华书局1980年10月第1版，第二四三一页。

④ 阮元校刻《十三经注疏》，中华书局1980年10月第1版，第二三七七页。

⑤ 阮元校刻《十三经注疏》，中华书局1980年10月第1版，第二四二二页。

⑥ 阮元校刻《十三经注疏》，中华书局1980年10月第1版，第二三六九页——第二三七〇页。

秋穀梁传》说：“以者，不以者也。民者，君之本也。使人以其死，非正也。”① “以”为“用”“驱使”之意，《春秋穀梁传》以“不以”训“以”，就是认为宋人驱使齐国、蔡国、卫国、陈国的民众伐郑国，民乃君本，使其赴死，是不应当的、不正确的。范宁注解释道：“不以者，谓本非所得制，今得以之也。刺四国使宋专用其师，轻民命也。”讥刺齐、蔡、卫、陈四国让宋国使用其师是轻视人命的行为。

《春秋左氏传》和《春秋公羊传》也都具有一定的民本思想，《春秋左氏传》的民本思想是在礼的框架之下的民本思想，上对下使之以礼，统治者对民以礼相待，强调礼这一形式因素。《春秋公羊传》也具有一定的民本思想，其特点是把民当作社会和政治的物质基础和宝贵财富，是物质层面上的民本思想。《春秋左氏传》和《春秋公羊传》的民本思想的层次都低于《春秋穀梁传》以仁为核心的民本思想。

第三节 《春秋穀梁传》的军事思想

一、《春秋穀梁传》主张为政以德，军事是在不得已情况下对政治的补充

《春秋》庄公八年：“甲午，治兵。”《春秋穀梁传》云：“出曰治兵，习战也。入曰振旅，习战也。治兵而陈，蔡不至矣。兵事以严终，（范注：以严整终事，故敌人不至。）故曰善陈者不战，此之谓也。善为国者不师，（范注：道之以德，齐之以礼。江熙曰：“邻国望我，欢若亲戚，何师之为?”）……”② 《春秋穀梁传》认为“善为国者不师”，范宁注解释为：“道之以德，齐之以礼。江熙曰：‘邻国望我，欢若亲戚，何师之为?’”就是说，为政以德，以政治手段解决社会问题，天下归顺，在这种情况下，根本不需要动用军事手段。但是这并不意味着善为国者可以不要武备，在《春秋穀梁传》看来善为国者也是要有武备的，只不过是善为国者根本不需要动用军事手段罢了。《春秋》定公十年：“公至自颊谷。”《春秋穀梁传》云：“因是以见，虽有文事，必有武备，孔子于颊谷之会见之矣。”③

《春秋》定公十年：“夏，公会齐侯于夹谷，公至自夹谷。”

《春秋左氏传》云：

---

① 阮元校刻《十三经注疏》，中华书局1980年10月第1版，第二三七八页。

② 阮元校刻《十三经注疏》，中华书局1980年10月第1版，第二三八二页。

③ 阮元校刻《十三经注疏》，中华书局1980年10月第1版，第二四四五页。

夏，公会齐侯于祝其，实夹谷，孔丘相。犁弥言于齐侯曰："孔丘知礼而无勇，若使莱人以兵劫鲁侯，必得志焉。"齐侯从之，孔丘以公退，曰："士兵之！两君合好，而裔夷之俘以兵乱之，非齐君所以命诸侯也。裔不谋夏，夷不乱华，俘不干盟，兵不偪好，于神为不祥，于德为愆义，于人为失礼，君必不然。"齐侯闻之，遽辟之。将盟，齐人加于载书曰："齐师出竟，而不以甲车三百乘从我者，有如此盟！"孔丘使兹无还揖对曰："而不反我汶阳之田，吾以共命者，亦如之。"齐侯将享公，孔丘谓梁丘据曰："齐、鲁之故，吾子何不闻焉？事既成矣，而又享之，是勤执事也。且牺、象不出门，嘉乐不野合，飨而既具，是弃礼也；若其不具，用秕稗也。用秕稗，君辱；弃礼，名恶。子盍图之？夫享，所以昭德也。不昭，不如其已也。"乃不果享。齐人来归郓、讙、龟阴之田。①

《春秋》定公十年："夏，公会齐侯于颊谷，公至自颊谷。"

《春秋穀梁传》云：

离会不致，何为致也？危之也。危之则以地致，何也？为危之也。其危奈何？曰：颊谷之会，孔子相焉。两君就坛，两相相揖，齐人鼓噪而起，欲以执鲁君，孔子历阶而上，不尽一等，而视归乎齐侯。曰："两君合好，夷狄之民何为来为？"命司马止之。齐侯逡巡而谢曰："寡人之过也。"退而属其二三大夫曰："夫人率其君，与之行古人之道，二三子独率我而入夷狄之俗，何为？"罢会，齐人使优施舞于鲁君之幕下，孔子曰："笑君者罪当死。"使司马行法焉，首足异门而出。齐人来归郓、讙、龟阴之田者，盖为此也。因是以见虽有文事，必有武备，孔子于颊谷之会见之矣。②

《春秋穀梁传》和《春秋左氏传》关于颊谷之会孔子为相的记载遭到后代许多学者的激烈反对。

《钦定春秋传说汇纂》云：

① 阮元校刻《十三经注疏》，中华书局1980年10月第1版，第二一四七页——第二一四八页。

② 阮元校刻《十三经注疏》，中华书局1980年10月第1版，第二四四五页。

赵氏匡曰："经不书盟，传何得云盟？盖《左氏》欲以归汶阳之田归功于夫子，故谬为此说，殊不知要而得之，非圣人之正也。"

刘氏敞曰："《穀梁》曰：'离会不致，危之也。'非也。八年公会晋师于瓦亦致，又何危乎？且如《穀梁》所说，颊谷之会圣人相之，齐侯震惧归地谢过，齐则危矣，鲁何危乎？又曰：'其以地致，危之也。'亦非也。两国会盟，致皆以地，此常例尔，何说危哉？"

黄氏仲炎曰："夹谷之会，彼俗儒者窃意圣人举动，宜夐异乎常人。况侯相会同，必有赫赫之效。于是侈张其状，如所谓视归乎齐侯，命司马行法斩优施，却莱夷，索汶阳田等事，皆不足信之谈尔。使实可信，则仲尼之智数风采不过如鲁曹沫、赵蔺相如能面折齐秦之君于柯、渑池之事，似非圣人气象也。方齐景公欲攘晋之霸，急于求诸侯，以鲁未附齐故成仇敌。今既平而会，将善鲁以劝来者，何至以兵劫鲁侯也。况鲁政制于三家，而鲁侯特拥虚器于其上尔，齐劫鲁侯亦何为者？通《春秋》考之，齐侯会盟多矣，固未尝有衷甲之变也。今观《左氏》载犂弥言于齐侯曰：'孔丘知礼而无勇，若劫之，必得志。'则是鲁用孔子。反为齐人所轻而召其变也。汲黯在朝，淮南为之寝谋。司马辅政，辽人戒其边吏'国有君子'。固敌国奸人之所敬惮也。曾谓圣人相鲁，乃不逮是。就使齐人果有衷甲之变，而圣人处此，岂无理义之论，足以愧之如烛之武之解郑围，展喜之却齐寇，从容辞气，化暴为仁，亦何至疾声厉色，以兵刃为威，以敢杀为能，以求索为功哉。由此观之，凡侈言夹谷之功者，皆浅心陋识，未闻孔子之道者也。"

王氏樵曰："案阳虎奔齐，请师以伐鲁，齐侯将许之，以鲍文子之谏而止。至是鲁之君臣能用孔子，鲁国大治，齐人慕义，故今年三月及齐平，而为夹谷之会焉。安得有使莱人以兵劫鲁侯之事乎？是会也，圣人相礼，将使两国继好谋阙，敦于信义，以从先王之典，何以盟为？《经》言会，而《传》言盟，足知其诬也。其盟辞曰：'齐师出境，而鲁以三百乘从。是欲以邾、滕视鲁也。及鲁使兹无还答之，则要其反我汶阳之田而已，何其不伦乎？使齐反汶阳之田，则鲁将为齐役乎？"

卓氏尔康曰："齐欲结鲁而伐晋也，或谓鲁欲叛晋而从齐，非也。夫子当国，叛晋之说，非所出也。盖将平齐从晋以靖列国耳。"

严氏启隆曰："齐鲁相仇始于阳虎，虎败则及齐平，会于夹谷，始平齐也。其时即微孔子，齐亦必平。孔子自摄相，自成礼而还耳。以为圣人之奇绩而曰'莱人以兵劫鲁侯’，抑何不根之甚哉。”

余氏光曰：“叶石林云：‘夹谷之事，匹夫之勇，知者不为，而曾谓仲尼为之乎?’晦翁亦力辨此事为附会。”①

以上各说不外乎以下内容：齐鲁相仇始于阳虎，至颊谷之会阳虎已败，孔子与闻国政，以讲信修睦而与齐平，齐景公志在求霸，亦欲亲鲁而以鲁为求霸之援手，遂欢然释憾会于颊谷，成礼而还。《春秋左氏传》《春秋穀梁传》所载却莱兵、索汶阳田事，皆欲侈张圣人而不知其浅陋。圣人过化存神，从容揖让，暴慢自戢。若如《春秋左氏传》《春秋穀梁传》所载，则春秋战国之士多能优为之，而谓孔子出此之下策则绝不可信。

《朱子语类》卷六十四：

极高明须要道中庸，若欲高明而不道中庸，则将流入于佛老之学。且如儒者远庖厨，佛老则好高之过，遂至戒杀食素。儒者不迩声色，不殖货利，他是过于高明，遂至绝人伦及欲割己惠人之属，如陆子静，天资甚么高明，却是不道中庸，后其学便误人。②

孔子是极高明的，但极高明须要道中庸，若欲高明而不道中庸，则孔子之学也将流入于佛老之学。从《中庸》所提出的“极高明而道中庸”可以窥见所谓圣人气象也是平常人的气象，也是穿衣吃饭。圣人气象没有什么神秘的。

其一，圣人之政，固非一端：既曰焉用杀，又曰刑罚中；既曰军旅未学，又曰我战则克。

《论语·颜渊》云：“季康子问政于孔子曰：‘如杀无道以就有道，何如?’孔子对曰：‘子为政，焉用杀？子欲善而民善矣，君子之德风，小人之德草，草上之风必偃。’”③

《论语·子路》云：“子路曰：‘卫君待子而为政，’子将奚先？子曰：‘必也正名乎！’子路曰：‘有是哉，子之迂也，奚其正?’子曰：‘野哉由也，君子于其所不知，盖阙如也。名不正，则言不顺，言不顺，则事不成，事不成，则礼乐不兴，礼乐不兴，则刑罚

① 王掞等《钦定春秋传说汇纂》，见文渊阁《四库全书》经部五，春秋类。

② 黎靖德编《朱子语类》，中华书局1994年3月第1版，第一五八六页。

③ 阮元校刻《十三经注疏》，中华书局1980年10月第1版，第二五〇四页。

不中，刑罚不中，则民无所措手足。故君子名之必可，言也。言之必可，行也。君子于其言无所苟而已矣。’”①

上引两条材料中之第一条材料言圣人之政以不用杀为根本；第二条材料言圣人之政也要刑罚中，刑罚不中，则民无所措手足。

《论语·卫灵公》云：“卫灵公问陈于孔子，孔子对曰：‘俎豆之事则尝闻之矣，军旅之事未之学也。’明日遂行，在陈绝粮，从者病，莫能兴。子路愠，见曰：‘君子亦有穷乎？’子曰：‘君子固穷，小人穷斯滥矣。’”②

《论语·子路》云：“子曰：‘善人教民七年，亦可以即戎矣。’子曰：‘以不教民战，是谓弃之。’”③

《礼记·礼器》云：“孔子曰：‘我战则克，祭则受福，盖得其道矣。’”④

上引三条材料中之第一条材料言圣人之政不以军阵为根本；第二条材料言圣人之政也要即戎从军；第三条材料言圣人之政如若用兵，则战之能胜，这就要研究作战方法以求取胜之道。

宋代陈祥道在宋儒中是比较清醒的，认为孔子之政不仅仅是单打一的文事。陈祥道撰《论语全解》卷八（《卫灵公》篇）云：“卫灵公问陈于孔子，孔子对曰：‘俎豆之事则尝闻之矣，军旅之事未之学也。’天根问为天下于无名人，无名人曰：‘汝鄙人也，何问之不豫也。’灵公问陈于孔子亦若是而已。此孔子对以俎豆之事则尝闻之，军旅之事未之学也。古者文事必有武备，武备必有文事。故射御之事寓于礼，干戚之事寓于乐。则君子之学礼乐也，军旅之事未尝不在其中矣。孔子于夹谷之会以兵加莱人而齐人恐，于费人之乱则命将士伐之而费人北。尝曰我战则克，而冉有亦曰：‘圣人文武并用。’则孔子于军旅之事，曷尝未学之。盖有所不言尔。孔子于《孔文子》亦曰：‘簠簋之事则尝学之，甲兵之事未之闻也。’其所对与灵公同，其所以责之之意，与灵公异。”⑤

可见，孔子也是讲刑罚的，孔子也是讲武备的。另外，既然孔子也是讲刑罚的，那么讲刑罚就不可能不杀人；既然孔子也是讲武备的，那么讲武备就不可能不杀人。所以《春秋穀梁传》《春秋左氏传》记载孔子在颊谷之会杀人是完全真实可信的。

① 阮元校刻《十三经注疏》，中华书局 1980 年 10 月第 1 版，第二五〇六页。

② 阮元校刻《十三经注疏》，中华书局 1980 年 10 月第 1 版，第二五一六页。

③ 阮元校刻《十三经注疏》，中华书局 1980 年 10 月第 1 版，第二五〇八页。

④ 阮元校刻《十三经注疏》，中华书局 1980 年 10 月第 1 版，第一四三四页。

⑤ 陈祥道《论语全解》卷八，《四库全书》经部八，四书类。

其二，孔子学说也是有实行的范围和条件的。

孔子学说实行的范围首先是以孔子学说为主体的中国文化之影响所及的范围。当超出这一范围，以孔子学说为主体的中国文化与其他性质不同于孔子学说的文化价值体系接触的初期，两种不同性质的文化还不可能互相理解，在此情况下，就需要以军事力量捍卫以孔子学说为主体的中国文化。孔子对自己的学说有清醒的认识，孔子强调华夷之辨，主张以华变夷而不为夷所变，以华变夷，不可能一蹴而就，这需要以军事力量来换取宝贵的时间。如果没有军事力量，华之文化将为夷之军事和文化力量所奴役，且有为夷之军事和文化力量所变之危险。

南宋儒者片面强调孔子学说中之文事方面，连半壁江山都守不住，最终为南征的蒙古骑兵所灭。明朝的建立更加强化了南宋儒者之片面看法的社会影响，似乎没有武备而仅用文事即可战胜一切征服者及其文化。但只要想一想在这一过程中中华民族所承受的巨大代价，就可以理解应该摒弃片面强调孔子学说中之文事方面的偏见。

《春秋穀梁传》的军事思想为阐明孔子学说做出了重要贡献。圣人气象也是吃饭穿衣以抵抗饥寒，没有什么神秘的。如若圣人气象可以充饥御寒，则武备废之可也。

《春秋穀梁传》文事武备的军事学说是中庸平正的，《春秋公羊传》实际上是迷信包括武力在内的暴力的，《春秋左氏传》记孔子所却者为蛮夷，实际上是主张对内不用武力，这一点到宋儒手上被发展到极端，片面强调所谓的圣人气象，把军事思想完全从孔子思想中排除出去，这不仅表明宋儒的虚伪，而且表明宋儒的偏激而反中庸。可见，只有《春秋穀梁传》文事武备的军事学说是中庸平正的。

总而言之，孔子于颊谷之会以兵加莱人而齐人恐，于费人之乱则命将士伐之而费人北。尝曰我战则克，而冉有亦曰："圣人文武并用。"则孔子于军旅之事，曷尝未学之。盖有所不言罢了。圣人之政，固非一端，片面强调孔子学说中之文事方面是错误的，也是危险的。《春秋穀梁传》的军事思想为阐明孔子学说做出了重要贡献。

二、《春秋穀梁传》主张会盟，互不侵犯

《春秋穀梁传》主张会盟，互不侵犯。《春秋》襄公三十年："晋人、齐人、宋人、卫人、郑人、曹人、莒人、邾人、滕人、杞人、小邾人会于澶渊。"《春秋穀梁传》云："澶渊之会，中国不侵伐夷狄，夷狄不入中国，无侵伐八年，善之也。"[①]又如：《春秋》桓公十二年："十有二月，及郑师伐宋，丁未，战于宋。"《春秋穀梁传》云："非与所与伐战

① 阮元校刻《十三经注疏》，中华书局1980年10月第1版，第二四三二页。

也，不言与郑战，耻不和也。于伐与战，败也。内讳败，举其可道者也。”① 鲁国在与郑国订立盟约联合讨伐了宋国之后又与郑国发生了战争。《春秋穀梁传》认为在两个订立盟约的国家之间发生了战争是可耻的，所谓“耻不和也”。

《春秋穀梁传》特别强调和重视在盟会时的武装保卫工作。《春秋》隐公二年：“春，公会戎于潜。”《春秋穀梁传》云：“会者，外为主焉尔。知者虑，义者行，仁者守。有此三者，然后可以出会。会戎，危公也。”② 《春秋穀梁传》认为国君只有在有智慧的人出谋划策，能够灵活便宜行事的人实行这些谋划，有仁德的可靠之人守卫国家的前提下才可会盟。也就是说，要有谋士出谋，外交家具体办事，忠实可靠的人守卫国家，国君方可会盟。“义”者，宜也。意思为便宜，适当，适合于实际情况的，灵活的。“义者”这里指能办事的外交人员。《荀子·大略》篇云：“诸侯相见，卿为介，以其教出毕行，使仁居守。”③ 卿为介，介为使者一类的外交人员。以其教出毕行，就是具体执行国君的指示。可为旁证。

当在政治上不能达到为政以德的要求，那么天下也就不能完全归顺。在这种情况下，就要以军事手段解决社会问题，调整社会关系。

三、各种军事手段有高下的层次之分

《春秋》庄公八年 ：“甲午，治兵。”《春秋穀梁传》云：“出曰治兵，习战也。入曰振旅，习战也。治兵而陈、蔡不至矣。兵事以严终。（范注：以严整终事，故敌人不至。）故曰：善陈者不战，此之谓也。善为国者不师，（范注：道之以德，齐之以礼。江熙曰：邻国望我，欢若亲戚，何师之为。）善师者不陈，（范注：师众素严，不须耀军列陈。江熙曰：上兵伐谋，何乃至陈?）善陈者不战，（范注：军陈严整，敌望而畏之，莫敢战。）善战者不死，（范注：投兵胜地，故无死者。江熙曰：辟实攻虚则不死。）善死者不亡。（范注：民尽其命，无奔背散亡者。江熙曰：见危授命，义存君亲，虽没犹存。）④

在不得不使用军事手段时，《春秋穀梁传》主张“善师者不陈”。范宁注解释为：“师众素严，不须耀军列陈。”我认为《春秋穀梁传》的意思是师无常法，水无常形，善于军事斗争者根本不需要耀军列阵这种惯用的形式。在这个层次之下的军事斗争领导者，只

① 阮元校刻《十三经注疏》，中华书局 1980 年 10 月第 1 版，第二三七七页。

② 阮元校刻《十三经注疏》，中华书局 1980 年 10 月第 1 版，第二三六六页。

③ 《荀子·大略》，王先谦《荀子集解》，中华书局 1988 年 9 月第 1 版，第四八七页。

④ 阮元校刻《十三经注疏》，中华书局 1980 年 10 月第 1 版，第二三八二页。

知道采用耀军列阵这种惯用的军事斗争形式。在这个层次之上的优秀军事斗争领导者，强调军事训练，军队阵容严整，正如范宁注所言“敌望而畏之，莫敢战”，这就是所谓的“善陈者不战”。

在“善陈者不战”这个层次之下的军事斗争领导者，只知道采用具体的军事战略战术进行作战。在这个层次上的优秀军事斗争领导者善于使用具体的军事战略战术，能够把军队部署在可以取得胜利的位置上，以便最大限度地减少伤亡，或实现零伤亡。正如范宁注所言：“投兵胜地，故无死者。”这就是《春秋穀梁传》所谓的“善战者不死”。

在“善战者不死”这个层次之下的军事斗争领导者，不能够采用正确的军事战略战术进行作战，只知道采用军事冒险进行作战。在这个层次上的优秀军事斗争领导者善于将部队部署在没有取得胜利把握的位置上，进行军事冒险。以求绝处逢生，置之死地而后生，投之亡地而后存。这就是《春秋穀梁传》所谓的“善死者不亡”。“善死者不亡”的句意就是：在战争中善于进行死亡冒险的人，其军队反而不会灭亡。《孙子·九地篇》云：“投之亡地然后存，陷之死地然后生。夫众陷于害，然后能为胜败。”①《春秋穀梁传》所谓的“善死者不亡”其实就是《孙子·九地篇》“投之亡地然后存，陷之死地然后生。夫众陷于害，然后能为胜败”之论的另一种表达方式。范宁注认为：“民尽其命，无奔背散亡者。”范宁注失之。《春秋穀梁传》这段话由上到下有一个层次，政治问题在首位，在最后不可能谈政治问题。《春秋穀梁传》“善死者不亡”是上承“善战者不死”而言，只能是在军事上比“善战者不死”还低下的一个层次。故范宁注失之。江熙以虽没犹存释善死者不亡亦误，《春秋穀梁传》此处乃言军事斗争层次或手段高下而不是作纪念碑文或墓志铭。

《春秋穀梁传》特别强调“善陈者不战”这个层次。认为训练军队、加强战备是非常有意义的。《春秋》庄公八年 ：“甲午，治兵。”《春秋穀梁传》云：“出曰治兵，习战也。入曰振旅，习战也。治兵而陈，蔡不至矣。兵事以严终。（范注：以严整终事。）故曰：善陈者不战，此之谓也。”② 又如：《春秋》昭公八年：“秋，搜于红。”《春秋穀梁传》云：“因搜狩以习用武事，礼之大者也。艾兰以为防，置旃以为辕门，以葛覆质以为槷，流旁握，御轚者不得入。车轨尘，马候蹄，掩禽旅。御者不失其驰。然后射者能中，过防弗逐，不从奔之道也。面伤不献，不成禽不献，禽虽多天子取三十焉。其余与士众，

---

① 《孙子·九地》，杨丙安校理《十一家注孙子校理》，中华书局 1999 年 3 月第 1 版，第二六一页。

② 阮元校刻《十三经注疏》，中华书局 1980 年 10 月第 1 版，第二三八二页。

以习射于射宫。射而中，田不得禽则得禽，田得禽而射不中，则不得禽。是以知古之贵仁义而贱勇力也。”①

《孙子·谋攻》云“凡用兵之法，全国为上，破国次之。”“不战而屈人之兵，上之上者也。”② 孙子也讲军事手段的层次之分。但是，孙子是以军事胜利为根本目的，《春秋穀梁传》则是以政治胜利为根本目的，而以军事作为政治在不得已情况下的辅助手段。另外，孙子军事手段各层次的内容与《春秋穀梁传》也不相同。

四、国君要兴正义之师，要控制军队的调动大权，反对大夫专兵

春秋时期，天下大乱。诸侯割据，战争连年不断。虽说春秋无义战，但是《春秋穀梁传》认为用兵还是要以正义为根本，证据为《春秋》僖公二十二年：“冬，十有一月，己巳，宋公及楚人战于泓，宋师败绩。”《春秋穀梁传》云：“古者，被甲婴胄，非以兴国也，则以征无道也，岂曰以报其耻哉！”③ 正义之师包括两点：一是保卫自己的国家。二是讨伐无道。为报仇雪耻而兴师是非正义的。《春秋穀梁传》反对复仇，与《春秋公羊传》大不同。

讨伐无道是正义的，但是不能伐丧。《春秋》僖公十八年：“春，王正月。宋公、曹伯、卫人、邾人伐齐。”《春秋穀梁传》云：“非伐丧也。”④

《春秋穀梁传》认为国君要出师有名，不为大夫兴师，不为匹夫兴师。《春秋》定公四年：“冬十有一月，庚午。蔡侯以吴子及楚人战于柏举，楚师败绩。”《春秋穀梁传》云：“子胥父诛于楚也，挟弓持矢而干阖庐，阖庐曰：‘大之甚，勇之甚。’为是欲兴师而伐楚。子胥谏曰：‘臣闻之，君不为匹夫兴师。且事君犹事父也，亏君之义，复父之仇，臣弗为也。’于是止。”⑤ 君不为匹夫兴师就是因为出师无名。后蔡国受楚压迫，求救于吴，《春秋穀梁传》云：“子胥曰：‘蔡非有罪，楚无道也。君若有忧中国之心，则若此时可矣。’为是兴师而伐楚。”⑥《春秋穀梁传》主张出师有名，不为匹夫兴师，以伐无道为名以为号召，兴正义之师。

不为大夫兴师、不为匹夫兴师也暗含着对军权旁落的担心，《春秋穀梁传》反对大夫

---

① 阮元校刻《十三经注疏》，中华书局 1980 年 10 月第 1 版，第二四三五页。

② 《孙子·谋攻》，杨丙安校理《十一家注孙子校理》，中华书局 1999 年 3 月第 1 版，第四四页。

③ 阮元校刻《十三经注疏》，中华书局 1980 年 10 月第 1 版，第二四〇〇页。

④ 阮元校刻《十三经注疏》，中华书局 1980 年 10 月第 1 版，第二三九八页。

⑤ 阮元校刻《十三经注疏》，中华书局 1980 年 10 月第 1 版，第二四四四页。

⑥ 阮元校刻《十三经注疏》，中华书局 1980 年 10 月第 1 版，第二四四四页。

专兵。

《春秋》襄公十九年："晋士匄帅师侵齐，至穀，闻齐侯卒，乃还。"《春秋穀梁传》云："还者，事未毕之辞也。受命而诛生，死，无所加其怒，不伐丧，善之也。善之则何为未毕也？君不尸小事，臣不专大名，善则称君，过则称已，则民作让矣。士匄外专君命，故非之也。然则为士匄者宜奈何？宜埠帷而归命乎介。"①

晋君命士匄帅师侵齐，《春秋穀梁传》主张君不尸小事，具体的军事战术指挥国君可以不过问，但是有关军队的战略问题必须请示国君，大夫不可专断独行，所谓"臣不专大名"。虽然士匄根据不伐丧的原则所做出的撤军的判断是正确的，《春秋穀梁传》也以之为善，但《春秋穀梁传》反对士匄外专君命的作法。《春秋穀梁传》认为士匄"宜埠帷而归命乎介"。范宁注解释为："除地为埠，于埠张帷，反命于介，介归告君，君命乃还，不敢专也。"《春秋穀梁传》的这一主张一方面可以防止大夫专兵，另一方面也影响了部队的行动速度、灵活性和机动性。

五、反对战争中的非人道行为

征伐要有一定的限度。如《春秋》隐公五年："宋人伐郑，围长葛。"《春秋穀梁传》云："伐国不言围邑，此其言围，何也？久之也。伐不逾时，战不逐奔，诛不填服。"②民众是君王的根本，不能随随便便将他们推入战争之中去送死。证据为《春秋》桓公十四年："宋人以齐人、蔡人、卫人、陈人伐郑。"《春秋穀梁传》云："以者，不以者也。民者，君之本也。使人以其死，非正也。"③ 以不教之民作战，不仅非为为君之道，也是不人道的。《春秋》僖公二十三年："夏，五月，庚寅，宋公兹父卒。"《春秋穀梁传》云："兹父之不葬，何也？失民也。其失民何也？以其不教民战，则是弃其师也。为人君而弃其师，其民孰以为君哉。"④ 以不教之民战，就是拿百姓白白去送死，百姓都没了，也就没人为宋襄公去送葬了。

《春秋穀梁传》反对在战争中使用火攻，因为火攻是残酷的战争手段。根据是《春秋》桓公七年："春，二月，己亥，焚咸丘。"《春秋穀梁传》云："其不言邾咸丘，何也？疾其以火攻也。"⑤ 在春秋时代，火攻在战争中逐渐增多，火攻的残酷性也暴露无遗。

① 阮元校刻《十三经注疏》，中华书局 1980 年 10 月第 1 版，第二四二九页——第二四三〇页。

② 阮元校刻《十三经注疏》，中华书局 1980 年 10 月第 1 版，第二四六九页——第二三七〇页。

③ 阮元校刻《十三经注疏》，中华书局 1980 年 10 月第 1 版，第二三七八页。

④ 阮元校刻《十三经注疏》，中华书局 1980 年 10 月第 1 版，第二四〇〇页。

⑤ 阮元校刻《十三经注疏》，中华书局 1980 年 10 月第 1 版，第二三七五页。

《孙子》中有《火攻》一篇，从纯军事角度系统总结了春秋时代在战争中使用火攻的经验，在中国和世界军事史上具有崇高的地位。但是火攻的残酷性是对人类良知的考验。在《三国演义》这部文学作品中，最善于使用火攻者是诸葛亮，诸葛亮以火攻起家，火烧博望坡、火烧新野、火烧赤壁，所谓新官上任三把火。但是，火烧藤甲兵，极为残酷，读者读至此处每每感到恶心，《三国演义》也认为诸葛亮火烧藤甲兵极为残酷，是缺德之事，所以诸葛亮损了阳寿。《三国演义》原文如下："只见山上两边乱丢火把，火把到处，地中药线皆着，就地飞起铁炮。满谷中火光乱舞，但逢藤甲，无有不着。将兀突骨并三万藤甲军，烧得互相拥抱，死于盘蛇谷中。孔明在山上往下看时，只见蛮兵被火烧的伸拳舒腿，大半被铁炮打的头脸粉碎，皆死于谷中，臭不可闻。孔明垂泪而叹曰：'吾虽有功于社稷，必损寿矣！'左右将士，无不感叹。"① 《春秋穀梁传》反对在战争中使用火攻，是现存最早的反对在战争中使用火攻的文献之一。《春秋穀梁传》也是世界上最早对战争方法和手段进行人道主义评判和反思的文献之一。当今世界反对在战争中使用地雷，反对在战争中使用细菌武器、化学武器，这体现了人类的良知并未泯灭，但这一人类的良知并未超越《春秋穀梁传》所体现的人类的良知的水平。

《春秋》桓公七年："春，二月，己亥，焚咸丘。"《春秋公羊传》云："焚之者何？樵之也。樵之者何？以火攻也。何言乎以火攻？疾始以火攻也。咸丘者何？邾娄之邑也。曷为不系乎邾娄？国之也。曷为国之？君存焉尔。"② 《春秋公羊传》也反对火攻，而且所用字句与《春秋穀梁传》极为相似，从字句上根本不能发现二者之间的区别。何休在董仲舒的基础上从《春秋公羊传》中总结出三科九旨之说：新周，故宋，以春秋当新王，此一科三旨也。所见异辞，所闻异辞，所传闻异辞，此二科六旨也。内其国而外诸侯，内诸侯而外夷狄，此三科九旨也。这一套理论的核心就是由近及远，抓大放小，主张圣人对所传闻世并不上心而于所见世却讥二名。这一套理论的指导思想就是"义"和"权变"。这样一来，孔子的仁学思想，在"义"和"权变"的借口之下被冷落了，《春秋公羊传》对所传闻世的火攻只不过是仅仅声讨一下，摆摆姿态，故《春秋公羊传》对火攻的反对在本质上明显没有《春秋穀梁传》强烈。鉴于《春秋公羊传》隐公五年之"初献六羽何以书？讥。何讥尔？讥始僭诸公也。六羽之为僭奈何？天子八佾，诸公六，诸侯

---

① 罗贯中《三国演义》，人民文学出版社 1973 年 12 月第 3 版，第 745 页—第 746 页。

② 阮元校刻《十三经注疏》，中华书局 1980 年 10 月第 1 版，第二二一八页。

四”[①] 系抄录《春秋穀梁传》隐公五年之“穀梁子曰：舞《夏》，天子八佾，诸公六佾，诸侯四佾。初献六羽，始僭乐矣”[②] 而稍微变异之，则此处亦当是《春秋公羊传》抄录《春秋穀梁传》而稍微变异之。

《春秋穀梁传》反对乘败人之绩而深为利的作法。如，《春秋》定公四年：“庚辰，吴入楚。”《春秋穀梁传》云：“日入，易无楚也。易无楚者，坏宗庙，徙陈器，挞平王之墓，何以不言灭也？欲存楚也。其欲存楚奈何？昭王之军败而逃，父老送之，曰：‘寡人不肖，亡先君之邑，父老反矣，何忧无君。寡人且用此入海矣。’父老曰：‘有君如此，其贤也，以众不如吴，以必死不如楚。’相与击之，一夜而三败吴人，复立。何以谓之吴也？狄之也。何谓狄之也？君居其君之寝，而妻其君之妻。大夫居其大夫之寝，而妻其大夫之妻。盖有欲妻楚王之母者，不正。乘败人之绩而深为利，居人之国，故及其狄道也。”[③]

《春秋穀梁传》反对吴国趁着击败楚国的机会，破坏楚国的宗庙，掠夺楚国宗庙中的祭器，鞭楚平王尸的不人道行为。《春秋穀梁传》反对吴趁着击败楚国的机会大肆谋取利益，侵占楚国土地的不人道行为。吴王居楚王之寝宫，奸淫楚王的内眷。吴国大夫居楚国大夫之寝室，奸淫楚国大夫的内眷。还有吴人想奸淫楚王之母。对此，《春秋穀梁传》认为是不合正道的，是倒退到夷狄之国的野蛮行为。

《春秋》文公十一年：“冬，十月，甲午。叔孙得臣败狄于咸。”《春秋穀梁传》云：“不言帅师而言败，何也？直败一人之辞也。一人而曰败，何也？以众焉言之也。传曰：长狄也，弟兄三人，佚宕列国，瓦石不能害，叔孙得臣最善射者也，射其目，身横九亩，断其首而载之，眉见于轼。然则何为不言获也？曰：古者不重创，不禽二毛。故不言获，为内讳也。其之齐者，王子成父杀之，则未知其之晋者也。”[④]《春秋穀梁传》也是承认或认同“古者不重创，不禽二毛”的人道主义原则的，但是，《春秋穀梁传》反对或遣责僖公二十二年泓之战中宋襄公的行为，这表明《春秋穀梁传》反对战争中的不人道行为是有限度的或有底线的，对于敌人的仁慈就是对于自己一方的士兵和人民的犯罪，反映出《春秋穀梁传》的中庸思想，即《春秋穀梁传》反对战争中的不人道行为的有限度性

---

① 阮元校刻《十三经注疏》，中华书局 1980 年 10 月第 1 版，第二二〇七页。

② 阮元校刻《十三经注疏》，中华书局 1980 年 10 月第 1 版，第二三六九页。

③ 阮元校刻《十三经注疏》，中华书局 1980 年 10 月第 1 版，第二四四四页。

④ 阮元校刻《十三经注疏》，中华书局 1980 年 10 月第 1 版，第二四〇八页。

或有底线性是以《春秋穀梁传》一分为三的哲学思想为依据的。

第四节 《春秋穀梁传》的伦理思想

一、《春秋穀梁传》的伦理思想的核心

《春秋穀梁传》的伦理思想的核心是以三纲为基础的等级制度。君臣、父子、夫妇是中国封建社会的三种基本伦常关系。君臣、父子、夫妇这三种基本伦常关系在中国的产生和发展是由与一定的生产力水平相结合的社会生产关系决定的。《春秋穀梁传》却把君臣、父子、夫妇关系的产生与“天”相联系。

《春秋》宣公十五年：“王札子杀召伯、毛伯。”《春秋穀梁传》云：“王札子者，当上之辞也。杀召伯、毛伯，不言其，何也？两下相杀也。两下相杀，不志乎《春秋》，此其志，何也？矫王命以杀之，非忿怒相杀也。故曰：以王命杀也。以王命杀则何志焉？为天下主者，天也。继天者，君也。君之所存者，命也。为人臣而侵其君之命而用之，是不臣也。为人君而失其命，是不君也。君不君，臣不臣。此天下所以倾也。”① 显然，《春秋穀梁传》认为世界的主宰是“天”，国君是继“天”而立者。国君存在的目的就是代“天”发布命令。若国君失去发布命令之权，就不是国君了，人臣发布君命，也就不是人臣了。君不君，臣不臣。所以天下大乱。可见，君臣关系是“天”所规定的。

《春秋》庄公元年：“三月，夫人孙于齐。”《春秋穀梁传》云：“孙之为言，犹孙也，讳奔也。接练时，录母之变，始人之也。不言氏姓，贬之也。人之于天也。以道受命。于人也，以言受命。不若于道者，天绝之也。不若于言者，人绝之也。臣子大受命。”②《春秋穀梁传》认为人从上天以天道的形式接受天命，人从人君之处以语言的形式接受天命，不顺从天道的人，天将断绝他的生路。不顺从人君的代表天命的话的人，人君将断绝他的生路。《春秋穀梁传》认为文姜杀夫，是不顺从于妇当事夫之天道，故天当绝之。可见夫妇关系也是由天道规定的。《春秋穀梁传》没有明言父子关系也是由天道规定的，但是，宗法制是封建统治的基础，君父与臣子相对，所以，范宁《春秋穀梁传集解》云：“臣子则受君父之命，妇受夫之命。”父子关系也是由天道规定的。

《春秋穀梁传》以“尊尊亲亲”维护君臣、父子、夫妇这三种基本伦常关系。《春秋》

---

① 阮元校刻《十三经注疏》，中华书局 1980 年 10 月第 1 版，第二四一五页。

② 阮元校刻《十三经注疏》，中华书局 1980 年 10 月第 1 版，第二三七九页。

成公元年："秋，王师败绩于贸戎。"《春秋穀梁传》云："不言战，莫之敢敌也。为尊者讳敌不讳败。为亲者讳败不讳敌。尊尊亲亲之义也。然则孰败之。晋也。"[①] 在这里，《春秋穀梁传》提出了"尊尊亲亲"的思想，尊尊，就是要尊敬尊者，以地位在下者尊地位在上者。亲亲，就是要亲近亲者，地位在下者要亲地位在上者，地位在上者也要亲地位在下者。既然以宗法制为基础的君臣、父子、夫妇这三种基本伦常关系是维系社会秩序的纽带，当然要强调"三纲"，而"三纲"的核心内容就是"尊尊"。以地位在下者尊地位在上者，也就是以臣事君，以子事父，以妇事夫。但是，这仅仅只是强调"尊尊"，还远远不能满足维护君臣、父子、夫妇这三种基本伦常关系的需要。所以，还要讲究"亲亲"之道。

不仅地位在下者要亲地位在上者，而且地位在上者也要亲地位在下者。就是对于有亲缘关系之乱臣，也要表现出亲戚情谊，如：《春秋》隐公元年："夏，五月，郑伯克段于鄢。"《春秋穀梁传》云："缓追逸贼，亲亲之道也。"[②]《春秋穀梁传》谴责手足之间的残杀。《春秋》襄公三十年："天王杀其弟佞夫。"《春秋穀梁传》云："传曰：'诸侯且不首恶，况于天子乎？君无忍亲之义，天子、诸侯所亲者，唯长子、母弟耳。天王杀其弟佞夫，甚之也。'"[③]《春秋》隐公元年："夏，五月，郑伯克段于鄢。"《春秋穀梁传》云："郑伯之处心积虑成于杀也。"[④]

《春秋》庄公三十二年："秋，七月，癸巳，公子牙卒。"《春秋左氏传》云：

> 秋，七月，癸巳，公子牙卒。初，公筑台临党氏，见孟任，从之。闷，而以夫人言许之。割臂盟公，生子般焉。雩，讲于梁氏，女公子观之，圉人荦自墙外与之戏。子般怒，使鞭之。公曰："不如杀之，是不可鞭。荦有力焉，能投盖于稷门。"公疾，问后于叔牙。对曰："庆父材。"问于季友，对曰："臣以死奉般。"公曰："乡者牙曰庆父材。"成季使以君命命僖叔待于针巫氏，使针季酖之，曰："饮此则有后于鲁国，不然，死且无后。"饮之，归及逵泉而卒，立叔孙氏。[⑤]

---

① 阮元校刻《十三经注疏》，中华书局 1980 年 10 月第 1 版，第二四一七页。

② 阮元校刻《十三经注疏》，中华书局 1980 年 10 月第 1 版，第二三六五页——第二三六六页。

③ 阮元校刻《十三经注疏》，中华书局 1980 年 10 月第 1 版，第二四三二页。

④ 阮元校刻《十三经注疏》，中华书局 1980 年 10 月第 1 版，第二三六五页。

⑤ 阮元校刻《十三经注疏》，中华书局 1980 年 10 月第 1 版，第一七八三页——第一七八四页。

《春秋公羊传》云：

> 何以不称弟？杀也。杀则曷为不言刺？为季子讳杀也。曷为为季子讳杀？季子之遏恶也。不以为国狱，缘季子之心而为之讳。季子之遏恶奈何？庄公病，将死，以病召季子，季子至而授之以国政，曰：寡人即不起此病，吾将焉致乎鲁国。季子曰：般也存，君何忧焉？公曰：庸得若是乎？牙谓我曰：鲁一生一及，君已知之矣，庆父也存。季子曰：夫何敢！是将为乱乎？夫何敢！俄而牙弑械成。季子和药而饮之，曰：公子从吾言而饮此，则必可以无为天下戮笑，必有后乎鲁国。不从吾言而不饮此，则必为天下戮笑，必无后乎鲁国。于是从其言而饮之，饮之无傫氏，至乎王堤而死。公子牙今将尔，辞曷为与亲弑者同？君亲无将，将而诛焉。然则善之与？曰：然。杀世子母弟，直称君者，甚之也。季子杀母兄何善尔？诛不得辟兄，君臣之义也。然则曷为不直诛而酖之，行诛乎兄，隐而逃之，使托若以疾死然，亲亲之道也。①

季子诛公子牙在伦理上是弟弑兄，在诛杀的罪名上，公子牙并未行篡弑，只是在回答庄公问时认为当立庆父，季子竟然使以君命，在手足兄弟之间施行杀戮，季子诛杀公子牙在法律上没有合法的罪名，难以服众。季子胁迫公子牙饮毒药竟然说："公子从吾言而饮此，则必可以无为天下戮笑，必有后乎鲁国。不从吾言而不饮此，则必为天下戮笑，必无后乎鲁国。"这是以灭门相威胁，公子牙并未行篡弑，只是在回答庄公问时认为当立庆父，诛杀公子牙一人都没有合法的罪名，难以服众，灭门在公室宗族中更是难以服众。季子悍然蛮干，首先在手足兄弟之间施行杀戮，引起政治对手以同样手段施行反击，季子非法诛杀公子牙引发了后来的一系列公室宗族之间的杀戮。

在政治上，季子诛杀公子牙也是不可取的。庄公病重时，公室宗族中有两派谋求君位，季子奉般为一派。称庆父有才干而当立者为一派。此两派政治力量实力相当，季子所要打击的目标应当是庆父，但庆父有政治才干，季子无从下手。乡者公子牙尚曰庆父材于君前，君亲无将，将而诛焉。庆父无言，则无将尔，焉能诛之？季子此时当悟，其对手绝非等闲，要致力于宗族和解之政治智慧。季子不自量力，不能诛庆父则剪其羽翼，悍然非法诛杀公子牙，打草惊蛇，引发连环杀戮，季子与庆父两派政治力量同归于尽，

---

① 阮元校刻《十三经注疏》，中华书局1980年10月第1版，第二二四二页——第二二四三页。

实为政治失误。

《春秋公羊传》竟然以季子杀母兄为善，主张大义灭亲，根本不顾及血缘亲情。在杀戮亲人的具体手段上，以不见鲜血而自欺欺人地逃避伦理道德之困境，《春秋公羊传》以此为亲亲之道，则《春秋公羊传》所谓之亲亲之道实为大义灭亲之一块遮羞布，完全是表面文章，没有任何伦理道德之实质。

为了加强宗族关系，《春秋穀梁传》主张“贵始”，其说见《春秋》僖公十五年：“己卯，晦，震夷伯之庙。”《春秋穀梁传》云：“天子七庙，诸侯五，大夫三，士二。故德厚者流光，德薄者流卑，是以贵始，德之本也。始封必为祖。”①《春秋穀梁传》强调要尊崇共同的最早祖先，在这个基础上求同存异，以拉近后代子孙的距离。要“贵始”就得“尊祖”，通过尊祖命，最大限度地消除后代子孙之间的分歧，从而在根本上维护宗法家族的利益。

为了加强宗族关系，确保宗法继承制，国君之位必须传给嫡长子。《春秋》隐公四年：“冬，十有二月，卫人立晋。”《春秋穀梁传》云：“其称人以立之，何也？得众也。得众则是贤也，贤则其曰不宜立，何也？《春秋》之义，诸侯与正而不与贤也。”② 要为尊者、亲者隐讳，如《春秋》隐公元年：“春，王正月。”《春秋穀梁传》云：“孝子扬父之美，不扬父之恶。”③《春秋》成公元年：“秋，王师败绩于贸戎。”《春秋穀梁传》云：“为尊者讳敌不讳败。为亲者讳败不讳敌。尊尊亲亲之义也。”④《春秋》成公九年：“晋栾书帅师伐郑。”《春秋穀梁传》云：“为尊者讳耻，为贤者讳过，为亲者讳疾。”⑤ 但是为了维护宗法制度的根本，不能因亲亲而害尊尊，《春秋》文公二年：“八月，丁卯，大事于大庙，跻僖公。”《春秋穀梁传》云：“君子不以亲亲害尊尊，此《春秋》之义也。”⑥

二、《春秋穀梁传》对妇女的道德要求

在以男姓为中心的宗法社会里，妇女没有独立的人格和意志，只能从属于男性。《春秋》隐公二年：“冬，十月，伯姬归于纪。”《春秋穀梁传》云：“礼，妇人谓嫁曰归，反

---

① 阮元校刻《十三经注疏》，中华书局 1980 年 10 月第 1 版，第二三九七页。
② 阮元校刻《十三经注疏》，中华书局 1980 年 10 月第 1 版，第二三六九页。
③ 阮元校刻《十三经注疏》，中华书局 1980 年 10 月第 1 版，第二三六五页。
④ 阮元校刻《十三经注疏》，中华书局 1980 年 10 月第 1 版，第二四一七页。
⑤ 阮元校刻《十三经注疏》，中华书局 1980 年 10 月第 1 版，第二四二一页。
⑥ 阮元校刻《十三经注疏》，中华书局 1980 年 10 月第 1 版，第二四〇五页。

曰来归，从人者也。妇人在家制于父，既嫁制于夫，夫死从长子。妇人不专行，必有从也。”[①] 这与未嫁从父、既嫁从夫、夫死从长子的“三从”完全一致。不但如此，女人出嫁后，还要从舅姑之言。《春秋》桓公三年：“九月，齐侯送姜氏于讙。”《春秋穀梁传》云：“礼，送女，父不下堂，母不出祭门。诸母兄弟不出阙门。父戒之曰：‘谨慎从尔舅之言。’母戒之曰：‘谨慎从尔姑之言。’诸母般申之曰：‘谨慎从尔父母之言。’送女踰竟，非礼也。”[②] 范宁注：“般，囊也。所以盛朝夕所须，以备舅姑之用。”女人要言行谨慎，听从公婆的话，这与妇言的要求基本一致，既然要拿一个袋子，以伺候公婆的日常生活，那丈夫也得伺候，家务也得操持。这与妇功的要求基本一致。女为悦已者容，梳洗打扮更是每日必不可少的。再加上下面将要谈的妇德，可以说在《春秋穀梁传》对妇女的道德要求中，“三从四德”已完全包括在内。

《春秋》襄公三十年：“五月，甲午。宋灾，伯姬卒。”《春秋穀梁传》云：“取卒之日加之灾上者，见以灾卒也。其见以灾卒奈何？伯姬之舍失火，左右曰：‘夫人少辟火乎！’伯姬曰：‘妇人之义，傅母不在，宵不下堂。’左右又曰：‘夫人少辟火乎！’伯姬曰：‘妇人之义，保母不在，宵不下堂。’遂逮乎火而死，妇人以贞为行者也。伯姬之妇道尽矣。详其事，贤伯姬也。”[③] 此伯姬为宋伯姬，鲁宣公之女，鲁成公之妹，嫁给宋共公，又称共姬。宋共公于鲁成公十五年去世，至鲁襄公三十年宋伯姬已守寡三十四年。宋伯姬守寡不事二夫无疑是守贞节。守贞节的核心就是坚贞不二，执一不变。伯姬之舍失火，伯姬不少辟，坚守“妇人之义，傅母不在，宵不下堂”的信条，这里面就含有贞节的思想，之所以规定傅母不在，宵不下堂，就是因为傅母不在而宵夜下堂可能失去贞节。伯姬已守寡三十四年，一旦失去贞节，三十四年的寡就白守了。所以，伯姬逮火而死，是为坚守贞节而死。《春秋穀梁传》表彰伯姬是以贞为行的妇人，贞就是指贞节。贞节是对妇人的最高道德要求，所以，《春秋穀梁传》认为“伯姬之妇道尽矣”。

《春秋》襄公三十年：“五月，甲午。宋灾，宋伯姬卒。（杨德春按：伯姬上《公羊》《穀梁》无宋字。）”《春秋左氏传》云：“或叫于宋大庙，曰：‘嘻嘻！出出！’鸟鸣于亳社，如曰：‘嘻嘻！’甲午，宋大灾。宋伯姬卒，待姆也。君子谓：‘宋共姬，女而不妇，

---

① 阮元校刻《十三经注疏》，中华书局 1980 年 10 月第 1 版，第二三六七页。

② 阮元校刻《十三经注疏》，中华书局 1980 年 10 月第 1 版，第二三七三页。

③ 阮元校刻《十三经注疏》，中华书局 1980 年 10 月第 1 版，第二四三二页。

女待人，妇义事也。”[1]《春秋左氏传》仅仅借君子之口认为宋共姬像小姑娘一样听话，不像成年妇女那样便宜行事，这只是从小鸟依人的角度要求妇女，成年妇女尚有便宜行事的一定自由，反映出《春秋左氏传》主体部分尚留有远古遗风。

《春秋》襄公三十年："秋七月，叔弓如宋，葬宋共姬。"《春秋公羊传》云："外夫人不书葬，此何以书？隐之也。何隐尔？宋灾，伯姬卒焉。其称谥何？贤也。何贤尔？宋灾，伯姬存焉。有司复曰：'火至矣，请出。'伯姬曰：'不可，吾闻之也，妇人夜出，不见傅母，不下堂。傅至矣，母未至也。'逮乎火而死。"[2]《春秋公羊传》仅仅以宋共姬为贤，作为遵守妇道的典范来加以褒扬。《春秋穀梁传》提出："妇人以贞为行者也。伯姬之妇道尽矣。"已经不仅仅是以宋共姬作为遵守妇道的典范来加以褒扬，而且从宋共姬的行为中提炼出"贞"这一道德要求，并将其作为对妇女的最高道德要求，所谓"妇道尽矣"。

三、《春秋穀梁传》的忠孝思想

《春秋穀梁传》讲究"忠"和"孝"，并且讲究到极致。

《春秋》宣公二年："秋，九月，乙丑。晋赵盾弑其君夷皋。"《春秋穀梁传》云："穿弑也，盾不弑而曰盾弑，何也？以罪盾也。其以罪盾，何也？曰：灵公朝诸大夫而暴弹之，观其避丸也。赵盾入谏，不听，出亡，至于郊。赵穿弑公，而后反赵盾。史狐书贼，曰：'赵盾弑公。'盾曰：'天乎！天乎！予无罪，孰为盾而忍弑其君者乎！'史狐曰：'子为正卿，入谏不听，出亡不远。君弑，反不讨贼，则志同，志同则书重，非子而谁？'故书曰'晋赵盾弑其君夷皋'者，过在下也。曰：于盾也，见忠臣之至；于许世子止，见孝子之至。"[3] 赵盾实际上是忠臣，只是尽忠的程度还不够。《春秋穀梁传》认为不论君之品德如何，臣子都要无条件地尽忠，君荒唐，要入谏。君被弑，要讨贼。虽未明言文死谏，但赵盾入谏不听而出亡肯定是不对的，所谓"过在下也"。

《春秋》昭公十九年："夏，五月，戊辰，许世子止弑其君买。"《春秋穀梁传》云："日杀，正卒也，则止不弑也。止不弑而曰弑，责止也。止曰：'我与夫弑者。'不立乎其位，以与其弟虺，哭泣，歠飦粥，嗌不容粒，未逾年而死。故君子即止自责而责之

---

① 阮元校刻《十三经注疏》，中华书局1980年10月第1版，第二〇一二页。

② 阮元校刻《十三经注疏》，中华书局1980年10月第1版，第二三一四页。

③ 阮元校刻《十三经注疏》，中华书局1980年10月第1版，第二四一二页。

也。”[①] 许世子止没有为其父许悼公尝药，其父误服药而亡，其后，许世子止伤心而亡，许世子是孝子，只是尽孝的程度还不够。

所以范宁《集解》说：“盾以亡不出竟，反不讨贼，受弑君之罪，忠不至故也。止以父病，不知尝药，受弑父之罪，孝不至故也。”[②] 杨士勋《春秋穀梁传疏》云：“《春秋》必加弑于此二人者，所以见忠孝之至故也。忠孝不至，则加恶名，欲使忠臣睹之，不敢惜力；孝子见之，所以尽心，是将来之远防也。”[③]《春秋穀梁传》不仅反对不忠不孝，而且还要鞭打快牛，对忠臣孝子加以恶名，使忠臣睹之，不敢惜力；孝子见之，更加尽心。

《春秋》昭公十九年：“冬，葬许悼公。”《春秋公羊传》云：“贼未讨，何以书葬？不成于弑也。曷为不成于弑？止进药而药杀也。止进药而药杀则曷为加弑焉尔？讥子道之不尽也。其讥子道之不尽奈何？曰：乐正子春之视疾也，复加一饭，则脱然愈；复损一饭，则脱然愈；复加一衣，则脱然愈；复损一衣，则脱然愈。止进药而药杀，是以君子加弑焉尔。曰‘许世子止弑其君买’，是君子之听止也。葬许悼公，是君子之赦止也。赦止者，免止之罪辞也。”[④]《春秋公羊传》只是单方面从罚立义，这与《春秋穀梁传》是有区别的。

《春秋穀梁传》云：“日卒，时葬，不使止为弑父也。曰：子既生，不免乎水火，母之罪也。羁贯成童，不就师傅，父之罪也。就师学问无方，心志不通，身之罪也。心志既通，而名誉不闻，友之罪也。名誉既闻，有司不举，有司之罪也。有司举之，王者不用，王者之过也。许世子不知尝药，累及许君也。”[⑤] 许君不授子以师傅，使不识尝药之义，故累及许君。《春秋穀梁传》不只是单方面从罚立义，而且还强调上对下的教化，这就比《春秋公羊传》更接近于孔子的思想。

当“忠”和“孝”发生冲突时，《春秋穀梁传》认为“孝”比“忠”优先。

《春秋》定公四年：“冬，十有一月，庚午。蔡侯以吴子及楚人战于柏举，楚师败绩。楚囊瓦出奔郑。”《春秋穀梁传》云：“吴其称子，何也？以蔡侯之以之，举其贵者也。蔡侯之以之，则其举贵者，何也？吴信中国而攘夷狄，吴进矣。其信中国而攘夷狄奈何？

---

① 阮元校刻《十三经注疏》，中华书局 1980 年 10 月第 1 版，第二四三八页——第二四三九页。

② 阮元校刻《十三经注疏》，中华书局 1980 年 10 月第 1 版，第二四一二页。

③ 阮元校刻《十三经注疏》，中华书局 1980 年 10 月第 1 版，第二四一二页。

④ 阮元校刻《十三经注疏》，中华书局 1980 年 10 月第 1 版，第二三二四页——第二三二五页。

⑤ 阮元校刻《十三经注疏》，中华书局 1980 年 10 月第 1 版，第二四三九页。

子胥父诛于楚也，挟弓持矢而干阖庐，阖庐曰：‘大之甚！勇之甚！’为是欲兴师而伐楚。子胥谏曰：‘臣闻之，君不为匹夫兴师。且事君犹事父也，亏君之义，复父之仇，臣弗为也。’于是止。”① 楚国伍子胥的父亲伍奢被楚平王所杀，伍子胥出逃，从宋到郑，又到吴国，挟弓持矢请吴王阖庐为其复仇，阖庐赞扬伍子胥“大之甚！勇之甚”，范宁《集解》对“大”“勇”加以解释：“子胥匹夫，乃欲复仇于国君，其孝甚大，其心甚勇。”

自古当“忠”和“孝”不能两全之时，在封建集权统治的高压之下，只能以忠作孝，其流弊以至于在“忠”的口实之下子告其父。《春秋穀梁传》认为大孝可复仇于国君，这是非常值得注意的。《春秋穀梁传》明显认为“孝”是“忠”的基础，“忠”是“孝”的延伸和扩大。在宗法制度下，国就是家的扩大。要从根本上维护宗法制度，还得从家的层面入手，强调“孝”的基础作用。强调“忠”比“孝”重要，只不过是舍本逐末，以忠作孝更是损害了宗法制度的基础。汉宣帝增立《春秋穀梁传》之博士，使得《春秋穀梁传》成为官方学说。《春秋穀梁传》之忠孝观对汉宣帝之政策深有影响。汉宣帝地节四年二月下诏曰：“导民以孝，则天下顺。今百姓或遭衰绖凶灾，而吏繇事，使不得葬，伤孝子之心，朕甚怜之。自今诸有大父母、父母丧者勿繇事，使得收敛送终，尽其子道。”这是在尽忠与尽孝的选择上，当以尽孝为优先之考虑。汉宣帝地节四年二月下诏曰：“导民以孝，则天下顺。今百姓或遭衰绖凶灾，而吏繇事，使不得葬，伤孝子之心，朕甚怜之。自今诸有大父母、父母丧者勿繇事，使得收敛送终，尽其子道。”② 五月又下诏曰：“父子之亲，夫妇之道，天性也。虽有患祸，犹蒙死而存之，诚爱结于心，仁厚之至也，岂能违之哉！自今子首匿父母，妻匿夫，孙匿大父母，皆勿坐。其父母匿子，夫匿妻，大父母匿孙，罪殊死，皆上请廷尉以闻。”③ 这是主张尽孝可以不忠。汉宣帝增立《春秋穀梁传》的博士，使得《春秋穀梁传》成为官方学说。《春秋穀梁传》之忠孝观对汉宣帝之政策深有影响。其实，《春秋穀梁传》的忠孝观与汉宣帝的政策不仅仅是主张尽孝可以不忠，也不仅仅是关于免除亲人之间刑事作证义务的问题，而是彻底废除包庇罪、窝藏罪等之类违反人伦和反人类的所谓罪行，《春秋穀梁传》的这一重要思想和汉宣帝的司法实践是人类历史上较早的司法进步的表现之一，是中国法学史和中国司法史的骄傲。

《春秋》定公四年：“冬，十有一月，庚午。蔡侯以吴子及楚人战于伯莒，楚师败绩。

---

① 阮元校刻《十三经注疏》，中华书局 1980 年 10 月第 1 版，第二四四四页。

② 《汉书·宣帝纪》，班固《汉书》，中华书局 1962 年 6 月第 1 版，第二五〇页——第二五一页。

③ 《汉书·宣帝纪》，班固《汉书》，中华书局 1962 年 6 月第 1 版，第二五一页。

楚囊瓦出奔郑。"《春秋公羊传》云："吴何以称子？夷狄也，而忧中国。其忧中国奈何？伍子胥父诛乎楚，挟弓而去楚，以干阖庐。阖庐曰：'士之甚！勇之甚！'将为之兴师而复雠于楚。伍子胥复曰：'诸侯不为匹夫兴师，且臣闻之，事君犹事父也，亏君之义，复父之雠，臣不为也。'于是止。蔡昭公朝乎楚，有美裘焉，囊瓦求之，昭公不与，为是拘昭公于南郢，数年然后归之。于其归焉，用事乎河，曰：'天下诸侯苟有能伐楚者，寡人请为之前列。'楚人闻之，怒。为是兴师，使囊瓦将而伐蔡。蔡请救于吴，伍子胥复曰：'蔡非有罪也，楚人为无道，君如有忧中国之心，则若时可矣。'于是兴师而救蔡。曰：'事君犹事父也，此其为可以复雠奈何？'曰：'父不受诛，子复雠可也。父受诛，子复雠，推刃之道也。复雠不除害，朋友相卫，而不相迿，古之道也。"①

《春秋公羊传》此段文字的主题并不是讲孝而是讲复仇，孝只是复仇的借口，《春秋公羊传》通过宣扬复仇以达到追求社会公正的目的，但复仇是剧烈的方式，必然引起社会的无序和社会结构的剧烈的变动，这与孔子主张以渐变的方式、教化的方式追求社会公正的思想是背道而驰的。《春秋穀梁传》对伍子胥为父复仇的论述是以孝立论，考虑到君臣关系是父子关系的延续，强调孝比忠更为重要，孝所发挥的是最基础的社会稳定作用，这就与《春秋公羊传》追求社会的剧烈变革形成了鲜明的对照。

四、《春秋穀梁传》的义利观

以下这段文字系统地阐述了《春秋穀梁传》的义利观。

《春秋》隐公元年："春，王正月。"《春秋穀梁传》云："虽无事，必举正月，谨始也。公何以不言即位？成公志也。焉成之？言君之不取为公也。君之不取为公何也？将以让桓也。让桓正乎？曰：不正。《春秋》成人之美，不成人之恶。隐不正而成之，何也？将以恶桓也。其恶桓何也？隐将让而桓弑之，则桓恶矣。桓弑而隐让，则隐善矣。善则其不正焉，何也？《春秋》贵义而不贵惠，信道而不信邪。孝子扬父之美，不扬父之恶。先君之欲与桓，非正也，邪也。虽然，既胜其邪心，以与隐矣，已探先君之邪志，而遂以与桓，则是成父之恶也。兄弟天伦也，为子受之父，为诸侯受之君，已废天伦而忘君父，以行小惠，曰：小道也。若隐者，可谓轻千乘之国，蹈道则未也。"②

《春秋》贵义而不贵惠，信道而不信邪。义是适合于道的，惠是不合乎道的，即惠是邪念的产物。道的内容就是天理，具体到这段文字之中就是兄先弟后的伦理关系，这种

---

① 阮元校刻《十三经注疏》，中华书局1980年10月第1版，第二三三七页。

② 阮元校刻《十三经注疏》，中华书局1980年10月第1版，第二三六五页。

关系是天决定的，所以叫做天伦，根据天定的兄先弟后的伦理关系，隐公作为儿子受命于父，作为诸侯受命于周天子。隐公在位是合乎道的，也就是说是正义的。隐公要让位给桓公是废天伦而忘君父，是邪念。也就是等于把千乘之国的君位的道德因素抛弃了，而仅仅把千乘之国的君位当作小恩小惠送给别人。可见，《春秋穀梁传》重义轻利，反对以功利目的代替道义目的。

鲁宣公弑君即位，其弟叔肸以为不义，不用鲁宣公的钱财。《春秋》宣公十七年："冬，十有一月，壬午。公弟叔肸卒。"《春秋穀梁传》云："其曰公弟叔肸，贤之也。其贤之何也？宣弑而非之也. 非之则胡为不去也？曰兄弟也，何去而之？与之财，则曰：'我足矣。'织屦而食，终身不食宣公之食。君子以是为通恩也，以取贵乎《春秋》。"范泰注："宣公弑逆，故其禄不可受。兄弟无绝道，故虽非而不去。论情可以明亲亲，言义足以厉不轨。"① 可见，《春秋穀梁传》重义轻利。叔肸织屦而食，终身不食宣公之食，也反映出义与亲情的关系，在义与亲情发生矛盾时，要以亲情为重，不可一走了之，更不可大义灭亲。在维持亲情的前提下，自食其力，终身不食宣公之食就是对鲁宣公不义的抗议。

第五节 《春秋穀梁传》的国际政治思想及其现代意义

《春秋穀梁传》作为儒家十三经之一，对中国文化的形成和发展产生过重要作用，在中国经学史和文化史上具有重要地位。但是，自近代以来，对《春秋穀梁传》的研究却相对比较薄弱。值得注意的是，从一九四九年至一九七八年年底，在近三十年时间里，中国大陆只发表了两篇研究《春秋穀梁传》的论文。这两篇论文都发表于二十世纪五十年代"反右"之前，一篇是张西堂《〈穀梁〉为古文学补证》②，另一篇为金德建《瑕丘江公作〈穀梁传〉的推测》③。二十世纪八十年代以后，《春秋穀梁传》研究相对比较薄弱的状况虽然有所好转，但是仍然与《春秋穀梁传》在中国文化史和中国学术史上所具有的重要地位不相符合，特别是对《春秋穀梁传》的国际政治思想之研究应加强。这是学术研究的现实要求，故特以本文抛砖。

---

① 阮元校刻《十三经注疏》，中华书局 1980 年 10 月第 1 版，第二四一五页。

② 张西堂《〈穀梁〉为古文学补证》，《西北大学学报》1957 年第 2 期。

③ 金德建《瑕丘江公作〈穀梁传〉的推测》，《人文杂志》1957 年第 3 期。

一、引论

秦治来《国际政治学简明教程》:"坚持这种观点的著名学者是伦敦经济学院的马丁·怀特(Martin Wight)。在其引起广泛和持久争论的名篇《为什么没有国际理论》(1966)中,怀特指出,真正的国际理论应该(也只能)来源于对国际历史的分析和总结,学者们应该有一种宏大的历史眼光和从各种杂乱事件中抓住关键线索的敏锐能力。一部好的历史作品,往往比一打流行的国际政治教科书或专著包含更多、更好的国际政治思想。甚至,怀特认为,在国际关系的研究中唯一得到公认的经典之作,是修昔底德(Thucydides)的《伯罗奔尼撒战争史》(History of the Peloponnesian War)。"[①] 怀特认为国际政治思想来源于历史经验,这无疑是深刻的,自然也是正确的,但是,怀特以西方历史经典《伯罗奔尼撒战争史》为国际政治或国际关系研究中唯一得到公认的经典之作,必将导致国际政治研究的西方中心主义。中国春秋时代的国际政治的复杂程度远胜古希腊的伯罗奔尼撒战争时期,《春秋》及《春秋穀梁传》所包含的中国春秋时代的国际政治经验作为制衡国际政治研究的西方中心主义的有力武器是应该加以研究和总结的,这是构建具有中国特色的国际政治理论体系的基础。

梁守德、洪银娴《国际政治学理论》要求"实行'一球多制。'"[②] 并以此为具有中国特色的国际政治理论,此论为错。朝鲜是社会主义国家,朝鲜也可以要求实行"一球多制";伊朗是伊斯兰共和国,伊朗也可以要求实行"一球多制"。所以,要求实行"一球多制"不是具有中国特色的国际政治理论。如果具有中国特色的国际政治理论的构建就是仅仅由"一国两制"变为"一球多制",那么,国际政治研究也未免太容易了。

时殷弘《从拿破仑到越南战争:现代国际战略十一讲》引用当代最重要的战略史家和美国最好的外交史学家之一约翰·刘易斯·加迪斯的论文云:"理论家们所做的创造一种政治'科学'的努力,试图能够预见到世界事态的未来进程的这样一种努力,产生的结果相当可怜,或者说少得令人吃惊,那就是关于国际关系理论的三大类基本路子都没有预见到、哪怕是稍微接近预见到冷战是如何结束的。这三大路子就是行为主义、结构主义和演进主义。"[③] 时殷弘重视历史在国际政治研究中的作用,但是据说却得出了支持日本成为联合国安理会常任理事国的结论,究其原因,就是忽略了《春秋》大义。

---

① 秦治来《国际政治学简明教程》,浙江人民出版社 2006 年 11 月第 1 版,第 5 页。

② 梁守德、洪银娴《国际政治学理论》,北京大学出版社 2000 年 7 月第一版,第 37 页。

③ 时殷弘《从拿破仑到越南战争:现代国际战略十一讲》,团结出版社 2003 年 1 月第 1 版,第 14 页。

历史经验在国际政治研究中具有极其重要的作用，就如同历史经验在政治研究中具有极其重要的作用一样，我认为应该将以历史经验研究国际政治的学术主张和学术思想称为国际政治的历史经验主义，与国际政治的行为主义、结构主义和演进主义并列为国际政治的四大进路。

要构建具有中国特色的国际政治理论体系，就要在历史经验和历史经验主义的基础上弘扬《春秋》大义，即就构建具有中国特色的国际政治理论体系而言，历史经验主义与《春秋》大义二者缺一不可。《春秋穀梁传》是阐发《春秋》大义的重要著作，《春秋穀梁传》的国际政治思想是对于《春秋》大义的重要阐发，在构建具有中国特色的国际政治理论体系上和在国际政治研究中具有重要的理论意义和实践意义。

二、尊周、尊天子的思想

春秋时期，周室衰微。《春秋穀梁传》认为必须尊周、尊天子。《春秋》僖公八年："春，王正月。公会王人、齐侯、宋公、卫侯、许男、曹伯、陈世子款，盟于洮。"《春秋穀梁传》云："'王人'之先诸侯，何也？贵王命也。朝服虽敝，必加于上；弁冕虽旧，必加于首；周室虽衰，必先诸侯。兵车之会也。"① 《春秋》隐公十一年："十有一年，春，滕候、薛侯来朝。"《春秋穀梁传》"考礼修德，所以尊天子也。"② 作为诸侯，必须向周天子进贡。《春秋》桓公十五年："十有五年，春，二月，天王使家父来求车。"《春秋穀梁传》云："古者，诸侯时献于天子以其国之所有，故有辞让而无征求。求车，非礼也。求金，甚矣。"③ 根据名份等级的不同，宗庙之数也不同，庙堂房屋柱子的颜色也有差别。《春秋》僖公十五年："己卯，晦，震夷伯之庙。"《春秋穀梁传》云："天子七庙，诸侯五，大夫三，士二。"④ 《春秋》庄公二十三年："秋，丹桓宫楹。"《春秋穀梁传》云："礼，天子诸侯黝垩，大夫仓，士黈。丹楹，非礼也。"⑤

《春秋》桓公十五年："十有五年，春，二月，天王使家父来求车。"《春秋穀梁传》云："古者，诸侯时献于天子以其国之所有，故有辞让而无征求。求车，非礼也。求金，甚矣。"⑥《春秋》文公九年："九年，春，毛伯来求金。"《春秋穀梁传》云："求车犹可，

① 阮元校刻《十三经注疏》，中华书局 1980 年 10 月第 1 版，第二三九五页。
② 阮元校刻《十三经注疏》，中华书局 1980 年 10 月第 1 版，第二三七一页。
③ 阮元校刻《十三经注疏》，中华书局 1980 年 10 月第 1 版，第二三七八页。
④ 阮元校刻《十三经注疏》，中华书局 1980 年 10 月第 1 版，第二三九七页。
⑤ 阮元校刻《十三经注疏》，中华书局 1980 年 10 月第 1 版，第二三八六页。
⑥ 阮元校刻《十三经注疏》，中华书局 1980 年 10 月第 1 版，第二三七八页。

求金甚矣。”《春秋穀梁传》于桓公十五年云：“求车，非礼也。”此处又言：“求车犹可，求金甚矣。”显然，《春秋穀梁传》认为首先周天子不应求车，求车，非礼也。古者，诸侯时献于天子以其国之所有，故有辞让而无征求。但如今非古时可比，诸侯不献，周天子亦不可求，求则非礼。其次周天子必须获得进贡，以维持日常生活，让周天子求金，即让周天子连日常生活费用都没有，还要向诸侯去求，显然是过分了，但让周天子求车是可以的，即不向周天子进贡车等豪华物品，以便不使周天子拥有过大经济力量，导致一则腐化、二则以周天子拥有之过大经济力量干涉诸侯内部事务。

由此可见，《春秋穀梁传》所主张之尊周、尊天子的思想与《春秋公羊传》的“大一统”思想有本质之区别，《春秋》隐公元年：“元年春，王正月。”《春秋公羊传》：“何言乎王正月？大一统也。”何休解诂：“统者，始也，总系之辞。夫王者，始受命改制，布政施教于天下，自公侯至于庶人，自山川至于草木昆虫，莫不一一系于正月，故云政教之始。”① 即始于一，一归于王。即《春秋公羊传》主张国家高度集权统一之君主一元专制政治。《春秋穀梁传》：“虽无事，必举正月，谨始也。”②《春秋穀梁传》对王未作解释，显然，《春秋穀梁传》不赞成《春秋公羊传》的“大一统”思想，《春秋穀梁传》实际上主张周天子是名义上之最高统治者，同时拥有一定之权力而非拥有绝对之权力，诸侯及其以下尚有一定之权力。

《春秋穀梁传》的这一思想具有重要的现代意义，联合国在现代国际政治中与东周及其天子一样，是所谓的天下共主，其实却并非如此，既要尊重联合国的权威，又要对联合国所能发挥的实际作用有清醒的认识。美国长期拖欠联合国会费，其口实就是联合国的浪费，即联合国应该精简开支。随着中国成为世界第二大经济体，我国的联合国会费额度也将大幅提高，这个钱不能随随便便交给联合国任其挥霍，要加强对联合国会费开支的审计，推进联合国精简机构，提高效率。

三、深察名号的尊卑等级思想

周代王、公、侯、伯、子、男皆通用不别，这在周代青铜器铭文中可以得到证明，但是，前提必须是相关周代青铜器铭文可靠，不存在伪造等情况，若相关周代青铜器铭文为伪造，则另当别论。王国维《古诸侯称王说》云：

---

① 徐彦《春秋公羊传注疏》，北京大学出版社 1999 年 12 月第一版，第 9 页—第 10 页。

② 阮元校刻《十三经注疏》，中华书局 1980 年 10 月第 1 版，第二三六五页。

然观古彝器铭识，则诸侯称王者颇不止一二觏。徐楚之器无论已。《夨王鼎》云："夨王作宝尊。"《散氏盘》云："乃为图夨王于豆新宫东廷。"而《夨伯彝》则称夨伯，是夨以伯而称王者也。……盖古时天泽之分未严，诸侯在其国自有称王之俗。即徐楚吴楚之称王者，亦沿周初旧习，不得尽以僭窃目之。①

夨以伯而称王，可见周代王、公、侯、伯、子、男皆通用不别，春秋时代吴楚之称王乃是沿袭西周旧习，并非僭越窃居。郭沫若《金文丛考·金文所无考》也认为："王、公、侯、伯、子、男皆古国君之通称。"②"五等爵禄实周末儒者托古改制之所为，盖因旧有之名称而赋之以等级也。"③杨树达《积微居小学述林·古爵名无定称说》赞同王国维、郭沫若的观点并将青铜器铭文中的爵名分为七类："余遍览彝器铭文，知铭文国君之名称不但与《春秋》岐异而已，即在彝铭本身，虽同一国君，彼此互殊者仍至夥。"④"前人说经者谓诸侯在其国内得称公，《春秋》书法有前后异称者，又设为进爵降爵之说。由今观之，彼皆弥缝牵附之辞，非当时之实录也。今举其大例，凡得七宗。一曰侯公兼称，二曰侯伯兼称，三曰侯子兼称，四曰侯公伯兼称，五曰公伯兼称，六曰公子兼称，七曰伯子兼称云。"⑤

然而值得注意的是：今本《春秋》将王、公、侯、伯、子、男自上而下等级化。《春秋》将周代皆通用不别的王、公、侯、伯、子、男等级化的真实目的现在已无法确考。值得注意的还有：今本《春秋》对于周天子称天王，对于鲁君称公，对于宋君称公，对于齐君称侯，对于郑君称伯，对于楚君称子，对于许君称男。但是对于杞君则初称侯（桓公二年），继而称伯（庄公二十七年），此后多以伯称，又偶以子称（僖公二十三年、僖公二十七年、襄公二十九年）。这不大可能是孔子整理修订《春秋》时的疏忽，疏忽一次两次是可能的，而以孔子之精明再三再四地疏忽是不大可能的。这是有意而为之。由此而论，孔子整理修订《春秋》，将王、公、侯、伯、子、男自上而下等级化，而公低于王、侯低于公、伯低于侯、子低于伯、男低于伯的根据是什么？目的又何在？均已不得而知。对于鲁君称公、宋君称公、齐君称侯、郑君称伯、楚君称子、许君称男的根据是

① 王国维《古诸侯称王说》，《观堂集林》第四册，中华书局1959年6月第1版，第1152页—第1153页。

② 郭沫若《金文丛考》，人民出版社一九五四年六月北京第一版，第52页。

③ 郭沫若《金文丛考》，人民出版社一九五四年六月北京第一版，第53页。

④ 杨树达《积微居小学述林》，1954年2月中国科学院出版，第二五〇页。

⑤ 杨树达《积微居小学述林》，1954年2月中国科学院出版，第二五〇页。

什么？对于杞君称侯、称伯、称子的根据是什么？均已不得而知。

《春秋穀梁传》以周天子为王；王下分五等爵：公、侯、伯、子、男；《春秋穀梁传》称吴、楚之君为子，可见，《春秋穀梁传》反对吴、楚之君称王；这三点是《春秋穀梁传》对《春秋》文意的基本的理解和阐发。在此基础上，《春秋穀梁传》的五等爵已经成为重新处理诸侯国与诸侯国关系和秩序的手段，通过深察名号决嫌明疑，确定各诸侯国的尊卑关系。《春秋穀梁传》以五等爵确定各诸侯国的尊卑关系，防止僭越，以保持社会结构和秩序的相对稳定。《春秋穀梁传》的五等爵并不是以褒贬进退的赏罚为目的。《春秋穀梁传》对吴国一度贬而称“人”，“吴信中国而攘夷狄，吴进矣”①，进而称“子”，但是，“人”不是五等爵之一，且因褒奖吴而提升吴的地位又跨越了“男”，贬吴也跨越了“男”而贬为“人”，可见，《春秋穀梁传》是把吴定位在“子”的爵位上，褒贬进退的赏罚不是《春秋穀梁传》的五等爵的目的。

《春秋公羊传》和《春秋繁露》也讲深察名号，但《春秋公羊传》将《春秋》的五等爵改为三等爵，若按《礼记·王制》所载“天子之田方千里。”② 天子也有封地禄田，天子也为一爵，则《春秋公羊传》的三等爵包括天子一爵，从而将《春秋》的五等爵合为公侯、伯子男两等，从数学上讲，当爵位等级降到只有一个等级时就与没有设立爵位等级一样了，《春秋公羊传》的三等爵比没有设立爵位等级只稍微强一点，爵位等级低者可以借此一步登天，可见《春秋公羊传》的三等爵是以社会的剧烈变革为目的的。

《春秋穀梁传》通过深察名号决嫌明疑，确定各诸侯国的尊卑关系，防止僭越，以保持国际社会的结构和秩序的相对稳定。《春秋穀梁传》的这一思想具有极其重要的现代意义。现代世界各国的政治地位基本上是由其在联合国中的地位所决定的，现代世界各国的政治地位可以分为以下五等：联合国安理会常任理事国、联合国安理会非常任理事国、联合国普通会员国、联合国观察员国家、非联合国会员国。现代世界各国政治地位的五个等级与《春秋穀梁传》将各国分为公、侯、伯、子、男五等爵一样，通过深察名号决嫌明疑，确定各国的尊卑关系，这一尊卑关系是由各国在国际事务中所发挥的作用不同而决定的，防止僭越，以保持国际社会的结构和秩序的相对稳定。根据《春秋穀梁传》的这一思想，要坚决反对增加联合国安理会常任理事国，对联合国安理会非常任理事国的选举要严格化，使其具有更广泛的代表性，特别是要选举在国际事务中具有与此地位

① 阮元校刻《十三经注疏》，中华书局 1980 年 10 月第 1 版，第二三四四页。

② 孔颖达《礼记正义》，北京大学出版社 1999 年 12 月第一版，第 332 页。

相适应的国家。对联合国普通会员国的接替要慎重，对联合国观察员国家、非联合国会员国加入联合国要慎之又慎。

四、以天子名义会盟解决国际争端的思想

《春秋》僖公九年："九月戊辰，诸侯盟于葵丘。"齐桓公所定天子禁令，《春秋穀梁传》加以赞美。《春秋穀梁传》云："桓盟不日，此何以日？美之也。为见天子之禁，故备之也。葵丘之会，陈牲而不杀。读书加于牲上，壹明天子之禁。"① 在当时周室衰微、周天子实际上没有任何权威的情况下，《春秋穀梁传》主张以会盟的方式，由大国以周天子的名义解决诸侯国之间的争端。

《春秋》成公元年："秋，王师败绩于贸戎。"《春秋穀梁传》云："不言战，莫之敢敌也。为尊者讳敌不讳败，为亲者讳败不讳敌，尊尊亲亲之义也。然则孰败之？晋也。"② 范宁注云"讳敌，使莫二也。不讳败，容有过否。为，于伪反。讳败，惜其毁折也。不讳敌，诸侯有列国。尊则无敌，亲则保全，尊谓王，亲谓鲁。"③ 范宁注所谓讳敌是使莫二也是正确的，即天下无二主，要维护周天子的天下共主之地位。范宁注所谓不讳败是容有过否就不正确或不全面，天下共主之周天子有过错，如此则动摇了周天子的统治权威，如此则周天子命令的合理性和合法性均大打折扣，如此则周天子之命令诸侯完全有理由不执行，故范宁注所谓不讳败是容有过否就不正确或不全面。实际上，为尊者讳敌即尊周天子为天下共主，周天子是名义上的天下共主，独一无二，故讳其有敌，但该天下共主力量有限，不讳败即诸侯皆可败之。亲者，鲁也，望其强大，即望鲁为天下霸主，不讳敌即可以与强者自由竞争，实际上是各诸侯国自由竞争霸主，如此社会才有生机，如此社会才能发展。《春秋穀梁传》实际上是在主张小天子大诸侯。在王室衰微之时，以会盟的方式，由大国以周天子的名义解决诸侯国之间的争端。

《春秋穀梁传》强调尊王攘夷，但周天子形同诸侯，夷狄不断侵略中国，鉴于此种内忧外患之势，《春秋穀梁传》主张会盟，互不侵犯。《春秋》襄公三十年："晋人、齐人、宋人、卫人、郑人、曹人、莒人、邾人、滕人、杞人、小邾人会于澶渊。"《春秋穀梁传》云："澶渊之会，中国不侵伐夷狄，夷狄不入中国，无侵伐八年，善之也。"④ 又如：《春

① 阮元校刻《十三经注疏》，中华书局 1980 年 10 月第 1 版，第二三九六页。

② 阮元校刻《十三经注疏》，中华书局 1980 年 10 月第 1 版，第二四一七页。

③ 阮元校刻《十三经注疏》，中华书局 1980 年 10 月第 1 版，第二四一七页。

④ 阮元校刻《十三经注疏》，中华书局 1980 年 10 月第 1 版，第二四三二页。

秋》桓公十二年："十有二月，及郑师伐宋，丁未，战于宋。"《春秋穀梁传》云："非与所与伐战也，不言与郑战，耻不和也。于伐与战，败也。内讳败，举其可道者也。"① 鲁国在与郑国订立盟约联合讨伐了宋国之后又与郑国发生了战争。《春秋穀梁传》认为在两个订立盟约的国家之间发生了战争是可耻的，所谓"耻不和也"。

联合国是现代国际政治的最高也是最复杂的角斗场所，由于各种利益诉求的复杂性致使联合国的权威极其有限，与东周及其天子的地位相仿佛。实际上，联合国不可能真正解决国际争端，对此要有清醒的认识，在联合国的框架内解决国际争端完全可以说一说，但不现实。根据《春秋穀梁传》以天子名义会盟解决国际争端的思想，应在联合国的名义下以会盟的方式解决国际争端，美国和北约就是如此作为的，上海合作组织也正朝此方向发展，但作用和影响还十分有限。美国号称民主国家，其决策被誉为基本上达到了科学决策，即以西方国际政治主流思想为根据，这就证明《穀梁春秋》的国际政治思想与西方国际政治主流思想相比毫不逊色。

五、诸侯国间交往以诚相待及避战维和的思想

晋骊姬之乱，《春秋左氏传》与《春秋公羊传》只是突出晋献公以妾为妻、易树子之违背宗法伦理制度。《春秋穀梁传》则不仅突出晋献公以妾为妻、易树子之违背宗法伦理制度，而且进一步挖掘骊姬之乱的心性根源。通过骊姬"私心"之恶与申生"孝心"之善的鲜明对比，强调了人的善恶心性在人类历史进程中的重要作用。在这一点上《春秋穀梁传》是把握住了孔子思想的精华。礼只是外在的、形式层面的，人而不仁，如礼何？礼的核心内容是仁。通过教化人可以爱人，由有仁心者所组成的政府可以改变人类历史的进程，使人类步入大同社会。《春秋左氏传》与《春秋公羊传》仅仅强调宗法伦理制度而未及于心性层面的仁心的培养，宗法伦理制度徒有礼的空壳，与法家的法规条文无异，《春秋左氏传》与《春秋公羊传》未能把握住孔子思想的精华。

《春秋公羊传》是重视操作和策略变通的实用主义政治儒学，排除制度安排和心性教养。《春秋穀梁传》是文化政治儒学，在操作和策略基础上，不排除礼制和心性教养。

《春秋》成公元年："冬，十月。"《春秋穀梁传》云："季孙行父秃，晋郤克眇，卫孙良夫跛，曹公子手偻，同时而聘于齐。齐使秃者御秃者，使眇者御眇者，使跛者御跛者，使偻者御偻者。萧同侄子处台上而笑之，闻于客，客不说而去，相与立胥闾而语，移日

① 阮元校刻《十三经注疏》，中华书局1980年10月第1版，第二三七七页。

不解。齐人有知之者，曰：‘齐之患，必自此始矣。’”①《春秋穀梁传》通过“齐人有知之者，曰：齐之患，必自此始”告诫后人外交无小事，在诸侯国与诸侯国的交往中不仅要以礼相待，更要以诚相待。《论语》主要讨论处理人与人之间关系的问题，对于处理国与国之间关系的问题则语焉不详。《春秋穀梁传》实际上将孔子处理人与人之间关系的思想在处理国与国之间关系的问题上进行了发挥和推广。

在《春秋穀梁传》看来鞌之战的主要原因就在于齐在外交活动中未能以诚相待。《春秋左氏传》与《春秋公羊传》也载戏笑聘齐之客事，但都十分简略，认为戏笑聘齐之客只不过是鞌之战的次要原因，鞌之战的主要原因在于齐晋争霸愈演愈烈。这一点《春秋公羊传》没有《春秋左氏传》明显，《春秋公羊传》在解释不盟于师而盟于袁娄时插入戏笑聘齐之客事，以萧同侄子为质列为四条件之末，前三条皆关乎争霸，可见，与《春秋左氏传》一样，《春秋公羊传》也认为鞌之战的主要原因在于齐晋争霸愈演愈烈。

在《春秋穀梁传》看来，国与国之间的关系和人与人之间的关系一样，不仅仅是赤裸裸的利害关系。若人与人之间仅仅是赤裸裸的利害关系，则他人即地狱，人类将永无宁日。若国与国之间仅仅是赤裸裸的利害关系，国与国之间只能是相互算计，相互提防，争斗不休。人与人之间要以诚相待，诚是仁的基础，人与人之间只有以诚相待之后才能体谅和爱对方。国与国之间也要以诚相待，由此达成国与国之间相互体谅、和平共处的仁和状态。《春秋穀梁传》以戏笑聘齐之客事为鞌之战的主要原因是把握住了孔子思想的精华。如果穿游泳衣接见外宾，则连以礼相待都做不到，遑论以诚相待了，由此即可见《春秋穀梁传》国际政治思想的现代意义了。《春秋左氏传》与《春秋公羊传》以齐晋争霸愈演愈烈为鞌之战的主要原因的观点与孔子之门尚有距离。

《春秋》定公元年：“九月，大雩。”《春秋穀梁传》云：“雩者，为旱求者也。求者，请也。古之人重请，何重乎请？人之所以为人者，让也。请道去让也，则是舍其所以为人也，是以重之。”② 此为贵让。既然人之所以为人者在于让也，则人在处理国际关系问题时，要讲究礼让，尽量避免战争，维护世界和平，此为《春秋穀梁传》建立在贵让基础上之避战维和思想。

六、内诸夏而外夷狄之思想

“华夷之辨”的思想是《春秋》大义之一。所谓华夷之辨，是要辨明诸夏（华夏）与

---

① 阮元校刻《十三经注疏》，中华书局 1980 年 10 月第 1 版，第二四一七页。

② 阮元校刻《十三经注疏》，中华书局 1980 年 10 月第 1 版，第二四四三页。

夷狄之间的不同。华夷之辨并非起于春秋之时，在春秋之前就存在夷狄与诸夏之区别。《史记·五帝本纪》云："于是舜归而言于帝，请流共工于幽陵，以变北狄；放驩兜于崇山，以变南蛮；迁三苗于三危，以变西戎；殛鲧于羽山，以变东夷。"① 此中所言北狄、南蛮、西戎、东夷均是区别于诸夏的未开化族群，通称为夷狄。由于夷狄属于未开化族群，即夷狄缺乏礼义教化，且经常侵略诸夏，诸夏出于现实之需要而不得不"攘夷"，在此过程中，逐渐形成了"变北狄""变西戎""变东夷"② 的思想，我主张"变北狄""变西戎""变东夷"的思想可以归纳为"变夷狄"之思想。孔子修《春秋》，提出既要治京师、治诸夏，还要治夷狄。这不仅继承了尧舜"变夷狄"之思想，而且无疑也继承了尧"协和万邦"③ 的思想。《春秋穀梁传》对夷狄与诸夏的关系进行了较为系统研究，提出了较为完整的理论，最后由春秋穀梁学家总结为华夷之辨。

《春秋》宣公十一年："丁亥，楚子入陈。"《春秋穀梁传》云："入者，内弗受也。日入，恶入者也。何用弗受也？不使夷狄为中国也。"④《春秋穀梁传》讲内弗受也，其内外是就以鲁为中心而言的。首先，由于各诸侯国的文化发展是不平衡的，《春秋穀梁传》以鲁为内，即鲁国的文化是各中原华夏诸侯国中最先进的，在各中原华夏诸侯国这一范围内以鲁为内而以其他中原华夏诸侯国为外。其次，当鲁为中心的中原华夏文化各诸侯国的华夏文化面对非华夏文化时，《春秋穀梁传》将以鲁为中心的中原华夏文化各诸侯国称为诸夏，并且以诸夏为内，即内诸夏而外夷狄。内诸夏就是认同华夏文化，外夷狄就是不认同夷狄之文化。

平王东迁以后，周室衰微，隐、桓之世为天下无王之始，周之天子已不能统治天下。鲁为周公之子伯禽的封地，人文荟萃，为诸夏所宗，《春秋》本为鲁史，故言华夏文化以鲁为中心。

"内诸夏而外夷狄"之论所隐含的国际政治意义和国际政治思想就是"保存中国文化"，其关键在于保存中原地区之文化传统和价值观念，以中原地区之文化传统和价值观念作为进行各种国际政治活动的指导思想。

如，《春秋》僖公二十七年："冬，楚人、陈侯、蔡侯、郑伯、许男围宋。"《春秋穀

① 司马迁《史记》，中华书局 1959 年 9 月第 1 版，第二八页。

② 司马迁《史记》，中华书局 1959 年 9 月第 1 版，第二八页。

③ 孔颖达《尚书正义》，北京大学出版社 1999 年 12 月第一版，第 27 页。

④ 阮元校刻《十三经注疏》，中华书局 1980 年 10 月第 1 版，第二四一四页。

梁传》云："楚人者，楚子也。其曰人，何也？人楚子，所以人诸侯也。其人诸侯，何也？不正其信夷狄而伐中国也。"① 可见，《春秋穀梁传》认为"信夷狄而伐中国"是不正确的，所谓"信夷狄"就是认同夷狄的文化传统和价值观念。也就是说，"信夷狄而伐中国"是不符合中原地区之文化传统和价值观念的，这就遭到了《春秋穀梁传》的贬斥。

又如，《春秋》宣公十一年："丁亥，楚子入陈。"《春秋穀梁传》云："入者，内弗受也。日入，恶入者也。何用弗受也？不使夷狄为中国也。"② 范宁注："楚子入陈，纳淫乱之人执国威柄，制其君臣，倎倒上下，错乱邪正，是以夷狄为中国。"③《春秋穀梁传》提出"不使夷狄为中国也"，就是不使夷狄以夷狄的文化传统和价值观念在中国行事，以夷狄的文化传统和价值观念插手或干预中原国家的事务。范宁注明确指出了这一点，范宁注认为："楚子入陈，纳淫乱之人执国威柄，制其君臣，倎倒上下，错乱邪正，是以夷狄为中国。"④ 楚子入陈任用淫乱之人，控制陈国君臣，颠倒上下之伦理关系，颠倒是非，这些作法都是违背中原地区之文化传统和价值观念的，是以夷狄的文化传统和价值观念在中国行事。《春秋穀梁传》激烈反对以夷狄为中国的作法，认为这是不能接受的，即所谓"内弗受也"。

《春秋公羊传》也讲"内诸夏而外夷狄"，但其所强调的不是文化内涵，而是地理和国际政治策略的内涵。《春秋公羊传》认为《春秋》的目的是拨乱世反诸正，在拨乱反正的过程中的国际政治策略就是从地理空间上由近及远，内其国而外诸夏，内诸夏而外夷狄。这样，诸夏与夷狄的区别就是正与乱的区别，而诸夏与夷狄的文化区别就被忽略了。华夷之辨是道德之辨和文化之辨，而不是种族之辨和民族之辨，华夷之辨无种族主义色彩，华夷之辨也无民族主义色彩。《春秋》的华夷之辨是以道德和文化为基础，强调中国的仁义道德和中国文化的本位性与不可取代性。从春秋的政治现实来看，诸夏虽是不同的诸侯国家，但奉行的都是同一道德标准——中国的仁义道德，和同一文化——中国文化。《春秋》所谓尊王，在很大程度上就是尊中国的仁义道德和中国文化，因为王在《春秋》中负有改正朔，易服色，制礼作乐，移风易俗的使命，因而王就是中国的仁义道德和中国文化的代表。《春秋》建立在中国的仁义道德和中国文化之上的华夷之辨在世界文

① 阮元校刻《十三经注疏》，中华书局 1980 年 10 月第 1 版，第二四〇一页。

② 阮元校刻《十三经注疏》，中华书局 1980 年 10 月第 1 版，第二四一四页。

③ 阮元校刻《十三经注疏》，中华书局 1980 年 10 月第 1 版，第二四一四页。

④ 阮元校刻《十三经注疏》，中华书局 1980 年 10 月第 1 版，第二四一四页。

明史上来看是一种十分独特的思想，它不以种族、民族为基础，而是以道德和文化为基础，表达了中华民族对自己传统道德和文化的强烈认同，具有非常强大的生命力，延续着中国的道德和文化，维系着中华民族的生存。

从中国两千年的历史来看，外族曾多次入主中国，但均未能消灭中国的道德和文化，反而被中国的道德和文化所同化，究其原因，则《春秋》建立在中国的道德和文化上的华夷之辨起了决定性的作用。在《春秋》的华夷之辨的影响下，中国古代的士大夫认为亡国固然可怕，但更可怕的是亡道德和文化，如果能够保住中国的道德和文化的本位性与不可取代性，有时甚至宁愿忍受亡国的屈辱而服从于异族之统治，元代和清代就是属于此种情况。由此可见，在《春秋》继承发展而成的华夷之辨中，道德和文化高于种族、高于民族、高于国家，《春秋》的华夷之辨可以说消解了或曰解构了种族、民族、国家，其理论意义极其巨大而深远，完全超越而且优越于西方资产阶级革命过程中产生和发展起来的民族国家思想和理论。

西方民族都具有共同的道德和文化传统——希腊罗马传统、希伯来传统和基督教传统，但在西方资产阶级革命过程中产生和发展起来的民族国家思想和理论却强调民族国家产生的基础是存在不同民族这一客观现实，以客观存在的不同民族为单位形成国家，而不是以不同的道德和文化为单位形成国家，此为在西方资产阶级革命过程中产生和发展起来的民族国家思想和理论的核心和本质内容。由此可见，从属于在西方资产阶级革命过程中产生和发展起来的民族国家思想和理论之民族主义旨在建立民族国家。民族主义强调民族高于一切，民族就是国家，不是国家的也要建立国家，道德和文化从属于民族或曰民族国家，而不是道德和文化高于民族和国家，这使得民族主义先天具有完全的狭隘性质，往往具有种族主义、帝国主义与沙文主义的倾向。既然民族主义完全是一种狭隘的思想和理论，而在《春秋》的华夷之辨中，文化高于种族、高于民族、高于国家，那么，这实际上就是承认了《春秋》的华夷之辨完全超越而且优越于民族主义。

《春秋穀梁传》内诸夏而外夷狄之思想的现代意义就是要反对西方中心主义，逐步达到以中国传统的价值观念和文化取向作为处理国际关系的标准和公理。

七、在处理国际关系时以人为本的思想

《春秋》桓公十四年："十有二月，宋人以齐人、蔡人、卫人、陈人伐郑。"《春秋穀梁传》说："以者，不以者也。民者，君之本也。使人以其死，非正也。"① "以"为

① 阮元校刻《十三经注疏》，中华书局1980年10月第1版，第二三七八页。

“用”、“驱使”之意，《春秋穀梁传》以“不以”训“以”，就是认为宋人驱使齐国、蔡国、卫国、陈国的民众伐郑国是不应当的、不正确的，民乃君本，使其赴死，实为失君之本，君失其本，则君亦无以存立，《春秋穀梁传》对人命之重视确实达到了历史的新高度，孔子以民为邦本，实际上是以民为国家的主要资源，以礼法使民居于社会底层而服务于君、为君所驱使。孟子以不嗜杀者可王天下，其不嗜杀而王天下之君之所养民不过如养猫狗。二者皆在《春秋穀梁传》之下，《春秋穀梁传》是将人民生命之存在与君主之存在联系在一起，使二者一体化。范宁注解释道：“不以者，谓本非所得制，今得以之也。刺四国使宋专用其师，轻民命也。”[①] 讥刺齐、蔡、卫、陈四国让宋国使用其师是轻视人民生命的行为。

《春秋》庄公二十七年：“夏，六月，公会齐侯、宋公、陈侯、郑伯，同盟于幽。”《春秋穀梁传》云：“兵车之会四，未尚有大战也，爱民也。”[②]《春秋》僖公二十六年：“公子遂如楚乞师。”《春秋穀梁传》云：“乞，重辞也。何重焉？重人之死也，非所乞也。师出不必反，战不必胜，故重之也。”[③] 这是明确提出慎战思想，此种慎战思想是建立在人道主义之基础上的极其光辉的思想，这就从根本上超越了《孙子兵法》仅仅建立在战争胜负基础上的慎战思想。即《孙子兵法》所关心者、所慎重其事者在战争胜负，先胜而后战，只要能胜，战死多少人是不必关心、不必慎重其事的。重人之死，好人之生，在重视生命的基础上提出慎战思想是《春秋穀梁传》对中国古代军事思想的重大贡献，也是人类军事思想的新高度，时至今日之热核时代，人类之军事思想也没有超越此高度，而且在人类历史上每每远远低于此高度，故《春秋穀梁传》建立在重视人的生命基础上之慎战思想是极其宝贵之人类财富。

《春秋穀梁传》反对趁着击败敌国而不以人为本的作法。如，《春秋》定公四年：“庚辰，吴入楚。”《春秋穀梁传》云：“日入，易无楚也。易无楚者，坏宗庙，徙陈器，挞平王之墓，何以不言灭也？欲存楚也。其欲存楚奈何？昭王之军败而逃，父老送之，曰：‘寡人不肖，亡先君之邑，父老反矣，何忧无君。寡人且用此入海矣。’父老曰：‘有君如此，其贤也，以众不如吴，以必死不如楚。’相与击之，一夜而三败吴人，复立。何以谓之吴也？狄之也。何谓狄之也？君居其君之寝，而妻其君之妻。大夫居其大夫之寝，而

① 阮元校刻《十三经注疏》，中华书局1980年10月第1版，第二三七八页。

② 阮元校刻《十三经注疏》，中华书局1980年10月第1版，第二三八七页。

③ 阮元校刻《十三经注疏》，中华书局1980年10月第1版，第二四〇一页。

妻其大夫之妻。盖有欲妻楚王之母者，不正。乘败人之绩而深为利，居人之国，故及其狄道也。”①

《春秋穀梁传》反对吴国趁着击败楚国的机会，破坏楚国的宗庙，掠夺楚国宗庙中的祭器，鞭楚平王尸的不人道行为。《春秋穀梁传》反对吴趁着击败楚国的机会大肆谋取利益，侵占楚国土地的不人道行为。吴王居楚王之寝宫，奸淫楚王的内眷。吴国大夫居楚国大夫之寝室，奸淫楚国大夫的内眷。还有吴人想奸淫楚王之母。对此，《春秋穀梁传》认为是不合正道的，是倒退到夷狄之国的野蛮行为。

《春秋穀梁传》反对在战争中使用火攻，因为火攻是残酷的战争手段。根据是《春秋》桓公七年：“春，二月，己亥，焚咸丘。”《春秋穀梁传》云：“其不言邾咸丘，何也？疾其以火攻也。”② 在春秋时代，火攻在战争中逐渐增多，火攻的残酷性也暴露无遗。《孙子》中有《火攻》一篇，从纯军事角度系统总结了春秋时代在战争中使用火攻的经验，在中国和世界军事史上具有崇高的地位。但是火攻的残酷性是对人类良知的考验。在《三国演义》这部文学作品中，最善于使用火攻者是诸葛亮，诸葛亮以火攻起家，火烧博望坡、火烧新野、火烧赤壁，所谓新官上任三把火。但是，火烧藤甲兵，极为残酷，读者读至此处每每感到恶心，《三国演义》也认为诸葛亮火烧藤甲兵极为残酷，是缺德之事，所以诸葛亮损了阳寿。《三国演义》原文如下：“只见山上两边乱丢火把，火把到处，地中药线皆着，就地飞起铁炮。满谷中火光乱舞，但逢藤甲，无有不着。将兀突骨并三万藤甲军，烧得互相拥抱，死于盘蛇谷中。孔明在山上往下看时，只见蛮兵被火烧的伸拳舒腿，大半被铁炮打的头脸粉碎，皆死于谷中，臭不可闻。孔明垂泪而叹曰：‘吾虽有功于社稷，必损寿矣！’左右将士，无不感叹。”③ 《春秋穀梁传》反对在战争中使用火攻，是现存最早的反对在战争中使用火攻的思想之一。《春秋穀梁传》也是世界上最早对战争方法和手段进行人道主义评判和反思的文献之一。当今世界反对在战争中使用地雷，反对在战争中使用细菌武器、化学武器，这体现了人类的良知并未泯灭，但这一人类的良知并未超越《春秋穀梁传》所体现的人类的良知的水平。

《春秋》桓公七年：“春，二月，己亥，焚咸丘。”《春秋公羊传》云：“焚之者何？樵之也。樵之者何？以火攻也。何言乎以火攻？疾始以火攻也。咸丘者何？邾娄之邑也。

① 阮元校刻《十三经注疏》，中华书局 1980 年 10 月第 1 版，第二四四四页。

② 阮元校刻《十三经注疏》，中华书局 1980 年 10 月第 1 版，第二三七五页。

③ 罗贯中《三国演义》，人民文学出版社 1973 年 12 月第 3 版，第 745 页—第 746 页。

曷为不系乎邾娄？国之也。曷为国之？君存焉尔。”① 《春秋公羊传》也反对火攻，而且所用字句与《春秋穀梁传》极为相似，从字句上根本不能发现二者之间的区别。何休在董仲舒的基础上从《春秋公羊传》中总结出三科九旨之说：新周，故宋，以春秋当新王，此一科三旨也。所见异辞，所闻异辞，所传闻异辞，此二科六旨也。内其国而外诸侯，内诸侯而外夷狄，此三科九旨也。这一套理论的核心就是由近及远，抓大放小，主张圣人对所传闻世并不上心而于所见世却讥二名。这一套理论的指导思想就是“义”和“权变”。这样一来，孔子的仁学思想，在“义”和“权变”的借口之下被冷落了，《春秋公羊传》对所传闻世的火攻只不过是仅仅声讨一下，摆摆姿态，故《春秋公羊传》对火攻的反对在本质上明显没有《春秋穀梁传》强烈。

《春秋穀梁传》有关反对在战争中使用火攻的思想之现代意义不仅表现在要旗帜鲜明地反对在现代战争中使用地雷、细菌武器、化学武器，而且要旗帜鲜明地反对在现代战争中使用子母弹、爆裂弹以及破坏环境的落叶剂、贫铀弹等非人道武器。

《春秋穀梁传》在处理国际关系时以人为本的思想具有重要的现代意义。美国在伊拉克战争、阿富汗战争、巴基斯坦反恐中随便对平民目标实施攻击，这就完全违背了《春秋穀梁传》在处理国际关系时以人为本的思想，所以就要旗帜鲜明地反对和谴责美国的暴行，坚决占领这个道德制高点。美国号称民主国家，其决策被誉为基本上达到了科学决策，即以西方国际政治主流思想为根据，这就证明西方国际政治主流思想存在重大理论和道德缺陷，没有达到《春秋穀梁传》国际政治思想所达到的道德高度。

第六节　《春秋穀梁传》的社会救助思想

《春秋穀梁传》的社会救助思想包括社会救荒思想、社会救灾思想、社会救民思想、社会救国思想四个方面。《春秋穀梁传》的社会救助思想的核心是追求人与自然的和谐相处、维护社会的公平正义、确保社会的健康和稳定。《春秋穀梁传》的社会救助思想是《春秋穀梁传》的大智慧，具有重要的现实意义。

一、《春秋穀梁传》的社会救荒思想

《春秋》桓公三年：“有年。”《春秋穀梁传》云：“五穀皆熟，为有年也。”② 实际上，

① 阮元校刻《十三经注疏》，中华书局 1980 年 10 月第 1 版，第二二一八页。

② 阮元校刻《十三经注疏》，中华书局 1980 年 10 月第 1 版，第二三七四页。

春秋二百四十二年之中丰年并不多见。《春秋》惟于桓公之世书有年，于宣公之世书大有年。盖桓、宣享国皆十有八年，而书有年者各一岁，则他年多歉，可见当时农业生产力的低下，加之经常遇到各种自然灾害，基本上是靠天吃饭，能有一个丰年是非常不容易的。

在这种多荒年而民不聊生的形势下，《春秋穀梁传》提出了具有重要意义的储备粮食、丰年补败的社会救荒思想。《春秋》庄公二十八年："臧孙辰告籴于齐。"《春秋穀梁传》云："国无三年之畜，曰国非其国也。一年不升，告籴诸侯。告，请也，籴，籴也。不正，故举臧孙辰以为私行也。国无九年之畜，曰不足；无六年之畜，曰急；无三年之畜，曰国非其国也。诸侯无粟，诸侯相归粟，正也。臧孙辰告籴于齐，告，然后与之，言内之无外交也。古者税什一，丰年补败，不外求而上下皆足也。虽累凶年，民弗病也。一年不艾而百姓饥，君子非之。不言如，为内讳也。"① 从《春秋穀梁传》提出"国无九年之畜，曰不足"就可以看出当时农业生产力之低下，一连九年都可能出现荒年，一个国家如果没有九年的粮食储备，就叫作粮食不足。《春秋穀梁传》提出"无六年之畜，曰急。无三年之畜，曰国非其国也"。一个国家如果没有六年的粮食储备，就叫作粮食危机很紧急。一个国家如果没有三年的粮食储备，那么那个国家就不能算作是一个国家了。非常明显，《春秋穀梁传》在粮食储备问题上不仅具有深深的危机感，而且提出了解决办法，即《春秋穀梁传》提出了有关粮食储备的思想。一个国家要储备九年以上的粮食，这种依靠社会政权之力量长期储粮备荒的社会救荒思想在中国历史上具有特别重要的意义，对中国的现在和未来也具有重要的意义。

《春秋左氏传》云："冬，饥。臧孙辰告籴于齐，礼也。"②《春秋左氏传》只是说臧孙辰告籴于齐是合乎礼的，没有提出有关粮食储备的思想。

《春秋公羊传》云："告籴者何？请籴也。何以不称使？以为臧孙辰之私行也。曷为以臧孙辰之私行？君子之为国也，必有三年之委。一年不熟，告籴，讥也。"③《春秋公羊传》虽然提出了有关粮食储备的思想，但是《春秋公羊传》只要求有三年之委就够了。

《礼记注疏》卷十二《王制》云："国无九年之蓄曰不足，无六年之蓄曰急，无三年之蓄曰国非其国也。三年耕，必有一年之食。九年耕，必有三年之食。以三十年之通，

---

① 阮元校刻《十三经注疏》，中华书局 1980 年 10 月第 1 版，第二三八八页。

② 孔颖达《春秋左传正义》，北京大学出版社 1999 年 12 月第一版，第 291 页。

③ 徐彦《春秋公羊传注疏》，北京大学出版社 1999 年 12 月第一版，第 179 页—第 180 页。

虽有凶旱水溢，民无菜色。然后天子食，日举以乐。”① 值得注意的是《礼记注疏》卷十二《王制》所记载的该内容与《春秋穀梁传》的相关内容竟然连字句都完全相同，《礼记》是战国后期至汉代初期儒家学者对虞、夏、商、周四代礼制的追记。而《春秋穀梁传》最初的古文文本作于战国中期，在年代上《春秋穀梁传》要早于《礼记》，上文所引《王制》的内容明显是《礼记》抄用了《春秋穀梁传》。

《淮南鸿烈·主术训》云："夫天地之大，计三年耕而余一年之食，率九年而有三年之畜，十八年而有六年之积，二十七年而有九年之储，虽涔旱灾害之殃，民莫困穷流亡也。故国无九年之畜，谓之不足；无六年之积，谓之悯急；无三年之畜，谓之穷乏。故有仁君明王，其取下有节，自养有度，则得承受于天地，而不离饥寒之患矣。若贪主暴君，挠于其下，侵渔其民，以适无穷之欲，则百姓无以被天和而履地德矣。食者，民之本也。民者，国之本也。国者，君之本也。是故人君者上因天时，下尽地财，中用人力。是以群生遂长，五穀蕃植。”②

首先，三年耕而人为节余一年之食，此为有为之治，正与《淮南鸿烈·主术训》开篇所云之"人主之术，处无为之事"③ 相矛盾，故上引一大段文字绝非《淮南鸿烈·主术训》所固有，而系抄入或窜入之文字。其次，"故有仁君明王，其取下有节，自养有度"④ 反映的是儒家的节制思想，此与道家清静无欲自有本质之不同，《淮南鸿烈·精神训》云："今夫儒者，不本其所以欲而禁其所欲，不原其所以乐而闭其所乐，是犹决江河之源而障之以手也。"⑤ 可见，仁君明王之取下有节和自养有度与三年耕而人为节余一年之食均属儒家决江河之源而障之以手也。故上引一大段文字绝非《淮南鸿烈·主术训》所固有，而系抄入或窜入之文字。再次，《礼记》成书之时间下限与《淮南鸿烈》成书之时间下限基本同时，故《淮南鸿烈》不可能抄《礼记》。《淮南鸿烈》成书于汉武帝时代，而《春秋穀梁传》的古文写本由穀梁子始作于战国中期，最后用汉隶写定于汉武帝时代。在年代上《春秋穀梁传》要早于《淮南鸿烈》，即《春秋穀梁传》的积贮备荒思想要早于《淮南鸿烈》的积贮备荒思想，而且《淮南鸿烈》的积贮备荒思想是抄自《春秋穀梁传》

---

① 孔颖达《礼记正义》，北京大学出版社 1999 年 12 月第一版，第 377 页。

② 《淮南鸿烈·主术训》，刘文典《淮南鸿烈集解》，中华书局 1989 年 5 月第 1 版，第三〇七页——第三〇八页。

③ 《淮南鸿烈·主术训》，刘文典《淮南鸿烈集解》，中华书局 1989 年 5 月第 1 版，第二六九页。

④ 《淮南鸿烈·主术训》，刘文典《淮南鸿烈集解》，中华书局 1989 年 5 月第 1 版，第三〇七页。

⑤ 《淮南鸿烈·主术训》，刘文典《淮南鸿烈集解》，中华书局 1989 年 5 月第 1 版，第二四一页。

或由引用《春秋穀梁传》而窜入《淮南鸿烈》的。

国以民为本，民以食为天，《春秋穀梁传》继承了《尚书·无逸》“先知稼穑之艰难”[①] 的思想，要求储备九年以上的粮食，这在中国历史上具有特别重要的意义。汉代人口激增，工商发达，耕田者流失，贾谊《论积贮疏》提出“夫积贮者，天下之大命也”[②] 的思想，晁错《论贵粟疏》提出“欲民务农，在于贵粟”[③]的思想。贾谊、晁错皆主张务本劝农，积贮备荒。从《春秋穀梁传》开始，经《淮南鸿烈·主术训》、贾谊《论积贮疏》、晁错《论贵粟疏》，一直到朱升三策“高筑墙，广积粮，缓称王”[④]，积贮粮食以备荒都是有识之士的战略选择，中国历史上的大动乱基本上都是以粮荒为导火索而引起，朱升三策提出的背景正是大运河运粮受阻引发粮荒，最终导致元朝的灭亡；以朱升三策建立起来的明朝最终也是因粮荒被李自成所推翻。所以，积贮粮食都是有识之士的战略选择，可以说，《春秋穀梁传》是做出储粮备荒这一战略选择的现存最早、最全面、最深刻的思想源泉，具有重要的经济思想史价值和意义。

如果国家没有粮食储备，又遇到了荒年，为了不使百姓饿死，《春秋穀梁传》又提出了通过政治和道德手段确保诸侯之间的粮食安全援助的思想，这实际上是通过国际社会对发生粮荒的诸侯国实施社会救助。

首先，《春秋》僖公九年：“九月，戊辰。诸侯盟于葵丘。”《春秋穀梁传》云：“桓盟不日，此何以日？美之也。为见天子之禁，故备之也。葵丘之会，陈牲而不杀。读书加于牲上，壹明天子之禁，（范注：壹犹专也。）曰：“毋雍泉，（范注：专水利以障谷）毋讫籴，（范注：讫，止也。谓贮粟。）毋易树子，（范注：树子，嫡子。）毋以妾为妻，毋使妇人与国事。（范注：女正位于内。）”[⑤] 齐桓公所定天子禁令第二条就是“毋讫籴”，范宁注：“讫，止也。”即如果一诸侯发生粮荒，其他有粮食储备的诸侯不得囤积居奇，而要将粮食买给发生粮荒的诸侯。齐桓公所定天子禁令得到《春秋穀梁传》的赞美。《春秋》庄公二十八年：“臧孙辰告籴于齐。”《春秋穀梁传》云：“诸侯无粟，诸侯相归粟，正也。臧孙辰告籴于齐，告，然后与之，言内之无外交也。古者税什一，丰年补败，不外求而上下皆足也。虽累凶年，民弗病也。一年不艾而百姓饥，君子非之。不言如，为

① 孔颖达《尚书正义》，北京大学出版社 1999 年 12 月第一版，第 429 页。

② 《汉书·食货志上》，班固《汉书》，中华书局 1962 年 6 月第 1 版，第一一三〇页。

③ 《汉书·食货志上》，班固《汉书》，中华书局 1962 年 6 月第 1 版，第一一三三页。

④ 张廷玉等《明史》，中华书局 1974 年 4 月第 1 版，第三九二九页。

⑤ 阮元校刻《十三经注疏》，中华书局 1980 年 10 月第 1 版，第二三九六页。

内讳也。”① 臧孙辰告籴于齐，齐桓公不仅向鲁国提供了粮食，还归还了鲁国赠送的铜器、玉器等物品。体现了对鲁国荒灾的同情。《春秋穀梁传》就是要通过政治和道德手段确保各诸侯国的粮食安全。这种通过政治和道德手段确保诸侯之间的粮食安全援助的社会救助思想具有特别重要的意义。就是用现在挑剔的眼光看，这种社会救助也是非常了不起的。现在解决粮食安全问题的办法也没有超出两千年前《春秋穀梁传》解决这一问题的框架。

其次，《春秋穀梁传》从民本思想出发，在遇到荒年的情况下，为使百姓不至于饿死，《春秋穀梁传》提出“诸侯相归粟”的社会救助思想。如果一诸侯无粟，有者有道德义务向无粟诸侯赠送粮食。《春秋》定公五年：“夏，归粟于蔡。”《春秋穀梁传》云：“诸侯无粟，诸侯相归粟，正也。孰归之？诸侯也。不言归之者，专辞也，义迩也。”② 当一诸侯出现粮荒之时，其他的有粮的诸侯国就把自己的粮食赠送给这个国家，这是正确的。那么是谁将粮食赠送给蔡国了？是一个诸侯国。《春秋》未言将粮食赠送给蔡国的诸侯国之名，《春秋穀梁传》认为这是专言鲁国，但是每一个诸侯国都有与鲁国相近的仗义之举。可见，《春秋穀梁传》是把向无粮诸侯国赠送粮食作为一种道德义务加以提倡。《春秋穀梁传》关于粮食安全的经济思想体现了在维护君权的前提之下的某些民本主义色彩。这一点是应该给予充分肯定的。

如果遇到饥荒，在向有粮诸侯国购买和接受有粮诸侯国的赠送之外，国君还要按照礼制的规定，与百姓共渡难关，如《春秋》襄公二十四年：“大饥。”《春秋穀梁传》云：“五穀不升为大饥。一穀不升谓之嗛，二穀不升谓之饥，三穀不升谓之馑，四穀不升谓之康，五穀不升谓之大侵。大侵之礼，君食不兼味，台榭不涂，弛侯廷道不除，百官布而不制，鬼神祷而不祀。此大侵之礼也。”③ 在大荒年，国君吃饭时不能有两种以上的菜肴，亭台楼阁不得装饰，取消射箭，宫廷道路不清理，不增设新的职位。祭鬼神不使用祭品。虽然这些措施对于社会救荒不过是杯水车薪，但是体现了《春秋穀梁传》的某些民本主义色彩，这也是应该给予充分肯定的。

二、《春秋穀梁传》的社会救灾思想

《春秋》成公五年：“梁山崩。”《春秋穀梁传》云：“不日，何也？高者有崩道也。有

---

① 阮元校刻《十三经注疏》，中华书局 1980 年 10 月第 1 版，第二三八八页。

② 阮元校刻《十三经注疏》，中华书局 1980 年 10 月第 1 版，第二四四四页。

③ 阮元校刻《十三经注疏》，中华书局 1980 年 10 月第 1 版，第二四三〇页。

崩道，则何以书也？曰梁山崩，壅遏河，三日不流，晋君召伯尊而问焉。伯尊来，遇辇者，辇者不辟，使车右下而鞭之，辇者曰：‘所以鞭我者，其取道远矣。’伯尊下车而问焉。曰：‘子有闻乎？’对曰：‘梁山崩。壅遏河。三日不流。’伯尊曰：‘君为此召我也，为之奈何？’辇者曰：‘天有山，天崩之。天有河，天壅之。虽召伯尊，如之何？’伯尊由忠问焉，辇者曰：‘君亲素缟，帅群臣而哭之，既而祠焉，斯流矣。’伯尊至，君问之，曰：‘梁山崩，壅遏河，三日不流，为之奈何？’伯尊曰：‘君亲素缟，帅群臣而哭之，既而祠焉，斯流矣。’孔子闻之，曰：‘伯尊其无绩乎！攘善也。”①

该文艺术成就很高，首先，该文叙述生动，妙趣横生，颇有志异色采，但又不是志异。该文的人物形象非常生动，故事性也很强。但该文无论叙述还是人物形象之塑造和情节安排都与论说密切相关。其次，该文论说有《庄子》文章之味道，论点宛如游龙，东鳞西爪，时隐时现，似并未明确提出论点，细按之后，方知其论点。该文先通过问答方式提出高者有崩道，高者有崩道并不是论点，只是组成论点的元素。辇者曰：“天有山，天崩之。天有河，天壅之。虽召伯尊，如之何？”也不是论点，而只是组成论点的元素。辇者曰：“君亲素缟，帅群臣而哭之，既而祠焉，斯流矣。”也只是组成论点的元素。由此三者悟出听天变而尽人事的主题。自然灾害是天意，君主要敬天顺天，不违抗自然或上天的旨意，自然灾害终将过去，人类还要生存下去，这是《春秋穀梁传》的大智慧，比起战天斗地而最后引起自然更大的报复和灾害要明智得多。

在农业生产过程中，经常遇到各种自然灾害，主要是虫灾、霜冻和水灾。《春秋穀梁传》对虫灾和水灾多有记载，这也可表明《春秋穀梁传》对农业的重视。如：

《春秋》桓公五年：“螽。螽，虫灾也。”《春秋穀梁传》云：“甚则月，不甚则时。”②

《春秋》定公元年：“冬，十月，陨霜杀菽。”《春秋穀梁传》云：“未可以杀而杀，举重。可杀而不杀，举轻。其曰菽，举重也。”③

《春秋》庄公七年：“秋，大水。”《春秋穀梁传》云：“高下有水灾，曰大水。”④

《春秋》庄公七年：“无麦、苗。”《春秋穀梁传》云：“麦、苗同时也。”⑤

在当时的农业生产力条件下，农业生产完全是靠天吃饭，雨水是一年能否丰收的决

① 阮元校刻《十三经注疏》，中华书局 1980 年 10 月第 1 版，第二四一九页。

② 阮元校刻《十三经注疏》，中华书局 1980 年 10 月第 1 版，第二三七四页。

③ 阮元校刻《十三经注疏》，中华书局 1980 年 10 月第 1 版，第二四四三页。

④ 阮元校刻《十三经注疏》，中华书局 1980 年 10 月第 1 版，第二三八二页。

⑤ 阮元校刻《十三经注疏》，中华书局 1980 年 10 月第 1 版，第二三八二页。

定性因素。《春秋穀梁传》对雨水的关注和记载对于每一个认真的读者都会留下深刻的印象。

《春秋》僖公三年："春，王正月。不雨。"《春秋穀梁传》云："不雨者，勤雨也。"①《春秋》僖公三年："夏，四月。不雨。"《春秋穀梁传》云："一时言'不雨'者，闵雨也。闵雨者，有志乎民者也。"②《春秋》僖公三年："六月，雨。"《春秋穀梁传》云："'雨'云者，喜雨也。喜雨者，有志乎民者也。"③《春秋》文公二年："自十有二月不雨，至于秋七月。"《春秋穀梁传》云："历时而言不雨，文不忧雨也。不忧雨者，无志乎民也。"④ 可见，《春秋穀梁传》把雨与农业生产相联系。

时至当今信息化时代，天不下雨，人又奈天何？《春秋穀梁传》早在两千多年前就已深知此道理，《春秋穀梁传》认为《春秋》记不雨是勤雨闵雨，即对于旱灾表示忧虑，此为志乎民者，即这是关心百姓。以此类推，《春秋穀梁传》认为《春秋》记灾就是希望无灾，这是关心百姓。人类永远不能超越自然而呼风唤雨，只能顺应自然而与自然和谐相处，这就是《春秋穀梁传》的社会救灾思想——道出了一个简单而永恒的真理。

《春秋》襄公三十年："晋人、齐人、宋人、卫人、郑人、曹人、莒人、邾人、滕人、薛人、杞人、小邾人会于澶渊，宋灾故。"《春秋穀梁传》："会不言其所为，其曰宋灾故何也？不言灾故，则无以见其善也。其曰人何也？救灾以众。何救焉？更宋之所丧财也。"⑤ 刘向所习为《春秋穀梁传》，刘向撰《古列女传》卷四《贞顺传》"宋恭伯姬"条云："《春秋》详录其事为贤伯姬，以为妇人以贞为行者也，伯姬之妇道尽矣。当此之时，诸侯闻之，莫不痛悼，以为死者不可以生。财物犹可复，故相与聚于澶渊，偿宋之所丧。"⑥ 由此可见，《春秋穀梁传》主张一诸侯发生灾害之后，其他诸侯应给予经济上之援助，这实际上是国际社会对受灾诸侯国给予经济上之救助。

三、《春秋穀梁传》的社会救民思想

首先，《春秋穀梁传》主张减轻赋敛以减轻劳动者的负担，对劳动者给予社会救助，从而使劳动者能够小有余财，实现劳动力的再生产。

① 阮元校刻《十三经注疏》，中华书局 1980 年 10 月第 1 版，第二三九二页。
② 阮元校刻《十三经注疏》，中华书局 1980 年 10 月第 1 版，第二三九二页。
③ 阮元校刻《十三经注疏》，中华书局 1980 年 10 月第 1 版，第二三九二页。
④ 阮元校刻《十三经注疏》，中华书局 1980 年 10 月第 1 版，第二四〇五页。
⑤ 阮元校刻《十三经注疏》，中华书局 1980 年 10 月第 1 版，第二四三二页。
⑥ 刘向《古列女传》卷四，见《四库全书》史部七，传记类三，总录之属。

《春秋》庄公二十八年："臧孙辰告籴于齐。"《春秋穀梁传》云："古者税什一，丰年补败，不外求而上下皆足也。虽累凶年，民弗病也。一年不艾而百姓饥，君子非之。不言如，为内讳也。"①《春秋穀梁传》在此表达的思想虽以托古而言之，但是，《春秋穀梁传》还是在讲自己的社会救助思想。《春秋穀梁传》提出应该实行税什一的税收制度，由于税收由税什二减为税什一，在下的百姓手中就有一点余钱，虽累凶年，民弗病也。必不至于"一年不艾而百姓饥"。但是，在上的官府因税收减少，必将降低其奢侈的水平。《春秋穀梁传》所言之"不外求而上下皆足"实际上是要求官府向百姓在经济上做出一定程度的让步，实际上是通过减税以达到对处于沉重压迫和负担之下的普通民众实施社会救助，反映出《春秋穀梁传》的某些民本主义色彩。

《春秋穀梁传》的这一社会救助思想是非常了不起的，就是时至今日，不要说尚处于发展中国家的中国不可能通过大规模减税对处于沉重压迫和负担之下的普通民众实施社会救助，就是经济已高度发达之欧美国家对于通过大规模减税对处于沉重压迫和负担之下的普通民众实施社会救助也采取消极或观望态度。

《春秋穀梁传》还有两处提到古时实行什一之税，表明《春秋穀梁传》对于减轻赋敛非常重视。《春秋穀梁传》的原文如下：

《春秋》宣公十五年："初税亩。"《春秋穀梁传》云："初者，始也。古者什一，（范宁注：一夫一妇佃田百亩以共五口父母妻子也。又受田一十亩以为公田，公田在内，私田在外。此一夫一妇为耕百一十亩。）藉而不税。（范宁注：藉此公田而收其入，言不税民。）初税亩，非正也。"②

《春秋》哀公十二年："十有二年，春。用田赋。"《春秋穀梁传》云："古者公田什一，用田赋非正也。"范宁注云："古者五口之家，受田百亩，为官田十亩，是为私得其什，而官税其一，故曰什一。周谓之彻，殷谓之助，夏谓之贡，其实一也。皆通法也。今乃弃中平之法，而田财并赋，言其赋民甚矣。"③

《春秋穀梁传》强调古者税什一，是以公田中的收成作为税赋，这实际上是以实物作为税赋。初税亩田财并赋，不但要缴纳实物，还要缴纳钱财。所以说"其赋民甚矣"。可见，《春秋穀梁传》不仅主张降低赋税，而且还主张以实物作为税赋。当时，商品经济并

---

① 阮元校刻《十三经注疏》，中华书局 1980 年 10 月第 1 版，第二三八八页。

② 阮元校刻《十三经注疏》，中华书局 1980 年 10 月第 1 版，第二四一五页。

③ 阮元校刻《十三经注疏》，中华书局 1980 年 10 月第 1 版，第二四五〇页。

不很发达，农业劳动者将农产品交换为货币有困难，一般都是低价卖出，所以，以钱财为赋税加重了农业劳动者的负担。《春秋穀梁传》不仅主张降低赋税，而且还主张以实物作为税赋。以减轻农业劳动者的负担。《春秋穀梁传》的这一社会救助思想也是值得肯定的。

其次，在诸侯国内部实行井田制，使劳动者实际上小有恒产。《春秋穀梁传》关于提倡井田制的论述如下：

《春秋》宣公十五年："初税亩。"《春秋穀梁传》云："初者，始也。古者什一，（范宁注：一夫一妇佃田百亩以共五口父母妻子也。又受田一十亩以为公田，公田在内，私田在外。此一夫一妇为耕百一十亩。）藉而不税。（范宁注：藉此公田而收其人，言不税民。）初税亩，非正也。古者三百步为里，名曰井田。井田者，九百亩。公田居一。（范宁注：出除公田八十亩，余八百二十亩。故井田之法，八家共一井，八百亩，余二十亩，家各二亩半为庐舍。）私田稼不善，则非吏。（范宁注：非，责也。吏，田畯也。言吏急民，使不得营私田。）公田稼不善，则非民。（范宁注：民勤私也。）初税亩者，非公之去公田而履亩，十取一也。以公之与民为已悉矣。（范宁注：悉谓尽其力。）古者公田为居。（范宁注：八家共居）井灶葱韭尽取焉。（范宁注：损其庐舍家作一园以种五菜，外种楸桑，以备养生送死。）"①

《春秋穀梁传》主张在诸侯国内实行井田制，这一主张的核心是将劳动者固定在土地上，从而实现社会安定。这是有利于统治者的。但是这一主张也有有利于劳动者的地方：其一，井田制的赋税较低。其二，井田者，九百亩。出除公田八十亩，余八百二十亩。故井田之法，八家共一井，八百亩，余二十亩，每家各二亩半为庐舍。每家有一百亩私田。这样，劳动者实际上小有恒产，《春秋》庄公三十一年："秋，筑台于秦。"《春秋穀梁传》云："不正，罢民三时，虞山林薮泽之利，且财尽则怨，力尽则怼。"②《春秋穀梁传》特别强调不使百姓财尽，要使百姓小有余钱。制民之产的富民、裕民思想是《春秋穀梁传》的重要的社会救助思想。

《春秋》哀公十二年："十有二年，春。用田赋。"《春秋穀梁传》云："古者公田什一，用田赋非正也。"范宁注云："古者五口之家，受田百亩，为官田十亩，是为私得其什，而官税其一，故曰什一。周谓之彻，殷谓之助，夏谓之贡，其实一也。皆通法也。

---

① 阮元校刻《十三经注疏》，中华书局 1980 年 10 月第 1 版，第二四一五页。

② 阮元校刻《十三经注疏》，中华书局 1980 年 10 月第 1 版，第二三八九页。

今乃弃中平之法，而田财并赋，言其赋民甚矣。”①

《春秋穀梁传》认为税什一乃中平之法，田财并赋为过激。

《春秋穀梁传》讲井田是通过井田对劳动者给予社会救助，并且通过井田制减轻税赋以对劳动者给予社会救助。《春秋公羊传》也讲井田，但《春秋公羊传》是在大一统的前提下的、以君主为本位的经济思想。井田制主要是作为基层的政治经济组织。《春秋左氏传》主张恢复历史上的井田制，其本质是为领主政治服务的。

四、《春秋穀梁传》的社会救国思想

《春秋公羊传》庄公四年记齐襄公灭纪国，以齐襄公灭纪国为贤襄公。《春秋》庄公四年："纪侯大去其国。"《春秋公羊传》："大去者何？灭也。孰灭之？齐灭之。曷为不言齐灭之？为襄公讳也。《春秋》为贤者讳，何贤乎襄公？复仇也。何仇尔？远祖也。哀公亨乎周，纪侯谮之。以襄公之为于此焉者，事祖祢之心尽矣。尽者何？襄公将复仇乎纪，卜之曰：'师丧分焉。''寡人死之，不为不吉也。'远祖者几世乎？九世矣。九世犹可以复仇乎？虽百世可也。家亦可乎？曰：不可。国何以可？国君一体也；先君之耻犹今君之耻也；今君之耻犹先君之耻也。国君何以为一体？国君以国为体，诸侯世，故国君为一体也。今纪无罪，此非怒与？曰：非也。古者有明天子，则纪侯必诛，必无纪者。纪侯之不诛，至今有纪者，犹无明天子也。古者诸侯必有会聚之事，相朝聘之道，号辞必称先君以相接，然则齐、纪无说焉，不可以并立乎天下。故将去纪侯者，不得不去纪也。有明天子，则襄公得为若行乎？曰：不得也。不得，则襄公曷为为之？上无天子，下无方伯，缘恩疾者可也。"②

《春秋公羊传》认为不仅可以复九世之雠。而且可以复百世之雠。这种大复仇的思想实际上是主张社会结构的剧烈变化，以激烈的方式解决社会矛盾和社会问题。

《史记》卷一百十《匈奴列传》云："汉既诛大宛，威震外国，天子意欲遂困胡。乃下诏曰：'高皇帝遗朕平城之忧，高后时单于书绝悖逆。昔齐襄公复百世之雠，《春秋》大之。'是岁太初四年也。"③ 此处《春秋》大之所用之义为《春秋公羊传》之义。

汉武帝就是以《春秋公羊传》提供的复百世之雠的理论为依据发动了对匈奴的长达十四年的战争，在此期间社会结构发生了剧烈的变化。卫青、霍去病、李广利、桑弘羊、

---

① 阮元校刻《十三经注疏》，中华书局1980年10月第1版，第二四五〇页。

② 徐彦《春秋公羊传注疏》，北京大学出版社1999年12月第一版，第122页—第123页。

③ 《史记·匈奴列传》，司马迁《史记》，中华书局1959年9月第1版，第二九一六页。

霍光等以布衣平步青云，知识分子被冷落，无数平民百姓死于沟壑。社会经济遭到严重破坏。汉武帝统治的后期实际上已到大乱的边缘。

《春秋》庄公四年："纪侯大去其国。"《春秋穀梁传》云："大去者，不遗一人之辞也。言民之从者四年而后毕也。纪侯贤而齐侯灭之，不言灭而曰大去其国者，不使小人加乎君子。"①《春秋穀梁传》没有提出大复仇等旨在进行剧烈社会变革的思想观点，自然不适合于汉武帝以长期残酷战争的激烈方式解决夷狄问题。尤其重要者为《春秋穀梁传》谴责灭纪侯之国者，以之为小人，从道德上确保小国的生存权，反对弱肉强食的丛林法则，实际上是对处于亡国危险之下的小国给予社会救助，这与提倡以大复仇为借口赤裸裸地宣扬狼吃小羊式的弱肉强食的丛林法则的《春秋公羊传》形成了鲜明的对照。

汉宣帝即位后，需要防止霍光奏太后废昌邑王事在自己身上重演。

《春秋》僖公二十四年："冬，天王出居于郑。"②

《春秋左氏传》云："冬，王使来告难曰：'不穀不德，得罪于母氏之宠子带，鄙在郑地汜，敢告叔父。'臧文仲对曰：'天子蒙尘于外，敢不奔问官守。'王使简师父告于晋，使左鄢父告于秦。天子无出，书曰'天王出居于郑'，辟母弟之难也。天子凶服降名，礼也。郑伯与孔将鉏、石甲父、侯宣多省视官、具于汜，而后听其私政，礼也。"③《春秋左氏传》云："初，甘昭公有宠于惠后，惠后将立之，未及而卒。昭公奔齐，王复之，又通于隗氏。王替隗氏，颓叔、桃子曰：'我实使狄，狄其怨我。'遂奉太叔以狄师攻王。王御士将御之，王曰：'先后其谓我何？宁使诸侯图之。'王遂出，及坎欿，国人纳之。秋，颓叔、桃子奉太叔以狄师伐周，大败周师，获周公忌父、原伯、毛伯、富辰。王出适郑，处于汜。太叔以隗氏居于温。"④

《春秋公羊传》云："王者无外，此其言出何？不能乎母也。鲁子曰：是王也，不能乎母者，其诸此之谓与？"⑤

根据《春秋左氏传》的记载，天王出居于郑之时惠后已亡，而《春秋公羊传》以为不能乎母，注云：明母得而废之，这就为吕雉废少帝、霍光奏太后废昌邑王之事提供了经学之理论依据，也为后世母后颛朝、外戚擅废立之柄提供了经学之理论依据。对于汉

① 阮元校刻《十三经注疏》，中华书局1980年10月第1版，第二三八一页。

② 孔颖达《春秋左传正义》，北京大学出版社1999年12月第一版，第424页。

③ 孔颖达《春秋左传正义》，北京大学出版社1999年12月第一版，第424页。

④ 孔颖达《春秋左传正义》，北京大学出版社1999年12月第一版，第422页—第423页。

⑤ 徐彦《春秋公羊传注疏》，北京大学出版社1999年12月第一版，第248页。

宣帝来说，《春秋公羊传》不仅仅已经是不适应汉宣帝矫正武帝之政的偏差的政治需要，而且已经是直接威胁到汉宣帝政权的安全。

《春秋穀梁传》云："天子无出，出，失天下也。居者，居其所也，虽失天下，莫敢有也。"① 范注引邵曰："虽实出奔，而王者无外。王之所居则成王畿，诸侯不敢有之以为国。"② 钟文烝补注云："邵注未喻传旨。莫，无也。有，有天下也。"③ 钟文烝进一步强调君臣大义无所逃于天地之间。《春秋穀梁传》没有为霍光奏太后废昌邑王之事提供经学之理论依据。

汉宣帝即位之后，地位并不稳固，楚元王刘延寿以为广陵王刘胥乃武帝之子，天下有变必得立，阴欲附倚，辅助其夺取皇位。《汉书·楚元王传》云："宣帝即位，延寿以为广陵王胥武帝子，天下有变必得立，阴欲附倚辅助之，故为其后母弟赵何齐取广陵王女为妻，与何齐谋曰：'我与广陵王相结，天下不安，发兵助之，使广陵王立。何齐尚公主，列侯可得也。'因使何齐奉书遗广陵王曰：'愿长耳目，毋后人有天下。'何齐父长年上书告之，事下有司，考验辞服，延寿自杀。"④

汉宣帝即位之后，仍然担心昌邑王复起，制诏山阳太守张敞，令其监视昌邑王。《汉书·武五子传》云："大将军光更尊立武帝曾孙，是为孝宣帝。即位，心内忌贺，元康二年遣使者赐山阳太守张敞玺书曰：'制诏山阳太守：其谨备盗贼，察往来过客。毋下所赐书！'敞于是条奏贺居处，著其废亡之效。"⑤

汉宣帝即位后，要防止霍光奏太后废昌邑王事在自己身上重演，《春秋公羊传》的经学思想是不符合汉宣帝巩固政权之政治要求，汉宣帝立《春秋穀梁传》博士，不仅出于矫正武帝之政的偏差的政治需要，而且也是出于保卫汉宣帝政权的安全。

《春秋》僖公九年："九月，戊辰。诸侯盟于葵丘。"《春秋穀梁传》云："桓盟不日，此何以日？美之也。为见天子之禁，故备之也。葵丘之会，陈牲而不杀。读书加于牲上，壹明天子之禁，（范注：壹犹专也。）曰："毋雍泉，（范注：专水利以障谷）毋讫籴，（范注：讫，止也。谓贮粟。）毋易树子，（范注：树子，嫡子。）毋以妾为妻，毋使妇人与国

---

① 钟文烝《春秋穀梁经传补注》，中华书局 1996 年 7 月第 1 版，第三二三页——第三二四页。

② 钟文烝《春秋穀梁经传补注》，中华书局 1996 年 7 月第 1 版，第三二四页。

③ 钟文烝《春秋穀梁经传补注》，中华书局 1996 年 7 月第 1 版，第三二四页。

④ 《汉书·楚元王传》，班固《汉书》，中华书局 1962 年 6 月第 1 版，第一九二五页。

⑤ 《汉书·武五子传》，班固《汉书》，中华书局 1962 年 6 月第 1 版，第二七六七页。

事。（范注：女正位于内。）”① 《春秋穀梁传》赞美葵丘之会天子之禁，主张“毋易树子，（范注：树子，嫡子。）毋以妾为妻，毋使妇人与国事。（范注：女正位于内。）”② 这实际上是通过国际社会以国际公约的形式对处于危险之中的嫡子、正妻、国家予以社会救助。

第七节 《春秋穀梁传》的哲学思想

一、《春秋穀梁传》的天道观和本体论

《春秋》庄公元年：“三月，夫人孙于齐。”《春秋穀梁传》云：“孙之为言，犹孙也，讳奔也。接练时，录母之变，始人之也。不言氏姓，贬之也。人之于天也。以道受命。于人也，以言受命。不若于道者，天绝之也。不若于言者，人绝之也。臣子大受命。”③ 《春秋穀梁传》认为人从上天以天道的形式接受天命，人从人君之处以语言的形式接受天命，不顺从天道的人，天将断绝他的生路。不顺从人君的所谓代表天命之言的人，人君将断绝他的生路。《春秋穀梁传》认为文姜杀夫，是不顺从于妇当事夫之天道，故天当绝之。可见夫妇关系也是由天道规定的。《春秋穀梁传》没有明言父子关系也是由天道规定的，但是，宗法制是封建统治的基础，君父与臣子相对，所以，范宁《春秋穀梁传集解》云：“臣子则受君父之命，妇受夫之命。”父子关系也是由天道规定的。

《春秋穀梁传》认为，人受命于天，道是人从天所受之天命，也即是天道，若人不同于天道，即违背天道，则天绝之。这是《春秋穀梁传》的天道观，也是《春秋穀梁传》的本体论。《春秋穀梁传》的本体论实际上是属于客观唯心主义的本体论。

《春秋穀梁传》文公二年：“八月丁卯，大事于大庙，跻僖公。大事者何？大是事也，著祫、尝。祫祭者，毁庙之主，陈于大祖，未毁庙之主，皆升合祭于大祖。跻，升也，先亲而后祖也，逆祀也。逆祀，则是无昭穆也。无昭穆，则是无祖也。无祖，则无天也。故曰：文无天。无天者，是无天而行也。君子不以亲亲害尊尊，此《春秋》之义也。”④ 《春秋穀梁传》把天道观与伦理观结合起来，尊尊是由天道而来，人伦尊卑是天道的反

① 阮元校刻《十三经注疏》，中华书局 1980 年 10 月第 1 版，第二三九六页。

② 阮元校刻《十三经注疏》，中华书局 1980 年 10 月第 1 版，第二三九六页。

③ 阮元校刻《十三经注疏》，中华书局 1980 年 10 月第 1 版，第二三七九页。

④ 阮元校刻《十三经注疏》，中华书局 1980 年 10 月第 1 版，第二四〇五页。

映，故君子不以亲亲害尊尊。我认为，虽然《春秋穀梁传》未明确表达君子不以尊尊害亲亲，但是，由于亲亲和尊尊均由天道而来，故《春秋穀梁传》实际上也主张君子不以尊尊害亲亲。反映在忠孝关系上，就是不可以忠害孝，也不可以孝害忠。

《春秋》宣公十五年："王札子杀召伯、毛伯。"①《春秋穀梁传》云："王札子者，当上之辞也。杀召伯、毛伯，不言其，何也？两下相杀也。两下相杀，不志乎《春秋》，此其志，何也？矫王命以杀之，非忿怒相杀也。故曰：以王命杀也。以王命杀则何志焉？为天下主者，天也。继天者，君也。君之所存者，命也。为人臣而侵其君之命而用之，是不臣也。为人君而失其命，是不君也。君不君，臣不臣。此天下所以倾也。"② 显然，《春秋穀梁传》认为世界的主宰是"天"，国君是继"天"而立者。国君存在的目的就是代"天"发布命令。若国君失去发布命令之权，就不是国君了，人臣发布君命，也就不是人臣了。君不君，臣不臣。所以天下大乱。可见，君臣关系是"天"所规定的。

《春秋穀梁传》宣公十五年的这一条材料进一步把天道观与政治等级制度结合起来，天下政治地位最高者是君主，君主继天受命，是代表天道的或是天道的象征和反映，也是排他性地接受天命的人物，也就是天命的象征和反映，臣而侵其君之命而用之就是不臣，为人君而失其命就是不君，君不君，臣不臣，此天下所以倾也。

《春秋》成公五年："梁山崩。"③《春秋穀梁传》云：

> 不日，何也？高者有崩道也。有崩道，则何以书也？曰梁山崩，壅遏河，三日不流，晋君召伯尊而问焉。伯尊来，遇辇者，辇者不辟，使车右下而鞭之，辇者曰："所以鞭我者，其取道远矣。"伯尊下车而问焉。曰："子有闻乎？"对曰："梁山崩。壅遏河。三日不流。"伯尊曰："君为此召我也，为之奈何？"辇者曰："天有山，天崩之。天有河，天壅之。虽召伯尊，如之何？"伯尊由忠问焉，辇者曰："君亲素缟，帅群臣而哭之，既而祠焉，斯流矣。"伯尊至，君问之，曰："梁山崩，壅遏河，三日不流，为之奈何？"伯尊曰："君亲素缟，帅群臣而哭之，既而祠焉，斯流矣。"孔子闻之，曰："伯尊其无绩乎！攘善也。"④

---

① 阮元校刻《十三经注疏》，中华书局 1980 年 10 月第 1 版，第二四一五页。
② 阮元校刻《十三经注疏》，中华书局 1980 年 10 月第 1 版，第二四一五页。
③ 阮元校刻《十三经注疏》，中华书局 1980 年 10 月第 1 版，第二四一九页。
④ 阮元校刻《十三经注疏》，中华书局 1980 年 10 月第 1 版，第二四一九页。

《春秋穀梁传》借辇者所谓之“天有山，天崩之。天有河，天壅之。虽召伯尊，如之何”表达了《春秋穀梁传》的天道自然观，天道有自己的规律，山河等等自然万物都是天道的反映，是天道创造的，即所谓的天有，像伯尊这样的人对于天道能够起什么作用呢？即人对于天道或天命无可奈何，只能够听命于天道或天命。孔子说：“天何言哉！四时行焉，百物生焉，天何言哉！”①《春秋穀梁传》的天道自然观与孔子的天道自然观是一致的。

《春秋》昭公十八年：“夏，五月壬午，宋、卫、陈、郑灾。”②《春秋穀梁传》：

> 夏，五月壬午，宋、卫、陈、郑灾。其志，以同日也。其日，亦以同日也。或曰人有谓郑子产曰：“某日有灾。”子产曰：“天者神，子恶知之？”是人也，同日为四国灾也。③

神表示一种神秘的必然性或规律性。

《春秋》昭公二十九年：“夏，四月庚子，叔倪卒。”④《春秋穀梁传》：

> 季孙意如曰：“叔倪无病而死。此皆无公也，是天命也，非我罪也。”⑤

《春秋穀梁传》认为叔倪卒是没有昭公，也是天命，天命是不能够违抗的。

二、《春秋穀梁传》的方法论

《春秋穀梁传》庄公三年：“独阴不生，独阳不生，独天不生，三合然后生。”范宁注引徐邈曰：“古人称万物负阴而抱阳，冲气以为和。然则传所谓天，盖名其冲和之功，而神理所由也。会二气之和，极发挥之美者，不可以柔刚滞其用，不得以阴阳分其名，故归于冥极而谓之天。凡生类禀灵知于天，资形于二气，故又曰独天不生，必三合而形神生理具矣。”⑥

---

① 阮元校刻《十三经注疏》，中华书局1980年10月第1版，第二五二六页。

② 阮元校刻《十三经注疏》，中华书局1980年10月第1版，第二四三八页。

③ 阮元校刻《十三经注疏》，中华书局1980年10月第1版，第二四三八页。

④ 阮元校刻《十三经注疏》，中华书局1980年10月第1版，第二四四一页。

⑤ 阮元校刻《十三经注疏》，中华书局1980年10月第1版，第二四四一页。

⑥ 阮元校刻《十三经注疏》，中华书局1980年10月第1版，第二三八一页。

徐邈讲了一点点，也是很不到位的。我认为，《春秋穀梁传》所谓的独阴不生、独阳不生、独天不生是先把事物分为对立的两个方面以及阴阳冲气以为和的神秘的第三方面，即所谓的神理所由也。这三个方面孤立不能够成事，即不生，三合然后生。

杨士勋疏：

> 凡物之生，皆资二气之和，禀上天之灵知，不可以柔刚滞其用，不得以阴阳分其名，故云“三合然后生”也。虽资三合，然终推功冥极，故云“天之子”也。托之人事，故又曰父之子，母之子也。天则感生者众，言天足以兼父，不得云“父子”而曰“天子”，众人或知母而不知父，故云“母子”，亦不云“父子”也。众人亦禀天气而生，不云“天子”者，天子取尊称，故称“天子”，众人取卑称，故称“母子”也。传因论天子崩葬，故明其别称也。然则阴能成物，阳能生物，天能养物，而总云生者，凡万物初生，必须三气合，四时和，然后得生，不是独阳能生也。但既生之后，始分系三气耳。注云“不可以刚柔滞其用，不得以阴阳分其名”者，《易·系辞》所谓之“一阴一阳谓之道”，王弼云“一阴一阳者，或谓之阴，或谓之阳，不可定名也。夫为阴则不能为阳，为柔则不能为刚。唯不阴不阳，然后为阴阳之宗；不柔不刚，然后为刚柔之主，故无方无体，非阳非阴，始得谓之道，始得谓之神”是也。柔刚者，即阴阳之别名也。故《系辞》又云：“动静有常，刚柔断矣。”注云：“阳动阴静，刚柔之断也。”是刚则阳，柔则阴也。①

杨士勋没有讲清楚，特别是以《易·系辞》所谓之“一阴一阳谓之道”是讲不清楚一分为三的。《春秋穀梁传》的方法论实际上是从一分为三到三合为一，这个思想相当深刻。

以二分法看问题、事物或世界，问题、事物或世界被二分为矛盾或对立统一或阴阳，与此相适应形成原因和结果、必然和偶然、是非、对错、输赢、成败、你死和我活等等范畴和状况。世界的主要哲学和辩证法均建筑在两极思维的基础上，人类社会在两极之间摇摆，人类在单调的非此即彼的选择中越来越绝望，开始寻求某些两极之间的通道或中间地带，人类的一部分精英发现在两极之间有广阔的通道或中间地带可以供人类选择，《春秋穀梁传》的方法论就是这样的一部分精英的探索的总结。《春秋穀梁传》真正关注

---

① 阮元校刻《十三经注疏》，中华书局1980年10月第1版，第二三八一页。

的不仅是分析含二之一和两个独立的一，而且关注两个独立的一和含二之一的统一或综合，不是这个一吃掉那个一，或是两个独立的一吃掉含二之一，或是含二之一吃掉两个独立的一，而是两个独立的一和含二之一的统一或综合。

一分为三在现实中大量存在，如左中右，相对于中，方有左右；上中下，相对于中，方有上下。这仅仅是一分为三，最重要的是还要三合为一。在汉代的政治实践中，最有代表性的材料还是汉宣帝与太子之间的一段对话，《汉书·元帝纪》记载："年二岁，宣帝即位。八岁，立为太子。壮大，柔仁好儒。见宣帝所用多文法吏，以刑名绳下，大臣杨恽、盖宽饶等坐刺讥辞语为罪而诛，尝侍燕，从容言：'陛下持刑太深，宜用儒生。'宣帝作色曰：'汉家自有制度，本以霸王道杂之，奈何纯任德教，用周政乎！且俗儒不达时宜，好是古非今，使人眩于名实，不知所守，何足委任？'乃叹曰：'乱我家者，太子也！'繇是疏太子而爱淮阳王，曰：'淮阳王明察好法，宜为太子。'而王母张婕妤尤幸。上有意欲用淮阳王代太子，然以少依许氏，俱从微起，故终不背焉。"①这仅仅是一分为三，执两用中而已，还没有真正达到三合为一。

三、《春秋穀梁传》的认识论

《春秋》成公五年："梁山崩。"②《春秋穀梁传》云：

> 不日，何也？高者有崩道也。有崩道，则何以书也？曰梁山崩，壅遏河，三日不流，晋君召伯尊而问焉。伯尊来，遇辇者，辇者不辟，使车右下而鞭之，辇者曰："所以鞭我者，其取道远矣。"伯尊下车而问焉。曰："子有闻乎？"对曰："梁山崩。壅遏河。三日不流。"伯尊曰："君为此召我也，为之奈何？"辇者曰："天有山，天崩之。天有河，天壅之。虽召伯尊，如之何？"伯尊由忠问焉，辇者曰："君亲素缟，帅群臣而哭之，既而祠焉，斯流矣。"伯尊至，君问之，曰："梁山崩，壅遏河，三日不流，为之奈何？"伯尊曰："君亲素缟，帅群臣而哭之，既而祠焉，斯流矣。"孔子闻之，曰："伯尊其无绩乎！攘善也。"③

《春秋穀梁传》借辇者所谓之"天有山，天崩之。天有河，天壅之。虽召伯尊，如之

① 《汉书·元帝纪》，班固《汉书》，中华书局1962年6月第1版，第二七七页。

② 阮元校刻《十三经注疏》，中华书局1980年10月第1版，第二四一九页。

③ 阮元校刻《十三经注疏》，中华书局1980年10月第1版，第二四一九页。

何”表达了《春秋穀梁传》的天道自然观，天道有自己的规律，山河等等自然万物都是天道的反映，是天道创造的，即所谓的天有，像伯尊这样的人对于天道能够起什么作用呢？即人对于天道或天命无可奈何，只能够听命于天道或天命。即对于天命不可知，是一种典型的不可知论。

《春秋》昭公十八年：“夏，五月壬午，宋、卫、陈、郑灾。”①《春秋穀梁传》：

> 其志，以同日也。其日，亦以同日也。或曰人有谓郑子产曰：“某日有灾”。子产曰：“天者神，子恶知之？”是人也，同日为四国灾也。

《春秋穀梁传》又认为天道或天命是可以认识的，而且不是官位高的人就能够认识天道或天命。《春秋穀梁传》的认识论与其一分为三的方法论是统一的或一致的，事物是天命的反映，天命或事物是不可知的，又是可知的，在可知与不可知之间有一个通道或中间地带。并不是地位高的有文化的人才可以认识天命或事物，也不是地位低的没有什么文化的人都能认识天命或事物，即在认识主体的认识能力和可知性上也是一分为三和三合为一的。

“信以传信，疑以传疑”的解史特点体现了《春秋穀梁传》追求真实的精神，而追求和强调文学的真实性是中国古代文学的一大特点，中国古代文学重视文学的政治和社会伦理功能，只有真实反映现实的文学才能最好地发挥文学的政治和社会伦理功能。如：《春秋》桓公十四年：“夏五，郑伯使其弟御来盟。”《春秋穀梁传》云：“孔子曰：‘听远音者，闻其疾，而不闻其舒；望远者，察其貌，而不察其形。’立乎定哀以指隐、桓，隐、桓之日远矣，夏五，传疑也。”②

《春秋穀梁传》以周天子为王；王下分五等爵：公、侯、伯、子、男；《春秋穀梁传》称吴、楚之君为子，可见，《春秋穀梁传》反对吴、楚之君称王；这三点是《春秋穀梁传》对《春秋》文意的基本的理解和阐发。在此基础上，《春秋穀梁传》的五等爵已经成为重新处理诸侯国与诸侯国关系和秩序的手段，通过深察名号决嫌明疑，确定各诸侯国的尊卑关系。《春秋穀梁传》以五等爵确定各诸侯国的尊卑关系，防止僭越，以保持社会结构和秩序的相对稳定。《春秋穀梁传》的五等爵并不是以褒贬进退的赏罚为目的。《春

---

① 阮元校刻《十三经注疏》，中华书局1980年10月第1版，第二四三八页。

② 阮元校刻《十三经注疏》，中华书局1980年10月第1版，第二三七七页。

秋穀梁传》对吴国一度贬而称“人”，“吴信中国而攘夷狄，吴进矣”[①]，进而称“子”，但是，“人”不是五等爵之一，且因褒奖吴而提升吴的地位又跨越了“男”，贬吴也跨越了“男”而贬为“人”，可见，《春秋穀梁传》是把吴定位在“子”的爵位上，褒贬进退的赏罚不是《春秋穀梁传》的五等爵的目的。

《春秋公羊传》和《春秋繁露》也讲深察名号，但《春秋公羊传》将《春秋》的五等爵改为三等爵，若按《礼记·王制》所载“天子之田方千里。”[②] 天子也有封地禄田，天子也为一爵，则《春秋公羊传》的三等爵包括天子一爵，从而将《春秋》的五等爵合为公侯、伯子男两等，从数学上讲，当爵位等级降到只有一个等级时就与没有设立爵位等级一样了，《春秋公羊传》的三等爵比没有设立爵位等级只稍微强一点，爵位等级低者可以借此一步登天，可见《春秋公羊传》的三等爵是以社会的剧烈变革为目的的。而《春秋穀梁传》通过深察名号决嫌明疑，确定各诸侯国的尊卑关系，防止僭越，以保持社会结构和秩序的相对稳定。

由此可见，《春秋穀梁传》承认事物的发展变化，更强调事物的相对稳定，具有一定的辩证法思想，实际上就是一分为三和三合为一的反映，具体到认识论上，就是认识也是发展变化的，而且更强调认识的相对稳定，实际上，没有认识的相对稳定，人类就无法认识世界。《春秋公羊传》仅仅注重事物的发展变化，具有一定的形而上学思想，具体到认识论上，就是仅仅强调认识的发展变化，完全否定了认识的稳定性，最后必然导致不可知论。

如《春秋》宣公十一年：“丁亥，楚子入陈。”《春秋穀梁传》云：“入者，内弗受也。日入，恶入者也。何用弗受也？不使夷狄为中国也。”[③] 《春秋穀梁传》讲内弗受也，其内外是就以鲁为中心而言的。首先，由于各诸侯国的文化发展是不平衡的，《春秋穀梁传》以鲁为内，即鲁国的文化是各中原华夏诸侯国中最先进的，在各中原华夏诸侯国这一范围内以鲁为内而以其他中原华夏诸侯国为外。其次，当鲁为中心的中原华夏文化各诸侯国的华夏文化面对非华夏文化时，《春秋穀梁传》将以鲁为中心的中原华夏文化各诸侯国称为诸夏，并且以诸夏为内，即内诸夏而外夷狄。内诸夏就是认同华夏文化，外夷狄就是不认同夷狄之文化。

---

① 阮元校刻《十三经注疏》，中华书局 1980 年 10 月第 1 版，第二三四四页。

② 阮元校刻《十三经注疏》，中华书局 1980 年 10 月第 1 版，第一三二二页。

③ 阮元校刻《十三经注疏》，中华书局 1980 年 10 月第 1 版，第二四一四页。

平王东迁以后，周室衰微，隐、桓之世为天下无王之始，周之天子已不能统治天下。鲁为周公之子伯禽的封地，人文荟萃，为诸夏所宗，《春秋》本为鲁史，故言华夏文化以鲁为中心。“内诸夏而外夷狄”之论所隐含的国际政治意义和国际政治思想就是“保存中国的道德和文化”，其关键在于保存中原地区之文化传统和价值观念，以中原地区之文化传统和价值观念作为进行各种国际政治活动的指导思想。

《春秋公羊传》也讲“内诸夏而外夷狄”，但其所强调的不是文化内涵，而是地理和政治策略的内涵。《春秋公羊传》认为《春秋》的目的是拨乱世反诸正，在拨乱反正的过程中的政治策略就是从地理空间上由近及远，内其国而外诸夏，内诸夏而外夷狄。这样，诸夏与夷狄的区别就是正与乱的区别，而诸夏与夷狄的文化区别就被忽略了。由此可见，《春秋公羊传》主张从地理空间上由近及远以内变外而拨乱反正。首先，强调量变的作用。其次，以外因作为事物变化的根本。《春秋穀梁传》则认为地理空间上之由近及远不是问题的实质，问题的实质是文化问题，或曰文明问题，即中原文化不是一个地理概念，由中原文化征服夷狄文化，中原文化是一种文明进步，夷狄文化将自发选择这种文明进步。首先，不仅强调量变的作用，不断展示这种文明进步，即修文德以来远人，而且强调质变的作用，即人类对文明进步的热情与向往而导致的文明的重大进步、文化的繁荣发展以及文明和文化的皈依，所谓周公吐哺，天下归心。其次，强调内因的作用，即人类对文明进步的热情与向往，即以内因作为事物变化的根本，外因只是变化的条件，反映到认识论上，《春秋穀梁传》认为认识是可以分层次和阶段的，但最终能够认识事物；人的认识是内在于人的，即是人的实践和觉悟的结果，不是外在的，不是从天上掉下来的。

四、《春秋穀梁传》的历史观

《春秋穀梁传》的历史观是《春秋穀梁传》的解史特点的本质。《春秋穀梁传》在大多数情况下更大程度上关注于历史进程中的主体——人在历史进程中的作用，关注于人的本性之善恶、意念之正邪、人品之优劣、心志之高卑等心性因素对历史进程的影响。其弊在于不能像《春秋左氏传》和《春秋公羊传》那样展示重大历史事件背后的复杂社会背景和利害关系。

如，《春秋》宣公十五年：“夏，五月。宋人及楚人平。”《春秋穀梁传》云：“平者，成也。善其量力而反义也。人者，众辞也。平称众，上下欲之也。外平不道，以吾人之存焉道之也。”①《春秋穀梁传》认为宋人及楚人平是量力而反义，而义的核心又是仁，即人在权衡比较之后能够回到善良仁爱的本性上来。平称众乃上下欲之，表明《春秋穀梁传》认为人的善良仁爱之心是普遍存在的。《春秋穀梁传》还认为公孙归父会楚子于宋对宋楚讲和起了作用，楚攻宋就是为了打开通向齐、鲁之大门，所以晋不发救兵，以便祸水东引，坐收渔利。如果从物质上的利害关系出发，楚子必不理睬公孙归父的调解。楚子听从公孙归父的调解而与宋讲和就不是出于物质上的利害关系，而是出于人的善良仁爱的本性。

《春秋左氏传》作为一部历史著作更大程度上关注于重大历史主题，探索重大历史事件背后的复杂社会背景，特别强调物质上的利害关系在历史进程中所发挥的决定性作用。《春秋左氏传》所载宋人及楚人平言华元夜入楚师，登子反之床而起之，子反惧，与之盟而告庄王。子反军中守备护卫必然严密，何以能够夜入登床，如入无人之境？果真如此则华元何不早早夜入楚师，登子反之床而起之，而要等到易子而食、析骨而炊之时夜入楚师？很明显，《春秋左氏传》就是要从利害关系出发解释人的历史动机。

《春秋公羊传》也展示重大历史事件背后的复杂社会背景和利害关系，但《春秋公羊传》展示利害关系比《春秋左氏传》更为直接和抽象。《春秋公羊传》对《春秋》“夏，五月。宋人及楚人平”的解说容易给人以错觉，使人觉得司马子反被华元不欺之诚所感动，遂以不欺之诚与宋平，貌似个人的心性因素对历史的发展起了决定作用，司马子反乘堙而窥宋城，与华元问对，司马子反已知七日不能攻陷宋城，所以才以仅存七日之粮告知华元，对于楚军可以体面的撤兵；对于楚王，司马子反可以有一个撤兵的口实。所以，《春秋公羊传》对《春秋》“夏五月宋人及楚人平”的解说还是基于利害关系。

《春秋穀梁传》的历史观是在大多数情况下更大程度上关注于历史进程中的主体——人在历史进程中的作用，关注于人的本性之善恶、意念之正邪、人品之优劣、心志之高卑等心性因素对历史进程的影响。由于文学就是人学，文学就是用语言文字以审美的方式反映人的生活，当然也就不可能不关注于人的本性之善恶、意念之正邪、人品之优劣、心志之高卑等心性因素在社会生活中的作用。这是与《春秋穀梁传》的历史观相一致的，从这个意义上说，《春秋穀梁传》的历史观实际上具有文学思想或文学观念的因素。《春秋穀梁传》的历史观使《春秋穀梁传》在主观上更接近于被称为人学的文学，而《春秋左氏传》《春秋公羊传》则在主观上更接近于作为社会科学的历史学。

---

① 阮元校刻《十三经注疏》，中华书局 1980 年 10 月第 1 版，第二四一四页——第二四一五页。

《春秋穀梁传》的历史观与《春秋穀梁传》的哲学本体论是一致的，即关注阴阳之外的第三种因素。天地人，人最重要，天命和地上的社会环境、地理环境等等不是历史发展的决定性力量，人才是历史的真正创造者和决定性力量。

第五章 《春秋穀梁传》的文学艺术研究

第一节 《春秋穀梁传》与文学相关的解史特点

《春秋穀梁传》是对《春秋》的解说，《春秋》既是一部历史著作，又是一部政治著作，《春秋穀梁传》在解说《春秋》的过程中形成了自己的解史特点；鉴于在古代当时的历史条件下，人们还不知道艺术与科学的区别，而用艺术方法从事历史和科学的著述工作，这样，《春秋穀梁传》的解史特点中就蕴涵着文学思想的因素。

一、"信以传信，疑以传疑"的解史特点

《春秋》桓公十四年："夏五，郑伯使其弟御来盟。"《春秋穀梁传》云："孔子曰：'听远音者，闻其疾，而不闻其舒；望远者，察其貌，而不察其形。'立乎定、哀以指隐、桓，隐、桓之日远矣，夏五，传疑也。"① 此为《春秋穀梁传》"信以传信，疑以传疑"解史特点之集中体现。"信以传信，疑以传疑"的解史特点实际上表明《春秋穀梁传》追求真实之精神，而追求和强调文学的真实性是中国古代文学的一大特点。中国古代文学重视文学的政治和社会伦理功能，只有真实反映现实的文学才能更好地发挥文学的政治和社会伦理功能。

张守节《史记正义》引《括地志》云："故尧城在濮州鄄城县东北十五里。《竹书》云：'昔尧德衰，为舜所囚也。'又有偃朱故城，在县西北十五里。《竹书》云：'舜囚尧，复偃塞丹朱，使不与父相见也。'"② 范祥雍《古本竹书纪年辑校订补》："【补】尧之末年，德衰，为舜所囚。"③ 范祥雍出校记云："《史记·五帝本纪》《正义》引《竹书》无

---

① 阮元校刻《十三经注疏》，中华书局 1980 年 10 月第 1 版，第二三七七页。

② 《史记·五帝本纪》，司马迁《史记》，中华书局 1959 年 9 月第 1 版，第三一页。

③ 范祥雍《古本竹书纪年辑校订补》，上海人民出版社 1957 年 9 月新 1 版，第 6 页。

‘之末年’三字。”[①] 首先，引用有问题，不是《正义》引《竹书》，而是《正义》引《括地志》引《竹书》，若云《正义》引《竹书》，则为直接引用，即张守节直接据《竹书》引用，而《正义》引《括地志》引《竹书》，则为间接引用，即张守节直接引用《括地志》、间接引用《竹书》。其次，校订不完全，尧前无昔字，囚后无也字，《史记正义》引《括地志》引《竹书》当为：“昔尧德衰，为舜所囚也。”[②]

《竹书纪年》记载舜放尧而夺取政权，儒家却宣称尧舜禅让，由此可见儒家对历史真实之漠视，《春秋穀梁传》于儒家之中能独扬追求真实之精神，其意义与影响自不待言，在中国史学史与中国文学思想史上应有《春秋穀梁传》应有之地位。

二、“为亲者讳，为尊者讳”的解史特点

《春秋》桓公十二年：“十有二月，及郑师伐宋，丁未，战于宋。”《春秋穀梁传》云：“非与所与伐战也，不言与郑战，耻不和也。于伐与战，败也。内讳败，举其可道者也。”[③] 鲁与郑本一同伐宋，鲁宋却相互打了起来，鲁战败。《春秋穀梁传》认为《春秋》不言与郑战是耻不和。《春秋》之例，战不言伐，《春秋》此处言伐与战是为鲁败避讳，此事《春秋左氏传》未记载，《春秋公羊传》也未记载，《春秋穀梁传》在事实清楚的情况下，为亲者讳、为尊者讳，即《春秋穀梁传》既捍卫了历史的真实性又体现了政治的灵活性，此种政治的灵活性实际上是在政治上感情因素的表现，即主观感情在政治上不希望自己或自己一方失败。

这表明《春秋穀梁传》具有为亲者讳、为尊者讳的解史特点，此种解史特点使历史作品具有了情感因素，即增强了历史作品的文学性。另外，要为亲者讳，要为尊者讳，这就要选择适当的词语和表达方式来表达。这一方面表明：《春秋穀梁传》认识到了同一件事情用不同的词语和表达方式来表达对读者产生的感受和效果是不同的。另一方面也表明：文学是发展的。只有当语言文学发展到一定阶段，才能产生足够的词汇和表达方式，作家才可能在足够的词汇和表达方式的基础上注意对词汇和表达方式的选择、推敲和锤炼。

三、惩恶扬善的解史特点

《春秋》襄公三十年：“天王杀其弟佞夫。”《春秋穀梁传》云：“传曰：‘诸侯且不首

---

① 范祥雍《古本竹书纪年辑校订补》，上海人民出版社 1957 年 9 月新 1 版，第 6 页。

② 《史记・五帝本纪》，司马迁《史记》，中华书局 1959 年 9 月第 1 版，第三一页。

③ 阮元校刻《十三经注疏》，中华书局 1980 年 10 月第 1 版，第二三七七页。

恶，况于天子乎？君无忍亲之义，天子、诸侯所亲者，唯长子、母弟耳。天王杀其弟佞夫，甚之也。’”①《春秋公羊传》未发传，何休解诂以为年夫有罪，《春秋左氏传》以为王有罪，于王杀戮亲人之恶皆不置一词，实皆助纣为虐，其于人伦教化无一丝一毫之助力。唯独《春秋穀梁传》严厉谴责天王杀弟之恶，起到了惩恶扬善的社会作用，而惩恶扬善则为文学之社会作用，这实际上表明《春秋穀梁传》具有一定的文学性。

《春秋》襄公三十年："五月，甲午。宋灾，伯姬卒。"《春秋穀梁传》云："取卒之日加之灾上者，见以灾卒也。其见以灾卒奈何？伯姬之舍失火，左右曰：‘夫人少辟火乎！’伯姬曰：‘妇人之义，傅母不在，宵不下堂。’左右又曰：‘夫人少辟火乎！’伯姬曰：‘妇人之义，保母不在，宵不下堂。’遂逮乎火而死，妇人以贞为行者也。伯姬之妇道尽矣。详其事，贤伯姬也。"② 此为褒扬伯姬恪守妇道之文字，其旨在劝人向善。

由此可见，《春秋穀梁传》惩恶扬善的解史特点使《春秋穀梁传》对所记之事进行道德评判，客观上发挥了文学的政治和社会伦理功能。

四、崇尚简洁的解史特点

《春秋穀梁传》继承了《春秋》的崇尚简洁的优良传统，从而形成了崇尚简洁的解史特点。崇尚简洁，这实际上是一种美学追求，以清婉简洁为美，可见，崇尚简洁的解史特点与文学思想是相通的。

《春秋穀梁传》崇尚简洁可以说已到了句无余字的地步，有时甚至以一字为一句。如，《春秋》庄公二十三年："秋，丹桓宫楹。"《春秋穀梁传》云："礼，天子、诸侯黝垩，大夫仓，士黈。丹楹，非礼也。"③

另外，《春秋穀梁传》在记载礼制或社会等级制度时，将社会等级的差异与色彩的差异、与音乐和舞蹈的形式和内容的差异相联系。这表明《春秋穀梁传》对美的看法是：美是有社会等级的。这实际上认识到了美的社会性。

如，《春秋》庄公二十三年："秋，丹桓宫楹。"《春秋穀梁传》云："礼，天子、诸侯黝垩，大夫仓，士黈。丹楹，非礼也。"④ 又如隐公五年"初献六羽"也表明音乐、舞蹈是有社会等级的。

---

① 阮元校刻《十三经注疏》，中华书局 1980 年 10 月第 1 版，第二四三二页。

② 阮元校刻《十三经注疏·春秋穀梁传注疏》，中华书局 1980 年 10 月第 1 版，第二四三二页。

③ 阮元校刻《十三经注疏》，中华书局 1980 年 10 月第 1 版，第二三八六页。

④ 阮元校刻《十三经注疏》，中华书局 1980 年 10 月第 1 版，第二三八六页。

又如，《春秋》哀公十三年："公会晋侯及吴子于黄池。"《春秋穀梁传》云："黄池之会，吴子进乎哉，遂子矣。吴夷狄之国也，祝髮文身，欲因鲁之礼，因晋之权，而请冠端而袭，其藉于成周，吴能为之，则不臣乎？吴进矣。王，尊称也，子，卑称也，辞尊称而居卑称，以会乎诸侯，以尊天王。吴王夫差曰：'好冠来。'孔子曰：'大矣哉！夫差未能言冠而欲冠也。'"① 夫差不知冠有差等，唯欲好冠。夫差想要一顶好看的帽子，这是对美的追求，但在《春秋穀梁传》看来美是有社会等级的。孔子称赞夫差了不起，只是因为夫差归向中原礼乐文化。但是，夫差对冠之美只有直观的感受，并没有意识到直观的美感背后的严格的社会等级差异。

五、《春秋穀梁传》的历史观

《春秋穀梁传》的历史观是《春秋穀梁传》的解史特点的本质。《春秋穀梁传》在大多数情况下更大程度上关注于历史进程中的主体——人在历史进程中的作用，关注于人的本性之善恶、意念之正邪、人品之优劣、心志之高卑等心性因素对历史进程的影响。其弊在于不能像《春秋左氏传》和《春秋公羊传》那样展示重大历史事件背后的复杂社会背景和利害关系。

如，《春秋》宣公十五年："夏，五月。宋人及楚人平。"《春秋穀梁传》云："平者，成也。善其量力而反义也。人者，众辞也。平称众，上下欲之也。外平不道，以吾人之存焉道之也。"② 《春秋穀梁传》认为宋人及楚人平是量力而反义，而义的核心又是仁，即人在权衡比较之后能够回到善良仁爱的本性上来。平称众乃上下欲之，表明《春秋穀梁传》认为人的善良仁爱之心是普遍存在的。《春秋穀梁传》还认为公孙归父会楚子于宋对宋楚讲和起了作用，楚攻宋就是为了打开通向齐、鲁之大门，所以晋不发救兵，以便祸水东引，坐收渔利。如果从物质上的利害关系出发，楚子必不理睬公孙归父的调解。楚子听从公孙归父的调解而与宋讲和就不是出于物质上的利害关系，而是出于人的善良仁爱的本性。

《春秋左氏传》作为一部历史著作更大程度上关注于重大历史主题，探索重大历史事件背后的复杂社会背景，特别强调物质上的利害关系在历史进程中所发挥的决定性作用。《春秋左氏传》所载宋人及楚人平言华元夜入楚师，登子反之床而起之，子反惧，与之盟而告庄王。子反军中守备护卫必然严密，何以能够夜入登床，如入无人之境？果真如此

---

① 阮元校刻《十三经注疏》，中华书局 1980 年 10 月第 1 版，第二四五一页。

② 阮元校刻《十三经注疏》，中华书局 1980 年 10 月第 1 版，第二四一四页——第二四一五页。

则华元何不早早夜入楚师，登子反之床而起之，而要等到易子而食、析骨而炊之时夜入楚师？很明显，《春秋左氏传》就是要从利害关系出发解释人的历史动机。

《春秋公羊传》也展示重大历史事件背后的复杂社会背景和利害关系，但《春秋公羊传》展示利害关系比《春秋左氏传》更为直接和抽象。《春秋公羊传》对《春秋》“夏，五月。宋人及楚人平”的解说容易给人以错觉，使人觉得司马子反被华元不欺之诚所感动，遂以不欺之诚与宋平，貌似个人的心性因素对历史的发展起了决定作用，司马子反乘堙而窥宋城，与华元问对，司马子反已知七日不能攻陷宋城，所以才以仅存七日之粮告知华元，对于楚军可以体面的撤兵；对于楚王，司马子反可以有一个撤兵的口实。所以，《春秋公羊传》对《春秋》“夏五月宋人及楚人平”的解说还是基于利害关系。

《春秋穀梁传》的历史观是在大多数情况下更大程度上关注于历史进程中的主体——人在历史进程中的作用，关注于人的本性之善恶、意念之正邪、人品之优劣、心志之高卑等心性因素对历史进程的影响。由于文学就是人学，文学就是用语言文字以审美的方式反映人的生活，当然也就不可能不关注于人的本性之善恶、意念之正邪、人品之优劣、心志之高卑等心性因素在社会生活中的作用。这是与《春秋穀梁传》的历史观相一致的，从这个意义上说，《春秋穀梁传》的历史观实际上具有文学思想或文学观念的因素。《春秋穀梁传》的历史观使《春秋穀梁传》在主观上更接近于被称为人学的文学，而《春秋左氏传》《春秋公羊传》则在主观上更接近于作为社会科学的历史学。

第二节　《春秋穀梁传》与古代文体

《春秋穀梁传》所反映出的史书体裁随内容而变化的史学思想，其中蕴涵着文学体裁随内容而变化的思想。

《春秋穀梁传》是对《春秋》的解说，包括对《春秋》所记载的史实的补充和评论，所以《春秋穀梁传》是一部历史著作。《春秋穀梁传》是按时间顺序组织材料的，所以，《春秋穀梁传》是一部编年体的历史著作。历史著作的体裁是随着记录和评论历史的实际需要而产生和发展的，《春秋穀梁传》也不能例外。

一、编年体之下的问答体

这是《春秋穀梁传》的基本文体。这是出于内容的需要而突破了编年体的束缚，从而在编年体的框架之内，引进了问答体。从现存材料来看，问答体起源于孔子开创私人讲学之后，学生记录老师的讲授。这种问答体是一种实用文体。孔子所开创的私人讲学之风促成了士阶层的扩大，士人游说诸侯，对君主之问，进一步发展了问答体。只有在问答体写作积累了丰富的经验的基础上，设为问答的结构方式才可能产生，这是一个从实用文体写作到艺术创作的过程。

二、编年体之下的纪事本末体的萌芽

晋假道于虞以灭虢，《春秋左氏传》分二次记载，一次在僖公二年，晋献公用荀息之计，假道于虞，攻虢，灭下阳。另一次在僖公五年，晋又假道于虞，宫之奇谏之以唇亡齿寒，虞公不听，晋灭虢，还，灭虞。而《春秋穀梁传》却于僖公二年合而叙之，这是出于内容的需要而突破了编年体的束缚，从而具有了纪事本末体的萌芽。

三、编年体之下的纪传体的萌芽

《春秋》襄公三十年："五月，甲午。宋灾，伯姬卒。"《春秋穀梁传》云："取卒之日加之灾上者，见以灾卒也。其见以灾卒奈何？伯姬之舍失火，左右曰：'夫人少辟火乎！'伯姬曰：'妇人之义，傅母不在，宵不下堂。'左右又曰：'夫人少辟火乎！'伯姬曰：'妇人之义，保母不在，宵不下堂。'遂逮乎火而死，妇人以贞为行者也。伯姬之妇道尽矣。详其事，贤伯姬也。"[①] 这已具备了传记的性质，刘向撰《古列女传》卷四"宋恭伯姬"条就主要引用了《春秋穀梁传》关于伯姬的记载而写成宋恭伯姬之传。《春秋穀梁传》关于伯姬的记载确实达到了人物传记的艺术水平，可对读。刘向撰《古列女传》卷四《贞顺传》"宋恭伯姬"条全文如下：

> 宋恭伯姬。伯姬者，鲁宣公之女，成公之妹也，其母曰缪姜。嫁伯姬于宋恭公，恭公不亲逆，伯姬迫于父母之命而行。既入宋三月，庙见，当行夫妇之道。伯姬以恭公不亲逆，故不肯听命。宋人告鲁，鲁使大夫季文子如宋，致命于伯姬，还复命，公享之。缪姜出于房，再拜曰：大夫勤劳于远道，辱送小子，不忘先君以及后嗣，使下而有知先君，犹有望也。敢再拜大夫之辱。伯姬既嫁于恭公，十年恭公卒，伯姬寡，至景公时，伯姬常遇夜失火，左右曰：夫人少避火，伯姬曰：妇人之义，保傅不俱，夜不下堂。待保傅来也。保母至矣，傅母未至也，左右又曰：夫人少避火，伯姬曰：妇人之义，傅母不至，夜不可下堂，越义而生，不如守义而死。遂逮于火而死。《春秋》详录其事为贤伯姬，以为妇人以贞为行者也，伯姬之妇道尽矣。当此之时，诸侯闻之，莫不痛悼，以为死者不可以生，财物犹可复，故相与聚于澶渊，

① 阮元校刻《十三经注疏·春秋穀梁传注疏》，中华书局 1980 年 10 月第 1 版，第二四三二页。

偿宋之所丧。《春秋》善之，君子曰：礼，妇人不得傅母，夜不下堂，行必以烛，伯姬之谓也。诗云：淑慎尔止，不愆于仪。伯姬可谓不失仪矣。颂曰：伯姬心专，守礼一意，宫夜失火，保傅不备，逮火而死，厥心靡悔，《春秋》贤之，详录其事。①

四、编年体之下的书志体的萌芽

《春秋穀梁传》对古代礼乐制度的记载说明古朴典雅，描写刻画细致清晰。实开后世《礼记》之体，也实开后世《史记》《汉书》中之书志之体。

如，《春秋》哀公元年："鼷鼠食郊牛角，改卜牛。夏，四月，辛巳，郊。"《春秋穀梁传》云：

此该郊之变而道之也，于变之中又有言焉。鼷鼠食郊牛角，改卜牛，志不敬也。郊牛日展斛角而知伤，展道尽矣。郊自正月至于三月，郊之时也。夏四月郊，不时也。五月郊，不时也。夏之始，可以承春，以秋之末承春之始，盖不可矣。九月用郊，用者不宜用者也。郊三卜，礼也。四卜，非礼也。五卜，强也。卜免牲者，吉则免之，不吉则否。牛伤，不言伤之者，伤自牛作也。故其辞缓。全曰牲，伤曰牛，未牲曰牛，其牛一也，其所以为牛者异。有变而不郊，故卜免牛也。已牛矣，其尚卜免之，何也？礼与其亡也。宁有，尝置之上帝矣，故卜而后免之，不敢专也。卜之不吉则如之何？不免。安置之？系而待。六月上甲始庀牲，然后左右之。子之所言者，牲之变也。而曰我一该郊之变而道之，何也？我以六月上甲始庀牲，十月上甲始系牲，十一月，十二月，牲虽有变，不道也，待正月然后言牲之变，此乃所以该郊。郊，享道也，贵其时，大其礼，其养牲虽小不备可也。子不志三月卜郊，何也？郊自正月至于三月，郊之时也。我以十二月下辛卜正月上辛，如不从，则以正月下辛卜二月上，辛如不从，则以二月下辛卜三月上辛，如不从，则不郊矣。②

该文详细记载了郊祭的礼制，其文体完全是一篇关于郊祭之礼的礼志或礼记。可见，《春秋穀梁传》出于内容的需要而突破了编年体的束缚，从而具有了书志体的萌芽。

由于先秦时期文史不分，《春秋穀梁传》所采取的史书体裁随内容而变化的思想，其

① 刘向《古列女传》卷四，见《四库全书》史部七，传记类三，总录之属。

② 阮元校刻《十三经注疏》，中华书局 1980 年 10 月第 1 版，第二四四八页。

中也就蕴涵着文学体裁随内容而变化的思想。

第三节 《春秋穀梁传》的结构艺术

一、《春秋穀梁传》的结构方式是二级结构方式

《春秋穀梁传》的结构方式是二级结构方式。第一级结构是对整个文本的结构。第一级结构的结构方式是以时间顺序结构整个文本，也就是以《春秋》的每一条记载为骨架以结构《春秋穀梁传》的整个文本。即《春秋穀梁传》的整个文本是围绕《春秋》的每一条记载而进行结构。《春秋》成公元年之“冬，十月”虽未记载任何事件，但“冬，十月”也算是按时间顺序的一条记载，也是《春秋穀梁传》第一级结构的一个组成部分，《春秋穀梁传》对《春秋》的这一条时间记载发传，以作为《春秋穀梁传》的整个文本的一部分。《春秋穀梁传》只有这一次仅仅对《春秋》之时间记载发传。传统上称此传为无经之传，不确，因为《春秋》之时间记载也是经文。《春秋左氏传》和《春秋公羊传》也是以《春秋》的每一条记载为骨架以结构《春秋左氏传》和《春秋公羊传》的整个文本。也就是说，《春秋穀梁传》在第一级结构方式上与《春秋左氏传》和《春秋公羊传》没有差别，只是《春秋左氏传》对《春秋》的时间记载发传的次数很多。《春秋穀梁传》对《春秋》的某条记载发传，其传之篇章结构构成了《春秋穀梁传》的第二级结构。《春秋穀梁传》的第二级结构方式在大多数情况下基本上是以问答方式结构其内容。《春秋左氏传》和《春秋公羊传》对《春秋》的某条记载发传，其传之篇章结构构成了《春秋左氏传》和《春秋公羊传》的第二级结构。《春秋公羊传》的第二级结构方式也是以问答方式结构其内容，《春秋穀梁传》和《春秋公羊传》在大多数情况下都是按照经文语句中字词出现的先后顺序提问，二者于此基本上没有差别。《春秋穀梁传》的提问和回答在大多数情况下均比较舒缓，而《春秋公羊传》的提问和回答在大多数情况下均比较峻急。《春秋左氏传》的第二级结构没有采用问答方式结构其内容，而是以时间顺序和因果关系结构篇章。《春秋左氏传》第二级结构的优点在于自然，但有时结构层次不明显，若把握不好，有时结构会过于庞大。问答式结构的缺点是呆板，但问答可以省去许多过渡性和衔接性的文字，又可以通过提问使内容隶属于问题，不仅使结构层次分明，而且使结构紧凑。

二、《春秋穀梁传》问答式的结构方式的成因

《春秋穀梁传》问答式的结构方式形成的外因。孔子之前是没有私家著述的。问答式

的结构方式在私人讲学开始后出于记录师说之需要而逐渐增多。《论语》中的问答已很少，大部分为孔子语录。《春秋穀梁传》产生于《春秋公羊传》之前的战国中期，保留了弟子与经师问答的结构方式。问答式的结构方式的形成有两方面的外因：其一为私人讲学开始后出于记录师说之需要逐渐发展形成，其二为受到民间说唱艺术的影响而形成。由于中国古代的民间说唱艺术基本上没有保存下来，民间说唱艺术对文人作品的结构方式究竟产生了多大的影响实际上已经很难评价。在私人讲学开始后之时代里，文人之教育主要来自私人讲学，问答式的结构方式在记录师说的过程中逐渐发展，逐渐成为有影响的结构方式之一。《春秋穀梁传》问答式的结构方式就是在这样的外部条件下形成的。即《春秋穀梁传》问答式的结构方式形成的外因在于私人讲学的兴起。在私人讲学兴起的外部条件下出于记录师说的需要逐渐发展，逐渐成为有影响的结构方式之一。

《春秋穀梁传》问答式的结构方式形成的内因。《春秋穀梁传》问答式的结构方式形成的内因是《春秋穀梁传》的历史观及由此而形成的《春秋穀梁传》的内容。《春秋穀梁传》在大多数情况下更大程度上关注于历史进程中的主体——人在历史进程中的作用，关注于人的本性之善恶、意念之正邪、人品之优劣、心志之高卑等心性因素对历史进程的影响。其弊在于不能像《春秋左氏传》和《春秋公羊传》那样展示重大历史事件背后的复杂社会背景和利害关系，其利在于便于优化《春秋穀梁传》的第二级结构，即《春秋穀梁传》所展现的内容没有《春秋左氏传》那样复杂和具体，可以通过问答方式进行结构。《春秋公羊传》虽然也展示重大历史事件背后的复杂社会背景和利害关系，但由于《春秋公羊传》展示利害关系比《春秋左氏传》更为直接和抽象，所以《春秋公羊传》也可以通过问答方式进行结构。

三、《春秋》三传结构特点比较

《春秋穀梁传》在第二级结构上通过问答方式以历史进程中的主体——人为中心组织材料，以人的本性之善恶、意念之正邪、人品之优劣、心志之高卑等心性因素作为历史事件发生的主要原因。由此，《春秋穀梁传》的第二级结构在多数情况下基本上比较紧凑严谨，条理分明，枝节较少，主干清楚。这样一来，《春秋穀梁传》就在第二级结构上确保了简洁。在语言文字上就不必过分求简，还可以大量使用虚词，加之以中和平正的正统儒家思想阐发《春秋》大义为其指归，这就使得《春秋穀梁传》的语言中和平正，温柔舒缓，又不失简洁庄重。《春秋穀梁传》的提问和回答在大多数情况下均显得比较舒缓。

《春秋左氏传》作为一部历史著作更大程度上关注于重大历史主题，探索重大历史事件背后的复杂社会背景，特别强调物质上的利害关系在历史进程中所发挥的决定性作用。《春秋左氏传》为探索重大历史事件背后的复杂社会背景和物质上的复杂利害关系，有时致使结构过于庞大。虽然文笔细腻，叙述详备，但有时也有篇幅过长、枝节过多的弊端。有时《春秋左氏传》为节省篇幅，又在语言文字上过分求简，对所采用的旧史料删剪过多，使人感到叙述有跳跃性。

如《春秋左氏传》叙述秦晋殽之战时，将秦晋殽之战的整个过程分别系于鲁僖公三十二年“冬，十有二月，己卯，晋侯重耳卒”、“三十有三年，春，王二月，秦人入滑”、“夏，四月，辛巳，晋人及姜戎败秦于殽”三条经文之下。在鲁僖公三十二年“冬，十有二月，己卯，晋侯重耳卒”经文之下，《春秋左氏传》叙述了柩声传命、杞子请师、蹇叔对穆公、蹇叔哭师四事。

《春秋左氏传》原文如下：“冬，晋文公卒。庚辰，将殡于曲沃。出绛，柩有声如牛。卜偃使大夫拜，曰：‘君命大事，将有西师过轶我，击之必大捷焉。’杞子自郑使告于秦，曰：‘郑人使我掌其北门之管，若潜师以来，国可得也。’穆公访诸蹇叔，蹇叔曰：‘劳师以袭远，非所闻也。师劳力竭，远主备之，无乃不可乎！师之所为，郑必知之，勤而无所，必有悖心。且行千里，其谁不知？’公辞焉，召孟明、西乞、白乙，使出师于东门之外。蹇叔哭之曰：‘孟子，吾见师之出，而不见其入也！’公使谓之曰：‘尔何知？中寿，尔墓之木拱矣！’蹇叔之子与师，哭而送之，曰：‘晋人御师必于殽。殽有二陵焉，其南陵，夏后皋之墓也；其北陵，文王之所辟风雨也。必死是间，余收尔骨焉。’秦师遂东。”①

在“三十有三年，春，王二月，秦人入滑”经文之下，《春秋左氏传》叙述了王孙满观师、弦高犒师、皇武子辞秦戍、三子出奔、灭滑而还五事。《春秋左氏传》原文如下：“三十三年，春，秦师过周北门，左右免胄而下。超乘者三百乘。王孙满尚幼，观之。言于王曰：‘秦师轻而无礼，必败。轻则寡谋，无礼则脱。入险而脱，又不能谋，能无败乎？’及滑，郑商人弦高将市于周，遇之。以乘韦先，牛十二，犒师，曰：‘寡君闻吾子将步师出于敝邑，敢犒从者。不腆敝邑，为从者之淹，居则具一日之积，行则备一夕之卫。’且使遽告于郑。郑穆公使视客馆，则束载、厉兵、秣马矣。使皇武子辞焉，曰：‘吾子淹久于敝邑，唯是脯资饩牵竭矣。为吾子之将行也，郑之有原圃，犹秦之有具囿也。吾子取其麋鹿，以闲敝邑，若何？’杞子奔齐，逢孙、杨孙奔宋。孟明曰：‘郑有备

① 阮元校刻《十三经注疏》，中华书局1980年10月第1版，第一八三二页。

矣，不可冀也。攻之不克，围之不继，吾其还也。’灭滑而还。”①

在“夏，四月，辛巳，晋人及姜戎败秦于殽”经文之下，《春秋左氏传》叙述了原轸请战、文嬴请三帅、孟明致谢、秦伯认错四事。《春秋左氏传》原文如下：“晋原轸曰：‘秦违蹇叔，而以贪勤民，天奉我也。奉不可失，敌不可纵，纵敌患生，违天不祥，必伐秦师。’栾枝曰：‘未报秦施而伐其师，其为死君乎？’先轸曰：‘秦不哀吾丧，而伐吾同姓，秦则无礼，何施之为？吾闻之，一日纵敌，数世之患也。谋及子孙，可谓死君乎！’遂发命，遽兴姜戎。子墨衰绖，梁弘御戎，莱驹为右。夏，四月，辛巳，败秦师于殽，获百里孟明视、西乞术、白乙丙以归。遂墨以葬文公。晋于是始墨。文嬴请三帅，曰：‘彼实构吾二君。寡君若得而食之，不厌，君何辱讨焉？使归就戮于秦，以逞寡君之志，若何？’公许之。先轸朝，问秦囚。公曰：‘夫人请之，吾舍之矣。’先轸怒曰：‘武夫力而拘诸原，妇人暂而免诸国，堕军实而长寇雠，亡无日矣！’不顾而唾。公使阳处父追之，及诸河，则在舟中矣。释左骖，以公命赠孟明，孟明稽首曰：‘君之惠，不以累臣衅鼓，使归就戮于秦。寡君之以为戮，死且不朽，若从君惠而免之，三年将拜君赐。’秦伯素服郊次，乡师而哭，曰：‘孤违蹇叔以辱二三子，孤之罪也。不替孟明，孤之过也。大夫何罪？且吾不以一眚掩大德。’”②

《春秋左氏传》是把秦晋殽之战放在秦晋争霸的历史大背景下来写的，反映了秦晋郑之间复杂的利害关系，对秦晋殽之战秦败的原因进行了多角度、多方面的广泛探索，连柩声传命之鬼神迷信、弦高遇秦师之纯属偶然都处于《春秋左氏传》探索秦晋殽之战秦败之原因的范围之内。《春秋左氏传》通过‘王孙满观师’还探索了秦国军队的素质，即使没有决策错误，这支部队的战斗力也令人担忧。《春秋左氏传》叙述秦晋殽之战可谓文笔细腻，叙述详备，达到了很高的文学水平。但也有篇幅过长，枝节过多的弊端。

《春秋公羊传》在大多数情况下也是关注于重大历史主题，在探索重大历史事件背后的复杂社会背景方面逊色于《春秋左氏传》，即《春秋公羊传》以“大一统”的集权思想为前提，在探索重大历史事件背后的复杂社会背景和利害关系方面多数情况下比《春秋左氏传》简单抽象，但明显优胜于《春秋穀梁传》。在强调物质上的利害关系在历史进程中所发挥的决定性作用方面在多数情况下比《春秋左氏传》抽象和深刻。其影响及于《春秋公羊传》的第二级结构则表现为《春秋公羊传》的第二级结构在多数情况下常常没

① 阮元校刻《十三经注疏》，中华书局 1980 年 10 月第 1 版，第一八三二页——第一八三三页。

② 阮元校刻《十三经注疏》，中华书局 1980 年 10 月第 1 版，第一八三三页。

有《春秋左氏传》那么庞大，但在多数情况下常常明显大于《春秋穀梁传》。《春秋公羊传》在语言文字上也就不必过分求简，还可以大量使用虚词，尽管如此，《春秋公羊传》的语言并不中和平正，温柔舒缓，由于强调物质上的利害关系在历史进程中所发挥的决定性作用，这就使得《春秋公羊传》的语言峻急拗硬。《春秋公羊传》的提问和回答在大多数情况下一步一步归于物质上的利害关系以及由此产生的政治上的冷酷无情，使得《春秋公羊传》的提问和回答在大多数情况下均比较峻急。

现以《春秋公羊传》与《春秋穀梁传》叙述秦晋殽之战为例加以比较说明。《春秋公羊传》原文如下："其谓之秦何？夷狄之也。曷为夷狄之？秦伯将袭郑，百里子与蹇叔子谏曰：'千里而袭人，未有不亡者也。'秦伯怒曰：'若尔之年者，宰上之木拱矣。尔曷知?'师出，百里子与蹇叔子送其子而戒之曰：'尔即死必于殽之嵚岩，是文王之所辟风雨者也，吾将尸尔焉。'子揖师而行。百里子与蹇叔子从其子而哭之。秦伯怒曰：'尔曷为哭吾师?'对曰：'臣非敢哭君师，哭臣之子也。'弦高者，郑商也。遇之殽，矫以郑伯之命而犒师焉。或曰往矣，或曰反矣。然而晋人与姜戎要之殽而击之，匹马只轮无反者。其言及姜戎何？姜戎微也。称人亦微者也，何言乎姜戎之微？先轸也，或曰襄公亲之。襄公亲之，则其称人何？贬。曷为贬？君在乎殡而用师，危不得葬也。诈战不日，此何以日？尽也。"①

《春秋穀梁传》云："不言战而言败，何也？狄秦也。其狄之何也？秦越千里之险入虚国，进不能守，退败其师，徒乱人子女之教，无男女之别，秦之为狄自殽之战始也。秦伯将袭郑，百里子与蹇叔子谏曰：'千里而袭人，未有不亡者也。'秦伯曰：'子之冢木已拱矣，何知?'师行，百里子与蹇叔子送其子而戒之曰：'女死必于殽之岩唫之下，我将尸女于是。师行，百里子与蹇叔子随其子而哭之。秦伯怒曰：'何为哭吾师也?'二子曰：'非敢哭师也，哭吾子也。我老矣，彼不死，则我死矣。'晋人与姜戎要而击之殽，匹马倚轮无反者。晋人者，晋子也。其曰人何也？微之也。何为微之？不正其释殡而主乎战也。"②

《春秋穀梁传》先言"秦越千里之险入虚国，进不能守，退败其师，徒乱人子女之教，无男女之别，秦之为狄自殽之战始也。"指出秦袭郑不成，灭滑，又不能守，灭滑而不能守，则秦国袭距离比滑更远的郑，也必不能守。这就充分展现秦国决策之荒谬。接

① 阮元校刻《十三经注疏》，中华书局 1980 年 10 月第 1 版，第二二六四页。

② 阮元校刻《十三经注疏》，中华书局 1980 年 10 月第 1 版，第二四〇三页。

着写秦伯欲袭郑，百里子与蹇叔劝谏。秦伯辱骂百里子与蹇叔子突出表现了秦伯人品低劣，自以为是，一意孤行。百里子与蹇叔哭子又引发秦伯大怒，进一步表现了秦伯人品低劣。《春秋穀梁传》实际上是以“秦伯人品低劣，自以为是，一意孤行”作为殽之战战败的主要原因。《春秋左氏传》和《春秋公羊传》都将弦高犒师作为秦国在殽之战战败的主要原因之一加以详述，《春秋穀梁传》将弦高犒师省略了，在《春秋穀梁传》看来，灭滑而不能守，则秦国袭距离比滑更远的郑，也必不能守，秦国必然千里回师，回师途中随时可能遭受伏击，而殽是伏击秦师的优选地点，故《春秋穀梁传》是赞赏百里子与蹇叔子所下的关于秦师必败于殽的判断的，弦高犒师于存郑意义重大，于秦之败意义不大。通过以上分析可见《春秋穀梁传》所载之殽之战结构紧凑，重点突出。也可见《春秋穀梁传》对殽之战的整个过程的史实是完全清楚的，只是由于《春秋穀梁传》的史学思想的特点决定了《春秋穀梁传》的章法结构，从而也决定了对殽之战史实的剪裁取舍。

又如《春秋》成公元年：“冬，十月。”《春秋穀梁传》云：“季孙行父秃，晋郤克眇，卫孙良夫跛，曹公子手偻，同时而聘于齐。齐使秃者御秃者，使眇者御眇者，使跛者御跛者，使偻者御偻者。萧同侄子处台上而笑之，闻于客，客不说而去，相与立胥闾而语，移日不解。齐人有知之者，曰：‘齐之患，必自此始矣。’”①

在《春秋穀梁传》看来鞌之战的主要原因就在于齐在外交活动中未能以诚相待。在《春秋穀梁传》看来，国与国之间的关系和人与人之间的关系一样，不仅仅是赤裸裸的利害关系。若人与人之间仅仅是赤裸裸的利害关系，则他人即地狱，人类将永无宁日。若国与国之间仅仅是赤裸裸的利害关系，国与国之间只能是相互算计，相互提防，争斗不休。人与人之间要以诚相待，诚是仁的基础，人与人之间只有以诚相待之后才能体谅和爱对方。国与国之间也要以诚相待，由此达成国与国之间相互体谅、和平共处的仁和状态。《春秋穀梁传》以戏笑聘齐之客事为鞌之战的主要原因是把握住了孔子思想的精华。这样，《春秋穀梁传》就可以优化篇章结构，突出重点，极力铺排夸张使者的生理缺陷，旨在强调对有生理缺陷的使者不以诚相待、不相互体谅将产生严重的政治后果；而对没有生理缺陷的使者要以诚相待、相互体谅也就不在话下了；而国与国之间也要以诚相待、相互体谅也就不在话下了。

《春秋左氏传》与《春秋公羊传》则是以齐晋争霸愈演愈烈为鞌之战的主要原因的，与《春秋穀梁传》相比，不仅《春秋左氏传》与《春秋公羊传》的观点距孔子之门尚有

① 阮元校刻《十三经注疏》，中华书局 1980 年 10 月第 1 版，第二四一七页。

距离，而且出于探究鞌之战的复杂社会背景和利害关系的需要，致使篇章结构明显大于《春秋穀梁传》。

《春秋左氏传》宣公十七年云：

> 十七年，春，晋侯使郤克征会于齐，齐顷公帷妇人使观之，郤子登，妇人笑于房，献子怒，出而誓曰："所不此报，无能涉河。"献子先归，使栾京庐待命于齐曰："不得齐事，无复命矣。"郤子至，请伐齐，晋侯弗许。请以其私属，又弗许。①

《春秋》成公二年："六月，癸酉，季孙行父、臧孙许、叔孙侨如、公孙婴齐帅师会晋郤克、卫孙良夫、曹公子首及齐侯战于鞌，齐师败绩。"《春秋左氏传》云：

> 孙桓子还于新筑不入，遂如晋乞师。臧宣叔亦如晋乞师。皆主郤献子。晋侯许之七百乘。郤子曰："此城濮之赋也，有先君之明，与先大夫之肃，故捷。克于先大夫，无能为役。"请八百乘，许之。郤克将中军，士燮佐上军，栾书将下军，韩厥为司马，以救鲁、卫。臧宣叔逆晋师，且道之。季文子帅师会之。及卫地，韩献子将斩人，郤献子驰，将救之。至，则既斩之矣。郤子使速以徇，告其仆曰："吾以分谤也。"师从齐师于莘。
>
> 六月，壬申，师至于靡笄之下。齐侯使请战，曰："子以君师，辱于敝邑，不腆敝赋，诘朝请见。"对曰："晋与鲁、卫，兄弟也，来告曰：大国朝夕释憾于敝邑之地。寡君不忍，使群臣请于大国，无令舆师淹于君地。能进不能退，君无所辱命。"齐侯曰："大夫之许，寡君之愿也；若其不许，亦将见也。"齐高固入晋师，桀石以投人，禽之而乘其车，系桑本焉，以徇齐垒，曰："欲勇者，贾余余勇。'癸酉，师陈于鞌，邴夏御齐侯，逢丑父为右。晋解张御郤克、郑丘缓为右。齐侯曰："余姑翦灭此而朝食。"不介马而驰之。郤克伤于矢，流血及屦，未绝鼓音，曰："余病矣！"张侯曰："自始合，而矢贯余手及肘。余折以御，左轮朱殷，岂敢言病？吾子忍之！"缓曰："自始合，苟有险，余必下推车，子岂识之？然子病矣！"张侯曰："师之耳目，在吾旗鼓，进退从之。此车一人殿之，可以集事，若之何其以病败君之大事也？擐甲执兵，固即死也。病未及死，吾子勉之！"左并辔，右援枹而鼓，马逸不能止，

① 阮元校刻《十三经注疏》，中华书局1980年10月第1版，第一八八九页。

师从之。齐师败绩。逐之，三周华不注。

韩厥梦子舆谓己曰："旦辟左右。"故中御而从齐侯。邴夏曰："射其御者，君子也。"公曰："谓之君子而射之，非礼也。"射其左，越于车下。射其右，毙于车中。綦毋张丧车，从韩厥，曰："请寓乘。"从左右，皆肘之，使立于后，韩厥俛，定其右。逢丑父与公易位。将及华泉，骖絓于木而止。丑父寝于轏中，蛇出于其下，以肱击之，伤而匿之，故不能推车而及。韩厥执絷马前，再拜稽首，奉觞加璧以进，曰："寡君使群臣为鲁、卫请。曰：'无令舆师陷入君地。'下臣不幸属当戎行，无所逃隐。且惧奔辟，而忝两君。臣辱戎士，敢告不敏，摄官承乏。"丑父使公下，如华泉取饮，郑周父御佐车，宛茷为右，载齐侯以免。韩厥献丑父，郤献子将戮之。呼曰："自今无有代其君任患者，有一于此，将为戮乎？"郤子曰："人不难以死免其君，我戮之不祥，赦之，以劝事君者。"乃免之。

齐侯免，求丑父，三入三出，每出，齐师以帅退，入于狄卒，狄卒皆抽戈楯冒之，以入于卫师。卫师免之，遂自徐关入。齐侯见保者曰："勉之！齐师败矣。"辟女子，女子曰："君免乎？"曰："免矣。"曰："锐司徒免乎？"曰："免矣。"曰："苟君与吾父免矣，可若何？"乃奔。齐侯以为有礼。既而问之，辟司徒之妻也。予之石窌。晋师从齐师，入自丘舆，击马陉。

齐侯使宾媚人赂以纪甗、玉磬与地。"不可，则听客之所为。"宾媚人致赂，晋人不可，曰："必以萧同叔子为质，而使齐之封内尽东其亩。"对曰："萧同叔子非他，寡君之母也。若以匹敌，则亦晋君之母也。吾子布大命于诸侯，而曰：必质其母以为信，其若王命何？且是以不孝令也。诗曰：'孝子不匮，永锡尔类。'若以不孝令于诸侯，其无乃非德类也乎？先王疆理天下物土之宜，而布其利，故《诗》曰：'我疆我理，南东其亩。'今吾子疆理诸侯，而曰尽东其亩而已，唯吾子戎车是利，无顾土宜，其无乃非先王之命也乎？反先王则不义，何以为盟主？其晋实有阙。四王之王也，树德而济同欲焉。五伯之霸也，勤而抚之，以役王命。今吾子求合诸侯，以逞无疆之欲。诗曰：'布政优优，百禄是遒。'子实不优，而弃百禄，诸侯何害焉？不然，寡君之命，使臣则有辞矣，曰：'子以君师辱于敝邑，不腆敝赋，以犒从者。畏君之震，师徒桡败。吾子惠徼齐国之福，不泯其社稷，使继旧好，唯是先君之敝器、土地不敢爱。子又不许。请收合余烬，背城借一。敝邑之幸，亦云从也。况其不幸，敢不唯命是听？'"鲁、卫谏曰："齐疾我矣，其死亡者，皆亲昵也。子若不许，雠我必甚。唯子则又何求？子得其国宝，我亦得地，而纾于难，其荣多矣。齐晋亦唯天所授，岂必晋?”晋人许之，对曰：“群臣帅赋舆，以为鲁、卫请，若苟有以借口而复于寡君，君之惠也。敢不唯命是听?”禽郑自师逆公。①

显然，《春秋左氏传》以妇人之笑辱为鞌之战的导火索。其辞则曰：以大国朝夕释憾于鲁、卫，则鞌之战实为鲁、卫而动武于齐，而鞌之战后鲁、卫更加依附于晋，即鞌之战的根本原因在于齐晋争霸愈演愈烈。袁娄之盟，纪甗入晋，汶阳入鲁，齐顷公欲尊王于晋而晋不受，两君同堂，则齐于鞌之战后也已依附于晋。这样，《春秋左氏传》就把鞌之战背后的复杂社会背景和利害关系展示出来了。

《春秋公羊传》云：“君不行使乎大夫，此其行使乎大夫何？佚获也。其佚获奈何？师还齐侯，晋郤克投戟、逡巡、再拜稽首马前。逢丑父者，顷公之车右也。面目与顷公相似，衣服与顷公相似，代顷公当左，使顷公取饮，顷公操饮而至，曰：‘革取清者。’顷公用是佚而不反。逢丑父曰：‘吾赖社稷之神灵，吾君已免矣。’郤克曰：‘欺三军者其法奈何?’曰：‘法斮。’于是斮逢丑父。己酉，及齐国佐盟于袁娄。曷为不盟于师而盟于袁娄？前此者，晋郤克与臧孙许同时而聘于齐。萧同侄子者，齐君之母也。踊于棓而窥客，则客或跛或眇。于是使跛者迓跛者，使眇者迓眇者。二大夫出，相与踦闾而语，移日然后相去。齐人皆曰：‘患之起，必自此始。’二大夫归，相与率师为鞌之战。齐师大败，齐侯使国佐如师。郤克曰：‘与我纪侯之甗，反鲁卫之侵地，使耕者东亩，且以萧同侄子为质，则吾舍子矣。’国佐曰：‘与我纪侯之甗，请诺。反鲁卫之侵地，请诺。使耕者东亩，是则土齐也。萧同侄子者，齐君之母也。齐君之母，犹晋君之母也，不可。请战。壹战不胜，请再。再战不胜，请三。三战不胜，则齐国尽子之有也。何必以萧同侄子为质？揖而去之。郤克眣鲁、卫之使，使以其辞而为之请，然后许之，逮于袁娄而与之盟。”

《春秋左氏传》与《春秋公羊传》也载戏笑聘齐之使事，但都十分简略，认为戏笑聘齐之使只不过是鞌之战的次要原因，鞌之战的主要原因在于齐晋争霸愈演愈烈。这一点《春秋公羊传》没有《春秋左氏传》那么明显，《春秋公羊传》在解释不盟于师而盟于袁娄时才插入戏笑聘齐之客事，而且将四客减为二客，叙述也很简短，也就是只当作次要原因提了一下。可见，与《春秋左氏传》一样，《春秋公羊传》也认为鞌之战的主要原因在于齐晋争霸愈演愈烈。

---

① 阮元校刻《十三经注疏》，中华书局1980年10月第1版，第一八九四页——第一八九六页。

四、“也”字在《春秋穀梁传》问答式结构中的作用

“也”字有使结构层次分明的作用。《春秋穀梁传》将“也”字与问答句相结合，在大多数情况下当回答结束时都有“也”字作为结尾，这样一来，“也”字就成为一个问答结束的标志，而《春秋穀梁传》的第二级结构方式在大多数情况下基本上是以问答方式结构其内容，每一个问答基本上是第二级结构的一个层次，“也”字就成为一个层次结束的标志。如果把《春秋穀梁传》的第二级结构比作一张网，则“也”字就成为这张网上一个一个的结点。每当打开《春秋穀梁传》之时，映入眼帘的首先是一个一个的“也”字近乎规则的分布，产生一种建筑上的美感，也可以称为构造上的美感。这种美感的实用价值就是使《春秋穀梁传》的第二级结构的层次一目了然。在这一点上，《春秋穀梁传》与《春秋公羊传》是没有区别的。

《春秋穀梁传》的第二级结构有时并未出现问答的形式，但却有“也”字清楚地分出层次，这种情况可以看成《春秋穀梁传》将问句省略而仅保留了答句，这是问答式结构的一种特殊形式。

“也”字作为语气词在问答句中起到抑扬顿挫的音乐效果，在问句中“也”字使语气上扬，在答句中起到使语气下抑的作用，连续使用“也”字就形成了波浪式起伏的节奏。其在结构上的作用为通过波浪式起伏的节奏将内容串联为一个统一的整体。在这一点上，《春秋穀梁传》与《春秋公羊传》是没有区别的。但《春秋公羊传》的波浪式起伏的节奏快而急促，而《春秋穀梁传》的波浪式起伏的节奏舒缓而悠雅。

现以《春秋穀梁传》所传“郑伯克段于鄢”加以说明。《春秋》隐公元年：“夏，五月。郑伯克段于鄢。”《春秋穀梁传》云：“‘克’者何？能也。何能也？能杀也。何以不言杀？见段之有徒众也。段，郑伯弟也。何以知其为弟也？杀世子、母弟目君，以其目君知其为弟也。段，弟也，而弗谓弟。公子也，而弗谓公子。贬之也，段失子弟之道矣，贱段而甚郑伯也。何甚乎郑伯？甚郑伯之处心积虑成于杀也。于鄢，远也，犹曰取之其母之怀中而杀之云尔，甚之也。然则为郑伯者宜奈何？缓追逸贼，亲亲之道也。”①

《春秋穀梁传》以能释克，并未直言能何，实际上是半吞半吐，只说了一半。再以“何能也”发问，才吐出下一半，补充解释“能”为“能杀也”。从而使得波浪式起伏的节奏舒缓而悠雅。其后之问答句虽也偶尔使用顶针的修辞手法，但其节奏明显比《春秋公羊传》舒缓而悠雅。

---

① 阮元校刻《十三经注疏》，中华书局1980年10月第1版，第二三六五页——第二三六六页。

《春秋公羊传》云："克之者何？杀之也。杀之则曷为谓之克？大郑伯之恶也。曷为大郑伯之恶？母欲立之，已杀之，如勿与而已矣。段者何？郑伯之弟也。何以不称弟？当国也。其地何？当国也。齐人杀无知，何以不地？在内也。在内虽当国，不地也。不当国，虽在外亦不地也。"①

《春秋公羊传》则单刀直入，直言"杀之也"，节奏明显比《春秋穀梁传》快而急促。其后之问答句连续使用顶针的修辞手法。使其节奏不断加快而显得更加急促。

《春秋穀梁传》将"也"字与问答句相结合的结构方式对后世散文产生了巨大的影响。

《爱日斋丛钞》卷四记载：

洪氏评："欧公《醉翁亭记》、东坡《酒经》，皆以'也'字为绝句。欧用二十一'也'字，坡用十六'也'字。欧记人人能读，至于《酒经》，知之者盖无几。每一'也'上必押韵，暗寓于赋，而读之者不觉其激昂渊妙，殊非世间笔墨所能形容。"余记王性之云："古人多此体，如《左传》'秦用孟明，是以能霸也'，此段凡十'也'字。其后韩文公《潮州祭神文》，终篇皆'也'字。不知欧阳公用柳开仲涂体，开代臧丙作《和州团练使李守节墓志铭》，又作《父监察御史梦奇志文》，终篇用'也'字，李志'也'字十五，末云'摭辞而书石者，侯之馆客臧丙梦寿也'。"性之以欧公全用此体。又观王荆公为葛源墓志，始终用'也'字三十，末亦云'论次其所得于良嗣而为之铭者，临川王安石也'。巩氏谓全学《醉翁亭记》，用之墓文则新，是未知前有柳体也。韩《祭神文》亦于'也'字上寓韵，则《酒经》文其取法者。朱新仲评《醉翁亭记》，终始用'也'字结句。议者或纷纷，不知古有此例。《易·杂卦》一篇终始用'也'字，《庄子·大宗师》自'不自适其适'至'皆物之情'皆用'也'字。以是知前辈文格，不可妄议。项平父评《醉翁亭记》《苏氏族谱序》皆法《公羊》《穀梁传》。盖苏明允序族谱亦用'也'字十九，及曾子开作《从兄墓表》，又用'也'字十七，追论本始，古而《易》，后而三传、《庄子》，又近而韩氏，迨柳仲涂以降，欧、王、苏、曾各为祖述，要知前古文体已备，虽有作者，不能不同也。又董弅《闲燕常谈》记：世传欧阳公作《醉翁亭记》，成以示尹师鲁，自谓古无此体，师鲁曰："古已有之。"公愕然，师鲁起，取《周易·杂卦》以示公，公无

① 阮元校刻《十三经注疏》，中华书局1980年10月第1版，第二一九八页。

语，果如其说。朱新仲为书评董氏，兼举其家世遗论云亭记本韩文公《潮州祭大湖神文》，但檃括位置，又加典骊也。王性之槩及韩文而谓欧实从柳，此复云宗韩，或疑欧公果自负作古者欤?①

宋代王楙撰《野客丛书》卷第二十七“《醉翁亭记》”条云：

欧公作滁州醉翁亭记，自首至尾，多用也字。人谓此体刱见欧公，前此未闻。仆谓前辈为公，必有所祖。又观钱公辅作越州井仪堂记，亦是此体，如其末云：‘问其办之岁月，则嘉祐五年二月十七日也。问其作之主人，则太守刁公景纯也。问其常所往来而共乐者，通判沈君兴宗也。谁其文之，晋陵钱公辅也。’其机杼甚与欧记同。此体盖出于周易杂卦一篇。②

可见，王性之所言“古人多此体”、柳开仲涂体以及董弅《闲燕常谈》记世传欧阳公自谓“古无此体”的“体”并不是一种文体，而是将“也”字与问答句相结合的结构方式。《左传》只是偶尔连用也字绝句，并未以也字结构篇章。虽然《春秋穀梁传》最后成书晚于《春秋公羊传》，但是《春秋穀梁传》的流传却早于《春秋公羊传》。《周易·杂卦》的写定时代绝不会在孔子时代，而很可能是在战国末期。《庄子·大宗师》的作者庄子的年代也明显晚于穀梁子。多用“也”字之体最早始于《春秋穀梁传》。《春秋穀梁传》作为儒家经典，乃士人必读之书，这样一来《春秋穀梁传》在士人的潜意识之中就留下了深深的印象。以至于欧阳公作《醉翁亭记》，成以示尹师鲁，自谓古无此体，师鲁曰：古已有之，公愕然。师鲁起取《周易·杂卦》以示公，公无语。这明显是受到儒家经典的影响而不自知。

项平父评《醉翁亭记》《苏氏族谱序》皆法《公羊》《穀梁传》。这一论断是正确的。但是《春秋穀梁传》的流传要早于《春秋公羊传》。《爱日斋丛抄》卷四认为：“追论本始，古而《易》，后而三传、《庄子》，又近而韩氏，迄柳仲涂以降，欧、王、苏、曾各为祖述，要知前古文体已备，虽有作者不能不同也。”大的方面并没有错。如认为“迄柳仲涂以降，欧、王、苏、曾各为祖述，要知前古文体已备，虽有作者不能不同也”，即欧、

---

① 叶寘《爱日斋丛钞》卷四，见文渊阁《四库全书》子部十，杂家类二，杂考之属。

② 王楙《野客丛书》，中华书局1987年7月第1版，第三一一页。

王、苏、曾各为祖述，皆祖述古人之体。这是正确的。但是，《周易·杂卦》的写定时代绝不会在孔子时代，而很可能是在战国末期。所以，《春秋穀梁传》是将“也”字与问答句相结合的结构方式的源头。

第四节 《春秋穀梁传》的叙述艺术

《春秋穀梁传》是对《春秋》的解说，包括对《春秋》所记载的史实的补充和评论，《春秋穀梁传》的文字内容可分为叙述的文字内容和论说的文字内容两部分。《春秋穀梁传》的叙述的文字内容是对《春秋》所记载的史实的补充，这部分文字内容在《春秋穀梁传》中所占比例较小，却达到了很高的艺术水平。

一、《春秋穀梁传》叙述的文学剪裁

《春秋穀梁传》在大多数情况下更大程度上关注于历史进程中的主体——人在历史进程中的作用，关注于人的本性之善恶、意念之正邪、人品之优劣、心志之高卑等心性因素对历史进程的影响。这就决定了《春秋穀梁传》的叙述内容的特殊性。现以“晋杀其大夫里克”一章加以分析。

《春秋》僖公十年：“晋杀其大夫里克。”① 《春秋左氏传》云：“夏，四月。周公忌父、王子党会齐隰朋立晋侯。晋侯杀里克以说。将杀里克，公使谓之曰：‘微子，则不及此。虽然，子弑二君与一大夫，为子君者，不亦难乎？’对曰：‘不有废也，君何以兴？欲加之罪，其无辞乎？臣闻命矣。’伏剑而死。于是邳郑聘于秦，且谢缓赂，故不及。”② 《春秋左氏传》的叙述内容旨在强调晋侯杀里克的背景以及晋侯与里克之间的利害关系。

《春秋公羊传》云：“里克弑二君，则曷为不以讨贼之辞言之？惠公之大夫也。然则孰立惠公？里克也。里克弑奚齐、卓子，逆惠公而入。里克立惠公，则惠公曷为杀之？惠公曰：‘尔既杀夫二孺子矣，又将图寡人。为尔君者，不亦病乎？’于是杀之。然则曷为不言惠公之入？晋之不言出入者，踊为文公讳也。齐小白入于齐，则曷为不为桓公讳？桓公之享国也长，美见乎天下，故不为之讳本恶也。文公之享国也短，美未见乎天下，

① 阮元校刻《十三经注疏》，中华书局1980年10月第1版，第一八〇一页。

② 阮元校刻《十三经注疏》，中华书局1980年10月第1版，第一八〇一页。

故为之讳本恶也。”①

《春秋公羊传》的叙述内容也旨在强调晋侯杀里克的背景以及晋侯与里克之间的利害关系。

《春秋》僖公十年：“晋杀其大夫里克。”②《春秋穀梁传》云：

称国以杀，罪累上也。里克弑二君与一大夫，其以累上之辞言之，何也？其杀之不以其罪也。其杀之不以其罪，奈何？里克所为杀者，为重耳也。夷吾曰：“是又将杀我乎！”故杀之不以其罪也。其为重耳弑奈何？晋献公伐虢，得丽姬，献公私之。有二子，长曰奚齐，稚曰卓子。丽姬欲为乱，故谓君曰：“吾夜者梦夫人趋而来曰：‘吾苦畏！’胡不使大夫将卫士而卫冢乎！”公曰：“孰可使？”曰：“臣莫尊于世子，则世子可。”故君谓世子曰：“丽姬梦夫人趋而来曰：‘吾苦畏！’女其将卫士而往卫冢乎！”世子曰：“敬诺！”筑宫，宫成。丽姬又曰：“吾夜者梦夫人趋而来曰：‘吾苦饥！’世子之宫已成，则何为不使祠也？”故献公谓世子曰：“其祠！”世子祠。已祠，致福于君。君田而不在。丽姬以酖为酒，药脯以毒。献公田来，丽姬曰：“世子已祠，故致福于君。”君将食，丽姬跪曰：“食自外来者，不可不试也。”覆酒于地而地贲，以脯与犬，犬死。丽姬下堂而啼呼曰：“天乎，天乎！国，子之国也。子何迟于为君？”君喟然叹曰：“吾与女未有过切，是何与我之深也？”使人谓世子曰：“尔其图之！”世子之傅里克谓世子曰：“入自明！入自明则可以生，不入自明则不可以生。”世子曰：‘吾君已老矣，已昏矣，吾若此而入自明，明则丽姬必死，丽姬死，则吾君不安。所以使吾君不安者，吾不若自死，吾宁自杀以安吾君，以重耳为寄矣。”刎脰而死。故里克所为弑者，为重耳也。夷吾曰：“是又将杀我也。”③

《春秋穀梁传》的叙述内容旨在强调里克弑二君与一大夫是为重耳，然后引出申生也以重耳为寄，从而显出申生之善；又以丽姬之恶反衬申生之善。这样一来，《春秋穀梁传》的叙述内容就与《春秋左氏传》《春秋公羊传》的叙述内容完全不同。君已老，且已昏，申生入自明，其难如登天，但并不是不存在使君明之的可能，且还有宗族和上层贵

① 阮元校刻《十三经注疏》，中华书局 1980 年 10 月第 1 版，第二二五三页。

② 阮元校刻《十三经注疏》，中华书局 1980 年 10 月第 1 版，第二三九六页。

③ 阮元校刻《十三经注疏》，中华书局 1980 年 10 月第 1 版，第二三九六页。

族的道德评判和人心向背。一旦真相大白，就算献公想使丽姬不死，也难以服众，即宗族和上层贵族这一关是过不去的。故一旦真相大白，则丽姬必死，丽姬死，则君不安。申生宁肯自杀，以安献公。可见《春秋穀梁传》特别强调申生的孝。以重耳为寄之言，表明申生认定丽姬以邪恶不能使其子获得政权，其实自古以来以邪恶获得政权者不可胜数。这就更加显现出申生心灵之纯洁善良，这就与丽姬的私心和邪恶狠毒形成了鲜明的对比。这些内容是《春秋左氏传》和《春秋公羊传》不可能叙述的。

又如，《春秋》僖公二年："虞师、晋师灭下阳。"①《春秋左氏传》云：

> 晋荀息请以屈产之乘与垂棘之璧假道于虞，以伐虢。公曰："是吾宝也。"对曰："若得道于虞，犹外府也。"公曰："宫之奇存焉。"对曰："宫之奇之为人也，懦而不能强谏。且少长于君，君暱之。虽谏，将不听。"乃使荀息假道于虞，曰："冀为不道，入自颠軨，伐鄍三门，冀之既病，则亦唯君故。今虢为不道，保于逆旅，以侵敝邑之南鄙，敢请假道，以请罪于虢。"虞公许之，且请先伐虢。宫之奇谏，不听，遂起师。夏，晋里克、荀息帅师会虞师，伐虢，灭下阳。先书虞，贿故也。②

《春秋左氏传》先言晋荀息请以屈产之乘与垂棘之璧假道于虞以伐虢，晋献公舍不得。荀息认为若最终灭虞，不过是将宝藏于外府而已。晋献公又担忧宫之奇，荀息分析宫之奇懦而不能强谏，又少长于君而君必昵之。晋献公既然知道虞有宫之奇，则说明献公是有意于伐虞久矣。荀息假道于虞之说辞先夸大其功以投其所好，其所好就是喜欢被奉承。

《春秋》僖公二年："虞师、晋师灭夏阳。"③《春秋公羊传》云：

> 虞，微国也。曷为序乎大国之上？使虞首恶也。曷为使虞首恶？虞受赂，假灭国者道，以取亡焉。其受赂奈何？献公朝诸大夫而问焉，曰："寡人夜者寝而不寐，其意也何？"诸大夫有进对者曰："寝不安与？其诸侍御有不在侧者与？"献公不应。荀息进曰："虞郭见与？"献公揖而进之，遂与之入而谋曰："吾欲攻郭，则虞救之；

---

① 阮元校刻《十三经注疏》，中华书局1980年10月第1版，第一七九一页。
② 阮元校刻《十三经注疏》，中华书局1980年10月第1版，第一七九一页。
③ 阮元校刻《十三经注疏》，中华书局1980年10月第1版，第二二四七页。

攻虞，则郭救之，如之何？愿与子虑之。”荀息对曰：“君若用臣之谋，则今日取郭，而明日取虞尔，君何忧焉？”献公曰：“然则奈何？”荀息曰：“请以屈产之乘，与垂棘之白璧，往，必可得也。则宝出之内藏，藏之外府；马出之内厩，系之外厩尔，君何丧焉？”献公曰：“诺。虽然，宫之奇存焉，如之何？”荀息曰：“宫之奇，知则知矣。虽然，虞公贪而好宝，见宝，必不从其言。请终以往。”于是终以往。虞公见宝，许诺。宫之奇果谏：“记曰：‘唇亡则齿寒。’虞郭之相救，非相为赐。则晋今日取郭，而明日虞从而亡尔，君请勿许也。”虞公不从其言，终假之道以取郭。还，四年，反取虞。虞公抱宝牵马而至，荀息见曰：“臣之谋何如？”献公曰：“子之谋则已行矣，宝则吾宝也，虽然，吾马之齿亦已长矣。”盖戏之也。夏阳者何？郭之邑也。曷为不系于郭？国之也。曷为国之？君存焉尔。①

《春秋公羊传》直接写献公寝而不寐，则其有意于伐虞久矣。接写荀息献计，以实利诱虞公假道，与《春秋左氏传》一样都是从物质上的利害关系入手。

《春秋》僖公二年：“虞师、晋师灭夏阳。”②《春秋穀梁传》云：

非国而曰灭，重夏阳也。虞无师，其曰师，何也？以其先晋，不可以不言师也。其先晋，何也？为主乎灭夏阳也。夏阳者，虞、虢之塞邑也，灭夏阳，而虞、虢举矣。虞之为主乎灭夏阳，何也？晋献公欲伐虢，荀息曰：“君何不以屈产之乘、垂棘之璧而借道乎虞也？”公曰：“此晋国之宝也，如受吾币而不借吾道，则如之何？”荀息曰：“此小国之所以事大国也。彼不借吾道，必不敢受吾币。如受吾币而借吾道，则是我取之中府而藏之外府，取之中厩而置之外厩也。”公曰：“宫之奇存焉，必不使受之也。”荀息曰：“宫之奇之为人也，达心而懦，又少长于君。达心则其言略，懦则不能强谏，少长于君，则君轻之。且夫玩好在耳目之前，而患在一国之后，此中知以上乃能虑之，臣料虞君，中知以下也。”公遂借道而伐虢。宫之奇谏曰：“晋国之使者，其辞卑而币重，必不便于虞。”虞公弗听，遂受其币而借之道。宫之奇谏曰：“语曰：‘唇亡则齿寒。’其斯之谓与！”挈其妻子以奔曹。献公亡虢，五年而后

① 阮元校刻《十三经注疏》，中华书局1980年10月第1版，第二二四七页——第二二四八页。

② 阮元校刻《十三经注疏》，中华书局1980年10月第1版，第二三九一页。

举虞。荀息牵马操璧而前曰："璧则犹是也，而马齿加长矣!"①

《春秋穀梁传》先言重夏阳也，以夏阳系虞、虢之安危。接写晋献公欲伐虢，荀息献计，也是从物质上的利害关系入手，但旋即归于人之心性。并不是人人都好利，中知以上能虑之，即理性能够超越利欲之心。人分中知以上和中知以下两种，中知以上是历史上的胜利者，中知以下是历史上的失败者。心智的高下成为影响历史的决定因素。

刘知几《史通》卷六《内篇·叙事》云："然则才行、事迹、言语、赞论，凡此四者，皆不相须，若兼而毕书，则其费尤广。"② 原注："近史纪传欲言人居哀毁损，则先云'至性纯孝'；欲言人尽夜观书，则先云'笃志好学'；欲言人赴敌不顾，则先云'武艺绝伦'；欲言人下笔成篇，则先云'文章敏速'。此则既述才行，又彰事迹也。如《穀梁传》云：'骊姬以酖为酒，药脯以毒，献公田来，骊姬曰：'世子已祀，故致福于君。'君将食，骊姬跪曰：'食自外来者，不可不试也。'覆酒于地，而地坟；以脯与犬，犬毙。骊姬下堂而啼呼曰：'天乎！天乎！国，子之国也。子何迟乎为君。'"③《春秋穀梁传》写了覆酒于地而地坟、以脯与犬而犬毙这两个生动的细节，以见骊姬所下毒药之毒性极其强烈，从而反映出骊姬人心之狠毒。这两个生动的细节不可省略。刘知几从纯粹的历史学角度出发，主张"才行、事迹、言语、赞论，凡此四者，皆不相须，若兼而毕书，则其费尤广。"刘知几该论完全不顾这样的事实：在古代当时的历史条件下，人们还不知道艺术与科学的区别，而用艺术方法从事历史和科学的著述工作。

《春秋穀梁传》的叙述偏重于文学性的叙述，不是一一罗列历史事实，而是选取某些具有典型意义的历史片断，这实际上是进行了文学性的剪裁。《春秋穀梁传》的叙述特别重视细节的真实性，不像一般历史著作只重视历史发展的线索和关节点，细节可以从略。由于细节能够反映生活的真实，而文学所要反映的正是生活的真实，可见，《春秋穀梁传》的叙述更偏重于文学性的叙述。《春秋穀梁传》的叙述有较多的合理的夸张和想象，吸收了某些民间传说的因素。《春秋穀梁传》的叙述艺术产生的原因在于在当时的历史条件下，人们还不知道艺术与科学的区别，而用艺术方法从事历史和科学的著述工作。

刘熙载《艺概》云："《公羊》堂庑较大，《穀梁》指归较正，《左氏》堂庑更大于

---

① 阮元校刻《十三经注疏》，中华书局 1980 年 10 月第 1 版，第二三九一页——第二三九二页。

② 赵吕甫《史通新校注》，重庆出版社 1990 年 8 月第 1 版，第 401 页。

③ 赵吕甫《史通新校注》，重庆出版社 1990 年 8 月第 1 版，第 404 页。

《公羊》，而指归往往不及《穀梁》。"[①] 王气中《艺概笺注》解释"堂庑"云："中间正屋为堂，两廊厢屋为庑，这里借指制度和规模。"刘熙载《艺概》将《左氏》《公羊》的文学境界和规模归纳为一类，只是程度不同，而将《穀梁》《左氏》之义理指归归纳为一类，只是程度《穀梁》远胜《左氏》。《左传》之文学成就并不是由其文学境界和规模所决定，而是由其义理指归所决定，《左传》之名篇《曹刿论战》可以为证。《穀梁》之义理指归远胜《左氏》，这就为《穀梁》之某些篇章之文学性超过或远胜《左氏》提供了理论条件，之所以说《穀梁》之某些篇章超过或远胜《左氏》，乃是由于《穀梁》非为叙事性作品，文学性非其所追求。

在实际的文学鉴赏中也证明了上述分析，在中国流传最广、影响最大的古文选本《古文观止》第一篇即选《左传》之《郑伯克段于鄢》[②]，可见其文学性之高，但《古文观止》同时又选了《春秋穀梁传》之《郑伯克段于鄢》[③]，这是《古文观止》中唯一两篇同题入选的文章，可证《春秋穀梁传》之《郑伯克段于鄢》在文学性上不说胜过《左传》之《郑伯克段于鄢》，也可谓不相上下，《左传》惜字如金，《春秋穀梁传》之《郑伯克段于鄢》之字数远少于《左传》而巨细毕现，在回答提问的过程中，娓娓而谈，以简练清晰的白描笔法描述以人物为中心的历史事件发展的全过程。由此应当可以窥见《春秋穀梁传》之文学剪裁之巨大成就。

二、《春秋穀梁传》叙述的多种艺术方法的并用

《春秋穀梁传》在大多数情况下更大程度上关注于历史进程中的主体——人在历史进程中的作用，关注于人的本性之善恶、意念之正邪、人品之优劣、心志之高卑等心性因素对历史进程的影响。这在内部决定了《春秋穀梁传》的问答式的结构。《春秋穀梁传》的问答式的结构又决定了《春秋穀梁传》的主观讲述式的叙述模式。又由于是主观讲述式的叙述模式，使得叙述更加引人入胜，叙事更为具体，语言更加通俗，更加重要的是在叙述之中常带有讲述者强烈的感情因素，尤其值得注意的是在叙述之中甚至运用艺术想象进行艺术虚构。这样一来，《春秋穀梁传》在叙述中注重多种艺术方法的运用，达到一定的艺术水平。

如，《春秋》文公十一年："冬，十月，甲午。叔孙得臣败狄于咸。"《春秋左氏传》

---

① 王气中《艺概笺注》，贵州人民出版社 1986 年 6 月第 1 版，第 10 页。

② 吴楚材、吴调侯《古文观止》，中华书局 1959 年 9 月新 1 版，第一页。

③ 吴楚材、吴调侯《古文观止》，中华书局 1959 年 9 月新 1 版，第一一五页。

云："鄋瞒侵齐，遂伐我，公卜使叔孙得臣追之，吉侯叔夏御，庄叔绵房甥为右，富父终甥驷乘。冬，十月，甲午。败狄于咸，获长狄侨如，富父终甥摏其喉，以戈杀之，埋其首于子驹之门，以命宣伯。初，宋武公之世，鄋瞒伐宋，司徒皇父帅师御之，耏班御，皇父充石、公子谷甥为右，司寇牛父驷乘，以败狄于长丘，获长狄缘斯，皇父之二子死焉。宋公于是以门赏耏班，使食其征，谓之耏门。晋之灭潞也，获侨如之弟焚如。齐襄公之二年，鄋瞒伐齐，齐王子成父，获其弟荣如，埋其首于周首之北门，卫人获其季弟简如，鄋瞒由是遂亡。"①

《春秋》文公十一年："冬，十月，甲午。叔孙得臣败狄于咸。"《春秋公羊传》云："狄者何？长狄也。兄弟三人，一者之齐，一者之鲁，一者之晋。其之齐者王子成父杀之，其之鲁者，叔孙得臣杀之，则未知其之晋者也。其言败何？大之也。其日何？大之也。其地何？大之也。何以书？记异也。"②

《春秋》文公十一年："冬，十月，甲午。叔孙得臣败狄于咸。"《春秋穀梁传》云："不言帅师而言败，何也？直败一人之辞也。一人而曰败，何也？以众焉言之也。传曰：长狄也，弟兄三人，佚宕列国，瓦石不能害，叔孙得臣最善射者也，射其目，身横九亩，断其首而载之，眉见于轼。然则何为不言获也？曰：古者不重创，不禽二毛。故不言获，为内讳也。其之齐者，王子成父杀之，则未知其之晋者也。"③

《春秋左氏传》记叔孙得臣败狄于咸，纯用史笔，有文学性之处仅"败狄于咸，获长狄侨如，富父终甥摏其喉，以戈杀之，埋其首于子驹之门"一处细节描写。《春秋公羊传》记叔孙得臣败狄于咸也无文学性可言。而《春秋穀梁传》记叔孙得臣败狄于咸，文字比《春秋左氏传》少，却写得极生动。瓦石不能害，一处细节描写就把长狄的强大完全表现出来了，可见对长狄只能巧胜而不能以力硬拼，很自然地引出叔孙得臣最善射者也，以箭射其目，从而巧胜长狄。《春秋穀梁传》写到此处，其以艺术成就已超过《春秋左氏传》的"富父终甥摏其喉，以戈杀之，埋其首于子驹之门"，但《春秋穀梁传》还不满足于此，对战果进行想象性的夸张，死尸身横九亩，断其首而载之，眉见于轼。不仅强化了胜利的意义，而且又照应了前文。

《春秋穀梁传》僖公二十二年叙述宋楚泓之战注重多种艺术方法的运用，达到一定的

---

① 阮元校刻《十三经注疏》，中华书局 1980 年 10 月第 1 版，第一八五〇页——第一八五一页。

② 阮元校刻《十三经注疏》，中华书局 1980 年 10 月第 1 版，第二二七一页。

③ 阮元校刻《十三经注疏》，中华书局 1980 年 10 月第 1 版，第二四〇八页。

艺术水平，其文学性与思想性明显优于《春秋左氏传》。《春秋穀梁传》先言《春秋》三十有四战，未有以尊败乎卑，以师败乎人者也。《春秋穀梁传》明言《春秋》三十有四战，《春秋》三十有四战之外另当别论，啖助以王师败于贸戎责之亦过矣。《春秋穀梁传》接叙泓之战之起因实为复雩之耻，而雩之耻，宋襄公有以自取之，并且提出反求诸己的思想。交代战争之起因应当是不可或缺的，而《春秋左氏传》缺之，此为《春秋左氏传》之失，此其叙述泓之战不如《春秋穀梁传》者一也。《春秋穀梁传》认为用兵当以兴国和征无道为号召，不得为报私仇而兴兵，《春秋左氏传》也未及于此，此其叙述泓之战不如《春秋穀梁传》者二也。《春秋左氏传》记载泓之战无《春秋穀梁传》旌乱于上、陈乱于下之描写，在场面描写和气氛渲染上不如《春秋穀梁传》，此其叙述泓之战不如《春秋穀梁传》者三也。《春秋左氏传》记载未既济、既济而未成列两次进攻机会，《春秋穀梁传》记载鼓险而击之、未成阵而击之两次进攻机会，可以说《春秋左氏传》和《春秋穀梁传》在记载战争过程上基本上不相上下。《春秋左氏传》总结泓之战之经验教训以子鱼批驳宋襄公，只是论述可重伤、可禽二毛、可阻隘、可鼓不成列，仅此而已，客观地讲。这些不过是一些战术问题，《春秋左氏传》总结泓之战之经验教训欠深刻。《春秋穀梁传》在总结泓之战之经验教训时提出“倍则攻，敌则战，少则守”的战略原则，《春秋穀梁传》接着又转入另一更高的层次，《春秋穀梁传》认为人之所以为人是因为人能够说话。人而不能说话，何以为人？说话之所以是说话是因为说话的目的要可信。说话不可信，何以为说话？说话之所以可信是因为所说之话有道理。（貌似）可信而没有道理，何以为道？道贵在合于时宜，道理的实行应该顺应形势。这不仅批驳了君子不推人危、不攻人厄、不鼓不成列等貌似有理而实际上不合时宜、脱离实际的言论，而且将其上升到了抽象的哲学高度，《春秋左氏传》于此根本无法望其项背。此为《春秋左氏传》记载泓之战不如《春秋穀梁传》者四也。

又如《春秋》襄公二十五年：“十有二月，吴子谒伐楚，门于巢，卒。”① 《春秋穀梁传》：“以伐楚之事门于巢，卒也。于巢者，外乎楚也。门于巢，乃伐楚也。诸侯不生名，取卒之名加之伐楚之上者，见以伐楚卒也。其见以伐楚卒何也？古者大国过小邑，小邑必饰城而请罪，礼也。吴子谒伐楚至巢，入其门，门人射吴子，有矢创，反舍而卒。古者虽有文事，必有武备。非巢之不饰城而请罪，非吴子之自轻也。”②

---

① 阮元校刻《十三经注疏》，中华书局 1980 年 10 月第 1 版，第二四三〇页。

② 阮元校刻《十三经注疏》，中华书局 1980 年 10 月第 1 版，第二四三〇页——第二四三一页。

《春秋穀梁传》未直接解释门于巢之门，但是鉴于“入其门”“虽有文事，必有武备”“非巢之不饰城而请罪”均是表达或反映吴子是入门或过门而不是攻巢门或行武事，则门于巢之门亦当解释为入门或过门之意。范宁注：“所以攻巢之门者，为其伐楚之事故也。然则伐楚经巢。”① 范宁注之意为：所以有攻巢之门的说法，那是因为吴子有伐楚之事的缘故。然而实际上却是伐楚经过巢。故范宁注亦以门于巢为过门于巢。据此，今本范宁注所谓“先攻巢，然后（杨德春按：阮元校刻《十三经注疏》作后不作后，误。）楚乃可得伐”② 存在传写印刷错误，攻当为经传写印刷之误字，今本范宁注所谓“先攻巢，然后（杨德春按：阮元校刻《十三经注疏》作后不作後，误。）楚乃可得伐”当据范宁注所谓“然则伐楚经巢”校改为“先经巢，然后楚乃可得伐”。

《春秋穀梁传》关于门于巢之记载具有一定的思想价值和文学价值。《春秋穀梁传》重视礼制，即重视制度安排，但是，《春秋穀梁传》并不迷信礼制，即并不迷信制度安排，所谓“虽有文事，必有武备”，此其思想价值之所在，可以垂示千古。由于《春秋》记载此事于襄公二十五年十有二月，《春秋穀梁传》接着通过问答方式记载此事发生之地点，于巢者，外乎楚也，即巢为楚外之小邑。《春秋穀梁传》接着通过问答方式记载此事发生之原因，以伐楚卒也。《春秋穀梁传》接着叙述记载此事发生之经过，按礼大国过小邑则小邑必饰城而请罪，结果巢不但不饰城而请罪，吴子谒伐楚至巢入其门，门人反而射吴子，得出古训“虽有文事，必有武备”之重要，本来已是豹尾之笔，《春秋穀梁传》并不满足于此，又非巢之不饰城而请罪、非吴子之自轻也，使结尾更为有力，也使主题更为明确。

《春秋》襄公二十五年：“十有二月，吴子遏伐楚，门于巢，卒。”③《春秋左氏传》：“十二月，吴子诸樊伐楚，以报舟师之役。门于巢。巢牛臣曰：“吴王勇而轻，若启之，将亲门。我获射之，必殪。是君也死，彊其少安。”从之。吴子门焉，牛臣隐于短墙以射之，卒。”④

《春秋左氏传》未直接解释门于巢之门，但是鉴于将亲门和吴子门焉之门均是入门或过门之意，诈开门也表现按常礼当让吴子通过，则门于巢之门亦当解释为入门或过门之

① 阮元校刻《十三经注疏》，中华书局 1980 年 10 月第 1 版，第二四三一页。

② 阮元校刻《十三经注疏》，中华书局 1980 年 10 月第 1 版，第二四三一页。

③ 阮元校刻《十三经注疏》，中华书局 1980 年 10 月第 1 版，第一九八二页。

④ 阮元校刻《十三经注疏》，中华书局 1980 年 10 月第 1 版，第一九八六页。

意，故杜预解释门于巢为攻巢门实误。《春秋左氏传》关于门于巢之记载就思想价值和文学价值而言均不如《春秋穀梁传》。《春秋左氏传》没有记载巢之地理位置，十二月吴子诸樊伐楚以报舟师之役而门于巢容易误导读者以为巢为楚邑。《春秋左氏传》还是详写战前或事前计划的老套路，对于刺杀又讲不出什么高论，所谓的是君也死则疆其少安根本就不能成立，吴子伐楚路过巢，对于巢疆不构成威胁，疆其少安只能是为楚疆之少安，更加强误导读者以为巢为楚邑。《春秋左氏传》接着又记载刺杀经过，牛臣隐于短墙以射之，难道暗杀还有明杀的？简直是多此一举，徒费笔墨。《春秋左氏传》记载：牛臣隐于短墙以射之，卒。《春秋穀梁传》记载：门人射吴子，有矢创，反舍而卒。暗杀一般受到条件之限制，故《春秋穀梁传》所记载之反舍而卒比较可信，如此则《春秋左氏传》关于细节之记载也不如《春秋穀梁传》。最为重要者乃是《春秋左氏传》从中没有总结或提炼出有思想价值的经验教训，不过是杀人的流水账，没有什么意义，其不如《春秋穀梁传》甚明。

《春秋》襄公二十五年："十有二月，吴子谒伐楚，门于巢，卒。"[①]《春秋公羊传》："门于巢卒者何？入门乎巢而卒也。入门乎巢而卒者何？入巢之门而卒也。吴子谒何以名？伤而反，未至乎舍而卒也。"[②]《春秋公羊传》以门于巢之门为入门是正确的，《春秋公羊传》并非仅仅解释门，也解释了吴子谒何以名，即伤而反、未至乎舍而卒也。《春秋公羊传》关于门于巢之记载就思想价值和文学价值而言均不如《春秋穀梁传》。

另外，柯劭忞《春秋穀梁传注》注"虽有文事，必有武备"为"饰城请罪文事也，巢宜修文事，吴子宜不忘武备"，柯劭忞实误，"虽有文事，必有武备"皆是就吴子而言，岂可一分为二？从语法上分析，虽、必搭配，表达一事之两面，有文事与有武备之逻辑主语必须一致。从上下文之意义上分析，文事即指吴子过巢，吴子过巢虽为文事，但是需要武备。范宁以饰城为修守备，即修武备，范宁误，饰城即装饰城以迎接，绝非守备或武备。钟文烝维护范宁，补曰饰城请罪则无攻门之事，回避解释饰城。柯劭忞意在异于钟文烝而高自位置，遂至于牵强附会，柯劭忞误。钟文烝《春秋穀梁经传补注》注重考证，虽有失误，瑕不掩瑜；柯劭忞《春秋穀梁传注》多抄录钟文烝《春秋穀梁经传补注》而变异之，遂至于牵强附会，其远在钟文烝之下。柯劭忞所谓以刘向、郑玄之说解释《春秋穀梁传》亦失之，刘向重谶纬而杂左氏，郑玄三传并用，则柯劭忞不足论。

---

① 阮元校刻《十三经注疏》，中华书局 1980 年 10 月第 1 版，第二三一一页。

② 阮元校刻《十三经注疏》，中华书局 1980 年 10 月第 1 版，第二三一一页。

三、《春秋穀梁传》叙述的形象性

《春秋穀梁传》在大多数情况下更大程度上关注于历史进程中的主体——人在历史进程中的作用，关注于人的本性之善恶、意念之正邪、人品之优劣、心志之高卑等心性因素对历史进程的影响。这决定了《春秋穀梁传》在叙述之中，不是仅仅关注于事件本身，更关注于事件与人的关联，从而注重人物形象的塑造。

《春秋穀梁传》不像《春秋左氏传》绘声绘色地渲染气氛，好奇博采以追求故事情节的丰富、生动、曲折、离奇，在故事情节的发展中人物的形象逐渐变得生动丰满。《春秋穀梁传》在回答提问的过程中，娓娓而谈，以简练清晰的白描笔法描述以人物为中心的历史事件发展的全过程。通过对人物的语言、行动、细节的描述，突出表现人物的心性特点。因为着重勾画出人物的心性特点，也就勾画出了历史事件的主体——人物的形象，从而也就使《春秋穀梁传》的人物形象达到了一定的艺术高度，在人物形象的塑造上形成了与《春秋左氏传》不同的艺术风格。

如《春秋》哀公十三年："公会晋侯及吴子于黄池。"《春秋穀梁传》云："黄池之会，吴子进乎哉，遂子矣。吴夷狄之国也，祝髮文身，欲因鲁之礼，因晋之权，而请冠端而袭，其藉于成周，吴能为之，则不臣乎？吴进矣。王，尊称也，子，卑称也，辞尊称而居卑称，以会乎诸侯，以尊天王。吴王夫差曰：'好冠来。'孔子曰：'大矣哉！夫差未能言冠而欲冠也。'"① 夫差曰："好冠来。"一句话就把夫差朴实的心性表现出来了，从而夫差的形象也跃然纸上。

《春秋左氏传》云："夏，公会单平公、晋定公、吴夫差于黄池。"② 人物形象没有表现出来，《春秋左氏传》要通过此后一系列事件逐渐使夫差的形象丰满起来。

《春秋公羊传》云："吴何以称子？吴主会也。吴主会则曷为先言晋侯？不与夷狄之主中国也。其言及吴子何？会两伯之辞也。不与夷狄之主中国，则曷为以会两伯之辞言之？重吴也。曷为重吴？吴在是，则天下诸侯莫敢不至也。"③ 夫差的人物形象也没有表现出来。

又如《春秋》襄公三十年："五月，甲午。宋灾，宋伯姬卒。"④（杨德春按：伯姬上

---

① 阮元校刻《十三经注疏》，中华书局1980年10月第1版，第二四五一页。

② 阮元校刻《十三经注疏》，中华书局1980年10月第1版，第二一七一页。

③ 阮元校刻《十三经注疏》，中华书局1980年10月第1版，第二三五一页——第二三五二页。

④ 阮元校刻《十三经注疏》，中华书局1980年10月第1版，第二〇一一页。

《公羊》《穀梁》无宋字。)《春秋左氏传》云:“或叫于宋大庙,曰:‘嘻嘻!出出!’鸟鸣于亳社,如曰:‘嘻嘻!’甲午,宋大灾。宋伯姬卒,待姆也。君子谓:‘宋共姬,女而不妇,女待人,妇义事也。”[①] 伯姬的人物形象没有表现出来。

《春秋》襄公三十年:“五月,甲午。宋灾,伯姬卒。”[②]《春秋公羊传》未发传。《春秋》襄公三十年:“秋,七月,叔弓如宋,葬宋共姬。”[③]《春秋公羊传》云:“外夫人不书葬,此何以书?隐之也。何隐尔?宋灾,伯姬卒焉。其称谥何?贤也。何贤尔?宋灾,伯姬存焉,有司复曰:‘火至矣,请出。’伯姬曰:‘不可。吾闻之也,妇人夜出,不见傅母不下堂。傅至矣,母未至也。’逮乎火而死。”[④] 于葬宋共姬时补述宋共姬卒时情况,叙述简略,基本上没有文学性。

《春秋》襄公三十年:“五月,甲午。宋灾,伯姬卒。”《春秋穀梁传》云:“取卒之日加之灾上者,见以灾卒也。其见以灾卒奈何?伯姬之舍失火,左右曰:‘夫人少辟火乎!’伯姬曰:‘妇人之义,傅母不在,宵不下堂。’左右又曰:‘夫人少辟火乎!’伯姬曰:‘妇人之义,保母不在,宵不下堂。’遂逮乎火而死,妇人以贞为行者也。伯姬之妇道尽矣。详其事,贤伯姬也。”[⑤] 伯姬的人物形象完全表现出来了。刘向撰《古列女传》卷四“宋恭伯姬”条就引用了《春秋穀梁传》关于伯姬的记载,《春秋穀梁传》关于伯姬的记载确实达到了人物传记的艺术水平。可对读,刘向撰《古列女传》卷四《贞顺传》“宋恭伯姬”条全文如下:

> 宋恭伯姬。伯姬者,鲁宣公之女、成公之妹也,其母曰缪姜。嫁伯姬于宋恭公,恭公不亲逆,伯姬迫于父母之命而行,既入宋三月,庙见,当行夫妇之道。伯姬以恭公不亲逆,故不肯听命。宋人告鲁,鲁使大夫季文子如宋,致命于伯姬,还复命,公享之。缪姜出于房,再拜曰:“大夫勤劳于远道,辱送小子,不忘先君以及后嗣,使下而有知先君,犹有望也。敢再拜大夫之辱。”伯姬既嫁于恭公十年,恭公卒,伯姬寡,至景公时,伯姬常遇夜失火,左右曰:“夫人少避火。”伯姬曰:“妇人之义,保傅不俱,夜不下堂。待保傅来也。”保母至矣,傅母未至也,左右又曰:“夫人少

---

① 阮元校刻《十三经注疏》,中华书局 1980 年 10 月第 1 版,第二〇一二页。
② 阮元校刻《十三经注疏》,中华书局 1980 年 10 月第 1 版,第二三一三页。
③ 阮元校刻《十三经注疏》,中华书局 1980 年 10 月第 1 版,第二三一四页。
④ 阮元校刻《十三经注疏》,中华书局 1980 年 10 月第 1 版,第二三一四页。
⑤ 阮元校刻《十三经注疏》,中华书局 1980 年 10 月第 1 版,第二四三二页。

避火。”伯姬曰：“妇人之义，傅母不至，夜不可下堂，越义而生，不如守义而死。”遂逮于火而死。《春秋》详录其事为贤伯姬，以为妇人以贞为行者也，伯姬之妇道尽矣。当此之时，诸侯闻之，莫不痛悼，以为死者不可以生。财物犹可复，故相与聚于澶渊，偿宋之所丧。《春秋》善之，君子曰：“礼，妇人不得傅母，夜不下堂，行必以烛，伯姬之谓也。”诗云：“淑慎尔止，不愆于仪。”伯姬可谓不失仪矣。颂曰：伯姬心专，守礼一意，宫夜失火，保傅不备，逮火而死，厥心靡悔，《春秋》贤之，详录其事。①

又如，《春秋》僖公元年：“元年，冬，十月，壬午。公子友帅师败莒师于丽，获莒挐。”《春秋穀梁传》云：“莒无大夫，其曰莒挐，何也？以吾获之目之也。内不言获，此其言获，何也？恶公子之绐。绐者奈何？公子友谓莒挐曰：‘吾二人不相说，士卒何罪？’屏左右而相搏，公子友处下，左右曰‘孟劳’。孟劳者，鲁之宝刀也。公子友以杀之。然则何以恶乎绐也？曰：弃师之道也。”②

经师为了贬低公子友，在讲述时插入具有传说性质的小道消息，以表明公子友心术不正，从而活灵活现地勾画出公子友的奸诈邪恶形象。

四、《春秋穀梁传》叙述的语言成就

（一）《春秋穀梁传》的叙述语言

《春秋穀梁传》的叙述语言注重艺术性的描写，这就使《春秋穀梁传》的叙述语言生动活泼，卓然可爱。

宋祁撰《宋景文笔记》卷中云：“古人自有文语卓然可爱者，穀梁子曰：‘轻千乘之国则可矣，蹈道则未也。’故柳宗元以为洁。‘三军之士粲然皆笑。’粲，明也。知万众皆启齿，齿既白，以粲义包之。”③

金王若虚撰《滹南集》卷三十三：“穀梁曰：三军之士粲然皆笑，粲只是笑貌耳。宋子京笔记曰：粲，明也。万众皆启齿，齿既白，故以粲义包之，其谬论不必辨也。”④

“三军之士粲然皆笑”之“粲然”，历来为人称道。宋祁认为万众皆启齿，齿既白，

① 刘向《古列女传》，见《四库全书》史部七，传记类三，总录之属。

② 阮元校刻《十三经注疏》，中华书局 1980 年 10 月第 1 版，第二三九一页。

③ 宋祁《宋景文笔记》卷中，见《四库全书》子部十，杂家类三，杂说之属。

④ 王若虚《滹南集》卷三十三，见《四库全书》集部五，别集类四，金至元。

以粲义包之。王若虚以为粲只是笑貌。王若虚说误，宋祁说也不全面。形容笑有各种方法，可以从笑的声音的大小入手，也可以从笑的面部表情入手，也可以从笑对身体其他部位的影响入手，如笑得肚子疼、笑弯了腰、笑得手舞足蹈等。《春秋穀梁传》的粲然皆笑是从笑的色彩对视觉的冲击入手，大笑必露齿，齿是白色的，言笑得露出了白牙，没有艺术感染力。当三军皆大笑之时，顿时形成一片白光，对观察者产生强烈的视觉冲击力，取得了艺术震撼的效果。读者阅读时也是从观察者的视角出发感受到了强烈的视觉冲击力，被其艺术感染力所感染。

又如《春秋》僖公五年："秋，八月。诸侯盟于首戴。"《春秋穀梁传》云："王世子，子也。块然受诸侯之尊己而立乎其位，是不子也。"① 《春秋穀梁传》用"块然"艺术性地描写王世子的僭越。《汉书·傅常郑甘陈段传》之《陈汤传》云："而大臣倾邪，谗佞在朝，曾不深惟本末之难，以防未然之戒，欲专主威，排妒有功，使汤块然，被冤拘囚，不能自明，卒以无罪老弃敦煌。"② 师古曰："块然，独处之意，如土块也。音口内反。"③ 可见《春秋穀梁传》用"块然"艺术性地描写王世子的僭越之态，有轻蔑之意。

（二）《春秋穀梁传》的人物语言

《春秋穀梁传》的人物语言口语化十分明显。

如，《春秋》定公四年："冬十有一月，庚午。蔡侯以吴子及楚人战于柏举，楚师败绩。"《春秋穀梁传》云："子胥父诛于楚也，挟弓持矢而干阖庐，阖庐曰：'大之甚，勇之甚。'为是欲兴师而伐楚。子胥谏曰：'臣闻之，君不为匹夫兴师。且事君犹事父也，亏君之义，复父之仇，臣弗为也。'于是止。"④ "子胥曰：'蔡非有罪，楚无道也。君若有忧中国之心，则若此时可矣。'为是兴师而伐楚。"⑤

阖庐曰："大之甚，勇之甚。"口语化十分明显。译为现代汉语："大得很，勇得很。"《春秋公羊传》作"士之甚，勇之甚。"译为现代汉语："士得很，勇得很。"完全不通，愚以为士当为大传写之误字，抄自《春秋穀梁传》。可见，《春秋穀梁传》口语化十分明显，且比《春秋公羊传》的口语规范，也比《春秋公羊传》的口语传神。

另外，《春秋穀梁传》叙述柏举之战比《春秋左氏传》简略紧凑，且很有特色，《春

---

① 阮元校刻《十三经注疏》，中华书局 1980 年 10 月第 1 版，第二三九三页。

② 《汉书·傅常郑甘陈段传》，班固《汉书》，中华书局 1962 年 6 月第 1 版，第三〇二七页。

③ 《汉书·傅常郑甘陈段传》，班固《汉书》，中华书局 1962 年 6 月第 1 版，第三〇二八页。

④ 阮元校刻《十三经注疏》，中华书局 1980 年 10 月第 1 版，第二四四四页。

⑤ 阮元校刻《十三经注疏》，中华书局 1980 年 10 月第 1 版，第二四四四页。

秋穀梁传》并未全面记述战争过程，只是先记伍子胥止吴王阖庐仓促伐楚，不仅叙述了吴楚柏举之战之根本原因，而且突出了出师有名之思想。然后记蔡昭公因楚令尹子常索美裘不与而受辱，便挑动吴王夫差伐楚，此为吴楚柏举之战之表面原因。然后又记楚昭王失败逃亡途中与父老之对话，此为楚复立之根本原因。最后是对吴国野蛮行为之批评，其叙事和议论皆有特色，远非《春秋左氏传》所能企及。《春秋左氏传》叙述柏举之战结构支离破碎，未及柏举之战之根本原因，只是勉强涉及蔡昭公、唐成公受子常勒索，这只是柏举之战之表面原因，而以申包胥乞秦师为楚复立之根本原因，这只是个外因，更没有批评吴国之野蛮行为。可见，《春秋左氏传》叙述柏举之战实际上不如《春秋穀梁传》。

《春秋穀梁传》的人物语言善于表现人物的性格。

《春秋》襄公三十年："五月，甲午。宋灾，伯姬卒。"《春秋穀梁传》云："取卒之日加之灾上者，见以灾卒也。其见以灾卒奈何？伯姬之舍失火，左右曰：'夫人少辟火乎！'伯姬曰：'妇人之义，傅母不在，宵不下堂。'左右又曰：'夫人少辟火乎！'伯姬曰：'妇人之义，保母不在，宵不下堂。'遂逮乎火而死，妇人以贞为行者也。伯姬之妇道尽矣。详其事，贤伯姬也。"①

左右之人熟悉伯姬的性格，所以说少辟火，即稍微躲避一下，左右之人恳求的神情跃然纸上，也反衬出伯姬一向坚贞，丝毫不为所动的性格。伯姬曰："妇人之义，傅母不在，宵不下堂。"其言斩钉截铁，不为所动，进一步强化了伯姬一向坚贞，丝毫不为所动的性格。

《春秋穀梁传》的人物语言口吻毕肖，生动传神。

《春秋》昭公四年："秋，七月。楚子、蔡侯、陈侯、许男、顿子、胡子、沈子、淮夷伐吴，执吴庆封，杀之。"《春秋穀梁传》："此入而杀，其不言入，何也？庆封封乎吴钟离，其不言伐钟离，何也？不与吴封也。庆封其以齐氏，何也？为齐讨也。灵王使人以庆封令于军中曰：'有若齐庆封弑其君者乎？'庆封曰：'子一息，我亦且一言。'曰：'有若楚公子围弑其兄之子而代之为君者乎？'军人粲然皆笑。庆封弑其君，而不以弑君之罪罪之者，庆封不为灵王服也，不与楚讨也。《春秋》之义，用贵治贱，用贤治不肖，不以乱治乱也。孔子曰：'怀恶而讨，虽死不服。'其斯之谓与！"②

① 阮元校刻《十三经注疏》，中华书局1980年10月第1版，第二四三二页。

② 阮元校刻《十三经注疏》，中华书局1980年10月第1版，第二四三四页。

庆封曰："子一息，我亦且一言。"口吻惟妙惟肖，极为生动传神。

《春秋穀梁传》文公六年晋杀阳处父之记载惟妙惟肖地叙述了阳处父进谏言之语言艺术，阳处父为了达到进谏言成功之目的以狐射姑为"仁者"，欲抑先扬。另外，《春秋穀梁传》文公六年晋杀阳处父之记载之文学性与思想性明显优于《春秋左氏传》。首先，《春秋左氏传》记载晋杀阳处父虽然较为完备，但分别记载于六年春、九月、冬十月、十一月丙寅之下，割裂为四部分，中间分别插入臧文仲求好、秦伯任好卒、季文子将聘于晋、八月乙亥晋襄公卒等事件，致使晋杀阳处父故事不连贯，结构呈现支离破碎之状。《春秋穀梁传》将晋杀阳处父事件集中于文公六年冬十月叙述，故事结构完整，叙述集中，无支离破碎之感，在文章结构上明显优于《左传》文公六年对晋杀阳处父事件之记载。其次，《春秋左氏传》记载晋杀阳处父虽然较为完备，但与流水账没有什么区别，不痛不痒，一句侵官就算了事。读者读完晋杀阳处父之故事，没有任何教益，就是杀人之流水账，千篇一律地再一次重复。《春秋穀梁传》挖掘出君漏言也，上泄则下暗，下暗则上聋，且暗且聋，无以相通，无以相通则必国将不国，这是不言而喻的。《春秋穀梁传》此论实有积极之意义，当为万世法。《春秋穀梁传》之"士造辟而言，诡辞而出，曰：用我则可，不用我则无乱其德"表现了士人的独立精神，突破了文死谏的束缚，是极为闪光的思想，应当给予充分肯定。可见，《春秋穀梁传》晋杀阳处父之记载之思想感情明显优于《春秋左氏传》之相关记载。再次，《春秋穀梁传》认为称国以杀是因为罪累上也。以《春秋穀梁传》之例，凡云罪累上皆为君臣皆有罪。傅隶朴《春秋三传比义》云："若君真有漏言之事，其罪在君，不在处父。怎能言其'罪累上也'?"① 傅隶朴之论为皮相之论。《春秋穀梁传》以阳处父有言罪，此论意义深远。《春秋穀梁传》揭露出说真话有罪的历史事实，真是振聋发聩，此论极为深刻，《春秋左氏传》无法与之相比。

第五节　《春秋穀梁传》的论说艺术

《春秋穀梁传》是对《春秋》的解说，包括对《春秋》所记载的史实的补充和评论，《春秋穀梁传》的文字内容可分为叙述的文字内容和论说的文字内容两部分。《春秋穀梁传》的论说的文字内容是对《春秋》所记载的史实的评论，这部分文字内容在《春秋穀梁传》中所占比例较大，也达到了很高的艺术水平。

---

① 傅隶朴《春秋三传比义》(中册)，中国友谊出版公司 1984 年 11 月第 1 版，第四四页。

一、《春秋穀梁传》清新刚健、婉转从容的论说艺术特色

《春秋穀梁传》用以心性为指归的中和平正的正统儒家思想而非用过激狭隘之论阐发《春秋》大义，从而使得《春秋穀梁传》的论说篇章具有清新刚健、婉转从容的艺术特色。

《春秋穀梁传》要阐发《春秋》大义就要探究推求历史事件的意义，《春秋穀梁传》在阐发《春秋》大义时超越了从物质利益出发考虑问题这一层面，深入到从心性道义出发考虑问题的层面。《春秋穀梁传》阐发《春秋》大义，从心性道义出发考虑问题，意思写得清楚明白而有新意，给人以清新的感觉；理直气壮，感情充沛，给人以刚健的感觉。在从物质利益出发考虑问题这一层面深入到从心性道义出发考虑问题的层面的过程中，客观上存在一种转折关系，在这种转折关系之前后常常还有一些层次。《春秋穀梁传》阐发《春秋》大义时态度从容舒缓，从普通人习以为常的物质利益出发，娓娓而谈，态度从容，一层层深入推求，婉转曲折地转入从心性道义出发考虑问题的层面，再层层深入，最后得出结论。而这种层叠曲折的关系，一般人是不清楚的，读者在读了《春秋穀梁传》对《春秋》大义的阐发，增长了见识，获得了新知，有豁然开朗的感觉，获得了了悟的喜悦，得到了审美的享受。

如《春秋》隐公元年："春，王正月。"①《春秋穀梁传》云：

> 虽无事，必举正月，谨始也。公何以不言即位？成公志也。焉成之？言君之不取为公也。君之不取为公何也？将以让桓也。让桓正乎？曰：不正。《春秋》成人之美，不成人之恶。隐不正而成之，何也？将以恶桓也。其恶桓何也？隐将让而桓弑之，则桓恶矣。桓弑而隐让，则隐善矣。善则其不正焉，何也？《春秋》贵义而不贵惠，信道而不信邪。孝子扬父之美，不扬父之恶。先君之欲与桓，非正也，邪也。虽然，既胜其邪心，以与隐矣，已探先君之邪志，而遂以与桓，则是成父之恶也。兄弟天伦也，为子受之父，为诸侯受之君，已废天伦而忘君父，以行小惠，曰：小道也。若隐者，可谓轻千乘之国，蹈道则未也。②

《春秋穀梁传》多以自问自答的方式，层层递进地剖析历史故实，寓褒贬于其中。

① 阮元校刻《十三经注疏》，中华书局1980年10月第1版，第二三六五页。

② 阮元校刻《十三经注疏》，中华书局1980年10月第1版，第二三六五页。

《春秋穀梁传》传隐公元年经文“元年，春，王正月”之文可为典范。该文一开始先对经文按照《春秋》义例作了简释，紧接其后又连续以设问的方式提出了公何以不言即位、焉成之、君之不取为公何也、让桓正乎、隐不正而成之何也、其恶桓何也、善则其不正焉何也等七个问题，逐层详细阐发，在物质利益层面上，由隐公不即位、将让而桓杀之，见隐心之善、桓心之恶。由“善则其不正焉，何也?”转折，转入心性道义层面，“《春秋》贵义而不贵惠，信道而不信邪。孝子扬父之美，不扬父之恶。”指出隐公要让位给桓公为“不正”，从而形成清新刚健、婉转从容的艺术特色。

二、《春秋穀梁传》论说的内在气势

阅读《春秋穀梁传》之文，不难发觉《春秋穀梁传》在行文中始终有一股严厉公正的文气，从儒家的道德标准出发，以历史审判者的气势对《春秋》所记之事做出公正的历史评判。这种气势来自儒家思想的道德力量，也来自于问答式结构所产生的层层推进的论证效果。

问答式结构要求逐次回答问题，这就产生了层层推进、环环相扣的论证效果，使文章有逻辑性和力量。要回答问题也就决定了《春秋穀梁传》要大量使用判断句，大量使用判断句就会使文章有力量、有气势。《春秋穀梁传》又在结构层次中大量使用“也”字，增强了句子的抒情性，使作者的主观感情灌注于句子之中。“也”字还有将文气连接贯通的作用。

如《春秋》僖公元年：“齐师、宋师、曹师次于聂北，救邢。”《春秋穀梁传》云：“救不言次，言次非救也。非救而曰救，何也？遂齐侯之意也。是齐侯与？齐侯也。何用见其是齐侯也？曹无师，曹师者，曹伯也。其不言曹伯，何也？以其不言齐侯，不可言曹伯也。其不言齐侯，何也？以其不足乎扬，不言齐侯也。”①

邢国当时被狄所侵，齐桓公率领齐师与宋师、曹师救邢，但却驻扎在聂北作壁上观。全文的中心论点是齐桓公的惧敌不足赞扬，《春秋穀梁传》通过问答层层推进，先指出救不言次，言次非救也，然后深入一层，指出言救是为了遂齐侯之意，实际上是指出齐侯原打算救邢，这就使救邢的动机和次于聂北的结果形成了鲜明的对照。然后再深入一层，曹无师，曹师者，曹伯也。似乎与本文无关，但陡然一转，又深入一层，指出不言曹伯是为了不言与之对等的齐侯。最后才指出不言齐侯是因为齐桓公惧敌而不足赞扬。

《春秋穀梁传》的第二级结构有时并未出现问答的形式，但却有“也”字清楚地分出

① 阮元校刻《十三经注疏》，中华书局1980年10月第1版，第二三九一页。

层次，这种情况可以看成《春秋穀梁传》将问句省略而仅保留了答句，这是问答式结构的一种特殊形式。在这种情况下“也”字就成为一个层次结束的标志。在论说时仍然是逐次回答问题，但问句被省略了，结构更加紧凑，层次与层次之间更加紧密，这就产生了层层推进、环环相扣的论证效果，使文章有逻辑性和力量。省略了问句，就只剩下答句，答句基本上都是判断句，大量使用判断句就会使文章有力量、有气势。《春秋穀梁传》在结构层次中大量使用“也”字，增强了句子的抒情性，使作者的主观感情灌注于句子之中。“也”字还有将文气连接贯通的作用，即产生环环相扣的艺术效果。

如《春秋》庄公二十八年：“臧孙辰告籴于齐。”《春秋穀梁传》云：

> 国无三年之畜，曰国非其国也。一年不升，告籴诸侯。告，请也，籴，籴也。不正，故举臧孙辰以为私行也。国无九年之畜，曰不足。无六年之畜，曰急。无三年之畜，曰国非其国也。诸侯无粟，诸侯相归粟，正也。臧孙辰告籴于齐，告，然后与之，言内之无外交也。古者税什一，丰年补败，不外求而上下皆足也。虽累凶年，民弗病也。一年不艾而百姓饥，君子非之。不言如，为内讳也。①

三、《春秋穀梁传》论说的形象性

《春秋穀梁传》十分重视艺术形象在论说文中的地位。《春秋穀梁传》在论说过程中实际上伴随着艺术形象的塑造，《春秋穀梁传》通过鲜明的艺术形象增强其观点的合理性。

如《春秋》定公十年：“夏，公会齐侯于颊谷，公至自颊谷。”《春秋穀梁传》云：

> 离会不致，何为致也？危之也。危之则以地致，何也？为危之也。其危奈何？曰：颊谷之会，孔子相焉。两君就坛，两相相揖，齐人鼓噪而起，欲以执鲁君，孔子历阶而上，不尽一等，而视归乎齐侯。曰：“两君合好，夷狄之民何为来为？”命司马止之。齐侯逡巡而谢曰：“寡人之过也。”退而属其二三大夫曰：“夫人率其君，与之行古人之道，二三子独率我而入夷狄之俗，何为？”罢会，齐人使优施舞于鲁君之幕下，孔子曰：“笑君者罪当死。”使司马行法焉，首足异门而出。齐人来归郓、

① 阮元校刻《十三经注疏》，中华书局1980年10月第1版，第二三八八页。

讙、龟阴之田者，盖为此也。因是以见虽有文事，必有武备，孔子于颊谷之会见之矣。①

颊谷之会，孔子为相。《春秋穀梁传》重点塑造孔子的艺术形象，两君就坛，两相相揖，气氛和谐，一如以往之会。突然齐人鼓噪而起，欲以执鲁君，形势急转直下，气氛顿时紧张，孔子历阶而上，不尽一等，而视归乎齐侯，生动地表现出当时的紧张气氛，可见，稍慢一步鲁定公就成第二个宋襄公了。孔子命司马却齐人以保卫鲁定公，以见武备之不可缺。罢会，齐人使优施舞于鲁君之幕下。此与后世之项庄舞剑而意在沛公同，孔子当机立断，使司马行法，粉碎了齐人的阴谋。由此齐人来归郓、讙、龟阴之田，最后提出全文的论点“虽有文事，必有武备”。全文除最后一句论点外，全部是生动的叙述和人物形象的塑造，这样的论说文达到了很高的艺术成就。只是因为有人认为该文败坏了孔子的所谓的圣人气象，一般的古文选本都不选该文，但该文的艺术成就是客观存在，后世贾谊的《过秦论》可与此文媲美。

又如，《春秋》成公五年：“梁山崩。”《春秋穀梁传》云：

不日，何也？高者有崩道也。有崩道，则何以书也？曰梁山崩，壅遏河，三日不流，晋君召伯尊而问焉。伯尊来，遇辇者，辇者不辟，使车右下而鞭之，辇者曰：“所以鞭我者，其取道远矣。”伯尊下车而问焉。曰：“子有闻乎？”对曰：“梁山崩。壅遏河。三日不流。”伯尊曰：“君为此召我也，为之奈何？”辇者曰：“天有山，天崩之。天有河，天壅之。虽召伯尊，如之何？”伯尊由忠问焉，辇者曰：“君亲素缟，帅群臣而哭之，既而祠焉，斯流矣。”伯尊至，君问之，曰：“梁山崩，壅遏河，三日不流，为之奈何？”伯尊曰：“君亲素缟，帅群臣而哭之，既而祠焉，斯流矣。”孔子闻之，曰：“伯尊其无绩乎！攘善也。”②

该文没有明确提出论点，其论点宛如游龙，东鳞西爪，时隐时现，细按之后，方知其论点。该文叙述生动，妙趣横生，颇有志异色采，但又不是志异。该文的人物形象非常生动，故事性也很强。该文先通过问答方式提出高者有崩道。高者有崩道并不是论点，

---

① 阮元校刻《十三经注疏》，中华书局 1980 年 10 月第 1 版，第二四四五页。

② 阮元校刻《十三经注疏》，中华书局 1980 年 10 月第 1 版，第二四一九页。

只是论点的组成部分。辇者曰："天有山，天崩之。天有河，天壅之。虽召伯尊，如之何?"也不是论点，而只是论点的组成部分。辇者曰："君亲素缟，帅群臣而哭之，既而祠焉，斯流矣。"也只是论点的组成部分。读者由此三者方悟出听天变而尽人事的主题。该文艺术成就很高，有《庄子》文章的味道。

《春秋公羊传》云："梁山者何？河上之山也。梁山崩，何以书？记异也。何异尔？大也。何大尔？梁山崩，壅河，三日不流。外异不书，此何以书？为天下记异也。"① 可见，《春秋公羊传》所记"梁山崩"一段没有文学性。

《春秋左氏传》云："梁山崩，晋侯以传召伯宗。伯宗辟重，曰：'辟传!'重人曰：'待我，不如捷之速也。'问其所，曰：'绛人也。'问绛事焉，曰：'梁山崩，将召伯宗谋之，'问将若之何，曰：'山有朽壤而崩，可若何？国主山川，故山崩川竭，君为之不举，降服乘缦，彻乐出次，祝币，史辞以礼焉，其如此而已。虽伯宗若之何?'伯宗请见之，不可。遂以告，而从之。"②

《春秋左氏传》所记"梁山崩"一段文字立意明显不如《春秋穀梁传》，重人曰："山有朽壤而崩可若何?"既然已知梁山崩是因山有朽壤而崩，则"君为之不举，降服乘缦，彻乐出次，祝币，史辞以礼焉"就实属多余了。古礼要求遭变异君要为之不举、降服乘缦、彻乐出次、祝币史辞。此古礼不存于官府，而由重人言之，真是礼失而求诸野，《春秋左氏传》记载之，可见《春秋左氏传》善于礼，但是，既然已知梁山崩是因山有朽壤而崩，古礼所要求的遭变异君要为之不举、降服乘缦、彻乐出次、祝币史辞就成为不必要的形式，可见，《春秋左氏传》的政治目的就是复古倒退，恢复古代礼乐制度的形式。《春秋左氏传》所记"梁山崩"一段文字在思想内容和艺术上都明显不如《春秋穀梁传》所记"梁山崩"一段文字。

四、《春秋穀梁传》论说与说明的兼容性

《春秋穀梁传》中还有一类论说礼乐制度的文章，艺术性比较高。这一类论说礼乐制度的文章不能当作说明文来看待，因为这一类论说礼乐制度的文章不是简单地记载和说明礼乐制度，而是常常围绕礼乐制度的变化、作用、目的等方面立论，融说明于论说之中。其立论最终也常常指向人的心性的善良仁爱，即强调礼乐制度的仁的内涵，而不是仅仅介绍和说明礼乐制度的形式。与此内容相适应，这一类论说礼乐制度的文章在艺术

---

① 阮元校刻《十三经注疏》，中华书局1980年10月第1版，第二二九二页。

② 阮元校刻《十三经注疏》，中华书局1980年10月第1版，第一九〇一页——第一九〇二页。

上表现为古朴典雅、中和平正。

《春秋》昭公八年："秋，蒐于红。"①

《春秋穀梁传》云："正也。因搜狩以习用武事，礼之大者也。艾兰以为防，置旃以为辕门，以葛覆质以为槷，流旁握，御轚者不得入。车轨尘，马候蹄，揜禽旅，御者不失其驰，然后射者能中。过防弗逐，不从奔之道也。面伤不献，不成禽不献。禽虽多，天子取三十焉，其余与士众以习射于射宫。射而中，田不得禽则得禽。田得禽而射不中，则不得禽。是以知古之贵仁义而贱勇力也。"②

《春秋左氏传》云："秋，大搜于红，自根牟至于商卫，革车千乘。"③

《春秋公羊传》云："搜者何？简车徒也。何以书？盖以罕书也。"④

《春秋穀梁传》对于"秋，蒐于红"所发的传文记载了秋蒐之礼和射猎之礼。《春秋穀梁传》并不满足于此，而是围绕秋蒐之礼和射猎之礼的作用和目的立论，融说明于论说之中。其立论最终指向人的心性的善良仁爱，即所谓"是以知古之贵仁义而贱勇力也"。这就强调和突出了礼乐制度的仁的内涵或内容，而不是仅仅介绍和说明礼乐制度的表象或形式。与此内容相适应，《春秋穀梁传》这类文章在艺术上表现为古朴典雅、中和平正，达到了很高的艺术水平。清代徐乾学奉旨编选的《古文渊鉴》选录此文，对于此文的古朴典雅评价甚高。《春秋左氏传》和《春秋公羊传》也对"秋，蒐于红"发传，两篇文章与《春秋穀梁传》对于"秋，蒐于红"所发的传文不可同日而语。

又如，《春秋》哀公元年："鼷鼠食郊牛角，改卜牛。夏，四月，辛巳，郊。"《春秋穀梁传》云：

> 此该郊之变而道之也，于变之中又有言焉。鼷鼠食郊牛角，改卜牛，志不敬也。郊牛日展觓角而知伤，展道尽矣。郊自正月至于三月，郊之时也。夏四月郊，不时也。五月郊，不时也。夏之始，可以承春，以秋之未承春之始，盖不可矣。九月用郊，用者不宜用者也。郊三卜，礼也。四卜，非礼也。五卜，强也。卜免牲者，吉则免之，不吉则否。牛伤，不言伤之者，伤自牛作也。故其辞缓。全曰牲，伤曰牛，

① 阮元校刻《十三经注疏》，中华书局1980年10月第1版，第二四三五页。

② 阮元校刻《十三经注疏》，中华书局1980年10月第1版，第二四三五页。

③ 阮元校刻《十三经注疏》，中华书局1980年10月第1版，第二〇五二页。

④ 阮元校刻《十三经注疏》，中华书局1980年10月第1版，第二三一九页。

未牲曰牛，其牛一也，其所以为牛者异。有变而不郊，故卜免牛也。已牛矣，其尚卜免之，何也？礼与其亡也。宁有，尝置之上帝矣，故卜而后免之，不敢专也。卜之不吉则如之何？不免。安置之？系而待。六月上甲始庀牲，然后左右之。子之所言者，牲之变也。而曰我一该郊之变而道之，何也？我以六月上甲始庀牲，十月上甲始系牲，十一月，十二月，牲虽有变，不道也，待正月然后言牲之变，此乃所以该郊。郊，享道也，贵其时，大其礼，其養牲虽小不备可也。子不志三月卜郊，何也？郊自正月至于三月，郊之时也。我以十二月下辛卜正月上辛，如不从，则以正月下辛卜二月上，辛如不从，则以二月下辛卜三月上辛，如不从，则不郊矣。①

该文详细记载了郊祭的礼制，其文体完全是一篇关于郊祭之礼的礼志或礼记。《春秋穀梁传》并不满足于此，而是围绕郊祭的礼制的变化立论，融说明于论说之中。其立论最终指向人的心性的善良仁爱，具体表现为对上天的恭敬和尽心。即所谓“郊牛日展斛角而知伤，展道尽矣”。然后围绕对上天的恭敬和尽心指出各种郊祭的礼制的变化的不适当。最后归结为“郊，享道也，贵其时，大其礼，其養牲虽小不备可也。”用卜以定日定免表达对上天的恭敬和尽心。可见，对上天的恭敬和尽心才是郊礼的内涵。这就强调和突出了礼乐制度的仁的内涵，而不是仅仅介绍和说明礼乐制度的形式。与此内容相适应，文章在艺术上也表现为古朴典雅，舒缓平和，达到了较高的艺术水平。

五、《春秋穀梁传》论说的语言风格

《春秋穀梁传》的语言艺术风格，晋代荀崧称为“文清义约，诸所发明，或是《左氏》《公羊》所不载，亦足有所订正。”② 东晋范宁在《春秋穀梁传集解·序》中综比《三传》时指出：“《左氏》艳而富，其失也巫；《穀梁》清而婉，其失也短；《公羊》辩而裁，其失也俗。”③ 至唐代，柳宗元在《与韦中立论师道书》中说：“参之穀梁氏以厉其气”④，在《报袁君陈秀才避师名书》中又说：“穀梁子，太史公甚峻洁，可以出入。”⑤ 及至清代中期，《春秋穀梁传》学者钟文烝指出：“《穀梁》文章有二体：有详而畅者，有简而古者。要其辞清以淡，义该以贯，气峻以厉，意婉以平。征前典皆据正经，述古语

① 阮元校刻《十三经注疏》，中华书局1980年10月第1版，第二四四八页。

② 《晋书·荀崧传》，房玄龄等《晋书》，中华书局1974年11月第1版，第一九七八页。

③ 阮元校刻《十三经注疏》，中华书局1980年10月第1版，第二三六一页。

④ 柳宗元《与韦中立论师道书》，《柳宗元集》，中华书局1979年9月第1版，第八七二页。

⑤ 柳宗元《报袁君陈秀才避师名书》，《柳宗元集》，中华书局1979年9月第1版，第八八〇页。

特多精理，与《论语》《礼记》最为相似。”[①] 同时又指出：“《易》《彖》《象》传释经，有曰其位、其吉，有曰吝道也、安行也、偏辞也、志疑也，有止一字者曰穷也、明也、咎也、行也、下也、顺也、悆也。《穀梁》文句，多与相似。”[②]

可见，前人认为《春秋穀梁传》有两种截然不同的语言艺术风格。我认为研究《春秋穀梁传》语言艺术风格要将《春秋穀梁传》叙述的语言艺术风格和论说的语言艺术风格加以区分。就《春秋穀梁传》论说的语言艺术风格而言，我认为从表面现象看其语言艺术风格是辞清以淡，意婉以平。但在这一表层之下，却是气峻以厉，峥嵘雄奇，表面和深层构成一个统一体。

如《春秋》僖公四年：“楚屈完来盟于师，盟于召陵。”[③]《春秋穀梁传》：

楚无大夫，其曰屈完，何也？以其来会桓，成之为大夫也。其不言使，权在屈完也。则是正乎？曰非正也。以其来会诸侯，重之也。来者何？内桓师也。于师，前定也。于召陵，得志乎桓公也。得志者，不得志也。以桓公得志为仅矣。屈完曰：“大国之以兵向楚，何也？”桓公曰：“昭王南征不反。菁茅之贡不至，故周室不祭。”屈完曰：“菁茅之贡不至，则诺。昭王南征不反，我将问诸江！”[④]

《春秋穀梁传》以问答体记载了盟于召陵之背景后，即记载屈完之发问，屈完义正词严地质问桓公大国以兵向楚是为什么，实际上暗含桓公以大欺小、以众暴寡，也含有指责桓公使用武力之意，这是具有普世价值的正义立场。桓公回答两条动武理由，其一为昭王南征不反，其二为菁茅之贡不至。屈完之回答认为桓公动武的次要理由有理，但是，主要理由不成立，委婉地回答我将问诸江，从表面现象看其语言艺术风格是辞清以淡，意婉以平，但在这一表层之下，却是气峻以厉，峥嵘雄奇，表面和深层构成一个统一体。

《春秋左氏传》僖公四年：

四年，春，齐侯以诸侯之师侵蔡。蔡溃，遂伐楚。楚子使与师言曰：“君处北

---

① 《春秋穀梁经传补注·论传》，钟文烝《春秋穀梁经传补注》，中华书局 1996 年 7 月第 1 版，第二八页——第二九页。

② 《春秋穀梁经传补注·论传》，钟文烝《春秋穀梁经传补注》，中华书局 1996 年 7 月第 1 版，第二五页。

③ 阮元校刻《十三经注疏》，中华书局 1980 年 10 月第 1 版，第二三九三页。

④ 阮元校刻《十三经注疏》，中华书局 1980 年 10 月第 1 版，第二三九三页。

海，寡人处南海，唯是风马牛不相及也。不虞君之涉吾地也，何故?”管仲对曰：“昔召康公命我先君大公，曰：‘五侯九伯，女实征之，以夹辅周室!’赐我先君履，东至于海，西至于河，南至于穆陵，北至于无棣。尔贡苞茅不入，王祭不共，无以缩酒，寡人是征。昭王南征而不复，寡人是问。”对曰：“贡之不入，寡君之罪也，敢不共给?昭王之不复，君其问诸水滨!”①

首先，海与地矛盾，人何以处北海、南海?《荀子·王制》：“北海则有走马吠犬焉，然而中国得而畜使之；南海则有羽翮、齿革、曾青、丹干焉，然而中国得而财之；东海则有紫、紶、鱼、盐焉，然而中国得而衣食之；西海则有皮革、文旄焉，然而中国得而用之。”② 杨倞注：“海，谓荒晦绝远之地，不必至海水也。”③ 杨倞实际上是看出了海与地矛盾，而以海训地，以海训地是缺乏训诂依据的。但是，杨倞之说不能算错，因为古代以中国为天下之中心，四周环海，中国以四周为蛮夷，有藐视之意义，所以杨倞之说不能算错。与荀子几乎同时的邹衍提出：“儒者所谓中国者，于天下乃八十一分居其一分耳。中国名曰赤县神州。赤县神州内自有九州，禹之序九州是也，不得为州数，中国外如赤县神州者九，乃所谓九州也。于是有裨海环之，人民禽兽莫能相通者，如一区中者，乃为一州。如此者九，乃有大瀛海环其外，天地之际焉。”④ 荀子用古说而未用邹衍之说。齐国为姜尚封地，为中国之地无疑，今本《左传》言齐国为北海是以齐国为蛮夷也，外交辞令可以如此鲁莽乎?我认为不能排除今本《左传》此段文字为利用《荀子·王制》之拙劣伪造之可能。可否将此理解为比喻?我认为也不可将此理解为比喻，比喻也要符合外交辞令的语境和当时之地理认识水平。

其次，风马牛不相及也，至今无有令人满意的解释。杜预注：“楚界犹未至南海，因齐处北海，遂称所近。牛马风逸，盖末界之微事，故以取喻。”⑤ 孔颖达疏：“因齐实处北海，遂称所近，言其相去远也。服虔云：‘风，放也。牝牡相诱谓之风。《尚书》称：马牛其风。’此言‘风马牛’，谓马牛风逸，牝牡相诱，盖是末界之微事，言此事不相及，

① 阮元校刻《十三经注疏》，中华书局1980年10月第1版，第一七九二页——第一七九三页。

② 《荀子·王制》，王先谦《荀子集解》，中华书局1988年9月第1版，第一六一页——第一六二页。

③ 《荀子·王制》，王先谦《荀子集解》，中华书局1988年9月第1版，第一六一页。

④ 《史记·孟子荀卿列传》，司马迁《史记》，中华书局1959年9月第1版，第二三四四页。

⑤ 阮元校刻《十三经注疏》，中华书局1980年10月第1版，第一七九二页。

故以取喻，不相干也。"① 其一，杜预、孔颖达皆不以齐国为中国之地，而以齐国为蛮夷也，皆不知春秋大义，碌碌皆不足论。其二，外交辞令竟然以下流之牛马配种或曰发情交配质问君相，外交辞令可以如此鲁莽乎？如此鲁莽之辞令可妄赞之为委婉得体乎？如此鲁莽之辞令可妄赞之为外交辞令之典范乎？

本来应该严厉质问管仲或桓公为什么以大欺小、以众暴寡、使用武力，《春秋左氏传》不但没有严厉质问管仲或桓公，反而讲客气，真是该严厉时不严厉。

《春秋左氏传》的"君其问诸水滨"强迫对方去问，不仅不客气委婉，而且锋芒毕露，如此则授人以柄，有理反而无理，一炮放完，底气尽失。另外，昭王南征不反的确是楚人理亏，理应客气，但是，《春秋左氏传》的"君其问诸水滨"强迫对方去问，不仅不客气委婉，而且锋芒毕露，真是该客气时不客气。

这就是所谓《春秋左氏传》中的名篇，其实漏洞频出，不知所云，《春秋左氏传》中的此篇是被无知者捧起来的，是名实不符的。

《春秋穀梁传》的"昭王南征不反，我将问诸江"可谓委婉之严厉拒绝，由于问诸江或问诸水滨绝不会问出结果，若把握不好此即等于严厉拒绝，《春秋左氏传》即把握不好，君其之其起强调性作用，就很不客气，君你自己去水滨问吧！君其问诸水滨是命令句，再强迫对方去问就更加不客气，而《春秋穀梁传》则处理得当，我将问诸江，不是命令句，将字使语气缓和，慢慢问吧，反正给你问着呢，肯定问不出结果，不劳大驾而自己去问，更加客气委婉，因其更加客气委婉所以也就更加严厉，远胜《左传》相关文字。

综上所述，《春秋穀梁传》的论说的文字或文章达到了很高的艺术水平。《春秋穀梁传》用以心性为指归的中和平正的正统儒家思想而非用过激狭隘之论阐发《春秋》大义。从而使得《春秋穀梁传》的论说篇章具有清新刚健、婉转从容的艺术特色。《春秋穀梁传》论说篇章具有一股严厉公正的文气，这种气势来自儒家思想的道德力量，也来自于问答式结构所产生的层层推进的论证效果。《春秋穀梁传》十分重视艺术形象在论说过程中的地位。《春秋穀梁传》在论说过程中实际上伴随着艺术形象的塑造，《春秋穀梁传》通过鲜明的艺术形象增强其观点的合理性。《春秋穀梁传》的问答式结构要求逐次回答问题，这就产生了层层推进、环环相扣的论证效果，使文章有逻辑性和力量。《春秋穀梁传》融说明于论说之中。《春秋穀梁传》论说语言的艺术风格表面上辞清以淡，意婉以平，在表层之下是气峻以厉，峥嵘雄奇。

---

① 阮元校刻《十三经注疏》，中华书局1980年10月第1版，第一七九二页。

结论

一

《春秋穀梁传》在先秦时代即有古文文本流传。《汉书·艺文志》所谓的《穀梁章句》三十三篇，当是三部不同来源的《穀梁章句》的汇合。孔骥著有《公羊训诂》《穀梁训诂》不可信。伯二四八六、伯二五三六、北敦一五三四五的版本价值和校勘价值不高。伯二五三五＋伯四九〇五是一种普及性著作或入门性著作，不具有版本价值和校勘价值。现在之北敦一五三四五、伯二五三六、伯二四八六分别是三个《春秋穀梁传集解》完整抄本的各一部分。唐石经之校勘价值是相当有限，则唐石经本《春秋穀梁传》的校勘价值亦相当有限。《监本附音春秋穀梁传注疏》以《监本附音春秋穀梁注疏》称者误。南宋建阳坊刻十行本从实际上讲就应该不是坊刻本，而是变相的国子监本。“南监本”或“南雍本”是比较宽泛的概念，意义不明确，即使就其最常见之使用情况而言也不是仅仅指版藏南京国子监的刊本才叫“南监本”或“南雍本”，而是一般指明南京国子监本和与明南京国子监有某种关系的刊本。康熙十九年给康熙上的折子说明南、北两雍皆有十三经注疏、二十一史刻板，其言必有据。《明南雍经籍考》未记载十三经注疏板，不能够就此否定南监有十三经注疏板，没有记载就算作是没有是典型的默证法。韩愈进一步完善道统论，将孟子列入道统之中，从根本上解决了孟子入经的问题，十三经在韩愈的倡导下形成了，十三经注疏在宋代终于形成，至于何时汇刻不是问题的关键。日藏余仁仲本是翻刻本，而且是杂取众本而成，其校勘价值和版本价值极为有限。

二

孔子与《春秋》是有关系的，孔子以属辞比事、定《春秋》的起讫、口说三种方式修《春秋》，但孔子修《春秋》的微言大义已失传，《春秋公羊传》和《春秋穀梁传》为了使自己的思想具有权威性，通过创立义例捏造孔子笔削痕迹以便将自己的思想罩上孔子的灵光。《春秋公羊传》《春秋穀梁传》以各种有文字痕迹可寻的义例所探寻出来的孔子自己的思想或所谓微言大义只能看作是《春秋公羊传》和《春秋穀梁传》自己的思想，而不能强加给孔子以作为孔子的思想。

孔子当生于鲁襄公二十一年夏历十二月二十三日。另外，关于鲁襄公二十一年夏历十二月二十三日转换为公历的问题，我认为，孔子之诞辰为鲁襄公二十一年夏历十二月二十三日，完全不必转换为公历，现在夏历仍然在民间使用着，春节就是夏历元旦，而夏历十二月二十三日又是传统的小年，距离夏历元旦有六或七天，如同西方的圣诞节距离公历元旦有六天，在夏历十二月二十三日纪念孔子，将孔子与春节联系起来，变为全民的节日，变为华夏文化的节日，才可以比较客观地反映孔子在华夏文化中的地位。如果把教师节定在夏历十二月二十三日，与春节联系起来，变为全民的节日，变为华夏文化的节日，才可以比较客观地反映教师和尊师重学在华夏文化中的地位。

穀梁子实有其人，非为假托人物。将穀梁子称为穀梁子最为可靠。在没有直接的证据之前，穀梁子的名字可以分为四类：穀梁子名赤，记载最早，除穀梁子外似穀梁子名赤最为可信；然赤很可能是“子”字之音讹和形讹；亦可能是子形讹为朩，朩又形讹为赤。穀梁子名俶，字符始，汉魏没有记载，可信度较低；我认为俶的真正来源当是朩，朩实为子之形讹。名寘是因与子或赤声韵相近所书之代字，可信度低于名赤之说。穀梁子名喜与名嘉记载较晚，可信度均较低；一般认为建本《汉书》与汪本《汉书》之“嘉”乃“喜”传写印刷之误字，喜与赤、淑、俶、寘声转通作；然“嘉”很可能是“赤”传写印刷之误字，而“喜”很可能是“嘉”传写印刷之误字，且受到“赤”读音之影响。

鲁人穀梁赤生活的年代当在战国中期。穀梁子对于《春秋穀梁传》的开创之功是不可抹杀的，可以说穀梁子是《春秋穀梁传》的第一作者，《春秋穀梁传》最初的古文文本的写作年代当在战国中期。在汉武帝之前的后代《春秋穀梁传》学者又有所补充。《春秋穀梁传》在先秦时代即有古文文本流传，汉武帝时江公为《穀梁春秋》，可能不是凭空创作，而是将先秦的古文文本加以整理补充，用汉代通行的隶书写定，从穀梁子直至汉武帝时最后才形成《春秋穀梁传》的文字定本。文字定本是由汉代所流行的隶书写定的，故为今文经学。可见，《春秋穀梁传》作非一人，成非一时。

三

汉代以前《春秋穀梁传》的传承系统应该是：子夏传无名氏，此无名氏可能为一人，也可能为多人。现有材料无法确考。无名氏传穀梁子，穀梁子传无名氏，此无名氏可能也不止一人，其中一无名氏传荀子，荀子传浮丘伯，或直接传申公，或经浮丘伯传申公。如果荀子既传浮丘伯，又传申公，则荀子传人也不止一人。真正意义上的《春秋穀梁传》当始于穀梁子，现有材料无法确考穀梁子以前的无名氏和子夏，子夏与《春秋》的关系现无直接证据，基本上属于传说性质，不是很可靠的。退一步说，就算《春秋》是由子夏传出的，子夏所传之《春秋》也只是笼统的《春秋》阐释之学，其中既有《春秋穀梁传》的因素也有《春秋公羊传》的因素。所以，真正意义上的《春秋穀梁传》当始于穀梁子。穀梁子从传说的子夏所传之笼统的《春秋》阐释之学中分离出来，形成了《春秋穀梁传》最初的学术特色。

荀子是《春秋穀梁传》承前启后的关键人物。荀子学习和教授《春秋左氏传》当在与赵孝成王议兵于赵之前。荀子一生思想的发展是有脉络可循的，荀子早年学习儒家的传统思想，偏重于古代礼乐制度。中年居于稷下学宫开始创立新说，主张法后王。晚年见秦政之暴，弟子李斯相秦，荀子为之不食，荀子思想发生了一定的变化。荀子一生思想的发展变化的脉络及其学习和教授《春秋》三传的先后顺序有利于认识《春秋》三传思想的差异，也有利于认识汉初陆贾、贾谊和其后的董仲舒在思想上的差异，认识了汉初陆贾、贾谊和其后的董仲舒在思想上的差异，反过来也就有利于更加深刻地认识《春秋》三传思想上的差异。

荀卿适楚，春申君以为兰陵令，因家于兰陵，在"亲亲上恩"的文化大环境之下传授《春秋穀梁传》，使《春秋穀梁传》"亲亲上恩"的文化因素得到进一步加强。荀卿晚年的思想变化和兰陵的人文环境对《春秋穀梁传》形成与《春秋公羊传》以主张大义灭亲和剧烈的社会变革为其学术特色完全对立的学术特色起了决定性的作用。

陆贾、贾谊都主张兴礼乐，实行儒家常规的礼乐教化以渐进的方式移风易俗。陆贾主仁，强调礼的内容，比较中正平和。贾谊主礼，偏向于形式，有复古倒退的倾向。而董仲舒则主张先行更化，继续以苛暴的权宜之计代替儒家常规的礼乐教化，实际上是儒法合一，外儒内法。

汉武帝最终采纳《春秋公羊传》而不是《春秋穀梁传》作为正统思想，原因不是公羊大师董仲舒能持论,《春秋穀梁传》传人江公呐于口,而是《春秋穀梁传》之学术不符合汉武帝对内大一统、对外大攘夷的政治需要。

《春秋穀梁传》本身的思想理论特色是《春秋穀梁传》在汉宣帝时期的政治生活中发挥重要作用的基础。在汉宣帝提升《春秋穀梁传》的学术地位并使其发挥政治作用的问题上,完全排除汉宣帝的感情因素而纯粹从政治功利方面寻求解答,这是片面的,也是与历史事实不相符合的。《春秋穀梁传》符合汉宣帝的政治需要,并在当时的政治中发挥了作用。首先,汉宣帝增立《春秋穀梁传》博士,将《春秋穀梁传》的政治思想作为基本的统治思想,公之于天下,对武帝之政的流弊有所矫正,使尖锐的社会矛盾有所缓和。其次,汉宣帝立《春秋穀梁传》博士,以《春秋穀梁传》作为官方思想在于强调血缘正统,其他皇室子孙,无权觊觎皇位。这就需要强调社会结构相对稳定的《春秋穀梁传》作为正统思想,而属于齐学之《春秋公羊传》则不能适应汉宣帝之统治需要。再次,在政府组织上,一朝天子一朝臣,先朝之权臣要更换,这批人多为治《春秋公羊传》之齐人,宣帝通过立《春秋穀梁传》于学官,从上至下培植一大批为汉宣帝自己可用之人。另一方面,通过兴立《春秋穀梁传》博士,使《春秋公羊传》博士不废而实废。因为上有所好,下必学之。一时间形成《春秋穀梁传》大盛之势。此热彼冷。天下士人有限,学《春秋穀梁传》者多了,则学《春秋公羊传》者相对就少了。这样一来,一时间使《春秋公羊传》博士不废而实废,沉重打击了春秋公羊学的政治力量。这就在政府组织上巩固了汉宣帝之位。

汉宣帝时,通过立《春秋穀梁传》博士,实现了统治思想的转变,《春秋穀梁传》最终促成了经学知识分子精英阶层的形成。实现了孔子"学而优则仕"的思想,对汉代及以后的中国政治产生了深远影响。

《春秋公羊传》自武帝以来经过长期发展,理论上体系完备,内容丰富,博大精深。政治实践中可操作性强,更符合封建集权统治的需要,在绝大部分封建集权统治者看来,《春秋穀梁传》失之于迂腐了,可操作性不强。学术队伍上,《春秋公羊传》经师人数众多,门生故吏遍于天下。宣帝朝一过,春秋公羊学之地位迅速恢复。《春秋穀梁传》仍难以摆脱旁支庶出之地位。在宣帝提倡之下,《春秋穀梁传》短暂大盛之后,《春秋公羊传》的地位得以恢复,

经学知识分子精英阶层形成并控制权力核心之后,经学知识分子的理想主义在权力的刺激之下进一步膨胀,这就使《春秋穀梁传》的经学知识分子背离了《春秋穀梁传》学术的中正平和,倒向更为理想主义的属于古文经学的《春秋左氏传》。《春秋穀梁传》

的学术由此衰微。

四

《春秋穀梁传》的经济思想的本质是在维护君权的前提之下的具有某些民本主义色彩的富民、裕民的小农经济思想。《春秋穀梁传》的经济思想的核心是以政治和道德干预经济，特别是干预最重要的生产资料——土地的占有，以政治和道德干预水资源的使用。《春秋穀梁传》对于农业生产非常重视，是把农业生产当作关乎国计民生的大事来对待的。特别强调不使百姓财尽，要使百姓小有余钱。制民之产的富民、裕民思想是《春秋穀梁传》重要的经济思想。《春秋穀梁传》在粮食储备问题上具有深深的危机感。一个国家要储备九年以上的粮食，具有特别重要的意义。士民、商民、农民、工民通过交换关系共同构成一个社会，协调发展，各得其所。《春秋穀梁传》提出应该实行税什一的税收制度，减轻赋敛。

《春秋穀梁传》的政治思想包括两个大的方面。一为关于处理诸侯国之间关系的思想。一为关于处理诸侯国内部关系的思想。关于处理诸侯国之间关系的思想包括内诸夏而外夷狄、深察名号以确定各诸侯国的尊卑等级、尊周和尊天子的大一统思想、在诸侯国与诸侯国的交往中要以诚相待。关于处理诸侯国内部关系的思想包括提倡礼制，严守等级和以民为本的思想。《春秋穀梁传》提出了军事的思想。《春秋穀梁传》主张会盟，互不侵犯，主张各种军事手段有高下的层次之分，主张国君要牢牢控制军队的战略调动大权，反对大夫专兵，反对战争中的非人道行为。

《春秋穀梁传》的伦理思想的核心是以三纲为基础的等级制度。可以说在《春秋穀梁传》对妇女的道德要求中，“三从四德”已完全包括在内。《春秋穀梁传》讲究“忠”和“孝”，并且讲究到极致。当“忠”和“孝”发生冲突时，《春秋穀梁传》认为“孝”比“忠”优先。《春秋穀梁传》重义轻利，反对以功利目的代替道义目的。

《春秋穀梁传》的社会救助思想包括社会救荒思想、社会救灾思想、社会救民思想、社会救国思想四个方面，具有重要的思想价值和现实意义。

《春秋穀梁传》的国际政治思想对于制衡国际政治研究和国际关系研究中的西方中心主义以及构建具有中国特色的国际政治理论均具有重要意义。

《春秋穀梁传》认为：人受命于天，道是人从天所受之天命，也即是天道，若人不同于天道，即违背天道，则天绝之。这是《春秋穀梁传》的天道观，也是《春秋穀梁传》

的本体论。《春秋穀梁传》的本体论实际上是属于客观唯心主义的本体论。《春秋穀梁传》的方法论实际上是从一分为三到三合为一，这个思想相当深刻。

五

“信以传信，疑以传疑”的笔法体现了追求真实的精神。追求和强调文学的真实性是中国古代文学的一大特点，中国古代文学重视文学的政治和社会伦理功能，只有真实反映现实的文学才能最好地发挥文学的政治和社会伦理功能。在事实清楚的情况下，为亲者讳，为尊者讳。这就要选择适当的词语和表达方式来表达。这一方面表明，《春秋穀梁传》认识到了同一件事情用不同的词语和表达方式来表达对读者产生的感受和效果是不同的；另一方面也表明，文学是发展的。只有语言文学发展到一定阶段，才能产生足够的词汇和表达方式。《春秋穀梁传》对所记之事进行道德评判，发挥文学的政治和社会伦理功能。《春秋穀梁传》惩恶扬善的解史特点使《春秋穀梁传》对所记之事进行道德评判，客观上发挥了文学的政治和社会伦理功能。《春秋穀梁传》继承了《春秋》的崇尚简洁的优良的史学传统，形成了崇尚简洁的解史特点。崇尚简洁，这实际上是一种美学追求，以清婉简洁为美。崇尚简洁的解史特点与文学思想是相通的。《春秋穀梁传》所反映出的史书体裁随内容而变化的史学思想，其中蕴涵着文学体裁随内容而变化的思想。《春秋穀梁传》在记载礼制或社会等级制度时，将社会等级的差异与色彩的差异、与音乐和舞蹈的形式和内容的差异相联系。这表明《春秋穀梁传》对美的看法是：美是有社会等级的，这实际上认识到了美的社会性。《春秋穀梁传》在大多数情况下更大程度上关注于历史进程中的主体——人在历史进程中的作用，关注于人的本性之善恶、意念之正邪、人品之优劣、心志之高卑等心性因素对历史进程的影响。《春秋穀梁传》的这种历史观实际上具有文学思想或文学观念的因素。

《春秋穀梁传》的结构方式是二级结构方式。第一级结构是对整个文本的结构，第一级结构的结构方式是以时间顺序结构整个文本，也就是以《春秋》的每一条记载为骨架以结构《春秋穀梁传》的整个文本。即《春秋穀梁传》的整个文本是围绕《春秋》的每一条记载而进行结构的。《春秋穀梁传》对《春秋》的某条记载发传，其传之篇章结构构成了《春秋穀梁传》的第二级结构。《春秋穀梁传》的第二级结构方式在大多数情况下基本上是以问答方式结构其内容。

《春秋穀梁传》问答式的结构方式形成的外因在于私人讲学的兴起。在私人讲学兴起的外部条件下出于记录师说的需要逐渐发展，逐渐成为有影响的结构方式之一。《春秋穀梁传》问答式的结构方式形成的内因是《春秋穀梁传》的历史观及由此而形成的《春秋穀梁传》的内容。《春秋穀梁传》在大多数情况下更大程度上关注于历史进程中的主体——人在历史进程中的作用，关注于人的本性之善恶、意念之正邪、人品之优劣、心志之高卑等心性因素对历史进程的影响。其弊在于不能像《春秋左氏传》和《春秋公羊传》那样展示重大历史事件背后的复杂社会背景和利害关系；其利在于便于优化《春秋穀梁传》的第二级结构，即《春秋穀梁传》所展现的内容没有《春秋左氏传》那样复杂和具体，可以通过问答方式进行结构。

《春秋穀梁传》在第二级结构上通过问答方式以历史进程中的主体——人为中心组织材料，以人的本性之善恶、意念之正邪、人品之优劣、心志之高卑等心性因素作为历史事件发生的主要原因。由此，《春秋穀梁传》的第二级结构在多数情况下基本上比较紧凑严谨，条理分明，枝节较少，主干清楚。这样一来，《春秋穀梁传》就在第二级结构上确保了简洁。在语言文字上就不必过分求简，还可以大量使用虚词，加之以中和平正的正统儒家思想阐发《春秋》大义为其指归，这就使得《春秋穀梁传》的语言中和平正，温柔舒缓，又不失简洁庄重。《春秋穀梁传》的提问和回答在大多数情况下均显得比较舒缓。

《春秋穀梁传》的第二级结构有时并未出现问答的形式，但却有“也”字清楚地分出层次，这种情况可以看成《春秋穀梁传》将问句省略而仅保留了答句，这是问答式结构的一种特殊形式。

“也”字作为语气词在问答句中起到抑扬顿挫的音乐效果，在问句中“也”字使语气上扬，在答句中起到使语气下抑的作用，连续使用“也”字就形成了波浪式起伏的节奏。

《春秋穀梁传》在大多数情况下更大程度上关注于历史进程中的主体——人在历史进程中的作用，关注于人的本性之善恶、意念之正邪、人品之优劣、心志之高卑等心性因素对历史进程的影响。这就决定了《春秋穀梁传》的叙述内容的特殊性。

《春秋穀梁传》的问答式的结构决定了《春秋穀梁传》的主观讲述式的叙述模式。从而使得叙述更加引人入胜，叙事更为具体，语言更加通俗，更加重要的是在叙述之中常带有讲述者强烈的感情因素。《春秋穀梁传》在叙述之中甚至运用艺术想象进行艺术虚构。

《春秋穀梁传》在大多数情况下更大程度上关注于历史进程中的主体——人在历史进程中的作用，关注于人的心性因素对历史进程的影响。这决定了《春秋穀梁传》在叙述之中，不是仅仅关注于事件本身，更关注于事件与人的关联，从而注重人物形象的塑造。

《春秋穀梁传》不像《春秋左氏传》绘声绘色地渲染气氛，好奇博采以追求故事情节的丰富、生动、曲折、离奇，在故事情节的发展中人物的形象逐渐变得生动丰满。《春秋穀梁传》在回答提问的过程中，娓娓而谈，以简练清晰的白描笔法描述以人物为中心的历史事件发展的全过程。通过对人物的语言、行动、细节的描述，突出表现人物的心性特点。因为着重勾画出人物的心性特点，也就勾画出了历史事件的主体——人物的形象，从而也就使《春秋穀梁传》的人物形象达到了一定的艺术高度，在人物形象的塑造上形成了与《春秋左氏传》不同的艺术风格。

《春秋穀梁传》用以心性为指归的中和平正的正统儒家思想而非用过激狭隘之论阐发《春秋》大义，从而使得《春秋穀梁传》的论说篇章具有清新刚健、婉转从容的艺术特色。

《春秋穀梁传》要阐发《春秋》大义就要探究推求历史事件的意义，《春秋穀梁传》在阐发《春秋》大义时超越了从物质利益出发考虑问题这一层面，深入到从心性道义出发考虑问题的层面。《春秋穀梁传》阐发《春秋》大义，从心性道义出发考虑问题，意思写得清楚明白而有新意，给人以清新的感觉；理直气壮，感情充沛，给人以刚健的感觉。在从物质利益出发考虑问题这一层面深入到从心性道义出发考虑问题的层面的过程中，客观上存在一种转折关系，在这种转折关系之前后常常还有一些层次。《春秋穀梁传》阐发《春秋》大义时态度从容舒缓，从普通人习以为常的物质利益出发，娓娓而谈，态度从容，一层层深入推求，婉转曲折地转入从心性道义出发考虑问题的层面，再层层深入，最后得出结论。而这种层叠曲折的关系，一般人是不清楚的，读者读了《春秋穀梁传》对《春秋》大义的阐发，增长了见识，获得了了悟的喜悦，得到了审美的享受。

阅读《春秋穀梁传》的文章，不难发觉《春秋穀梁传》在行文中始终有一股严厉公正的文气，从儒家的道德标准出发，以历史审判者的气势对《春秋》所记之事做出公正的历史评判。这种气势来自儒家思想的道德力量，也来自于问答式结构所产生的层层推进的论证效果。

问答式结构要求逐次回答问题，这就产生了层层推进的论证效果，使文章有逻辑性和力量。要回答问题也就决定了《春秋穀梁传》大量使用判断句，大量使用判断句就会使文章有力量、有气势。《春秋穀梁传》又在结构层次中大量使用“也”字。增强了句子的抒情性，使作者的主观感情灌注于句子之中。“也”字还有将文气连接贯通的作用。

《春秋穀梁传》十分重视艺术形象在论说文中的地位。《春秋穀梁传》在论说过程中伴随着艺术形象的塑造，通过鲜明的艺术形象增强《春秋穀梁传》的观点的合理性。

《春秋穀梁传》中还有一类论说礼乐制度的文章，艺术性比较高。这一类论说礼乐制度的文章不能当作说明文来看待，因为这一类论说礼乐制度的文章不是简单地记载和说明礼乐制度，而是常常围绕礼乐制度的变化、作用、目的等方面立论，融说明于论说之中，其立论最终也常常指向人的心性的善良仁爱，即强调礼乐制度的仁的内涵，而不是仅仅介绍和说明礼乐制度的形式。与此内容相适应，这一类论说礼乐制度的文章在艺术上表现为古朴典雅、中和平正。

主要参考文献

[1] 江侠菴编译《先秦经籍考》，上海：商务印书馆中华民国二十年二月初版。

[2] 罗根泽编《古史辨》第四册，朴社中华民国二十二年三月初版。

[3] 钱穆《先秦诸子系年考辨》，商务印书馆中华民国二十四年十二月初版。

[4] 杨树达《积微居小学述林》，1954 年 2 月中国科学院出版。

[5] 皮锡瑞《经学通论》，中华书局 1954 年 10 月第 1 版。

[6]（宋）司马光《资治通鉴》，中华书局 1956 年 6 月第 1 版。

[7] 范祥雍《古本竹书纪年辑校订补》，上海人民出版社 1957 年 9 月新 1 版。

[8] 王国维《观堂集林》，中华书局 1959 年 6 月第 1 版。

[9]（汉）司马迁《史记》，中华书局 1959 年 9 月第 1 版。

[10]（汉）班固《汉书》，中华书局 1962 年 6 月第 1 版。

[11]（晋）范晔《后汉书》，中华书局 1965 年 5 月第 1 版。

[12]（清）永瑢等《四库全书总目》，中华书局 1965 年 6 月第 1 版。

[13]（唐）魏征等《隋书》，中华书局 1973 年 8 月第 1 版。

[14]（清）张廷玉等《明史》，中华书局 1974 年 4 月第 1 版。

[15]（唐）房玄龄等《晋书》，中华书局 1974 年 11 月第 1 版。

[16]（宋）欧阳修、宋祁《新唐书》，中华书局 1975 年 2 月第 1 版。

[17]（后晋）刘昫等《旧唐书》，中华书局 1975 年 5 月第 1 版。

[18]（清）刘熙载《艺概》，上海古籍出版社 1978 年 12 月第 1 版。

[19]（唐）柳宗元《柳宗元集》，中华书局 1979 年 9 月第 1 版。

[20] 王重民《敦煌古籍叙录》，中华书局 1979 年 9 月新 1 版。

[21] 余嘉锡《四库提要辨证》，中华书局 1980 年 5 月第 1 版。

[22]（清）阮元校刻《十三经注疏》，中华书局 1980 年 10 月第 1 版。

[23] （清）谭嗣同《谭嗣同全集》（增订本），中华书局 1981 年 1 月第 1 版。
[24] 徐仁甫《左传疏证》，四川人民出版社 1981 年 1 月第一版。
[25] 王国维《王国维遗书》第十一册，上海古籍书店 1983 年 9 月第一版。
[26] 吴承仕《经典释文序录疏证》，中华书局 1984 年 3 月第 1 版。
[27] 陈奇猷《吕氏春秋校释》，学林出版社一九八四年四月初版。
[28] 朱谦之《老子校释》，中华书局 1984 年 11 月第 1 版。
[29] 傅隶朴《春秋三传比义》中国友谊出版公司 1984 年 11 月第 1 版。
[30] 李泽厚《中国古代思想史论》，人民出版社 1985 年 3 月第 1 版。
[31] 王气中《艺概笺注》贵州人民出版社 1986 年 6 月第 1 版。
[32] 王利器《新语校注》，中华书局 1986 年 8 月第 1 版。
[33] （元）马端临《文献通考》，中华书局 1986 年 9 月第 1 版。
[34] 马其昶《韩昌黎文集校注》，上海古籍出版社 1986 年 12 月第 1 版。
[35] （清）王先谦《诗三家义集疏》，中华书局 1987 年 2 月第 1 版。
[36] （汉）陆贾《新语》，见文渊阁《四库全书》，上海古籍出版社 1987 年 6 月第 1 版。
[37] （汉）刘向《古列女传》，见文渊阁《四库全书》，上海古籍出版社 1987 年 6 月第 1 版。
[38] （汉）郑玄《箴膏肓》，见文渊阁《四库全书》，上海古籍出版社 1987 年 6 月第 1 版。
[39] （汉）郑玄《起废疾》，见文渊阁《四库全书》，上海古籍出版社 1987 年 6 月第 1 版。
[40] （汉）郑玄《发墨守》，见文渊阁《四库全书》，上海古籍出版社 1987 年 6 月第 1 版。
[41] （唐）马总《意林》，见文渊阁《四库全书》，上海古籍出版社 1987 年 6 月第 1 版。
[42] （唐）林宝《元和姓纂》，见文渊阁《四库全书》，上海古籍出版社 1987 年 6 月第 1 版。
[43] （宋）刘敞《春秋权衡》，见文渊阁《四库全书》，上海古籍出版社 1987 年 6 月第 1 版。
[44] （宋）晁说之《景迂生集》，见文渊阁《四库全书》，上海古籍出版社 1987 年 6 月第 1 版。
[45] （宋）乐史《太平寰宇记》，见文渊阁《四库全书》，上海古籍出版社 1987 年 6 月第

1 版。
[46]（宋）王应麟《汉艺文志考证》，见文渊阁《四库全书》，上海古籍出版社 1987 年 6 月第 1 版。
[47]（宋）王应麟《困学纪闻》，见文渊阁《四库全书》，上海古籍出版社 1987 年 6 月第 1 版。
[48]（宋）黄震《黄氏日抄》，见文渊阁《四库全书》，上海古籍出版社 1987 年 6 月第 1 版。
[49]（宋）陈祥道《论语全解》，见文渊阁《四库全书》，上海古籍出版社 1987 年 6 月第 1 版。
[50]（宋）方似孙《子略》，见文渊阁《四库全书》，上海古籍出版社 1987 年 6 月第 1 版。
[51]（宋）罗璧《识遗》，见文渊阁《四库全书》，上海古籍出版社 1987 年 6 月第 1 版。
[52]（金）王若虚《滹南集》，见文渊阁《四库全书》，上海古籍出版社 1987 年 6 月第 1 版。
[53]（元）于钦《齐乘》，见文渊阁《四库全书》，上海古籍出版社 1987 年 6 月第 1 版。
[54]（清）顾炎武《日知录》，见文渊阁《四库全书》，上海古籍出版社 1987 年 6 月第 1 版。
[55]（清）王掞等《钦定春秋传说汇纂》，见文渊阁《四库全书》，上海古籍出版社 1987 年 6 月第 1 版。
[56]（清）惠栋《九经古义》，见文渊阁《四库全书》，上海古籍出版社 1987 年 6 月第 1 版。
[57]（宋）王楙《野客丛书》，中华书局 1987 年 7 月第 1 版。
[58] 向宗鲁《说苑校证》，中华书局 1987 年 7 月第 1 版。
[59]（清）焦循《孟子正义》，中华书局 1987 年 10 月第 1 版。
[60]（清）王先谦《荀子集解》，中华书局 1988 年 9 月第 1 版。
[61]（清）马瑞辰《毛诗传笺通释》，中华书局 1989 年 3 月第 1 版。
[62] 刘文典《淮南鸿烈集解》，中华书局 1989 年 5 月第 1 版。
[63] 黄晖《论衡校释》，中华书局 1990 年 2 月第 1 版。
[64]（清）刘宝楠《论语正义》，中华书局 1990 年 3 月第 1 版。
[65] 赵吕甫《史通新校注》，重庆出版社 1990 年 8 月第 1 版。

[66]（清）钟文烝《春秋穀梁经传补注》，中华书局 1996 年 7 月第 1 版。

[67]（清）王先慎《韩非子集解》，中华书局 1998 年 7 月第 1 版。

[68]（清）朱彝尊《经义考》，中华书局 1998 年 11 月第 1 版。

[69] 王利器《盐铁论校注》，中华书局 1992 年 7 月第 1 版。

[70] 苏舆《春秋繁露义证》中华书局 1992 年 12 月第 1 版。

[71]（宋）黎靖德编《朱子语类》，中华书局 1994 年 3 月第 1 版。

[72] 郭沫若《十批判书》，东方出版社 1996 年 3 月第 1 版。

[73] 杨丙安校理《十一家注孙子校理》，中华书局 1999 年 3 月第 1 版。

[74] 姜亮夫《姜亮夫全集》十三，云南人民出版社 2002 年 10 月第 1 版。

[75]（宋）洪迈《容斋随笔》，中华书局 2005 年 11 月第 1 版。

[76] 黄汝成《日知录集释》，中华书局 2006 年 12 月第 1 版。

索引

K

L

M

T

W

X

Y